贵州世居民族文献与文化研究

文献与文化研究

[2013年卷]

贵州民族大学图书馆
贵州世居民族文献与文化研究中心

杨昌儒
卢云辉 主编

中国社会科学出版社

图书在版编目（CIP）数据

贵州世居民族文献与文化研究（2013 年卷）/ 杨昌儒，
卢云辉主编 . —北京：中国社会科学出版社，2014.7
ISBN 978 - 7 - 5161 - 4321 - 6

Ⅰ. ①贵…　Ⅱ. ①杨…②卢…　Ⅲ. ①民族文化 - 文化
研究 - 贵州省 - 文集　Ⅳ. ①K280.73 - 53

中国版本图书馆 CIP 数据核字（2014）第 112462 号

出 版 人　赵剑英
责任编辑　宫京蕾
特约编辑　大　乔
责任校对　王雪梅
责任印制　李　建

出　　　版　中国社会科学出版社
社　　　址　北京鼓楼西大街甲 158 号（邮编 100720）
网　　　址　http：//www. csspw. cn
　　　　　　中文域名：中国社科网　　010 - 64070619
发 行 部　010 - 84083685
门 市 部　010 - 84029450
经　　　销　新华书店及其他书店

印刷装订　北京市兴怀印刷厂
版　　　次　2014 年 7 月第 1 版
印　　　次　2014 年 7 月第 1 次印刷

开　　　本　710 × 1000　1/16
印　　　张　21.5
插　　　页　2
字　　　数　335 千字
定　　　价　59.00 元

贵州世居民族文献与文化研究

《贵州世居民族文献与文化研究》
介　　绍

　　《贵州世居民族文献与文化研究》是由《贵州世居民族研究动态》发展而来。

　　《贵州世居民族研究动态》是贵州民族大学主管，贵州民族大学图书馆、贵州世居民族研究基地和贵州世居民族文献与文化研究中心联合主办的专业性学术刊物。该刊是由汪文学教授于 2006 年创办，至今已是第七个年头。

　　凡涉及贵州世居民族的生产生活方式和思想文化的研究综述或专题论文，如涉及贵州世居民族的农林牧生产、日常生活、古文字与文献、生态环境、民族文化考古、民族文化旅游、民族非物质文化遗产、民族社会学、民族人类学等方面的论文，都是本刊征稿和发表的对象。

　　为了提高办刊质量，扩大本刊物的学术影响，经研究决定，本刊从 2013 年起，采取以书代刊、一年一刊的形式公开出版。

目　录

中国戏曲与傩文化

夜郎文化

布依族文化

侗族文化

木偶戏文化

民族文化研究学者

中国戏曲与傩文化

论中国戏曲脸谱艺术

黄殿祺[①]　黄　萍　黄　勇

古希腊戏剧最初来源于古希腊人在春秋两季对酒神的祭祀，酒神也因此被称为戏剧之神。而面具源于人对神的膜拜与敬仰，戴面具的人则成为酒神的化身，成为戏剧中具有象征意义的一个符号。面具的产生一开始就离不开神性，因此在时代发展中，当人们对神的顶礼膜拜不再狂热时，便向娱乐型转化，面具的这种神的符号象征意义也会逐渐消失以至最终结束。

古希腊戏剧有悲剧和喜剧之分，面具是戏剧中最具古希腊特色的象征。在一部戏剧中，每个演员都有自己独特的面具。这些面具通常用亚麻或软木制成，所以没有一个能够保留到今天。但是从以古希腊演员为主题的绘画和雕塑作品，我们可以得知那些面具的形状样式。悲剧中使用的面具往往是痛苦或悲哀的表情，而喜剧中使用的面具则通常是微笑表情，或带有点邪恶的意味。演员在表演的时候用面具遮住整个面孔，包括头发在内。经证明这些面具的形状有利于演员声音的扩散，使他们的声音更有穿透力，更加容易让观众听清楚。

中国戏曲艺术与希腊戏剧和印度古戏剧一样闻名遐迩。中国戏剧同样与面具的发展是分不开的。面具最早是一种图腾，来源有两种，其一，由神怪傩戏蜕化而来。随着巫术和宗教的发生，原始乐舞中傩舞便成为一种以驱鬼和祭神为基本内容，以假面模拟表演为主要形式的傩祭。早期的傩祭，传说是以模仿动物的跳舞来驱逐疫鬼。其二，由北齐高长恭打仗时所戴假面具演变而来。据《旧唐书·音乐志》和唐段安节撰《乐府杂录》记载，公元550年的北齐兰陵王高长恭英勇善战，但

---

① 黄殿祺（1939—）男，河北冀州人，天津市艺术研究所研究员、天津市文史研究馆馆员。1994年荣获中宣部"五个一工程"奖，1996年联合国教科文组织和中国民间文艺家协会授予一级民间美术家称号。

因貌美少威，因而每次作战就戴上形状狰狞的假面具。这两种来源的说法其实都同古希腊戏剧一样，脱离不了神性。北齐兰陵王戴面具也是在起到一定的威吓、震慑的作用，其实就是在把自己的外貌神性化。

我国古老戏曲剧种有 360 多个，绝大多数都有自己的脸谱形式，各有风姿。下面将论述中国戏曲脸谱的形成和发展。

一　戏曲脸谱命运

近年西方一些画家别出心裁，在人脸上搞"创作"，有的将少女画成凶猛的狮面、虎面和狗脸，有些甚至在美容展览上夺得了冠军，一时间成为风尚。这种现代"脸上艺术"并无新奇，我国早在 800 年前就萌生了戏曲脸谱，并传延至今。现在海内外许多人，并不知道我国戏曲脸谱走过了一条漫长的发展道路，其间，它经历过停滞和衰败。远的不必说，仅从 1919 年"五四"运动时起，看一看脸谱发展的命运就可以知道这一点。

"五四"运动前夕，《新青年》杂志提倡科学和民主，掀起了反对旧道德提倡新道德、反对文言文提倡白话文的文学革命运动。这场新文学运动对旧戏也展开了批判。旧戏问题的提出，是从批判旧道德引发而来的，在当时有其进步意义。当时争论所涉及的范围，包括旧戏内容、形式等各个方面，其实质是戏曲艺术何去何从的问题。

这场论争，实际上被人们看成是"五四"以来戏曲改革运动的发端。因此，我们应该对它有一个实事求是的历史评价，这是从事近代文艺思想史和近代戏曲史的工作者责无旁贷的研究课题。

当时论争的一方张廖子①新中国成立后在他所著的《京戏发展略史》（1951 年 10 月上海《大公报》出版）中回忆说：

"五四"运动前一二年，北大胡适之等，提倡新文化，主张白话文，这原是顺应潮流的举动。但他们那时没有了解京戏原是因词

① 张廖子，即张原载，笔名有张聊公、聊上等，评论家。原为北大学生，被开除后，先后在天津、上海之中国银行任职，直至新中国成立。有自己编辑的戏剧评论集《听歌想影录》、《歌舞春秋》和编写的《京剧发展略史》。

句通俗，而战胜昆曲，它正是新文学运动的好友，他们认识错误，却把它作敌人，在《新青年》杂志上竭力排斥京戏，然而京戏到底拥有广大群众，他们的攻击，到底不能损其毫末。我当时曾和他们辩论，现在回想起来，真是多余的事。

实际上，张廖子是在论争的 10 年后于 1926 年 7 月 28 日在天津的《北洋画报》上，发表了他的总结和回顾《新文学家与旧戏》的短文，依据他在争论之后所目睹的一些人的变化情况，发表了自己的看法。他说：

> 从前我为了旧戏问题，常常同一班新文学家（像钱玄同、周作人、胡适之一班人）大起辩论。他们都主张把旧戏根本废除，或是把唱工废掉；他们更痛骂"脸谱"，"打把子"，说是野蛮，把脸谱唤作"粪谱"。但是最近他们的论调和态度，也有变迁了。周作人曾在《东方》杂志上，登过《中国戏剧三条路》，已主张保存旧戏。而胡适之近来对于旧戏，也有相当的赞成，去年在北京常在开明戏院看梅兰芳的戏，有过许多好评。那时我在开明戏院遇见他，曾问他道："你近来对于旧戏的观念，有些变化了吧？"他笑而不答。现在徐志摩、陈西滢一班人，对于杨小楼、梅兰芳的艺术，常加赞美。又有一位专门研究西洋戏剧的余上沅，把余三胜、谭鑫培、莎士比亚、莫里哀，相提并论，而且认为旧戏为一种诗剧。最可注意的，最近《晨报》副刊，新出剧刊一种，竟把钱玄同所称为"粪谱"的脸谱，作了剧刊的目标，咳，当时我费了多少笔墨，同他们辩论，现在想想，岂不是多事么？

历史的经验值得注意。那么我们回过头来看看这些名人们当初对戏曲脸谱是怎样论争的呢？

1919 年钱玄同的论点："……又中国旧戏，专重唱工，所唱之文句，听此本不求甚解，而戏子打脸之离奇，舞台设备之幼稚，无一足以动人情感。……戏剧本为高等文学，而中国之旧戏，所编出自市井无知之手，文人学士不屑过问焉，则拙劣恶滥，固其宜耳。"（《寄陈独秀》，载 1917 年 3 月 1 日《新青年》第 3 卷第 1 号《通讯》栏。）

刘半农的论点："……吾谓改良皮黄者，不仅钱君所举'戏子打脸之离奇，舞台设备之幼稚'，与'理想既无，文章又极恶劣不通'；与王君梦《梨园佳话》所举'戏之劣处'一节已也。凡'一人独唱，二人对唱，两人对打，多人乱打'（中国文戏武戏之编制，不外此十六字），与一切'报名'、'唱引'、'绕场上下'、'摆对相迎'、'兵卒绕场'、'大小起霸'等种种恶腔死套，均当一扫而空。"（《我之文学改良观》，载 1917 年 5 月 1 日《新青年》第 3 卷第 1 号。）

1918 年张厚载的论点："……又钱玄同先生谓'戏子打脸之离奇'，亦似未可一概而论。戏子打脸，皆有一定之脸谱，'昆曲'中分别尤精，且隐寓褒贬之义，此事亦未可以'离奇'二字一笔抹杀之。总之，中国戏曲，其劣点固甚多；然其本来面目，亦确自有其真精神。因欲改良，亦必近事实而远理想为是，否则理论甚高，最高不过加柏拉图之'乌托邦'完全不能成为事实耳。"（张厚载《新文学及中国旧戏》，载 1918 年 6 月 15 日《新青年》第 4 卷第 6 号。）

钱玄同的回答："我所谓'离奇'者即指此'一定脸谱'而言；脸而有谱，且又一定，实在觉得离奇得很。若云'隐寓褒贬'，则尤为可笑。朱熹做《纲目》学孔老爹的笔削《春秋》，已为通人所讥讪；旧戏索性把这种'春秋笔法'画到脸上来了。这真和张家猪肆记形于猪鬣，李家马坊烙圆印于马蹄一样的办法。哈哈！此即所谓中国旧戏之'真精神'乎？"（1918 年 6 月 15 日《新青年》第 4 卷第 6 号《通讯》栏。）

刘半农回答："……至于'多人乱打'，鄙人亦未尝不知其'有一定打法'；然以个人经验而言之，平时进了戏场，每见一伙穿脏衣服的，盘着辫子的，打着花脸的，裸上体的跳虫们，挤在台上打个不止，衬着极喧闹的锣鼓，总觉着眼花缭乱，头昏欲晕。……"（1918 年 6 月 15 日《新青年》第 4 卷第 6 号《通讯》栏。）

陈独秀回答："子君鉴：……至于'打脸'、'打把子'二法，尤为完全暴露我国人野蛮暴戾之真相，而与美感之技术立于绝对相反之地位。"（1918 年 6 月 15 日《新青年》第 4 卷第 6 号《通讯》栏。）

钱玄同的论点："……中国的旧戏，请问在文学上的价值，能值几个铜子？……""要中国有真戏，非把中国现在的戏馆全数封闭不可"。"……那么，如其要中国有真戏，这真戏自然是西洋派的戏，决不是那'脸谱'派的戏。要不把那扮不像人的人，说不像话的话全数扫除，尽情推翻，真戏怎样能推行那？"（《随感录》（十八），载1918年7月15日《新青年》第5卷第1号。）

马二先生[①]为张廖子辩护："……然则脸之有谱，岂非至普通之事，特惟京班，乃有此脸谱之名词耳，而玄同乃诧为离奇的很，意者玄同乃不解戏剧需化装术耶。夫脸谱固化装术之一种，仅有方法优劣精粗之讨论，断不能以离奇二字，一笔抹去，而不许其有也。"（《评论杂说》，原载1918年上海《时事新报》，后编入《鞠部丛刊》。）

钱玄同对马二先生的回答："……此辈既欲保存'脸谱'，保存'对唱'、'敌打'等等'百兽率舞'的怪相，一天到晚什么'老谭'、'梅郎'的说个不了。听见人家讲了一句戏要改良，于是断断致辩。""废唱而归于说白乃绝对的不可能，什么'脸谱分别甚精，隐寓褒贬'，此实与一班非做奴才不可的遗老要保存辫发，不拿女人当人的贱丈夫要保存小脚同样一种心理，简单说明之，即必须保存野蛮人之品物，断不肯进化为文明人而已"。（《今之所有"评剧家"》1918年8月15日《新青年》第5卷第2号。）

胡适的论点："……此外如脸谱、嗓子、台步、武把子……等等，都是这一类的'遗形物'，早就可以不用了，但相沿下来，至今不改。……这种'遗形物'不扫除干净，中国的戏剧永远没有完全革新的希望。……居然有人把这种'遗形物'——脸谱、嗓子、台步、武把子、唱工、锣鼓、马鞭子、跑龙套等等——当做中国戏剧精华！这真是缺乏文化进步观点的大害了。"（《文学进步观念与戏剧改良》，载1918年10月15日《新青年》第5卷第4号。）

张廖子对胡、钱、刘、陈之答辩："惟钱先生对于脸谱，极端反对，窃以为过矣，日前偶与姚茫父先生谈及此事。姚先生精词曲，有《绮室曲话》、《书室》等著（见《庸言报》），渠谓中国伶人之脸谱，颇有外国图案之性质，往往绘动植物于其面。如李逵之勾脸，作飞燕形。盖古时形容状貌，每日'虎头燕颔'脸谱之观念，殆本于此。尚有面上绘

---

① 马二先生，原名冯叔鸾，剧评家。

兰花形及种种植物状者。……而亦板美术上之兴味。如黄润甫扮曹操其脸谱不过多画几笔，而奸本更露。其有裨益于美术者，为何如耶。古代战斗多用假面。……因以为戏，亦人歌曲（《乐府杂录》亦云）此即打脸之始。故今人犹称花脸为'大面'也。惟当时皆用面具，厥后嬗变，日趋简单，罕用面具，尽勾花脸，而脸谱乃代假面而起。且方相氏熊皮金目，亦未尝非后勾脸之滥觞。……至脸谱之作用，则在区别舞台上各色人物之性质。……盖舞台之角色。亦所以形容或区别其性格与形状也。脸谱之作用，亦由是耳。忠义血诚，则饰以红脸。奸佞凉薄，则饰以白脸。……盖打脸不但区别其形状，且以形容其性格；所谓'隐寓褒贬'，即是此意，则打脸乃极有意思之一种化装术也。陈先生谓其暴露吾国野蛮真相。然中国旧戏，本为历史上遗传之一种艺术，因为历史上之关系，正不妨其表示野蛮。且戏剧上所演花脸，本系假象，何止遂云暴露真相耶。吾国野蛮之真相，果如戏剧上所演之花脸耶……"

"胡先生日前语仆，有旧戏脸谱，往往有数人相类者。……惟细案关、李、赵（指关公、李克用、赵匡胤）等之脸谱，实各有不同。张、郑、李（张飞、郑恩、李逵）亦可互相分别。且即使脸谱有类似处，而其扮相及一切衣饰，亦大相径庭……"（张厚载《"脸谱"——"打把子"》，1918 年 10 月 15 日《新青年》第 5 卷第 4 号。）

钱玄同答张廖子："本卷第 2 号我有答刘半农先生的信，说中国戏是极野蛮的'方相氏'的变相。又说主张旧戏者是保存野蛮。3 号《随感录》里讲到'脸谱'，有'一脸之红，荣于华衮；一鼻之白，严于斧钺'二语。我虽说了这些话，但是我于旧戏，和傅斯年君一样，是'门外汉'，说得究竟对不对，却也不敢自信。今得张君此信。窃喜前言之不谬。现在把张君信中的话举出几句，写在下面，以为鄙说之证。

"'且方相氏熊皮金目，亦未尝非后世勾脸之滥觞。'

"'正不妨其表示野蛮。'

"'忠义血诚，则饰以红脸。奸佞凉薄，则饰以白脸。'

"又张君以信，又使我增长一点见识。原来中国的图案是画在脸上的。领教了！至于脸上的飞燕，兰花，此等奇妙之相貌，即无'美术上之兴味'，也就够好看了。但是我现在还想做点人类的正经事业，实在没有工夫研究'画在脸上的图案'。张君以后如再有赐教，恕不奉答。"

（无题。钱玄同写在张厚载《"脸谱"——"打把子"》文末）

"五四"运动时期，关于脸谱的论争并没有影响我国戏曲脸谱的继续发展与提高，而且越发展越成熟，并逐渐形成了脸谱的流派；在京剧表演艺术迅速发展过程中，许多净丑演员都有很高的造诣，它们的流派各具风格，自成体系。由于演员的个人师承、经历、艺术修养、见闻的差异，特别是归功分行及具体表演需要的不同，各有不同的经验、见解，于是形成了不同的风格、流派，以致衣钵相传，影响后世。

19 世纪后期的清同、光两朝，京剧界出现宝峥、庆春圃、何桂山等著名净角演员，开今日净角艺术的先河。他们的流派各有其特有的格调。何桂山的正净戏在京剧界被奉为圭臬，他的流派气势雄伟，学何的有裘桂仙、金少山等人，金、裘又兼学穆凤山，穆勾脸简练快捷，刘鸿声的净角也是从学穆开始的。

庆春圃和他的弟子黄润甫是著名副净演员，他们的流派雄俊而富有神采。郝寿臣、侯喜瑞、刘砚亭都是黄的传人。郝寿臣兼金少山流派，规矩大方，勇于创作。侯喜瑞是韩的流派，细腻俊美，侯的流派受其影响很大，后又学黄，漂亮俊朗，规矩严谨。韩乐卿的另一个弟子是金少山，金少山流派既学韩又学金秀山、何桂山、穆凤山，威武脱俗。

钱金福以武净著称，他的脸谱学钱宝锋，美观绝伦。钱金福的主要传人为其子钱宝森。此外，刘砚亭和杨小楼的脸谱也都宗法钱金福。杨小楼是俞菊笙弟子，以武生演武净。俞派武生俞振庭、尚和玉也都擅演武净，脸谱宗俞。京剧界著名武净还有许德义、范宝亭。宝亭为范福泰之子，许德义为范福泰弟子，范福泰是武净前辈。许德义、范宝亭的脸谱风格相近，是武净脸谱的典范。

杨小楼，艺名"小杨猴子"，他的猴戏，堪称一绝。他认为：演猴戏不是人学猴，而是猴学人。他的武净脸谱学钱金福。他的姜维脸谱勾尖眼、尖鼻窝，是学俞菊笙的，但布局章法还遵循钱金福笔法。勾脸戏《霸王别姬》，是小楼在 20 年代初期同梅兰芳共同创编的，他的项羽脸谱勾得英俊，更显其人物的身份。人们誉为"活霸王"。他演霸王，熔武生与花脸两行艺术于一炉，刻画出霸王的豪迈、暴躁和刚愎自用的性格。

我的好友刘增复兄，他对脸谱的勾画和流派发展研究更为细致入微，就不再介绍了。

1987 年，在天津戏剧博物馆，我接待著名京剧表演艺术家袁世海，他参观时曾对我讲：50 年代初，我们赴阿根廷、巴西、智利、哥伦比亚、委内瑞拉、加拿大等国巡回演出。当时，在出国筹备剧目期间，又多准备了一出京戏《霸王别姬》，显然是为了向外国介绍我国流派艺术的。一天，周恩来在中南海紫光阁亲自审查出国剧目演出。那时，剧团负责人害怕我国的戏曲流派艺术外国人接受不了，于是就把项羽的流派给改换了，将项羽揉了一个黑脸，弄了两个眉毛。一出场，周总理一看就给愣住了，便问："这是什么戏？"旁边的同志回答："这是《霸王别姬》。"总理马上说："停！"他看到这位黑脸大汉，便问这是谁？他们回答：是项羽。总理回忆说："我看过杨小楼和梅先生演出的《霸王别姬》，印象很深。项羽的戏和项羽的脸谱，很有性格化，很有美术感。"他马上表态，要求将项羽的脸谱改画回来，再出国演出。总理强调说："京剧脸谱是表现人物的一种性格，一种象征。它是京剧中不可缺少的艺术之一。"说到这里，袁世海先生感慨地对我说："他老人家不排除脸谱！"他强调说："幸亏周总理当即制止，坚持画项羽的脸谱；反之，总理当时如果同意可以不画脸谱，可就糟了，恐怕从那时到现在我国的戏曲脸谱就会消亡了。真是五祖传六祖，越传越糊涂。周总理他老人家很懂艺术，深入浅出地道出了脸谱的内涵和意义。这些话一直鼓舞我们为京剧脸谱的丰富和创新而不断努力。"新中国成立以后，中国共产党和人民政府对戏曲艺术非常重视，制定了"百花齐放，推陈出新"的方针，采取了一系列措施，为戏曲艺术的方针创造了种种有利条件；广大艺人地位提高，生活稳定，艺术上也得到了新生。京剧人才群星璀璨，舞台剧目丰富多彩，随之我国脸谱艺术也呈现出一派繁荣兴旺的景象。

令人惋惜的是"文化大革命"中许多剧目不准上演，许多演员不准演唱，那时只有八个"样板戏"，广大观众没戏看。10 年文化专制时期，"四人帮"破坏和扼杀了古典剧目，蹂躏了戏曲艺术传统，使戏曲传统艺术濒于灭亡，同时使戏曲脸谱艺术濒于绝迹。形成了老一代观众留恋戏曲脸谱艺术，青年一代观众不理解戏曲脸谱艺术；老演员丢掉了"花脸戏"，青年演员失掉了学习、继承"花脸戏"传统的机会，从而出现青黄不接的危机。此时我国脸谱艺术，比"五四"时期所遭受的厄运有过之而无不及。粉碎"四人帮"以后，特别是党的十一届三中全会以来，由于党和政府的关心、扶持以及广大戏曲艺术工作者的勤奋努力，戏曲艺术得以复苏并出现新的生机，创作、演出都取得了可喜的成绩。

但是我们也必须清醒地看到，戏曲艺术当前处于一种不景气的状况，遇到了许许多多的困难。"文革"十年破坏所造成的戏曲演员断档、剧目断档、观众断档的严重局面，没有相当长时间的艰苦努力是难以彻底改变的。可是，中国戏曲脸谱艺术早就从戏曲舞台走上社会流通的大舞台，如呈现在邮票、火花、演唱服饰，以及常年的大宗旅游脸谱工艺品中。它是别具特色的旅游工艺品，国内外宾客非常喜爱。我们可以断定中国戏曲脸谱，不论在舞台上还是在舞台下，"行情"都是看好的！

历史告诫我们，再也不能出现像胡适、钱玄同、刘半农、陈独秀等先生和"四人帮"对祖国民族优秀文化戏曲脸谱艺术的无情的鞭击了；再也不能让民族虚无主义和历史虚无主义泛滥成灾了。

二 戏曲脸谱历史

世界上有三种古老的戏剧：一是希腊悲剧和喜剧；二是印度梵剧；三是中国戏曲。现在希腊已没有原来形式的古典悲剧了。现在的演出是后人创造出来的，已经不是当年演出的样子了。印度的梵剧历史比中国戏曲还早，在公元 6 世纪（一说 2 世纪）便已有了。我国戏剧理论家、教育家张庚到过印度，他很想看看这种剧，但走遍了大城市都没有，后来了解到梵剧早已失传，在伊斯兰教盛行时，这一剧种就被淘汰了。现在他们演《沙恭达罗》是用话剧手法演出的。世界古老的戏剧只有中国戏曲保存了下来，它形成于 12 世纪，走过了漫长的坎坷的道路，800多年来一直没有中断过，有着旺盛的生命力。戏曲在中华民族文化艺术史上，在世界艺术宝库中，占有特殊的地位。

戏曲脸谱，是我国戏曲艺术中一种独特的造型手段，在戏曲表演艺术当中占有非常重要的地位。戏曲中某些人物，用"油色"或"水色"

在脸上画出夸张的形象，并具有一定的规范和谱式，叫作"脸谱"。我国的戏曲脸谱具有自己的民族特色，是独一无二的，具有高超的艺术性，从世界各国戏剧化妆史来看，可以说是独树一帜。

我国的戏曲脸谱艺术，具有悠久的历史。在北杂剧和南戏之前和各种演出艺术中，就已经应用了面具和涂面两大类的化妆方法。目前我国戏曲舞台上，也还遗留涂面和面具相结合的化妆，以此来塑造人物。在原始社会及奴隶社会中，人们在身上涂以彩纹，则是为了生活和生存的需要。在我国古代黄帝大战蚩尤的传说中，就曾有过关于蚩尤"兽身人语，铜头铁额"的描述，很显然，这是经过面具化装，用以恫吓对方，借以取得胜利的手段。

脸谱应用到乐舞中，则是在汉代百戏繁盛时期。如汉代张衡在《西京赋》中曾叙述了当时长安百戏中"临迥望质广场，呈角抵之妙戏。……总会仙倡戏豹舞罴，白虎鼓瑟，苍龙吹篪……"的演出情况。由此可以看出，当时的演出，已经把脸谱应用到舞乐之中了。不过那时的化妆方法，不是涂面化妆，而是在面部饰以面具或用假头、假发来表演的。可以想象汉代《东海黄公》中的白虎，如果演员不戴老虎面具，只靠手脚在地上来回活动来装老虎，那是怎么也装不像的。当时戴面具演出的称为"象人"。《汉书·礼乐志》载："朝贺，置酒为乐，有常以象人四人，秦倡象人负三人。"这种"象人"，孟康注解说是"若今戏鱼虾狮子者也"。韦昭解释为"著假面者也"。因此"象人"戴着假面具来演出是初期戏曲一个值得注意的情况。从汉墓出土的画像砖和山东沂南墓汉代画像石乐舞百戏图也可以得到证实。《乐舞百戏图》中，鱼龙曼衍之戏，首先是三个人，坐在长席上，右一人吹笛，中一人打拍，左一人端坐。下面一人装扮成一只凤鸟，前有一人手持一株枝叶扶疏的树在向这凤鸟舞弄着。左上一人戴兽面，作兽形而立，左手拿着蛇状物，右手戴着假面，前面有一人对着他，双手据地，双足朝上拿顶翻筋斗。下面有一条大鱼，鱼右边立着两人，左旁有一个人半跪着，用右肩扛着鱼，三人右手都举着小摇鼓在摇。鱼的前面有一背上驮着瓶子的龙（可能是马装成的），一个女人站在瓶口上，手持带流苏的长竿在舞，龙前后各有一人，左手拿着短梃，右手举着摇鼓在摇。这些图例表现演出的精彩，说明面具已成为百戏之中的主要化妆手段了。

到了唐代（618—907 年），戴面具演出就更为流行了。当时有一出"大面"歌舞戏叫《兰陵王》，属大面戏类，戴面具进行演出以歌舞为主的戏剧形式，即所谓"大面"戏，或称"代面"戏。《兰陵王》是一个著名剧目，戏中的武将兰陵王就戴有威武的面具。戏剧中的面具也是从生活中学来的，唐代崔令钦的《教坊记》最早记载了有关情况："大面出北齐。兰陵王长恭性胆勇，面貌若妇人，自嫌不足以威敌，乃刻木为假面，临阵著之。"兰陵王是北齐文襄王的第四子，曾任并州刺史，作战很勇敢。《旧唐书·音乐志》说他"常著假面以对敌。尝击周师金塘城下，勇冠三军"。歌舞戏《兰陵王》写的就是他英勇杀敌的故事。"常著假面以对敌"，使故事本身充满了传奇色彩。但面具一物，最容易使我们联想到古代的"傩"，就是那时迎神赛会，驱逐疫鬼的"傩神"。

武后久视元年，即公元 700 年，6 岁的李隆基（即后来的唐玄宗）和 5 岁的弟弟岐王李隆范、4 岁的妹妹代国公主等，在 76 岁的祖母武则天面前串演了几个节目。李隆基表演舞蹈《长命女》，李隆范表演"大面"戏《兰陵王》，代国公主和寿昌公主对了一曲《西凉传》（事见《全唐文》卷 279，郑万钧《代国长公主碑文》）。5 岁的儿童就能演唱"大面"戏《兰陵王》，可见这个戏在唐代，特别是宫廷内流行的程度。

大面戏《兰陵王》在唐代还东渡日本，至今日本还有《兰陵王》的剧目，据说它就是我国传去的《兰陵王》。看一看日本雅乐那个兰陵王的面具绘图（日本学者盐谷温《中国文学概论讲话》有摹绘图，附见于周贻白《中国戏剧史》中之插图），鹰嘴式的钩鼻，凶狠的目光，头顶上盘着一条似龙非龙的怪物正跃跃欲试的样子着实吓人。戴着这样的面具，加上绝好的武技表演，难怪它在唐代就流行了。日本雅乐还有拨头一种，即"钵头"（《旧唐书·音乐志》作"拨头"）。"胡饮酒"一种或即苏中郎，也是中国戏曲史上最早的脸谱之一，这个古老的脸谱也是一种假面，红脸、红鼻子，是酒醉的形象。这种面具在古代很多，今天已很少存留，偏僻的农村偶尔还保留一些。日本人却保存着很多中国古老的假面。这些假面的现实主义手法是很高的。

面具对后代脸谱的勾绘变化，有着直接影响。脸谱的来源不只一处。一部分脸谱，是从古代舞蹈的假面中脱胎出来，在戏曲的表演中慢慢形成的；有一部分是从民间的祭祀和宗教仪式中遗留下来的，是从庙里的菩萨神像脱胎的。

后来人们除表演歌舞戴假面具外，出兵打仗戴假面具也多了。例如，宋代就有两个很有名的人戴着面具上阵打仗，一个是狄青出战顽敌时，披发戴铜面具出入贼中。一个是毕再遇，他年已六十，还披发戴兜鍪铁鬼面和交战者拼个你死我活。当时既称"鬼面"，则面具上必绘有奇诡、恐怖之鬼形，以壮其威猛、剽悍之气，而使敌人相顾骇然。看来戴面具作战，曾颇流行。狄青和毕再遇倒说不定都是受了戴面具的歌舞的影响。以上说明面具从生活影响到歌舞、戏剧，反转过来又影响到生活。最初的戏剧，有不少是演员戴假面具来进行演出的，古希腊的戏剧也是这样。前面提到的日本雅乐《兰陵王》，就是中国唐代的散乐传到日本后，和当地音乐相结合成的一种古曲艺术。到了 14 世纪或 15 世纪，这种艺术逐渐形成歌舞剧形式，就是现在日本的"能乐"，它也是一种假面具戏。所用的假面具，有男女老少，相貌异常、奇怪的神鬼异类等式样。这与我国假面具有着血缘关系。1981 年 7 月日本能乐访华团来我国演出时，我观看了他们演出的《能·隅田川》、《狂言·喻爪》、《能·舟辨庆》。这三个戏中的狂女、烟主、静和平知盛之都戴假面具演出。但是，戴面具演出观众就看不到演员脸部表情的变化，这对欣赏戏剧艺术是有妨碍的，不如涂面化妆的戏曲脸谱富有表情。由此，我们可以理解面具为什么被脸部化妆艺术所代替。

在唐代，除"大面"戏戴面具演出以外，也很注重面部化妆的。涂面化妆，是唐代"参军"戏中开始应用的。因为参军戏是以滑稽表演和说白为主，很近似今天的相声之类，所以再使用面具化妆就不大适宜了。涂面化妆可能是由此而得到重视的。吴国钦在《中国戏曲史漫话》中引用诗人王建的诗说："舞来汗湿罗衣彻，楼上人扶下玉梯。归到院中重洗面，金花盒里泼银泥。"这种"银泥"，想必是今天的化妆油彩一类的东西。《教坊记》就记载了著名歌舞演员庞三娘会见观众的故事。有一次许多观众到三娘家，见到一个上了年纪的妇女，便问三娘何在。庞三娘见众人认不出自己，顺口推托说"庞三是我外甥，今暂不在"，约以次日相见。第二天，三娘在面部"贴以轻纱，杂用云母，和粉蜜涂之，遂若少容"。众人来后对三娘说："昨日已参见娘子阿姨。"

这个故事说明当时的涂面化妆技术已达到相当高的程度。同是一个庞三娘，由于化妆，前后判若两人。由此可见涂面是同面具互相交织并行发展的化妆艺术。到了宋杂剧、金院本时，涂面化妆有了进一步的发展，并且形成了"素面"和"花面"两种化妆方法的基本形式。当时的"花面"化妆所用的颜色。主要有粉（白）和墨（黑）两种，但有的脸谱也加进一些红色，脸谱构图也很简单，所以称粉墨化妆，把演出叫作"粉墨登场"。

元代是我国戏曲发展史上的一个全盛时期。元杂剧不仅大大地丰富了剧中人物的角色，而且在化妆方法上也突破了宋杂剧和金院本中单一的黑白化妆方法。元杂剧艺人为了创造出更加鲜明的艺术形象，不仅丰富了脸谱的构图和花纹，在色彩上也大胆运用了红、蓝、绿、金等多种颜色，以及"整脸"的化妆形式，为后来的脸谱艺术开创了先河。

明初至清中叶，即14世纪中叶至18世纪初叶，我国戏曲艺术处在又一个新的发展时期，舞台美术也有了丰富和提高，其中脸谱在戏曲舞台美术史上有着重要作用。宋、元戏曲中的净、丑角色，到明清戏曲中分化为大净、副净和小丑，大净中又有红、黑、白之分。这个历史发展过程，弋阳腔和昆山腔是基本相同的，它们的脸谱发展又有各自不同的着重点。拿大净的脸谱来说，昆曲在白面上表现得更突出些，而弋阳诸腔在黑面上表现更出色些。这种不平衡，是受了演出剧目制约的缘故。昆山腔中，净丑已明确分化，形成了大面（大净）、二面（副净）、三面（小丑）三个行当。在大面这个行当中，又有红面、黑面、白面之分；大面演员可以各有自己的拿手戏。净、丑表演上的重大发展，促使脸谱艺术达到了新的规模。三面（丑）的脸谱，基本上是沿着宋元戏曲的"花面"化妆路子发展的。二面（副净）扮演的反面人物，其"气局亚大面，温暾近于小面"（《扬州画舫录》）。脸谱的规格略大于"小面"，即把丑角眉眼的白斑扩大并可以勾过眼梢，但又不同于大白面，大白面则扩大到整个脸部，或一直可以画到脑门部，即发髻线以上两三指的部位。这个区别，我们可以从《连环记》的曹操（副净扮）与董卓（大净扮）的脸谱勾法上看得很清楚。副净还可以"服妇人之衣，作花面丫头"（《扬州画舫录》），这很可能是在继承宋元的搽旦化妆的基础上加以发展的。至于大面（大净），既能扮演正面形象，也能扮演反面形象。原来北杂剧中性格豪放粗犷的正面形象，一般由末、外角色扮演，到了昆山腔中，大都归于大面中红、黑面。其脸谱，是把由杂剧开创的性格化的勾脸艺术进一步丰富起来。当然，在红、黑面中也有反面人物，如《八义记》中的屠岸贾就勾红面，《精忠记》中的金兀术勾黑面，但这情况比较少。而正面形象，也不拘于红、黑二色，还有其他色彩的脸谱。大面中的白面，很可能是昆山腔的一大创造，或者说，是到了昆山腔中才发展得更充分。昆曲中的白面，扮演的多为奸恶一类人物，如《鸣凤记》之严嵩，《红梅记》之贾似道，《一捧雪》之严世蕃，《桃花扇》之马士英等，表演已不是着重于滑稽调弄了。张岱在《陶庵梦忆》卷 6 中称赞客串彭天锡扮演的"奸雄佞幸"说："经天锡之心肝而愈狠，借天锡之面目而愈刁，出天锡之口角而愈险。"可见，表演重在刻画这类人物的凶狠、奸刁、阴险等性格特征；而其面目，当然是经过了化装勾上了白色脸谱。所以李斗在《扬州画舫录》中总结白面的表演特点时写道："白面之难，声音气局，必极其胜，沉雄之气寓于嬉笑怒骂者，均于粉光中透出。"所谓"均于粉光中透出"者，说明这类白面化装对于演员的表情起了烘托作用。

　　弋阳诸腔的演出剧目创造了许多性格鲜明的形象，如《古城记》中的张飞，《金铜记》中的焦赞，《木梳记》中的李遥，《金貂记》中尉迟敬德，《剔目记》中的包拯，等等。因此，脸谱艺术黑面的丰富多彩，应当在很大程度上归功于弋阳腔。这只是比较而言，并不是说在昆山腔中就没有黑面形象，弋阳诸腔中就没有白面形象。拿黑面来说，昆山腔中也有自己的创造，如《千金记》的项羽等。随着剧目的相互交流，脸谱艺术之间的相互影响是很自然的。但从历史发展来看，应当说，昆、弋是从各自不同角度共同丰富了我国戏曲的脸谱艺术。张庚、郭汉城在《中国戏曲通史》中就充分研究、说明了这一时期脸谱的发展变化，他们通过梅兰芳收藏的《梅氏缀玉轩藏明代清初脸谱（摹本）》，概述了当时的表现手法和艺术水平。并从 56 种明代脸谱中选龚和德摹绘的赵匡胤、包拯、关羽、尉迟敬德、廉颇、焦赞、铁勒奴、单雄信、屠岸贾、惠岸、火种、龙王等 12 种作为插图（原图未注明剧种剧目）。拿这些明代脸谱同明应王殿的元代戏曲壁画上的脸谱相比，可以看出它们之间一脉相承的关系。如惠岸的粉红色脸谱，就同壁画中后排左起第三人的勾法几乎一样，不同的只是元杂剧壁画在描眉画眼上更写实一些。赵匡胤也采用了这种最古老的谱式，只是肤色不同，不是粉红而是大红。其实，元代的关羽，也是像赵匡胤那样勾画的。这可以从梅藏的清初脸谱中找到证明。弋阳腔的关羽保持了这种古老勾法，直到近代的青阳腔（弋阳腔系统的剧种）的传统剧目演出中还基本未变。但我们看明代脸谱中的关羽，虽然谱式与赵匡胤同，具体画法已有了若干变化：关羽的眉眼之间的那条白线画得较细，双眉画得英挺，眉头、眉心（俗称"印堂"）加了表情纹，从鼻翅到上唇沿着"法令纹"涂以黑色。这些变化，使关羽的化妆显得格外威严。这个改进工作是由哪个剧种来做的呢？从上海剧目来推测，可能是昆山腔既有赵匡胤的戏（《风云会》）、又有关羽的戏（《三国志》），都有红净应工，演久了就会产生把它们加以区别的愿望，并逐步找到了表现关羽性格的更加生动的化妆形式。其他如包拯、尉迟敬德的脸谱，很可能仍保留了元代的简朴的勾法，至少相去不远。

故事中人物面色各异，明代脸谱遂据以涂饰各种颜色：有黑脸、红脸、蓝脸、花脸之分，在剧本中，特别提出或注明。例如，《南西厢》（陆天池作）第六出："咦！你道我嘴脸不好，做不得长老，我一生亏了这花脸。"

《目连救母》第二十五折："生挂须扮三眼马元帅执蛇枪上舞，立东一位。末扮黑面赵元帅铁鞭铁锁舞上，立西一位。末扮蓝面温元帅执查槌舞上，立东二位。外粉红面关元帅执偃月刀舞上，立西二位"。

《东郭记》第十四出："这花面觉道冠裳颇为众"。

《五环记》第四出："不信看我脸上都是墨"。

《蕉帕记》第十八出："净黑脸双鞭（呼延灼），末红脸大刀（关胜），老丑旗手引上"。

《昙花记》第十四出："净扮卢杞蓝面上"。

《焚香记》第四出："区区相貌异乎人，状出加花粉墨匀"。

《紫钗记》第三十出："大河西回回粉面大鼻须上，小河西回回青面鼻胡须上"。

《南柯记》第十四出："檀罗王赤脸引队众上"。

据此数列，其于"脸谱"之演进过程颇为明白。如赵元帅为墨面，系从玄坛之"玄"为黑色而来。温元帅为蓝面虽不知何据，或因别于他色。关元帅为关羽，其为红面，系本诸小说家言。呼延灼墨脸，因其为呼延赞后裔，亦本小说。关胜为红脸，即本关羽面色。卢杞史称"鬼貌蓝色"，故作蓝脸。回回作粉脸，一青面，大鼻、形象为番人。檀罗王作赤脸，则以其系赤蚁。后世戏曲脸谱，除沿用旧有装扮外，其人物相貌，多照小说形容勾绘。虽划分细致，终不出上述几项原色，因而又取其特征。无特征者，则别以花纹，逐渐成为图案式的夸张、绘画，而逐步丰富了戏曲脸谱。

　　从插图中还可以看到，明代的人物脸谱要比一般的神怪脸谱单纯、朴素得多。人物脸谱除了以上所说的分红脸、黑脸、赭石脸、蓝脸、绿脸外，其表现手法的变化，主要集中在眉眼部位，这是抓得很对的。只是当时的办法还不多，几乎所有的人物脸谱以及少数神仙脸谱，都离不开在眉眼部位画的线。变化只在于或把这白线画得较直（如廉颇），或画得有些弯曲（如庞德）；或把白线画得很宽（如尉迟敬德）；或画得较窄（如关羽）；或把这白线用来区别眉眼（如赵匡胤）；或把它画得包括了眉和眼（如杨七郎）。至于眉和眼的形状变化则不多。总之，明代的人物脸谱画得相当拘谨，具有一种古拙的美，在性格化方面仍是不充分的。如杨七郎与焦赞的脸谱，勾法几乎完全一样，不同的只是在焦赞的红眉中加了"廿"形花纹。再如屠岸贾这样一个奸恶、残暴的人物，脸谱也刻画不出他的性格特色来，其上眼泡上黑三角，正面人物（廉颇、天王）亦有之，眉眼之间也加上了一个"廿"形花纹，对性格描写不起多大作用。明代人物脸谱的艺术表现力之不足，还由于脑门、两颊、鼻窝、嘴岔几个部位，几乎都还没有充分利用来刻画人物的形貌特征和性格特征。由于脑门、两颊只被涂成一种颜色，即使眉眼有若干变化，也不能在谱式上真正做到多样化。如果拿近代戏曲脸谱的谱式来衡量的话，可以说，明代人物脸谱大都可以划入"整脸"一类中去。这个问题到清初也没有解决。

　　明代的戏曲演员在勾画神怪脸谱时，似乎较少拘束，除少数画得比较简朴外，大多数画得很花哨。神怪脸谱中有一部分属于"象形脸"，如龙王、白虎、狮精、象精、豹精等。其他神怪脸谱中也有个别画得很有意思的，如云神脸上画了各种色彩的云，以鼻端为中心向左右两颊伸展，脑门到鼻子尖，以黑色为底，画了 10 只白色飞雁，排成人字形飞翔，表现了民间艺人的丰富想象力。这类神怪脸谱，多半是弋阳腔的产物。弋阳诸腔有《鲤鱼记》、《天缘记》、《劝善记》、《香山记》等神话剧和宣扬宗教迷信的戏，产生这类脸谱的可能性更大。在神怪脸谱上，脑门、两颊也有各种图案装饰，这一手法后来就逐渐移用于人物脸谱。

梅藏的清初脸谱，因为没有装裱成册，散失很多。目前能看到的只有 15 种，其中有 11 种注明了剧种、剧目、人名和髯口，其他 4 种未注明剧种，只注明剧目、人名和髯口。从这些脸谱中可以看到，从明代到清初，许多人物脸谱的勾法，大端未易，所改动后的情形也不一样，有的则在性格化上前进了一步。

如廉颇，清初的勾法与明代的很接近，仍勾赭石色脸，改动处只在眉眼之间加了一个平置的"＄"形花纹。现在演出赭石色演变成红颜色。另一个铁勒奴，清初的勾法也与明代的相近，不同的只是眉毛的位置上移了，在眉眼之间也加了一个平置的"＄"形花纹。再拿廉颇与铁勒奴相比，除了上眼泡的花纹略有不同（一为黑三角，一为黑圆点）外，其整个谱式完全一样。然而这两个脸谱，一属于弋腔（廉颇原图注明："《廉蔺争功》，弋腔"），一属于昆腔（铁勒奴原图注明："《救青闹庄》，昆腔"）。这种雷同化的情况充分地反映出：由于当时表现手法仍不丰富，人物之间的区别常常不明显，剧种之间也在共同使用若干花纹和表现手法。

尉迟敬德的脸谱，原图注明："《敬德装疯》，昆腔"。《敬德装疯》是《金貂记》中的一出，原是弋阳诸腔的擅演剧目，昆腔演此剧，当从弋腔移植而来。这个脸谱，基本上还是明代的勾法。但有一点值得注意，即"白眉"在扩大，脑门的黑色在缩小。到了后来，有的剧种就把脑门的黑色进一步缩小，于是形成了一种新的谱式，叫"六分脸"（即脸腔的黑色和脑门的白色成六与四之比，故叫此名）。

性格化上有明显进步的是马武与包拯的脸谱。明代的马武脸谱，勾蓝脸，画红眉。清初仍是如此；但把眼窝改画成黑喜鹊式（眼睛的这种画法在明代已有，见火神脸谱），这比之明代的要好得多，很能表现他的火爆性格。包拯的脸谱，在明代的画法是双眉挺直，着重表现了他的坦诚无私、刚正不阿的品格。到了清初，直眉画成了曲眉，这是向后来的紧皱双眉的画法的一个过渡，目的在于突出表现他"万般愁常萦心上，两条恨不去眉梢"的精神状态。这个脸谱原图注明："《告状见证》，弋腔"。

在清初的人物脸谱中，已有个别的开始在脑门和两颊画点图案，这个手法是从明代的神怪脸谱中移用过来的。如弋阳腔《黄巢不第》，画了三个金钱。直到近代戏曲中，黄巢脸谱中仍画有金钱。如江西饶河戏《飞虎山》即为一例，剧中黄巢的唱词有"自幼生来胆包天，排牙二齿面金钱"。注意脑门和两颊的描画，这在清初是个进步，有利于谱式的多样化和性格化。黄巢脸谱中的金钱，不是一种表情的刻画，而是一种特殊标记，这在脸谱中并不是上乘表现手法。在封建社会也可能是丑化造反的起义农民领袖形象为盗贼草寇的形象。

表演艺术上的重大进步，促使昆、弋脸谱达到了新的规模。其后梆子、皮簧兴起，净角又有重唱重做之分，一批注重身段，表情的"架子花面"多精于勾脸。此外，还发展了一批武净戏和勾脸武生戏，这都推动脸谱艺术进一步精致和多样化。

三　戏曲脸谱色彩

戏曲脸谱具有色彩和图案的双重组合，又各自有它的不同功能。脸谱的色彩五颜六色，大致为朱、白、黑、粉（粉红色）、黄、绿、紫、蓝、灰、金、银、银灰、淡兰、褚色、油白等色。此外还混用各色用揉色和抹色的方法来勾画脸谱，夸张肤色于前额、鼻、眼、口、下额等脸部的各个器官上，进而突出面部的骨骼、筋络和肌肉纹理。脸谱在舞台上受时间、空间和观念距离的限制，历史行迹色彩浪漫、古朴典雅、象征气味很浓。除脸谱各色辅以象征意味外，脸谱中所称某色某谱，必须先以色为标准，其次为图案谱式。有的一种谱式可绘有若干色，就以底色为定色（指花纹空隙中所露出的颜色）。脸谱用色分为三大类，即色之花、二色组合、三位数色组合。其中在组合用色中，有的以金、银二色与其他色组合时，金、银起着色与色之间调节和谐的作用，其接近于中国古建筑上的图案花纹，其在戏曲中金、银两色在脸谱中也起着特殊作用。

　　脸谱中的揉色多限于黑、红二色，抹色则限于白色称白抹。各色打底时均用油涂，不特加名称，仅白色中有油白色一种有别于白抹。以上概括地讲了脸谱总的颜色特点。

　　从脸谱角色行当而言，绘图脸谱有净角和丑角两大类，俗称大花脸和小花脸（或三花脸），而小花脸只用白色或少加粉红，绘于人面中央（鼻子周围）像豆腐块（长方）、枣核型（椭圆横尖）、瓶型、腰子型等样式，加以简单渲染，可以望形规定名称。此外少数丑角，化为妇女装时，略施脂粉。以上为丑角脸谱勾画色彩样式。

　　净角脸谱，绘饰复杂，几百余角色千姿百态样式不同，可见其精密多姿。丑角脸谱，样式简单，虽然样式不多，但比起生行的抹彩、旦行的拍粉晕脂要复杂一些，样式也不像生、旦、净、丑脸谱色彩对比各异，在一出戏里同时出现，仍然是相互协调统一的，呈现在戏曲舞台上"近看脸谱，远看花"。

　　最早的脸谱颜色是"整脸"，它在整个面部图画一种颜色，突出人物角色，最多用黑色和白色，那时人们称为"粉墨登场"。周贻白先生介绍：在戏曲中传统最老的昆曲里，净行勾脸有"七红八黑三和尚"或"七红八黑三憎四白"之说。这些脸谱的颜色，除去"三和尚"里的达摩（《祝发记》）用金勾脸外，其他都是用红、黑、白三色，许多脸谱都离不开这三种颜色。红、黑、白三色是从现实生活出发，又吸收了小说中的人物描写而来的。小说里描写的人物，也是根据生活而适当夸张，就出现"红脸大汉"、"面如重枣"、"面如生铁"、"面如乌金"、"满面煞白"、"面无血色"等形容面目的颜色。而戏曲里用红、黑、白三色更夸张地表现了这些描绘，形象地再现于舞台。后来，由于我国戏曲的发展，不但进度快而且幅度广。同时小说的说讲形势也逐渐形成，民间的说书艺人发挥了他们对生活的观察能力，把生活中的人物，用艺术的夸张、丰富的想象、浪漫的手法、象征的意境，综合交错地表达在口头上。每叙一人，必介绍其形貌衣饰，俗称"开相"。于是又出现了"面如锅底"、"面如蓝靛"、"面如姜黄"、"面如金纸"、"面如傅粉"、"绿脸红颜"、"豹头环眼"、"凤眼蚕眉"等形象语汇，表现了色彩图案和人物的性格。在说书人的口中，已形成区别人物性格的熟套。戏曲演员很自然地接受了这些描写和口头形容，用在脸谱上，形象地出现在大舞台上。于是在红、黑、白三色之外，又大量地使用了其他复杂颜色，来表现剧中的复杂人物。颜色的增加，促进了色彩图案和谱式的变化，又逐渐地使颜色图案和谱式固定下来。

颜色的固定，并不仅仅为了夸张面貌，而是由某种颜色所表现的典型人物中，找出他的典型性格、气度和品质的标示。例如，以红脸的关羽为典型性格，就规定了红色表示忠勇正义；以黑脸的张飞为典型性格，就规定了黑色表示直率鲁莽；以水白色脸的曹操为典型性格，就规定了白色表示阴险疑诈；以油白脸的马谡为典型性格，就规定了油白色表示飞扬肃杀；以紫色脸的徐延昭为典型性格，就规定了紫色表示刚正稳练；以黄色脸的典韦为典型性格，规定了黄色表示枭勇凶暴；以蓝色脸的窦尔敦为典型性格，就规定了蓝色表示刚强骁猛；以绿色脸的青面虎为典型性格，就规定了绿色表示顽强暴躁。以老红色脸（粉红色）的杨凌为典型性格，就规定了粉红色表示忠勇暮年；以灰蓝色脸的郎如豹为典型性格，就规定了灰蓝色表示枭暴暮年；以金色脸的达摩和银色脸的阎罗为典型性格，规定了金、银表示神佛精灵等。过去戏曲艺人概括地规定为一套口诀："红忠、紫孝、黑正、粉老、水白奸邪、油白狂傲、黄狠、灰贪、蓝凶、绿暴、神佛精灵普照"。这些颜色的规定，正是以说明脸谱艺术由写实而趋于象征。所以我们分析脸谱的颜色，应当肯定它是由夸张肤色出发，但又不仅是夸张肤色而已。就性格、气度和品质的刻画，在脸谱的用色上就更具有强烈的表现力。但是，这种表现力也还有很大的灵活性。

用某种颜色象征性格、气度和品质，在脸谱构思的术语中，叫做"主色"。它是某个脸谱最主要的表现部分。但是，一个脸谱的构图，是通过各种颜色画成的图案组成一张完整的脸谱。主色之外，还需要用其他颜色勾勒描绘，晕涂衬托。因而，在"主色"之外，还有"辅色"、"副色"、"界色"、"实色"之分。

脸谱使用多种颜色，还利用了颜色的光线性能，色与色、冷色与暖色的相互影响，突出面部的骨骼，表现出人物的神态。我们常常看到五光十色的脸谱，有时被它那复杂色彩所眩惑，发生不可思议和意想不到的感觉。有它的规律性，但又不是一成不变的。

脸谱的色彩与戏曲的服饰和盔头的颜色，是相辅相成，互相影响又互相协调的。服装颜色有一定的讲究：服装黄色最尊贵，故赵匡胤兵变称帝叫"黄袍加身"，次之为紫色、红色、黑色等。

传统戏曲服装刺绣绚烂的色彩，鲜明悦目，戏装的色彩分正五色、副五色和杂色三大类，但常用的也不过十几种颜色。它以正五色（红、白、黑、黄、绿）和副五色（粉、兰、紫、胡、绛）为主，辅以秋番、月白、古铜、灰、金、银等十几种杂色，就构成了传统戏装的调色板搭配形成了五光十色的色彩。从色彩学的角度看，上述各种颜色，除金、银、黑、白非常鲜明外，红、黄、兰是三原色，橙、绿、紫是三间色，粉、胡和浅绿则是由红、兰、绿加白色调和而成的，它们都是鲜明的颜色，这些服装用的颜色和脸谱用的色彩，除个别颜色外，大致相同。它们互相影响，脸谱和服装、盔头的色彩，互相搭配形成了完整的独特的具有民族特点的戏曲人物造型。盔头和服装色彩衬托了脸谱，增加了色彩的鲜明度，这样就造成了戏曲舞台上绚烂的色彩效果。例如《夜战马超》，马超正为其父马腾戴孝穿白，张飞却是黑色脸谱，黑髯、黑衣。一白一黑，两个角色的形象黑白分明，构成色彩强烈对比，不但取得良好的色彩效果，同时还构成了夜战气氛。这表明戏曲舞台上不依靠灯光色彩的变化，只需要用强白光照明，依靠脸谱结合服装色彩的选配同样能表现出一定的环境气氛。《女起解》中崇公道丑角的白色脸谱，穿以黑衣为基调的服装，与苏三旦角化妆穿上以红色为基调的服装，配上白色的罪裙，构成了鲜明的黑、白、红色彩对比，虽然台上只有两个演员表演，但观众并不感觉舞台上显得空旷和单调。以上情况表明，脸谱与服装、盔头色彩用得恰当，混为一体衬托出脸谱形象，美化舞台，颜色富丽堂皇，能给观众以美的艺术享受。

四　戏曲脸谱图案

戏曲脸谱还具有图案艺术，与美术图案有着姊妹关系，它受到了我国历代图案花纹的影响，吸收学习，改革创新，发展了图案花纹。并勾画在演员立体的脸上，由写实逐渐夸张再夸张的长期演化发展到今天的脸谱图案。其脸谱花纹又不受图案的约束。如果用现实主义解释戏曲脸谱在舞台空间、时间、角色、服装等方面的种种表现，无不受绝大的限制，若严格以现实规律衡量，在舞台上则无所措手足，只能用现实主义和浪漫主义相结合的创作方法来处理戏曲脸谱的图案花纹与色彩关系。图案也是以象征、夸张的手法逐渐发展而丰富的，齐如山先生认为"纯由粉墨化妆，变化而来，渐进渐繁以至今式"。脸谱之变化，无论如何之激烈，但是终不应违反生理原则，它保留其基本原始胎型，以简单谱式，用其他色彩花纹加以装饰点缀。形成现在繁复图案是绝不能脱离头面骨骼、生理面貌塑造戏曲人物的。反之，就不会发展到今天，成为戏曲有价值、有独特民族风格的脸谱艺术。

一般图案花纹的应用：武将所绘"三块瓦"和"十字门"等多近乎整齐规矩的图案花纹；绿林好汉、盗贼多用花脸、碎花、歪脸细碎陆离的图案花纹；神妖之图案多用离奇怪诞、璨烂庄严的花纹，和多用金、银等特殊光怪色彩。以上可分化推之：古时的武将，多用面具；而绿林好汉和盗贼又多涂面；神妖图案多来自傩戏及佛家偶像而沿袭下来的。但是在戏剧中很多是不易划清的，前辈演员随戏曲剧目和各剧种之间的交流，难免三者相互混参，逐步创作发展，形成的图案花纹丰富多变。有单纯独色图案，有二色间离图案，有严肃整齐图案，还有不整齐图案，亦有象征式的物形图案，还有写实形式的写生图案。凡美术图案之类，可说是丰富俱全，脸谱图案在其根据上，又有着极其丰富的艺术取材。它从我国古代的绘画、各式壁画、木制雕刻、雕塑造像、佛教画塑、工艺美术、文物花纹，以及我国刺绣和服装彩绣甚至文字记载等众所博采。从最初的脸谱色彩单纯，构图简朴，大致根据剧中人物的肤色，面型用花纹作适当的夸张，继而注意到对人物性格、品质的评价，寓褒贬、别善恶、见气质于色彩，及以后愈趋愈细，年龄身份，勾画精确，竞尚新奇，使脸谱更富有装饰之美。

脸谱的构图，强烈地表现了戏曲艺术家的艺术构思。它们的构思在刻画剧中人物的前提下，注重的就是脸谱图案如何的美。由于艺术家对剧中人物的理解和艺术构思不同，画在脸上的图案花纹、脸谱的形式，也各有规格。如钱金福就有钱派的脸谱艺术特点；郝寿臣就有郝派的脸谱艺术特点；侯喜瑞就有侯派的脸谱艺术特点；各地方剧种又各有本剧种的脸谱艺术特点。虽然规格不同，但艺术美是一致的。脸谱的立意是虚拟的，故它的图案花纹也是虚拟夸张的。这就是说虽以真实生活为基础，但化妆以后的面貌，却与真实生活中人的面貌有很大的距离。看戏曲演出时，有些青年人，对于其中人物的脸谱往往觉得不可理解，其实戏曲脸谱图案花纹正和我们戏曲的各方面一样，程式化是民族风格的一个基本特点，也是构成化妆脸谱的基础。程式化不仅表现在脸谱的色彩上，在构图和花纹上也强烈地表现出来。色彩和图案是以实为本，以虚为用，实仗虚形的。它体现了戏是生活的虚拟这一基本美学原理。戏曲脸谱在舞台上没有一个角色的脸谱面貌相同。这还不同于为了在强光下更真实地表现生活中各种年龄、各种性别、各种职业、各种地区的人的自然面貌而进行化妆，这是话剧、歌舞、影视剧等所用的化妆方法。戏曲舞台上把人物面貌脸谱化了，图案化了，用色彩、图案花纹主要侧重于表现人物的内在本质。可是这些"虚"都以"实"为本；有其真实的生活根据。不管脸谱的构图多么复杂，图案花纹多么花哨，它还是保留着五官的相对准确位置；色彩不论怎样强烈，它还是对人的皮肤颜色的夸张而已。

要想通过脸谱图案塑造人物形象，一方面要深入理解角色的思想和心理活动，要对角色的感情体贴入微；另一方面，是要掌握角色的外部形象的特征，组织图案花纹，用它来表现角色的外貌。脸谱正是把两者结合起来的结果。就生活中的真实情况来看，一个人的内心状态是会表现出来的，但不一定表现在面貌上，往往是表现在言谈举止上。面部表情有时会表现出人物的内心活动，但五官的自然形状，眉长眉短，鼻梁高低，嘴大嘴小，都是与生俱来的，只有唯心主义的相面先生才会认为这些面貌特征中包含着某种寓意，胡诌出一套"道理"来。所以中国的民间谚语说："人不可貌相"，"知人知面不知心"，承认一个人的外貌和内心存在着客观上的差别。

就戏曲脸谱来说也是这样，脸谱图案花纹的面貌不是天生的，而是人为地用色彩图案纹理创造出来的。而创作脸谱的外貌时就要赋予它一定的含义，通过它表现一定的内容，因此戏曲脸谱图案花纹构图和生活的真实情况不同。脸谱图案要求"人可以貌相"、"知人知面就知心"，这就是戏曲脸谱图案的标示性，也就是我们常说的性格化的化妆，也可以看出图案与色彩对脸谱起着决定性作用。由于艺术家对于剧中人的理解和艺术构思的不同，画在脸上的图案花纹、颜色规格也就各不相同。

但是，图案装饰美是一致的。例如，张飞的"蝴蝶脸"、孟良的"葫芦脸"、项羽的"钢叉脸"，它们都同属于"十字门脸"的类型，只是规格有异。花判的"五蝠棒寿脸"、秦始皇的"八宝脸"、钟无盐的"绛桃脸"或"荷叶花脸"，同属于"花元宝脸"谱式，其图案规格不同。孙悟空的"心形脸"、"枣子脸"、"福寿三多脸"同属于象形的谱式，也各具不同的图案规格。除此之外，还可以列举出很多其他的脸型图案谱式和规格。不论是复杂的图案花纹还是简单的图案花纹，都是为了一个最终的目的——"人可以貌相"、"知人知面就知心"的性格化的特定人物化装脸谱。例如，曹操，按中国戏曲传统的理解，曹操是奸诈之徒，这是沿袭了小说《三国演义》的基本看法，所以戏曲在设计曹操的脸谱时，就要把他内心的奸诈表现在他脸上的图案、花纹方面。京剧著名花脸演员郝寿臣、侯喜瑞擅长演曹操，他们在谈到曹操脸谱花纹时说："根据京剧的传统，用勾粉白色脸来象征奸，眉毛和眼窝构图的画法是"细眉长目、齐眉挑炭"。细眉是表现曹操心思细腻，是个秀气人，不是粗鲁人；长目要勾成笑眼，这是刻画曹操经常以笑脸对人；但不能轻浮，而要稳重。眉间有"挑炭"，"挑炭"是表现曹操工于心计，经常思索问题。曹操眉间的反蝠皱纹，象征这一点，看起来好像是皱眉思索。另外，在曹操的眼角下面和鼻窝旁有两长两短的四条纹，这四条纹叫笑纹，是为衬托笑眼的。从颜色上看，曹操的脸上好像仅只黑白二色，如果这样就显得曹操凶恶丑陋。实际曹操的脸谱并不如此，在曹操眉间的反蝠上微微点上干红，似有若天地与黑白色彩互相辉映，给曹操脸上增加了生气……在《捉放曹》以后的曹操脸谱就以眉间往脸左颊斜着加一条纹理，这条纹理一加上，他的脸变得奸恶了，这是评价曹操杀吕伯奢一家的不对。这也是说明戏曲脸谱图案花纹增减变形对于性格化和标示性作用的明显例证。再例如张飞是一个喜剧性的角色，它的脸谱图案就设计成一副笑脸。项羽是一个悲剧性的角色，它的脸谱图案就设计成一副哭脸等。

脸谱的局部位置，像眉眼、鼻窝、嘴岔等也可构成单独图案花纹，用来表现人物神态，都是从美的观点出发。例如，鲁智深的"孔雀眉"、焦赞的"兰叶眉"、司马师和屠岸贾的"虎尾眉"、关羽的"卧蚕眉"、关胜的"宝刀眉"、项羽的"寿字眉"、焦赞的"笑眼瓦"、姚期的"老眼瓦"、曹操的"疑目"、张飞的"笑脸鼻窝"、高登的"凶脸尖鼻窝"等，眉、眼、鼻图案用以表现神态。肌肉纹理也组成图案花纹，像"单流韵"、"双流云"、"单云头"、"双云头"、"单火焰"、"双火焰"、"正火焰"、"斜火焰"、"正蝠儿"、"卧蝠儿"、"斜蝠儿"、"梭形眉纂"、"胆形眉纂"、"日形眉纂"、"蝠形眉纂"等名称。除京剧很注意眉、眼、嘴的图案花纹装饰变化以外，我国其他地方剧种也很重视讲究传神部位图案的塑造。如川剧就归纳眉部图案为："龙纹一字眉"（又名寿字眉）、"龙眉"、"凤翅眉"、"凤尾眉"，以上三种多用于英明能干的王侯脸谱；"蚕眉"、"老蚕眉"、"虎尾眉"、"泰山眉"、"一字眉"（又名剑眉）、"柳叶眉"，这六种多用于足智多谋的武将或元帅脸谱。"竹节眉"多用于老将，如《假投降》之姜维；"豹眉"多用于青年武将。"虎须眉"、"蝴蝶眉"根据剧中人物不同的年龄和脸型，有各种不同的表现形式；"蝙蝠眉"（又称蝠翅眉）、"虎纹眉"（像虎皮的花纹）和"云纹眉"多用于老年武将。以上五种，多用于骁勇善战的将军以及草莽英雄和侠客义士的脸谱。"牛角眉"用于性情倔强的武将。"狮尾眉"用于爽直好义的人物。"火焰眉"用于猛勇暴躁、秉性刚烈的武将或天兵天将。"回旋眉"（又名回纹眉）多用于武勇之士。"牛尾眉"（又名老角眉）、"扫帚眉"、"吊客眉"、"八字眉"，这四种多用于奸险之徒。眼睛部位图案归纳为："豹眼"分长条形和圆形两种，配合各式图案，象征人物性格，适用于一般武将。"老豹眼"眼尾向上转而向下吊，多用于忠耿刚直而老迈的将帅；"环眼"与豹眼略同，用于骁勇武将或侠义英雄等。"鹰眼"眼圆而尾尖，形容鹰隼之目；"凤眼"较鹰眼细长；"鱼尾眼"眼圆尾细如鱼尾纹，以上三种多用于智勇双全的将帅或见义勇为的侠士脸谱。"蝴蝶眼"专用于勾"蝴蝶脸"的武将；"三角眼"用于阴险狠毒的反面人物；"鸡眼"专用于尖嘴花脸，如雷震子、李元霸、孔宣等；"慧眼"俗称"三只眼"，额间一眼竖立，专用于神话剧中的灵官、雷公、天神等，如护法韦驮杨戬、闻仲、雷震子等。"慧眼"图案形式在勾脸谱图案用笔上，也和绘画一样，运用笔触，讲究笔锋，要求笔锋犀利、秀劲、干净，给人以书画美的感受。以上是众多艺人对脸谱图案创作、实践、再创作的结晶。

当然，我们不能把戏曲脸谱的性格化和标示性的构图和图案花纹，作简单化的理解一成不变，不能把张飞的笑脸和项羽的哭脸图案当作死搬的公式到处套用。而应从人物性格构思图案花纹，但事实也并不如此简单。比方说一个面貌很美、内心恶毒的角色，戏曲一方面表现了他面容的美，同时也象征性地把他内心的恶毒标示在脸谱上。钟无盐是一个面容丑陋而内心很美的角色，在设计无盐脸谱时，一方面采用红绿荷花叶或红白八宝作为主体构图花纹，同时也着力装饰美化，使无盐的化装谱式既区别于一般面貌秀丽的妇女的俊扮，又能象征性地表现出无盐的高尚品德和博学多才。这种表现手法正是全面考虑了角色内心和外形图案上的矛盾，把两者在脸谱设计中统一起来。钟馗的人物造型也是这样，他的脸谱表现得还是丑，但这个丑的图案却是美的。外国戏剧也同样有这种人物。如电影《巴黎圣母院》里的那个"怪人"。当然，同钟馗相比，时代不同，社会地位不同，人物的性格也不同。我看了《巴黎圣母院》里的那个"怪人"，就觉得，把他外貌的丑的一面的确表现得很够了，心地善良的一面也表现得很够了，但"丑"里面的美还表现得不够。他脸高低不平、粗糙歪嘴，给人看了有恶心不舒服的感觉。不仅表现人物的内心的美，而且要从外形上表现出来也是美的，这一点那就不够，不如我们的戏曲脸谱外形。而钟馗的脸谱图案花纹就做到了这一点，要比"怪人"的好。总之，戏曲脸谱图案表现形式是多种多样的，通过图案、色彩来体现人物造型脸谱，既表现角色的内在本质，又表现角色的外部特征。如果去掉了色彩和图案，戏曲脸谱也就不存在了。

五　戏曲脸谱谱式

据京剧及其他地方剧种不完全统计，有上千种不同人物脸谱形式的固定，是从类型的固定而来。以京剧来说，脸谱的类型，净角比较复杂，它是由原始"整脸"演变、发展而丰富，由平面而趋于立体，形成了各式各样的图案。概括起来大致可分为 18 种净角谱式和 5 种丑角谱式。

1. 整脸——是在整个面部，涂上一种颜色为主色，在主色上再画出眉、眼、鼻、口各个器官部位以及纹理、筋络，表现人物的形态。例如关羽满脸涂红、曹操满脸涂白。郝寿臣先生把曹操这种脸谱叫"水白脸"，有的也叫白抹子，单列为一个谱式，大多表现奸险狡诈的人物。如《捉放曹》的曹操、《宇宙锋》的赵高、《打严嵩》的严嵩，再有秦桧、司马懿、高俅、董卓、潘洪等。这类脸谱比其他脸谱短，用色不超出额顶，勾画也比较简单。虽是如此，但造型比较突出。郝先生习京剧铜锤花脸、架子花脸，与谭鑫培、杨小楼、梅兰芳等名家合作演出，受到广大观众的赞扬。尤其是他扮演的曹操这个戏剧人物，因其创造性的脸谱造型，获得"活孟德"的称号。

2. 揉脸——形式基本是"整脸"。勾法用"抹"夸张皮肤色泽，没有象征意味，例如《刺巴杰》的余千、《挑滑车》的黑风力等就是。

3. 三块瓦脸——多是英雄武将（正反面人物都有）。它的形式是在额部由鼻峰和双眼分向两侧，内仄外宽于两颊以入于发际，口部则由鼻孔下及鼻尖两旁，循两边肉纹斜下半圆形以入鬓内，呈现出三块明显的主色，平整得像三块"瓦"（"瓦"或者是"窝"字的音转）。明显地突出眉、眼、鼻、口的部位；突出面部的骨骼，比"整脸"趋于立体化了。另一种说法是由于眉、眼、鼻、口夸张使两颊和额部形成三块空白，所以叫"三块瓦脸"。例如，《铁笼山》的姜维是红"三块瓦"，《鱼肠剑》的专诸就是紫"三块瓦"，《失街亭》中的马谡就是油白"三块瓦"，以表现他傲慢骄矜，独断专行。在《失空斩》中马谡讨令守街亭时，一再夸耀自己"战无不胜，攻无不克"。孔明令他要"靠山近水，安营扎寨"，他却独断专行在山顶扎寨。副帅王平提醒他，他却还是固执己见，并将士兵分一半与王平，各自分头扎营。可见他骄矜至极。在演守街亭时，马谡的脸谱正中，有细细的一笔红色线条，到失街亭后，脸画黑了，这象征马谡要倒霉了，过去的说法是所谓"印堂发暗，必遭大难"的预兆。马谡终因触犯军法而被斩。

4. 花三块瓦脸——基本形式还是"三块瓦"，在三大块的基本构图上，同各种颜色画出复杂琐细装饰性的花样和纹理，以表现人物性格的多方面。例如，《赠绨袍》的须贾，《荆轲传》的荆轲，《连环套》的窦尔墩为蓝色"花三块瓦脸"。窦尔墩是一个"打富济贫，除暴安良"的草莽英雄，他为人豪爽，性格刚强，善使双钩，武艺超群。他在李家店与黄三泰比武较量时，曾以护手钩连连击落黄三泰向他发来的三只飞镖，但终因大意，被黄的甩头一镖打中了左膀，便气走河涧，来到连环套自立为寨主。为了突出他面部眉间的英气，又画有护手钩图样。

5. 老三块瓦脸——有的也可统归"三块瓦"。它的特点是粗眉大眼雄壮英武的老英雄。刻画老年人的眉眼外眼角下垂，郝寿臣先生叫"垂云"，就是借以老年人眼睛部分的肌肉松弛往下低垂的样子。换句话说就是眼梢的肉老得耷拉下来，垂云是夸大了这一形象。像《龙潭鲍络》的鲍自安、《普球山》的蔡庆、《十三妹》的邓九公等，这几位都是闯江湖的老英雄。至于勾出白色眉间纹和红色印堂彩，则是为了加强表情的明显度。勾油黄色脸谱的人如《南阳关》的宇文成都和《战宛城》中的典韦。典韦杀得张绣难以招架，并在酒醉昏睡中双戟被盗后，仍能将士卒举起，用来抵挡敌手。京剧名演员刘奎官演这个角色勾脸时，把原勾画于眉间的戟形图案，改画在面部中间，从而使典韦的善使双戟形象更为突出。

6. 六分脸——有的叫"两膛脸"或"截纲脸"。它是由"整脸"形式发展的，保留了左右两颊的主色，夸张的部分除脸色之外，主要在眉毛。所以在构图上特别强调了两条白眉，使它几乎占据了整个前额的部位，和脸部的夸张肤色构成了鲜明的对比。它的构图简洁、匀称，给人一种庄重的感觉，表现德高望重老将的面貌形态和高额隆鼻的峥嵘风骨，刻画了刚毅、严肃、勇敢、沉着、老当益壮的性格。整个面部主色占十分之六，所以叫"六分脸"。例如，《二进宫》的徐延昭就是紫"六分脸"、《车轮战》的杨凌就是老红"六分脸"、《御果园》的尉迟恭就是黑"六分脸"、《沙陀国》的李克用就是红"六分脸"等。

7. 十字门脸——它是由"三块瓦"的形式，或"六分脸"的构图演变而成。减去两颊和缩小脑门的主色，只由鼻端向上画出一条竖的色带，用这个主色带象征人物的性格，为的是突出骨骼，加强神态。两眼部位的黑色连成一条横的色带，和竖色带交叉好像在脸上写了一个"十"字，所以这种构图叫"十字门脸"。多表现年老的英雄武将，像《草桥关》的姚期、《牧虎关》的高旺、《岳家庄》的牛皋就是黑"十字门"、《定中原》的司马师就是红"十字门"等。

8. 喜鹊眼脸——由十字门脸演变而来，由于眼窝勾出的整个形象像飞着的一只喜鹊。白色的鼻子很像喜鹊的白肚，两个眼窝像张开的扇黑翅膀。喜鹊爱喳喳叫，蹦蹦跳跳，用这种鸟的特性来形容暴躁人的嚣张喧闹，是很恰当的。形容《辕门斩子》里孟良、焦赞等爱说爱笑的人物，孟良的脑门上勾出一个倒挂的红葫芦的形象，在鼻孔下面勾出一个喷火似的圆鼻窝。一方面，这是为了象征他掌握使用火葫芦的特技，另一方面也是为了区别孟良和焦赞的性格。还有《战长沙》的魏延、《断密涧》的李密都是喜鹊脸。

9. 蝴蝶脸——从"十字门脸"发展而来的，图案为蝴蝶状。张飞就是这样，他是个豹头环眼的喜相，以象征他刚直不谀、诙谐爽朗的性格，他在《芦花荡》中与周瑜对垒时，说真不真，说假不假，一会儿哭，一会儿骂，弄得周瑜哭笑不得，一气成疾。他在《回荆州》中当他拜见新嫂嫂时惹得大家哄堂大笑。还有《除三害》的周处、《闹江州》的李逵等都属蝴蝶脸。

10. 花碎皴脸——是郝寿臣先生归纳的，它是在"花三块瓦"和"蝴蝶脸"的基础上发展出来的，它的主要特征是花、碎、皴，色条细窄，给人琐细眼花缭乱之感，便于表演皴眉、皴眼的形象。例如，《取洛阳》和《草桥关》的马武出身"绿林"，面貌丑陋，可是他却满腹文章，是一位草莽英雄，所以为绿色脸谱。我们初看这个脸谱，觉得红绿斑驳，黑白交参，灰黄相错，让人眼花缭乱，好像是杂乱无章，但条条皴纹都连着或向着眼窝，只要是眼窝使劲一皴，整个脸的皴纹就动起来，有利于演员的表情。还有《锁五龙》的单雄信，《八大锤》的兀术，《铡判官》的阎王等。

11. 歪斜脸——它是由"三块瓦脸"和"花三块瓦脸"演变而成，是面部五官的反常描画，绘式畸斜不整，顾名思义，表现的是歪斜不对称的面孔，多形容面目凶恶或容貌丑陋的武角色。它是对角色面貌特征的夸张，画这种脸谱的角色不一定就是坏人，如《斩黄袍》的郑子明就是一例。其他如《审七》和《长亭》中的李七、《宏碧绿》的巴虎、《打龙袍》的郑恩，统属歪脸。如郑恩的脸谱构成歪脸，是由于传说他到山中救人，被猩猩的前掌四爪抓伤了右脸蛋，后掌一爪抓去了左眉，从眉心到上鬓撕去了一大条肉皮，抓丢一眉，两眼挪位，因此嘴歪鼻斜。脸谱根据这种传说，构成歪脸、歪鼻、歪嘴的形象。应该指出，传说郑恩是苍龙转生，因此在他的脑门上勾出一条白地黑纹的盘龙形象。

12. 元宝脸——它是由"三块瓦脸"演变而来的。脑门保留本身的肤色或微微揉红，两颊涂白，形成元宝形式，表现格调不高的下层人物，性格中有勇敢的一面，也有怯懦的一面。例如，《铡美案》的马汉、《骂杨广》的杨广、《施公案》的蔡天化，《五人义》的颜佩韦等都勾元宝脸。

13. 花元宝脸——它是由"元宝脸"发展而成。比元宝脸肌肉纹理安排细碎得多。所以又叫碎脸。这种类型的脑门用红、蓝、白、金等只起辅色作用。主色则在两颊，一般多用黑色。在黑色中用白色界画出眉、眼、鼻窝和细碎的肌肉纹理。例如，《单刀会》的周仓、《钟馗嫁妹》的钟馗，都属于"花元宝脸"。《天下乐》这出戏属明末张大复所著传奇之一，内叙唐代书生钟馗赴试高中。唐王命他去御花园降妖，被雷电火烧面容，唐王见而生疑不肯相认。钟馗愤而碰死，死后英灵不灭，念其妹妹孤独无依，他率领鬼卒，归家祭祖嫁妹。钟馗脸谱勾黑色，"狮尾眉"、"大环眼"，眉上勾白色，闪电纹，印堂及眼角勾红色"火焰纹"，表示他的面容在雷电交加中被烧的形象。其次在额上绘有金色蝙蝠则喻其能驱邪降福之意。

14. 太监脸——它基本是由"整脸"变化而来，表现出太监的特点。只是眉、眼、鼻、口各个部位与粉白脸的形式有显著的不同。勾法有"揉色"和"填色"之分。因而它的主色效果，有的是象征，有的是写实。例如《法门寺》的刘瑾揉红脸，只是肤色的夸张，而不是性格的象征。刘瑾在明朝是独揽大权、势压朝野、祸国殃民、穷凶极恶的人物，脸谱勾红是用讽刺手法形容刘瑾养尊处优，脑满肠肥，吸尽民脂民膏，吃得脸部绯红的形象。《黄金台》里的伊立是一个阴险凶狠的太监，勾油白色脸谱，更能表现他凶暴、飞扬肃杀的性格。

15. 僧道脸——又称"和尚脸"，与"花三块瓦脸"同一范畴。但是眉、眼、鼻、口各个部位的形式，与一般的"三块瓦"有明显的区别。郝寿臣与杨小楼联合创演的《野猪林》的鲁智深谱式，是从叶福海和郭春山先生学来的。但是，僧道脸的创作，还是根据中国寺庙里的罗汉塑像演变而来的。例如《蜈蚣岭》的王飞天和《杨家将》的五郎等同属僧道脸。

16. 无双脸——在郝寿臣脸谱里由于其表现特殊形象如特定人物与

性格，因此就单列了"无双脸"项目。像《霸王别姬》的项羽就是寿字眉无双脸脸谱。《黄一刀》、《上天台》的姚刚就是螳螂眉无双脸脸谱，《铡美案》和《打龙袍》里包拯为阴阳型无双脸脸谱，用黑棕色为包公涂面，黑色勾"泰山眉"、"丹凤眼"揭示他铁面无私，正直果断，眉眼之间印堂上用白色勾绘形如笔架的"山"字。黑白对比，显包拯明辨是非，执法如山。额上勾一白色"月牙"，说他廉法有明若皓月的意思，也有的说"月牙"表示包公能日断阳夜断阴，这虽带有迷信色彩，但却反映了人民在封建压迫下，迫切希望有包公这样的人为百姓说公道话，办公道事，以此反映广大人民群众的愿望。

17. 象形脸——这种形式，非常灵活，借鉴"花三块瓦脸"、"花脸"和"粉白脸"基本部分，变化使用，组织成象形图案以表现鸟兽鳞爪各种精灵的面部形象，以代替面具。例如，《百草山》的孔雀、鹦鹉、金翅鸟；《芭蕉扇》、《闹天宫》的孙悟空、猪八戒等一望而知是鸟兽的面部形象赋予人格化。在《西游记》里所描绘的孙悟空，按动物猴子是尖嘴猴腮，所以脸谱中也有尖嘴；两边黑圈是表示猴腮，面部正中花纹是猴旋，两侧为毫毛，主要参照了动物中猴子的脸型，施上色彩加以美化。在《偷桃》一剧中的孙悟空，在额上画一桃子图案，表示他偷食蜜桃的意思。在《闹天宫》以前，孙悟空是不画金的，直到大闹天宫，他偷吃了老君炼就的金丹，被老君抛入八卦炉，炼成了火眼金睛以后，脸谱上便画了金色，表示他长的已是火眼金睛了。所以孙悟空为典型的象形脸谱。

18. 神妖脸——可以分为"神仙脸"和"小妖脸"。是由"三块瓦脸"、"花三块瓦脸"和"歪斜脸"演变而成。"神"主要表现神佛的面貌，多用金、银两色，格局取法于塑像，代替面具。例如，《劈山救母》的二郎神，《收大鹏》的如来佛。"妖"是神话武打剧中的助手，基本形式的象形脸，但形式必须简单，以区别于剧中主要角色。还有《红梅山》中的金钱豹和《钟馗嫁妹》中的小鬼等都属神妖脸谱。

丑角脸谱又包括"三花脸"、"小粉脸"（小花脸）。丑角在戏曲舞台上有着相当重要的地位。这个行当所扮演的人物是多方面的，纨绔子弟、浪子淫棍、贪官污吏多用此脸谱，以便讽刺。但是性格善良、诙谐风趣的人物也有勾丑脸的，如剧中酒保、樵夫、更夫、解差等都是文丑，如杨香武和朱光祖等为武丑。但须口齿伶俐，京白爽脆，善说各地方言，博学多能。如滑稽风趣的老人，《女起解》的崇公道；也有天真活泼的儿童，《小放牛》的牧童。有为非作歹的官吏，像《打面缸》的大老爷；也有不畏权势、巧施计端、辨明真伪、秉公而断的卑职小官，如《徐九经升官记》中徐九经和《七品芝麻官》中唐成。也有唯利是图的商人如《连升店》的店主，有仗势欺人的奴才像《打严嵩》的严侠，也有陷害忠良的小人如《一捧雪》的汤勤等。这些正面或反面的人物，如果用其他的行当扮演，画出他的脸谱，一般是很难充分地把剧中人物的精神面貌刻画出来的。丑角塑造这些不同身份、不同品质、不同性格的剧中人物，无论在扮相上，还是在表演上，都有着鲜明的艺术特征。

丑角脸谱的特点是着色部位比净角脸谱的面积小，主要在五官之间的一块较少，大多只用黑白两色，以白色为底色，用黑色勾画五官，近似前面所说的唐代"参军戏"的仪装。丑角脸谱的基本构图形式，以京剧而言，多以"豆腐块"（方形）、"腰子脸"（椭圆形，两端微向下，形式较小）两种构图为主。在其他地方剧种也有画成"元宝脸"（形如金、银锭子）、"鞋底脸"（形如古时小脚女人的鞋底）、"葫芦脸"（形如葫芦倒置）、"菊花脸"（形如菊花瓣，象征老年人脸上的皱纹）、"飞蛾脸"（俗名蛾蛾脸），大体上不外乎这几种基本形式。武丑有时勾成枣核脸，昆曲中过去有象形的丑角脸谱，如时迁因为偷鸡就在脸上画一只鸡，娄阿鼠因偷盗，名字中有个"鼠"字，就在脸上画一只老鼠，这种脸谱不是从人物性格出发，构图上也缺少美感，所以现在一般都废弃不用了。

丑角的脸谱是一种漫画式的化装形式，看了使人感到滑稽可笑，它和净角脸谱的最大不同点，还在于净角的脸谱往往会限制演员的面部表情，勾了脸以后面部的肌肉的活动被强烈的色彩掩蔽起来，不易被观众发现。丑角的脸谱由于只用了黑白两种对比鲜明的颜色，构图上又集中于眼鼻周围，所以不但不会妨碍演员的面部表情，反而由于抹了白粉，取得了色彩对比的效果，会把角色挤眉弄眼、目瞪口呆、龇牙咧嘴的种种神态烘托得更突出，使角色的表情获得一种夸张的漫画的效果。这种具有夸张、漫画式手法的脸谱艺术，和丑角的表演风格是密切结合的。

戏曲丑角脸谱，若细分，可以分为以下 5 种不同的谱式：

1. 文丑脸——大都扮演一些性情蛮横、行为不正或损人利己的王侯将相、公卿大夫和文人谋士、纨绔子弟、浪子淫棍等。像《乌龙院》的张文远，是一个品质卑劣的青年书吏，面部化妆小圆白脸，两颊抹红色，画黑细眉、小眼睛、小红嘴、嘴边勾白，鼻梁上画几笔黑纹，眉梢眼角的抹画，要显露出轻佻的神色。还有，像《一捧雪》的汤勤（抹黑人字吊搭髯）。这些人的脸谱，白色的块面较大，两颊和额部不宜过多地涂抹红色。面部五官的描画一般是八字眉、老鼠眼（或三角眼），鼻梁上略画几笔皱纹。例如，《群英会》的蒋干是一个自以为聪明，其实是愚蠢的谋士。面部化妆勾白豆腐块脸，两颊涂红色，画黑八字眉，尖头眼睛，红嘴唇，下勾白边，鼻梁上略画几笔细纹，挂黑人字吊髯，以刻画这个书呆子的面部神态。此外，也有一些心地善良，但举动滑稽的小人物，像《小上坟》（又名《丑荣归》）的刘禄景是一个人虽正派但举动滑稽的小县官，勾小圆白脸，八字眉，圆眼睛，小嘴唇，两颊略涂红色（挂丑三髯）。《渔家乐》的万家春（挂五搞髯），脸上的白粉不宜过大，眉眼的描画，要结合面部表情，充分表现出眉飞色舞的神态。

2. 小丑脸——勾小丑脸的角色比较广泛，多表现贪玩好耍、活泼伶俐的儿童。像《小放牛》的牧童（川剧称"娃娃丑"），《御碑亭》的德禄，《狮子楼》的郓哥，《双狮图》的书童，脸上的白粉要涂得圆一些，两颊揉红色，眉眼的描画须显露出滑稽嬉笑的神气。《御碑亭》的德禄是一个天真顽皮的儿童。面部化妆勾小圆白脸，两颊抹红色，小圆嘴，嘴边描白，眉眼的描画，要表现出滑稽嬉笑的神气。又如《盗银壶》的丑韦童是一个傻头傻脑的滑稽角色。他的面部化妆和一般勾画豆腐块的脸谱不同，满脸揉黑，用白粉画出两只大眼睛，形象非常可笑。他奉命看守银壶，以防被人偷去。他两只眼睛虽然睁得很大，但银壶到底还是被邱小义盗走了。这个脸谱是充分地运用了漫画的手法来表现的。还有《四郎探母》的小番，《二龙山》的小和尚，揉黑脸，画白眼圈，黑嘴唇抹白边，面部化妆非常滑稽可笑。如《野猪林》的解差，《奇双会》的牢头，《打严嵩》的严侠，脸上的白粉涂得要大一些，两颊不宜涂红色，眉眼的描画应显露出贪婪狡诈的神色。一般为非作歹的纨绔子弟，像《野猪林》的高世德，《打花鼓》的丑公子，面部化妆涂白腰子脸，两颊抹红，眉眼的距离要较近一些，额角画两块太阳膏。

3. 老丑脸——多演性格善良、诙谐风趣的老人。像《女起解》的崇公道，是一个有正义感、诙谐风趣的老解差。面部化妆勾白腰子脸，画白八字眉，小眼睛，红嘴唇，额间、眉角和两颊要用白笔勾画皱纹，挂白五搞髯。还有《当锏卖马》的王老好，《取帅印》和《百寿图》的程咬金，《空城计》的老军，《秋江》艄翁等，都勾老丑脸，挂白四喜髯。脸上必须画皱纹，眉眼的描画要显露出年老诙谐神气。

4. 武丑脸——滑稽诙谐，有武打功夫的江湖人物，行侠仗义，机智精悍的英雄好汉等（正反面人物都有）。像《艳阳楼》的秦仁，《曾头市》的阮小二，《时迁偷鸡》的时迁，《九龙杯》的杨香武和《连环套》的朱光祖等，都勾武丑脸谱。朱光祖是一个投靠封建统治阶级的江湖人物，为人机警狡黠，有武功，面部化妆勾白鼻梁枣核脸，画黑八字眉，细三角眼，小嘴唇，挂二桃髯。武丑脸谱的白粉多集中在鼻部，眉眼的描画要表现出机警狡黠的神色。像《生辰纲》的白日鼠白胜，鼻梁上画一个白老鼠的形象，一方面表现他的绰号，另一方面也表现他机警狡黠的性格。这种勾法是带有象征意味的。

5. 小花脸——可归属丑脸。像《野猪林》的薛霸，他是由丑角扮演的官府恶差役，又称恶丑脸谱，面部化妆勾画白腰子脸。画斜八字眉，大三梭眼，歪嘴岔。两颊揉黑烟子，太阳穴画两帖膏药。五官的描画要狡猾凶恶。再如《巴骆和》的胡理，《盗戟》的胡车，《水帘洞》的虾精，《钟馗嫁妹》的小鬼等，面部类似净角的脸谱。

其他地方剧种丑角脸谱的叫法各异，分类名称也不大统一。例如，川剧丑角脸谱细分之为："袍带丑"、"褶子丑"、"烟子丑"（过去多用以扮演劳苦人民，形容枯槁、面目黧黑，故有此称。但其中有些歪曲和丑化，我们应分析、区别对待。例如，《林丁犯夜》的林丁、《三卖武》的谢德三等），还有"筋筋丑"和"娃娃丑"（相当于京剧的小丑）等丑角脸谱。

六　戏曲脸谱升华

1984 年我在北京参加筹备首届全国舞台美术展览会。记得开幕式那天，在舞台美术展览的戏曲馆里，我观摩了来自全国许多地区的戏曲脸谱。它们形式多样、琳琅满目。其中有北京、天津、江苏、新疆的京剧脸谱，以及山西、湖南、陕西、青海等省的地方戏脸谱。这些脸谱，由整理绘制者用泥塑、绘画、木偶、彩色照片、幻灯片等不同的形式参加了展出，吸引着国内外观众，并得到了普遍的赞赏。在给予人们艺术美的享受的同时，还使人感受到中华民族优秀艺术传统的撼人心弦的艺术魅力，反映着我国戏曲艺术源远流长、根深叶茂，并将有永远陶冶中华民族艺术素质的强大生命力。

戏曲脸谱是我国戏曲艺术的一种独特的造型手段，在戏曲表演艺术中占有非常重要的地位。从世界各国的戏剧化妆来看，我国的戏曲脸谱有自己民族的特色和精湛的艺术技巧，在发扬中华民族文化传统精神的实践中，起着十分重要的作用。

怎样把这部分戏曲艺术精华保存下来，并发扬光大呢？通过展览，也听到不少关心和热爱戏曲脸谱的中外观众提出了这个问题。据我所知，这也是广大戏曲工作者历来所有的心愿。新中国成立前，多少艺人想把戏曲脸谱艺术作系统的整理而不能如愿，竭尽全力也只能在《戏剧月刊》、《梨园影事》画刊等极少数报刊上发表零星文字；民国时出版过《脸谱大全》，但因当时的经济和技术水平的限制，绘画和印刷质量都很差。新中国成立后，党和人民政府非常重视戏曲脸谱的收集和整理，并认真组织了研究和出版工作。据不完全统计，仅1961年、1962年这两年之内，各地报纸发表有关戏曲脸谱的文章就有50多篇。而且先后整理出版了《郝寿臣脸谱集》、《刘奎官京剧脸谱集》、《川剧脸谱集》、《湖南地方戏曲脸谱集》、《粤剧脸谱集》、《江西古典戏曲脸谱选集》、《昆曲脸谱》、《豫剧脸谱集》等。一些戏曲理论家，如周贻白、张庚、郭汉城，在他们所编著的《中国戏剧史》、《中国戏曲通史》等著作中，都对戏曲脸谱作了专门的论述，对它们的历史发展和美学价值作了透彻的分析，提出了许多精辟的见解。这充分说明了新中国成立后这一工作已取得了可喜的成绩。

脸谱对于古典剧目的血肉关系已是客观存在，但是，对于戏曲现代剧目要不要脸谱，能不能搞脸谱，从而使戏曲脸谱艺术通过发展现代戏而得到繁衍下去的条件怎样呢？对这个问题似乎尚未引起人们的注意。记得张庚同志在他的《戏曲艺术论》中对此表示："我的看法是：穿这样的衣服演这样的戏，如演曹操的戏，像话剧那样化妆就不好看。""但演现代题材的戏，就不必创造现代人物的脸谱了。"这个看法是不主张现代戏搞脸谱，而我却觉得可以创造现代人物的脸谱。因为只要是戏曲，就必然要使它的舞台美术具有戏曲的特点，而脸部化妆造型的方法也必须是戏曲的。脸部造型是戏曲舞台美术的装饰性的有机组成部分。创造现代人物的脸谱，是戏曲舞台美术体现戏曲艺术特点的一个重要手段。当然，这样说并不是要把古典戏的脸谱原封不动地移到现代人物脸上，而是继承和借鉴古典戏曲脸谱的造型规律，根据现代人物的时代特点和性格特征去创造符合戏曲艺术规律的新脸谱。这不仅是必要的，而且是完全可以做到的。现代京剧《智取威虎山》中的座山雕，就是以雕为象形的脸谱；"八大金刚"中的伪军、土匪等不同身份的人也各有自己的丑角脸谱，这些都可以说是戏曲现代戏中反面人物脸谱的雏形。我记得在 1959 年，由吴雪同志导演的话剧《降龙伏虎》，就强调了人物造型的夸张和装饰风格，着力向传统戏曲学习。其中一些角色的化妆就近似于戏曲脸谱的手法。如剧中的李玉桃（于黛琴演），脸部化妆是借鉴了京剧的穆桂英、花木兰的画法，有点青衣、花旦的特点；剧中的大龙、赵老大等是借鉴了京剧武生和老生的脸谱画法，等等。如果说话剧化妆可以借鉴京剧化妆方法，难道戏曲现代戏自己就不可以有新人的脸谱吗？至今出现在戏曲舞台上的现代人物造型，基本上是借用了话剧化妆方法，比较写实，这与戏曲布景的写实风格与戏曲夸张表演不相统一一样。这都是值得我们研究的课题。不仅如此，近些年来，我国多数戏曲剧院，在创作新编历史剧中，最适合净角人物的脸谱都不去创作了，而采用了简化的话剧或歌剧的化妆方法塑造人物。其原因，一是缺乏对脸谱的研究和创新精神；二是为了图省事，使得舞台艺术质量下降。对戏曲化妆的创新，不能先定个什么框框，或者以一种观点统一其余。要不要现代人物脸谱可以展开不同观点的讨论，可以进行不同形式的试验，目的在于脸谱的继承与发展。对于现代人物脸谱的创作方法，在借鉴传统的基础上，针对现实人物面部的生活形态，可以用戏曲的夸张手法加以集中、提炼，甚至一定程度的变形，来塑造不同性格特征和不同政治面貌的人物。传统的戏曲脸谱是在长期的封建时代形成的，它反映的是古代人民的生活面貌，塑造的是古代人物的形象。今天表现现代人物，完全抄袭传统不行，完全抛开传统也不行。戏曲现代戏人物脸谱一定要在继承的基础上进行革新、创造，要做到形式美与内容美的统一。

脸谱反映了戏曲艺术的传统精华，并受到广大观众的赞美，这当然很好。然而，我们作为戏曲艺术工作者，却不能只满足于这一点。我们不能把戏曲脸谱艺术当作一种文物来观赏，甘愿从我们这一代人手里把戏曲脸谱送进历史博物馆，让它到此为止！我们的责任是，要通过对脸谱艺术的继承和发展，通过我们的创新，让戏曲脸谱艺术在新编历史剧和现代戏的演出中生根、开花、结果，繁衍下去，永远放出它那夺目的光彩。

总结和宣传我国戏曲脸谱命运、色彩、图案、谱式、升华的目的，在于继承和发展传统。为了把我们的传统戏曲剧目演好，其中包括了将脸谱化装好，使其精益求精地体现在舞台上。再有就是将戏曲中的新编历史剧和现代戏里的净、丑人物设置好，同时要细心构思设计好他们的脸谱谱式，防止新编历史剧中没有净、丑脸谱的塑造，而倒向话剧、歌剧、影视剧的化妆形式，造成我国优秀的传统脸谱艺术走向枯萎的危险。现在我们应特别注意的是，戏曲界新创作的新编历史剧，很少根据剧中的人物，大胆创作新的脸谱艺术，这是最大的遗憾。对于这种情况我们应该加以改进。尤其是舞台美术设计、导演和演员，需要同心协力，在分析剧本做案头工作时，根据历史剧新任务的要求，发挥创意精神，塑造出新的历史剧人物的脸谱艺术来。

最后我以中国戏剧家协会副主席刘厚生先生在第一届华文戏剧节（'96·北京）开幕词中的一段话作为整篇论文的结束语："我以为我们这次聚会的最宝贵意义就是这次聚会本身。我们都是中华民族的儿女，可是帝国主义的侵略和众所周知的原因，把我们隔离了这么多年，只是我们各自的文化面貌、文化气息有了不同程度的差异。优秀的中华民族文化传统极为深厚，在深厚的传统中从来不拒绝外来因素的交流和滋养。但是哪些是有益的，哪些是有害的，我们要进行比较和鉴别。我们要高举创造中华优秀戏剧艺术的大旗，对祖国以至对世界的戏剧做出贡献。我们各自都有丰富的经验和所面临的问题，近年来我们虽已分别有些接触，但是始终还没有坐在一起，今天你发你的言，我说我的话，言无不尽、求同存异、相互吸收、相互借鉴、相互认识、相互理解。我相信我们一定会很快走上一条共同的大路，也就是在新的时代中，共同创造中华民族优秀戏剧艺术和舞台美术的大道上，去创建我们未来中华民族的辉煌。"

中国古代图腾扮饰与傩面具考论

黎 羌①

摘 要：自古迄今中国一直盛行着原始宗教信仰，由此派生出形形色色的图腾，这些多由各种动物、神灵或人所组成。这些宗教文化的载体经与中国各民族民间丰富多样的文身、黥面、刺青、涂面、盖面、遮面、镂面、切痕等扮饰结合，即幻化成神奇怪诞的傩面、魌头、假面具，继而分流出形态各异的戏曲化妆脸谱。这是中华民族传统乐舞戏剧文化中的一道特殊的艺术奇观。

关键词：图腾；神话；扮饰；傩文化；脸谱

在远古的中国，用文字记载的文学形式出现之前，流行于边疆各氏族、部族之间的是呈物质状态的图像艺术，它们由植物、动物及自然生物的机体和形象幻化所制。这些足以代表原始先民精神文化的物化形态，以傩面具为轴心而前沿后续于图腾、文身、黥面、魌头、假面与脸谱扮饰之中，为人类记载和留存了一大批珍贵的文化遗产，并指引了一条古老而鲜活的中华民族宗教与世俗相交织的艺术之路。

我们若翻阅华夏民族造型艺术的史册，以及在现实的民俗生活中去寻觅，可以耳闻目睹许多与傩文化有关联的宗教祭祀和世俗表演，它忠实地记载着中华民族数千年走过来的文明发展历史。对其作发生学、形态学、传播学、阐释学的研究，可以知晓这一东方民族独特的文化审美

---

① 黎羌，本名李强，陕西师范大学文学院教授，中国少数民族语言文学、世界文学与比较文学博士生导师，兼任山西师范大学戏曲文物研究所戏剧戏曲学博士生导师。陕西师范大学中外民族戏剧学研究中心主任。曾撰写出版过《中西戏剧文化交流史》、《民族戏剧学》、《中外剧诗比较通论》、《丝绸之路戏剧文化研究》、《电影与戏剧关系研究》等学术专著。

观念与理想。在追根溯源，寻觅傩文化渊源的过程之中，必不可少地要站在条分缕析考释傩面具与远古图腾的关系的立场上，逐渐梳理其史前史，以及流变史；并需高瞻远瞩、放宽眼量，将中国的傩艺术与周边国家与民族的相同或相似的原始文化形态相比较，如此描绘出整个人类的傩学蓝图。

一 古书中的神话传说与图腾扮饰

言及中国古代神话传说，其中有大量可供傩文化研究的珍贵学术资料。特别是从《山海经》、《世本》、《列仙传》、《录异集》、《路史》和《淮南子》等古书中寻觅其人神，或人兽，或人鬼的原始形象。在远古时期，人们敬畏天地万物而在自己的想象世界中设计出林林总总的神仙鬼怪形象，并根据宗教需求而选择了其中某物种作为族群的崇拜图腾物。

《山海经》的神怪世界中就有许多半人、半兽、半神的动物形象，它们当中有许多都是中国先民的图腾崇拜物。诸如人面蛇身、马身人面（二十神）、人面牛身（七神）、彘身人面（十四神）、彘身而八足蛇尾（十神）、鸟首龙身、龙首鸟身、人面龙身、羊身人面、豕身人面、鸟身而人面等。像窫窳："居弱水中，在兕兕知人名之西，其状如龙首，食人。"雷神："雷泽中，龙首而人头，鼓其腹，在吴西。"鼓："兽后变鸟，其状如人面而龙身，亦化为鵕鸟，其状如鸱，赤足而直喙，黄文而白首，其音如鹄。"招司："其状马身而人面，虎文而鸟翼，徇于四海，其音如榴。"等等。这些都是人们在神话想象中竭力崇拜的野蛮、原始、富有神奇力量的图腾形象。

诸如夔："流波山其上有兽，状如牛，苍身而无角，一足，出入水则必风雨，其光如日月，其声如雷，黄帝得之，以其皮为鼓，橛以雷兽之骨，声闻五百里，以威天下。"九尾狐："兽，其状如狐而九尾，其音如婴儿，能食人，食者不蛊。"陆吾："其神状虎身而九尾，人面而虎爪，是神也。"西王母："其状如人，豹尾虎齿而善啸，蓬发戴胜，是司天之厉及五残。"以及"人面蛇身"的伏羲女娲，"八肱八趾疏首"的蚩尤。这些神话形象更是具备人们崇拜的图腾文化特质。

　　特别是一些其人物形象为人身兽面的神话传说，如出于光山的"计蒙，其状人身而龙首，恒游于漳渊"，"其状如禺而文臂，豹虎而善投"的"夸父"，"有兽焉，其状如狸而有髦"的"类"，"人身黑首从目"的"袜"，"有鸟焉，其状如枭，人面四目"的"颙"，"有神衔操蛇，其状虎首人身，四蹄长肘"的"彊"等，所长的鸟、龙、虎、豹、兽面，实为后世的图腾面具提供了形象生动的物质与精神财富。

　　"图腾"（totem）是原始人群体的亲属、祖先、保护神的标志和象征，是人类历史上最早的一种文化现象。社会生产力的低下和原始民族对自然的无知是图腾产生的基础。图腾就是原始人迷信某种动物或自然物同氏族有血缘关系，因而用来做本氏族的徽号或标志。所谓图腾，就是原始时代的人们把某种动物、植物或非生物等当作自己的亲属、祖先或保护神。相信他们有一种超自然力，会保护自己，并且还可以获得他们的力量和技能。在原始人的眼里，图腾实际是一个被人格化的崇拜对象。图腾作为崇拜对象，主要的不在他的自然形象本身，而在于它所体现的血缘关系。图腾崇拜的意义也就在于确认氏族成员在血缘上的统一性。人与图腾有什么关系？经总结大致有如下三种认识：

　　（1）图腾是先民的血缘亲属。先民用父亲祖父母等亲属称呼来称呼图腾，并以图腾名称作为群体名称；（2）图腾是群体的祖先，认为群体成员都是由图腾繁衍而来；（3）图腾是群体的保护神。这是人类的思维有了一定发展后，人类了解到人类与兽类之间有很大差异后，他们不再认为图腾可以生人。但图腾祖先的观念根深蒂固，于是产生了图腾保护神的观念。

　　"图腾"一词来源于印第安语"totem"，意思为"它的亲属"，"它的标记"。在原始人信仰中，认为本氏族人都源于某种特定的物种，大多数情况下，被认为与某种动物具有亲缘关系，于是，图腾信仰便与祖先崇拜发生了关系。在许多图腾神话中，认为自己的祖先就来源于某种动物或植物，或是与某种动物或植物发生过亲缘关系，于是某种动、植物便成了这个民族最古老的祖先。例如，"天命玄鸟，降而生商"（《史记·殷本纪》），玄鸟便成为商族的图腾。因此，图腾崇拜与其说是对动、植物的崇拜，还不如说是对祖先的崇拜。图腾与氏族的亲缘关系常常通过氏族起源神话和称呼体现出来。

图腾的另一层意思是"标志"。就是说它还要起到某种标志作用。图腾标志在原始社会中起着重要的作用，它是最早的社会组织标志和象征。它具有团结群体、密切血缘关系、维系社会组织和互相区别的职能。图腾标志最典型的就是图腾柱，在印第安人的村落中，多立有图腾柱，在中国东南沿海考古中，也发现有鸟图腾柱。浙江绍兴出土一战国时古越人铜质房屋模型，屋顶立一图腾柱，柱顶塑一大尾鸠。故宫索伦杆顶立一神鸟，古代朝鲜族每一村落村口都立一鸟杆，这都是由图腾柱演变而来。在西南地区少数民族聚居处刻有许多假面的图腾柱更多，并且与当地盛行的傩文化有直接的联系。

关于傩、傩舞、傩仪产生于何时、何处以及起源如何的问题，目前学界大致有上古史前说、夏商周三代说；另有图腾说，中原说，南方说，多元说；狩猎说，农耕说，符号说等。相比之下，笔者较赞成"图腾说"，因为此种观念产生久远，傩文化从此获得启发最多；且物象化，看得见，摸得着，并自始至终贯穿傩仪全部过程。

无论是我国先民之氏族、部族、部落联盟，还是当今的民族，都拥有自己的崇拜对象和图腾物，诸如中华民族顶礼膜拜的龙、凤，少数民族信奉的猴、鸟、虎、熊、狼、蛙等，在他们传统祭祀的仪式中，都有至高无上的地位。如苗族学者李智刚在《苗傩三探》中认为：

> 傩起源与苗族。鸟即中国古傩原型的最初意象，遗留下来的证据在声音和图像：傩祭驱疫时傩神口中发出"傩傩"之声。……先民造"傩"字时所依据的原始形象：一个身披羽毛、雀顶凤冠的人。而这鸟人，正是崇鸟为图腾的民族，当属发祥于黄河下游至长江中下游一代的苗族先民"九黎"部落。①

彝族自古信奉的图腾是白虎，其"虎"在本民族与"傩"音一致。唐楚臣在《虎图腾遗迹——彝族虎节纪实》中说："虎节以傩舞为主要

---

① 李智刚：《苗傩三探》，载湖南省艺术研究院编《沅湘傩文化之族》，长春时代文艺出版社 2000 年版，第 61 页。

表现形式：人化装成虎，跳生产、生活、生殖舞蹈，举行傩祭仪式。这是一种较假面傩舞更为重要的原始舞蹈。"①

据我国古籍记载，中华民族始祖黄帝"出自有熊之国"，是"有熊国君少典之子"，故名轩辕，号有熊氏，古代官方举办傩仪，大多为"方相氏蒙熊皮"。对此，孙作云在《敦煌画中神怪画》一文中释读："至于打鬼的人为什么必须蒙熊皮，作熊的装束，这个因为它最初本是熊氏族的图腾跳舞，而且是熊氏及其同盟氏族的战争跳舞，到后来才演变成一般性打鬼跳舞。"当然以后又演化为龙，这是包括熊在内的多种动物图腾的复合体。②

关于中国的图腾与傩文化，我们可以从一些出土文物与民间图文中获悉。诸如彩陶上的图腾：彩陶纹是新石器时代最引人注目的艺术之一，里面的动物纹尤其丰富，常见的有鱼纹、鸟纹、壁虎纹、蛙纹、猪纹、羊纹等。在黄河流域的中原平原，汾河流域和渭河流域的中原平原地区，在黄河上游、大夏河和渭河流域的西北地区，都留下了以动物纹作彩陶的器物。鱼纹是最常见的形象之一。中国的人面鱼纹彩陶盆是个很好的例证。

对龙的崇拜在中国历史上是一种绵延了数千年的特殊现象。在中国人的心目中，龙具有非凡的能力，他有鳞有角，有牙有爪，能钻土入水，能蛰伏冬眠；他有自然力，能兴云布雨，又能电闪雷鸣。关于龙的形象，无论古今，都没有给出确切描述。而现在人们所表述的龙的形象，都是龙形象完美之后的形态。

我们今天所崇拜的龙到底来自哪个民族的图腾崇拜呢？据较早较可靠的古代文献记载：远古时期，中国大地上先后出现过一些著名的部落，其中最著名的是黄河中下游、渭河流域的炎帝部落、黄帝部落，黄河下游的少昊部落，江淮流域的太昊部落。史称炎帝族首领"牛首人身"，故有些学者认为炎帝部落以牛为图腾。但据炎帝的族姓是"姜"，可以认为，姓从母系，姜即为羌，故炎帝的母系图腾为羊。黄帝，意为黄土高原的统治者，其图腾应为黄土。炎帝族和黄帝族属于华夏族团；

---

① 唐楚臣：《虎图腾遗迹——彝族虎节纪实》，台北施合郑氏民俗文化基金会编《中国傩戏傩文化研究通讯》，1992 年。

② 孙作云：《敦煌画中神怪画》，载《考古》1960 年第 6 期。

少昊部落和太昊部落则属于东夷族团。少昊部落以鸟为图腾，太昊部落则以龙为图腾。

另外还有我国南方少数民族普遍崇拜的葫芦图腾：由葫芦神话衍生的传说亦多种多样，最出名的就是盘古开天辟地。据传盘古出世时，将身一伸，天即高，地便坠，天地相连处，盘古则左手持凿，右手持斧，或用斧劈或用凿击，自是神力，久而天地乃分，二气升降，清者上为天，浊者下为地，自是混沌初开。盘古与葫芦图腾有何关系呢？彝语专家刘尧汉在《论中国葫芦文化》中指出，盘古就是葫芦，盘古的盘，即是葫芦；古意为开端，所谓盘古，即"从葫芦开端"。

黄帝、炎帝、颛顼、禺强、九凤、强良、夸父、鯀、魃、犬戎、烛龙、蚩尤、应龙、共工、禹、女娲、帝俊、后稷、老童、祝融、弇兹、噱、常羲、西王母、奢比尸、天吴、竖亥、句芒、鬶、夒、九尾狐、雷神、陆吾等有非凡的神力，先民对他们极其敬畏，于是以图腾、傩面，以及其他神怪形式予以装扮。

在人类的童年时代，由天地万物与动植物幻变的神灵鬼怪时常左右着我们的先民，并在潜意识上暗示与引导着人们以稀奇古怪的装扮来亲近大自然。古代氏族、部族都普遍信仰原始宗教，各部落联盟都有着各自崇拜的自然图腾。诸如胡愈之翻译培松《图腾主义》一书叙述："高尔部落的图腾遗族，至今可考见者，只有姓氏一端，古代有名 Eburon 者，意即野猪。高尔族古钱上多镌牛、马、野猪的像，这些更是图腾遗迹的明证。"

在中国古代神话传说中，三皇五帝中的黄帝，名轩辕。据《史记·五帝本纪》记载其为"有熊国君之子"，故信奉熊之图腾。李则纲著《始祖的诞生与图腾》一书叙述："武帝梁祠石室画像，伏羲和女娲二人，各有一条具有麟甲的长尾，两相交接，骤视之，殊可怪异。但是就从这种古怪的图像里，也可窥测图腾和古代人物的关系。"[①]

法国文化人类学家列维—施特劳斯著《图腾制度》一书阐述了图腾宗教崇拜与先民难以分割的血缘关系：

---

① 李则纲：《始祖的诞生与图腾》，上海文艺出版社 1988 年影印本，第 73 页。

对图腾制度来说，这确实是一种更便捷的做法，尽管祭祀这种观念依然是西方大型宗教的核心观念，但它也提出了同样类型的难题。每一种牺牲都意味着司仪、神与献祭物之间的自然团结状态，无论是一只动物、一株植物，还是一件物品，都会被人们当成生命，因为只有当发生灾难的时候，它的毁灭才是有意义的。于是，祭祀的观念从中萌发了与动植物相融合的胚芽。①

古代先民萌发的与"动植物相融合"的图腾祭祀，不仅加固了他们的宗教仪式，同时也激发了他们的装扮意识。诸如用飞禽走兽的羽毛、皮张，以及树叶花草来装饰自己的肢体。青海大通县上孙家寨马家窑出土的彩色陶盆，即绘有戴羽饰、拖兽尾的远古先民群舞形象。

二　假面、傩面具与傩文化的社会功能

假面或傩面具在宗教与世俗乐舞戏剧表演艺术中的出现，可谓人类民俗文化中的一件大事。正如郭净在《中国面具文化》一书中无不自豪地夸赞："面具的象征性可以通过改变人的自身来实现，它的这种奇特功能是其他任何宗教或艺术创造手段所难以企及的。"他又说："人类最伟大最古老的梦想不是征服自然，而是超越自我。在肉体上超越，表现为宗教的想象和艺术的追求。而假面具的奇妙之处就在于它能将这两种超越的方式合二为一，使化装者的灵与肉在瞬间同时变成一种新的形态，跃入一个新的境界。"② 易中天主编《艺术的特征》也在从艺术发生学与美学角度来论述"面具和脸谱在戏剧中的作用"：

在先民与神灵神秘的交流中，表演的意识也开始产生，而献祭表演的歌舞和涉及神的降生、死亡及再生的传说，便成了戏剧诞生的源头。演员要扮演"角色"（另一个人），最便当的办法就是换"脸"。这就是面具和脸谱在戏剧中的作用。戴上面具或画上脸谱，

① ［法］列维—施特劳斯：《图腾制度》，上海人民出版社 2005 年版，第 4 页。
② 郭净：《中国面具文化》，上海人民出版社 1992 年版，第 1 页。

演员就不再是他自己，而是"剧中人"。……所以，有了面具，有了脸谱，有了戏服，有了道具和化妆，所谓"粉墨登场"即是。可见，扮演是戏剧区别于其他表演艺术的一个主要特征。①

上述两位学者都在探索演员在戴上面具、穿上戏服时所发生的神奇的变化。确实，在古典戏曲形成以前，中华民族民间各种表演艺术中，早已产生了两种化妆方法，即面具化妆和涂面化妆。面具化妆来自原始社会的歌舞仪式，其中代表性的是带有宗教色彩的傩舞，此与后世戏曲发展关系密切。傩舞的特点是舞蹈者一般戴面具，把自己装扮成神鬼、历史人物和传统人物及各种奇禽怪兽，以表示对神灵的崇拜，对祖先的祈祷，以及对恶魔和不祥之物的讨伐驱逐。

1955—1976 年，在陕西城固地区陆续挖出了 48 件殷商铜面具，其中 23 件为人形脸壳，面容凶煞，目眶深凹，眼球外突，中间留有圆孔，悬鼻突出，透雕獠牙。同样造型的面具在陕西洋县和西安老牛坡均有发现。陕西岐山贺家村一号墓也出土过类似的铜兽面具。另有河南安阳、湖北盘龙城、北京平谷的商代铜面具；陕西宝鸡、岐山的周代铜面具。美国西雅图美术馆收藏的一件商末周初的高 25 厘米左右的兽形面具更为典型。四川省广汉三星堆出土了我国目前年代最早的金面具。

在商王朝复杂的祭祀系统中，面具是一种极其重要的巫术工具。它的使用并不限于殷商王室统治的中心区域，而早已推及像巴蜀那样偏远的地区。周代以降，"傩"字便逐渐成为假面驱疫活动的专称，并一直沿用至今。有关的祭祀便叫作"傩仪"、"傩祭"；有关的表演叫作"傩舞"、"傩戏"；有关的宗教团体和祭祀场所则叫作"傩坛"、"傩堂"。周人把傩仪分为三种形式：一曰"天子之傩"；二曰"国傩"；三曰"大傩"，又称"乡傩"。我们如今所能看到的出土文物：湖北随县战国墓出土漆棺画中戴假面的守护神，台北故宫博物院藏战国铜壶上的鸟人舞，淮阴战国楚墓铜器"驱鬼图"，湖北随县战国墓出土漆器上的假面假形鼓舞，都带有鲜明的古代面具与傩文化性质。

中国古代宗教祭祀和民间祭祀中，都有巫舞、傩舞。迎神赛会上，

---

① 易中天：《艺术的特征》，湖南人民出版社 2006 年版，第 171 页。

跳宗教舞蹈的人常戴面具。"驱傩"是古代的一种大型歌舞，有扮人物的，有扮动物的，有扮神的。《后汉书·礼仪志》里所记载的"驱傩"活动的文字，就有关于为驱邪逐疫而演出乐舞的描述。其中扮神的主要舞者是方相氏，"黄金四目，蒙熊皮，玄衣朱裳，执戈扬盾"，戴着"黄金四目"的假面具，穿着黑衣服，系着红色衣裙，一手执戈，一手拿盾。除了方相氏，另外还有十二人戴着面具扮演兽及鬼怪，等等。傩面具千姿百态，人神鬼兽俱全，正邪分明，表现出各自的特点。后世傩活动中涌进了大量世俗化、人性化的社会生活内容，在中国一些地区逐渐形成了戏曲剧种，如贵州的"傩坛戏"、"脸壳戏"，湖北的"傩戏"，湖南的"傩堂戏"等。有些傩戏至今仍作为"活化石"而在民间流传着。

据沈福馨、周林生编《世界面具艺术》《序·中国面具艺术初析》介绍：

> 中国浩瀚的史籍中，对面具的称号不下二十余种。供象、魌面、魌头、其页头、拔头、钵头、大面、假面、代面、幻面、装面、鬼脸、脸子、脸壳、神面等等，全是面具的别名；在甲骨文和钟鼎文中，曾有过被专家们考为"魌"的象形字：都有明显的人戴面具的造型特征。尔后，在各朝各代的史籍、诗歌、散文及方志中均不乏关于面具及使用面具的记载。自商周以来，各个时代，都有以戴面具为其特征的傩祭、傩舞及由此发展而成的傩戏，其覆盖面之广，规模之盛，延续时间之长，可谓文化史上一大奇观。①

此书还解析："就面具的应用功能考虑，我国历史上曾经出现过狩猎面具、图腾面具、随葬面具、征战面具和百戏娱乐面具等六大类。若将面具的功能和形式延伸，还可以列出一类带有图腾意味或宗教色彩的供奉面具（如吞口）。"我国各地现存的面具，就其艺术风格归类，不外乎三种形态：原始风格的面具、写实风格的面具和藏区"羌姆"（包括藏戏中的立体面具）。贵州"撮泰吉"面具、四川"曹盖"面具。此

---

① 沈福馨、周林生：《世界面具艺术》，人民美术出版社 1994 年版。

外，还有一些民俗性活动中使用的面具，如广西融水苗族的"芒哥"木雕面具、壮族和土家族的稻草面具、贵州从江的"耍变婆"木雕面具、云南基诺族的笋壳面具等，亦可归入原始风格的面具。

写实风格的面具，主要指以傩戏为载体流传下来的戏剧演出面具。目前尚能寻访到的这一类面具，计有安徽贵池傩戏面具、江西跳傩面具、湖北傩愿戏面具、湖南傩戏面具、四川阳戏面具、广西师公戏面具、贵州傩堂戏和地戏面具、云南端公戏和关索戏面具等。湘西、云贵一带的偏僻山野，即旧时所谓"蛮荒之地"，傩戏面具还较多地存有古傩遗风，质朴而粗放。

"羌姆"跳神面具和部分藏戏面具，佛、菩萨、高僧、护法、金刚、魔妃、鬼卒、动物……构成一条天上、人间、地狱的肖像画廊。其中尤以护法神形象最多。他们所呈现的风格面貌，完全笼罩在一种非人间的鬼神世界的宗教气氛中。西藏的面具艺术，对内地各族亦有着明显的影响。"羌姆"跳神和跳神面具随着藏传佛教的扩散，东达四川，南抵云南，北入青海、甘肃、内蒙古、华北以至东北。青海塔尔寺、甘肃拉卜楞寺、山西五台山、北京雍和宫等寺院的"羌姆"颇负名气。

岑家梧先生所著《图腾艺术史》不但提到了中国的众多假面具，而且提到了外国众多的假面具：

> 原始民族所用的假面，可分十一类，即：狩猎假面、图腾假面、妖魔假面、医术假面、追悼假面、头假面盖、鬼魂假面、战争假面、入会假面、乞雨假面、祭祀假面中所搜集图腾假面的材料甚少，惟猎狩假面、战争假面、入会假面、祭祀假面，觉不能断为与图腾无涉。[1]

郭净著《中国面具文化》引用瑶族有关假面的古代祭祀辞曰："画得神头有眼有耳，有鼻有口又无身。头是鬼头身是人，十字路头解无脱，阳人带去配阴间。"[2]《世界面具艺术》一书中从审美的角度研究面

---

[1] 岑家梧：《图腾艺术史》，上海文艺出版社 1988 年影印本，"序"第 83 页。
[2] 郭净：《中国面具文化》，上海人民出版社 1992 年版，第 32 页。

具文化："这条亘古大河，在中国流淌了四千年历史。在她的河床中，积淀了各个历史时期的文化基因和文化现象。作为造型艺术，我们主要从审美的角度研究她。但她的价值远非到此为止，还有待于我们从民俗学的角度，从宗教学的角度，从舞蹈戏剧史的角度和从社会发展史的角度去认真探究它的内涵。"①

关于古代面具的最直接、最有说服力的是位于四川省广汉县南兴镇三星村所发现的"三星堆文化遗址"。此于 20 世纪 80 年代被考古工作组挖掘的两个祭祀坑内，珍藏着许多珍贵的青铜文物。诸如金质权杖、黄金面罩、青铜立人像与人头像、青铜龙头、青铜虎、青铜鸡、青铜蛇、青铜鸟、青铜铃、青铜树，以及各种玉器、石器、骨器、陶器等瑰宝，另外还有一些造型奇特、价值连城的黄金面罩、青铜人面具与兽面具。

据陈兆复先生主编的《中国少数民族美术史》记载，三星堆出土的青铜人面具，一号坑其特点是："宽脸，圆下颌，粗眉大眼，尖鼻子，有两只云雷形小耳。"二号坑"根据形态可分为三型"，其 A 型被称为"纵目人面像"，其特征是："长眉，棱形纵目，低鼻梁"，其"眼球均凸出眼眶"。B 型其特点是："方颐宽面，粗眉大眼……鼻棱突出，阔嘴。"C 型"面像瘦长，眉较短，杏叶眼，宽额，鼻棱尖直突出，嘴角上翘"。另外如青铜兽面具，其显著特征是："头上出两卷云形角，双眉斜出向外，眼细长，双眼浑圆，鼻梁细窄，大嘴，嘴角下勾，上下两排牙齿紧咬。"根据出土人、兽面具的尺寸大小与系绳穿孔"推测当为祭祀之际巫师所佩戴的面具"。此书在记载出土"黄金面罩"与"青铜人头像"的学术价值时指出：

> 黄金面罩，则与常人脸型大小相当，眉、眼、口部镂空，鼻梁突出。十三件青铜人头像，与真人等大，空心铸造，头戴平冠，高鼻阔目，丰颐大耳，表情各异，这在中国也是首次发现。此外，还有数十件青铜面具、青铜人坐像、青铜龙头、青铜虎等。这些青铜造像，风格独特，线条流畅，比例适当，表现准确，无论是雕塑艺

---

① 沈福馨、周林生：《世界面具艺术》，人民美术出版社 1994 年版，第 12 页。

术还是铸造技术都达到了较高的水平。①

　　据考证，"三星堆祭祀坑"的考古年代在殷墟文化早期至晚期（公元前 14 世纪至前 10 世纪中叶），我国夏商时代的巴蜀地区竟然出现了技术工艺如此之高超的青铜艺术，至今令人百思不得其解。另外，根据出土的人与兽面具雕像造型特征辨析，那些高鼻、深目、浓重胡须与宽嘴大耳的人物形象，或出自周边的西南夷族，更多出自西方中亚、西亚的胡人。再如中原地区绝无仅有的青铜人像群雕、神树与黄金面罩，更应来自远方的古埃及、古巴比伦文化，由此可证实历史上巴蜀少数民族与西方诸国的戏剧乐舞有过神奇的装饰文化交流。

　　三星堆祭祀坑大量青铜器面世，给后人带来较多的难解之谜。例如：三星堆文化来自何方？三星堆居民的族属为何？三星堆古蜀国的政权性质及宗教形态如何？三星堆青铜器群高超的青铜器冶炼技术，以及青铜文化是如何产生的？是蜀地独自产生发展起来的，还是受中原文化、荆楚文化或西亚、东南亚等文化影响的产物？三星堆古蜀国何以产生？持续多久？又何以突然消亡？出土上千件文物的三星堆两个坑属于何年代及什么性质？古代蜀文化的重大"巴蜀图语"何以解开？三星堆出土的青铜器与金器物上的符号是文字？是族徽，是图画，还是宗教祭祀与戏剧乐舞符号？上述种种千古之谜均有待后人解说与破译。

　　傩与傩文化起源于原始宗教。在远古时期，生产力低下，人们对大自然的威胁没有抗御能力，一遇天灾人祸，只能用傩祭这一种原始宗教祭祀的巫术活动来祈告神灵，驱邪逐魔，弭灾纳祥。所谓"摘下面具是人，戴上面具是神"，或"戴上面具是角，表演起来是戏"，说的就是傩面具。外形奇特的傩面具是傩文化中傩祭、傩仪中使用的道具，是原始图腾再现和去灾纳祥的吉祥象征。傩面具根植于民间，凝聚了世代民众的审美情趣，面具或写实、或抽象，粗犷狰狞。中国古代有三大祭祀。腊祭，也称"腊八"，祭神农氏，以求农事风调雨顺。雩祭，也称"打旱魃"，是干旱之年的求雨祭祀。傩祭是驱鬼逐疫的仪式，是中国

---

① 陈兆复主编：《中国少数民族美术史》，中央民族大学 2001 年版，第 131 页。

古代三大祭祀中影响最大、最为隆重的祭祀活动，有"天子傩"、"国傩"、"大傩"之分。"天子傩"为天子专用，仅限于太社的范围之内，诸侯与庶民不得参与；"国傩"不得越出国社的范围，供天子与诸侯共同享用；"大傩"下及庶民，举国上下共同举行，故又称"乡傩"。在中国黄河、长江、珠江流域，以及东北和西北地区，都有过傩戏、傩文化的存在，并以不同的方式和形式传承着，形成一个东起苏皖赣，中经两湖、两广，西至川、黔、滇、藏，北至陕、晋、冀、内蒙古、新疆及东北的傩（巫）文化、傩戏圈。

傩面具是傩文化的重要组成部分，它用于傩仪、傩舞、傩戏。有学者将中国傩文化划分为六个广大的傩文化圈，即：北方萨满文化圈、中原傩文化圈、巴楚巫文化圈、百越巫文化圈、青藏苯佛文化圈、西域傩文化圈。傩文化圈几乎涵盖了中国所有地域和民族。中国傩文化的丛系，包括傩的观念、傩的文化根基、傩舞、傩仪、傩戏、傩神、傩面、傩坛（堂）、傩器、傩画，以及有关的驱鬼活动、祭祀酬神活动和求子、度关、医疗、娱乐、建房、超度等法事活动，这些都是我国珍贵的古代宗教与世俗文化遗产。

三　文身、黥面、魋头与脸谱的美学价值

文身、黥面、刺青、涂面、盖面、遮面、鏊面、切痕等均为中华民族先民遗存下来的古老的风俗习惯，其中亦投射着当时人们独特的生活方式和审美意识。此种被称为"图腾的装饰"的旧俗曾遍及世界各个土著先民中间，如岑家梧先生在《图腾艺术史》一书中阐述文身的起源和社会功能：

> 文身起源于保护生命之要求，可视为合理的解释，惜顾氏不解图腾同样化的意义，而取生物学的说明，尚距真理一步。原来图腾民族的黥纹，以图腾图像附着于身体之上，即代表图腾祖先的存在，赖此发生魔术的保护力，避免蛟龙之害。①

---

① 岑家梧：《图腾艺术史》，上海文艺出版社 1988 年影印本，第 49 页。

据汉代古籍《淮南子》记载："九疑之南，陆事寡而水事众，于是人民断发文身，以像鳞虫。"高诱注曰："文身刻画其体，纳默其中，为蛟龙之状，以入水蛟龙不能害也。"另见《汉书·西南夷传》云："种人皆刻画其身，像龙纹。"《汉书·匈奴传》记载："匈奴法，汉使不去节，不以墨黥其面，不得入穹庐。王乌，北地人，习汉俗，去其节，黥面入庐。"说明文身、黥面都来自神话想象中的动物形象，古代汉族此种古俗本来自南北边疆之异族。

若追究涂面，用描画或涂抹面部的方法来暂时改变自己所承担的社会角色或掩饰自己的真实身份，是一种非常古老的习俗。涂面就是画在脸上的假面具，是一种超越常规的装扮标志。如果把涂面的效果用针刺等手段固定下来，即称"刺青"。纹面古称"雕题"、"黥面"、"绣面"，早在《山海经》里就有记载。如果把涂面的纹样转移到木头等材料上用以佩戴，则变成了面具。

"盖面"，民族学材料告诉我们：在丧葬时遮盖死者的面孔，主要是为了防止亡灵出逃并留在人间作祟。所谓"盖面"，即用面具遮盖死者面部，多用黄金、玉石等耐久物品或能辟邪的材料制成。遮面，要求不能把面孔盖得严严实实，而要亦露亦藏，以适用于特定的仪式场合。幻面，诸如连云港岩画，云南麻栗坡大王崖画，云南沧源、内蒙古阴山、四川珙县岩画中的幻面都属文身、黥面类的假形化妆。假面，古人把那些用鸟羽兽皮遮盖全身的化妆亦称"假形"。史前的假形化妆，如上所述，在彩陶纹样和远古岩画中屡有所见。"魁头"则是用较为柔软的材料覆于面部的假形，属于傩面具的一种变体。

英国文化史学家朱利安·罗宾逊长期在地处边远的土著民族中进行学术考察过程中发现，人们有一个共同审美追求，即用各种材料来装扮自己的生理器官，使之与神灵世界相接通。他"到过世界各地，和许许多多部落族群共同生活过，所以会认为，每个文化群体会各按需要发明观念和象征符号，以反映其天然的特色"。他在民族艺术学名著《人体的美学》中为我们展示了一幅令人惊奇的土著民族人体修饰艺术之情状：

早在任何记诸文字的历史出现之前，男人、女人已经大费周章——甚至忍痛受苦地——把自己本来的形貌躯体加以装饰美化。为的是要追求伴侣，在族群中赢得威望，防止邪魔附身，获得神祇垂青。自那时候起，人体的每一个部位都成为修饰、装点、美化的目标。至于这需要付出多少时间、费用，必须受什么痛苦，甚少有人在意。为了成就某种社会公认之美貌，有些人——甚或整个社会——不惜改变自己肢体器官的形状、色泽、质地；腰肢、臀部、鼻子、眼睛、牙齿、毛发、耳朵、脑袋、乳房、皮肤、手、手指、指甲与趾甲、乳头、嘴唇、肚脐、生殖器、肩膀、手腕、颈子、腿、脚、踝、肋骨、脸颊、阴部、脸形轮廓等等，都在此例。①

他还指出："甚至到了如今，世界各地的男男女女为了追求难以捉摸的、短暂的、靠不住的'更美'，让自己承受各式各样的束缚与皮肉之苦……为的是成就美丽色相，引来同侪的嫉妒眼光，摄获异性的爱慕，得到特定部落或文化团体的认同。……有些社会族群是全体一致，按照传统的模式——有些近乎怪诞——修饰自己身体最隐秘的部位。这些'修'与'饰'多是为了表现宗教虔诚，接受文化仪式，强化族群团结，增添性吸引力。"也正是基于此种文化与美学追求，在后世文明社会与戏剧艺术舞台上出现的诸如燕尾服、鲸鱼骨裙撑、高跟鞋、假发、羽饰、臀垫、文胸、紧身衣、超短裙、假睫毛、长指甲、假面具、红嘴唇，以及各种奇装怪服与时髦化妆等，这些均为人类视觉艺术与民族装饰艺术进化与变异的文化产物。

我们常说的"扮饰艺术"是指人类为适应生活与审美需求而创造的人体装扮与修饰，其中包括从头到脚的扮饰，诸如头饰、发饰、首饰、服饰、手饰、脚饰、配饰等，以及文身、黥面、面具、假面、魁头、脸谱、化妆等。这些扮饰形式的产生和发展与古今各族人民的宗教与世俗活动有着密切的关系。

根据钟敬文先生主编的《中国民俗史》阐述先民人生礼俗，其中包括"拔牙之俗"、"颅骨变形"、"儋耳"等，特别提到"三星堆金面青

---

① 朱利发·罗宾逊：《人体的美学——关于人体修饰艺术的惊奇之旅》，广西美术出版社2000年版，第1页。

铜人头像"，并赞誉"原始时代有些地区的人以耳大为美，故以各种方法使耳变大"，接着此书论述：

> 海南岛，古称儋耳郡、儋州，现在还有儋县。儋耳，又作耽耳、担耳，义为大耳。海南岛的古称与《山海经》关于聂耳国的记载相符。著名的四川广汉三星堆遗址的一、二号祭祀坑出土有82尊青铜人像，其特征之一便是耳部特大。这应该是当时居民儋耳习俗的反映。[①]

《山海经·海外北经》记载"聂耳之国"，世俗流行"两手聂其耳"。郭璞注云："言耳长。行则以手摄持之也。"此种"儋耳之法"是土著人为了求美和崇神，从小使耳垂穿洞坠物，将其拉长成形。诸如原始部落先民所推崇的拔牙、染齿、压颅、修眉、鏊面等习俗都是在寻觅一种超脱现实、步入神灵世界的道路。

在我国古代的宗教祭祀系统中，人牲向来是规格最高的，也是最灵验的祭礼。而人牲的使用，通常采取"猎头血祭"的方式。考古学资料表明，我国的猎头之俗至迟在新石器时代已经产生，而且用于不同形式的祭典。诸如青海柳湾史前彩陶罐上的人形造像，云南战国时期青铜剑柄上的猎头图像。《赤雅·祭枭条》曰："僚人相斗杀，得美髯公者剟其面，笼之以竹，鼓行而祭，竞以徼福。"

辽宁牛河梁红山文化遗址出土的女神头像给了我们一个重要启示：古人往往通过面孔的变形改造来强调鬼神超自然、超人性的文化本质。在古代的神话和志怪小说里，人们也常用"幻面"的手法描绘鬼神的容貌。若给予大致的划分，则有神灵幻面、鬼怪幻面和异族幻面几类。如龙首蛇身、人兽相貌之西王母"虎齿善啸，蓬发戴胜"，"细声如窈窕佳人，玉面似牛头恶鬼"；《通典·边防》云"女国"男子"人身而狗头，其声如犬吠"。葛洪《抱朴子》描绘幻化之人：

> 山中寅日，有自称虞吏者，虎也。称当路君者，狼也。称令长

---

① 钟敬文：《中国民俗史》，人民出版社 2008 年版，第 253 页。

者，老狸也。卯日称丈人者，兔也。称东王父者，麋也。称西王母者，鹿也。辰日称雨师者，龙也。称河伯者，鱼也。称无肠公子者，蟹也。巳日称寡人者，社中蛇也。称时君者，龟也。午日称三公者，马也。称仙人者，老树也……

原始的生命崇拜，为面具的发育生长提供了必要的宗教条件。富有实用与审美价值的面具的产生与人体化妆扮饰的演变，不仅存留在与外世接触不多的少数民族之中，而且借助于乐舞戏剧舞台的表演而向外传播。英国著名学者赫·韦尔斯著《世界史纲》论断："在文明发生之前，人类生活中已经有了这些事情：在古代文明地区，当定期的庆祝活动已上升成为庙宇的典礼时，喜闻乐见的故事和短剧、朴素的舞蹈，无疑仍在普通老百姓中继续流传。虽然僧侣们采用了各种各样传说的纲目，例如创造天地万物的故事，并且把许多原始的寓言扩展成为复杂的神话，但他们似乎并没有把他们投进华丽词藻的模型里去加以铸炼，主要的还是看戏。"① 他们在参加各种宗教和世俗节庆活动过程中，通过短剧、舞蹈等表演形式，及其面具、装饰来回忆人类的历史和文明进化程度。

在原始社会的人群之中，要数巫筮法师与神灵图腾与涂面关系最为密切，如《山海经·大荒西经》云："大荒之中，有灵山，巫咸、巫即、巫盼、巫彭、巫姑、巫真、巫礼、巫抵、巫谢、巫罗十巫，从此升降，百药爰在。"胡健国著《巫傩与巫术》中引《易经》云："九二，在床下，用史巫纷若，几无咎。"

薛若邻先生在为《巫傩与巫术》所写的"序"中指出："巫总是与舞联系在一起的，《说文》释'巫'：'以舞降神者也。'王国维在《宋元戏曲考》中说：'巫之事神，必用歌舞。'夏商周时代巫祀鬼神的歌词，惜全部失传，巫舞现在还有遗风。"②

西方著名学者布罗凯特在《世界戏剧史》（1999 年第 9 版）中专设"戏剧起源"一章，明确指出：

---

① ［英］赫·韦尔斯：《世界史纲》，吴文藻、谢冰心、费孝通译，广西师范大学出版社 2005 年版，第 153 页。

② 胡健国：《巫傩与巫术》，海南出版社 1993 年版，薛若邻撰"序"。

世界各地先民在祭祀仪式中，或在同时进行的庆典中，表演者会穿上服装、戴上面具，装扮成这些神话或超自然力量的样子。一旦这种情况出现，就标志着向作为自主活动的戏剧迈出了关键的一步。一切社会交往从根本上说都是表演性的。仪式和戏剧都是几乎所有人类活动的基本元素的组织和应用，只不过方法不同而已。①

汉代宫廷经常有大规模的"百戏"演出，包括音乐、舞蹈、杂耍、马戏等，技艺繁多，场面庞大。百戏的演出中有"豹戏"、"大雀戏"以及"鱼龙曼延"等，这些表演大多是模仿动物形象的舞蹈，演者都是伪作假形或面戴"假头"来扮演动物。山东沂南北塞村出土的汉墓百戏画像石刻中，有的演员就是戴假形面具。秦汉时还流行一种"角抵戏"，相传是战国时创造，秦汉而广为传播。角抵戏起初由蚩尤戏发展而来，蚩尤戏是一种竞技表演，很可能是原始时代祭蚩尤的一种仪式舞蹈，逐渐在民间发展成为武术竞技的角抵戏。蚩尤戏表现蚩尤与黄帝争斗，表演者戴着牛角假面相抵。到了汉代，民间更进一步把角抵戏剧化了，如《东海黄公》、《钵头》等就是具有故事性的角抵戏。

汉代以后的魏晋南北朝时期，随着故事性情节在歌舞节目中的增多，面具不仅装神扮鬼，刻画世俗人物的也逐渐增多了。北齐文宣帝高洋喜爱粉墨登场之乐舞杂戏，"或躬自鼓舞，歌讴不息，从旦通宵，以夜继昼；或袒露形体，涂傅粉黛，散发胡服，杂衣锦彩"（《北齐书》卷四）。相传北齐兰陵王长恭，武功很高，非常勇猛，但他的相貌美似妇人，自己觉得这样的外貌不足以威敌，于是用木头刻了个假面，临阵之时戴上，勇冠三军。北齐人为此编创兰陵王戴面具击敌的歌舞节目《兰陵王入阵曲》，这个歌舞节目被认为是"大面"或"代面"的产生，在唐代宫廷中也经常演出。节目中扮演兰陵王的演员所戴假面，有不少人认为是后世脸谱的起源。

中国古典戏曲脸谱作为一种乐舞戏剧的化妆方法，是在唐宋涂面化妆的基础上发展起来的。唐宋涂面化妆又是从更早的面具艺术那里发展来的。面具的渊源可追溯到那遥远的远古图腾时代。正如戏曲理论家翁

---

① ［英］布罗凯特：《世界戏剧史》，周靖波译，中国传媒大学出版社 2006 年版。

偶虹先生所说：“中国戏曲脸谱，胚胎于上古的图腾，滥觞于春秋的傩祭，孳乳为汉、唐的代面，发展为宋元的涂面，形成为明、清的脸谱。”

　　唐代歌舞戏弄中流行的涂面化妆是指在演员脸上直接涂粉墨。涂面化妆虽然还没有后世戏曲中开脸的造型，但它已成为后世戏曲脸谱的直接基础。当时歌舞中，面具与涂面两种方式都被采用着，戏曲正式形成以后，脸谱与面具仍然交替使用，不过，随着时代的发展，面具的使用呈减少的趋势，大部分剧种以勾画脸谱为主（少数角色仍用面具）。唐代的参军戏崛起，戏中有两个角色，一个是“参军”，即扮官的被戏弄的对象；一个是“苍鹘”，即担任戏弄职务的角色，相当于丑。表演以滑稽调笑为主。这两个角色都以粉涂面化妆。

　　宋代，是戏曲正式形成的时代，涂面化妆得到进一步发展。在宋杂剧、金院本中，涂面化妆形成了两种基本类型：一是“洁面”化妆，二是“花面”化妆。“洁面”化妆的特点是脸上很干净，不用夸张的色彩和线条来改变演员的本来面目，只是略施彩墨以描眉画眼而已。这种化妆又称“素面”、“俊扮”或“本脸”。“花面”化妆的特点是用夸张的色彩、线条和图案，来改变演员的本来面目，以达到滑稽调笑或讽刺的效果。当时的“花面”化妆，用的主要色彩是白（粉）和黑（墨），所以又称“粉墨化妆”。

　　宋、金时期的“花面”化妆都是很粗糙的。有的画出白眼圈，在白眼圈外再加些黑色花纹；有的在脸的中心部位涂块白斑，额头上画两条黑线。无论怎样勾画，目的都是追求滑稽的艺术效果。因为宋、金杂剧中，科诨（滑稽调笑）占了很大比重。宋杂剧、金院本中“花面”的化妆面貌，在河南温县出土的宋杂剧砖雕、山西稷山马村一号墓出土的金代副净残俑、山西侯马董墓出土的金院本彩俑中，可窥见一斑。尤其是山西侯马董墓出土的金院本彩俑有装孤、副末、末泥、引戏、副净，称为“五花爨弄”。彩俑中左起第一人，画了两个白眼圈，并用墨在脸部中心画了一个近似蝴蝶形的图案；右起第一人打唿哨者是副净，在面部中心涂了一大块白粉，并在脑门、脸颊、嘴角上抹了几道黑。这个时期杂剧的涂面与行当的典型扮相越来越接近了，特别是鼻部画白色三角形，就与后世的丑行勾脸十分接近。

　　宋代南戏在化妆上，继承了宋杂剧的艺术传统，也采用了“洁面”

化妆与"花面"化妆这两种基本形式。南戏的净，是从宋杂剧的副净转化而来的，作"花面"化妆。南戏的丑，可能来自民间的滑稽歌舞表演。产生于民间滑稽歌舞中的丑，同宋杂剧中的副净，在表演风格上没有什么区别，所以它们到了南戏中以后，配成一对，都以插科打诨、滑稽调弄为其特色。在当时人的观念中，丑即是净，净即是丑，名异实同。在化妆上，丑与净一样，也是用夸张的色彩和线条来达到滑稽调笑的效果，而且丑和净的勾画样式也较接近，与后世典型的丑脸谱的勾画也较相近。

元杂剧涂面化妆形式的多样性和适当夸张，都是为了一个目的，就是要把剧作者和表演者的倾向性（善恶褒贬的评价），通过化妆艺术鲜明起来。脸谱的倾向性，是在表演者和观众之间长期互动对话中形成的。元代杜善夫的套曲《庄家不识勾栏》里曾写了这样一个故事，一个乡下观众进城观看杂剧，便说："中间里一个殃人货，裹着枚皂头巾，顶门上插管笔，满脸石灰，更着些墨道儿抹。"庄稼人没有看戏的经验，错把白粉当成是石灰。孟元老在《东京梦华录》卷七中也有相似描述："有一击小铜锣，引百余人，或巾裹，或双髻，各着杂色半臂，围肚着带，以黄白粉涂其面，谓之抹跄。"

元末明初学者陶宗仪著《南村辍耕录》说，最早发现的丑角面部化妆即是"粉面乌嘴"，独具滑稽性。北宋皇帝赵佶（徽宗）见爨人来朝，衣装屣履巾裹，面傅粉墨，举动稽滑可笑，于是命优人仿效来演戏。后来面傅粉墨被广泛运用到丑角面部化妆中。

元代是中国戏曲繁荣的黄金时代，脸谱也有了重大发展。打破了以往副净那种白底黑线的基本格局，开后世戏曲脸谱的"整脸"之先河。这个创造使得元杂剧的涂面化妆，具备了三种基本形式：一般正面人物的"洁面"化妆；滑稽和反面人物的"花面"化妆；性格粗放豪爽的正面人物的性格化的勾脸化妆。

元杂剧的性格化勾脸化妆，除了壁画中的粉红脸之外，还有勾红脸和黑脸。在妇女形象的化妆方面，也有"洁面"与"花面"之分。当时的"花旦杂剧"是写妓女题材的戏。扮演妓女，化妆上"以黑点破其面"，以同良家妇女区别开来。还有一种"搽旦"，扮演的是反面妇女形象，化妆上是"搽的青处青、紫处紫、白处白、黑处黑，恰便似成精的五色花花鬼"（见元杂剧《郑孔目风雪酷寒亭》）。

明、清两代，是昆山腔、弋阳腔等演出的传奇剧目的天下，表演艺术的发展和提高，使舞台行当分工越来越精细。宋元戏曲中的净丑角色，到明清戏曲中分化为大净（大面、亦称大花脸）、副净（二面、亦称二花脸）和丑（三面、亦称小花脸）；大净中又有红面、黑面、白面之分；涂面化妆是中国戏曲的主要化妆手段，它吸收了面具化妆的优点。戏曲的涂面化妆可分为美化化妆（俊扮）、性格化妆（脸谱）、情绪化妆（变脸）、象形化妆（动物象形脸）。早期脸谱大都比较单纯，表现手法主要集中在眉眼上。脸谱的多样化是在清初以后，京剧脸谱借鉴了徽、汉、昆、秦各剧种的经验，从一开始就具有较完备的系统性。清代戏画的净角脸谱已有揉、勾、抹、破各种类型，其中勾脸已分化出整脸、三块瓦脸、花三块瓦脸、碎脸等格式，在将官、英雄、神怪等各种角色中广泛应用。脸谱在颜色上则分红、黄、兰、白、黑、紫、绿、银等，各种颜色内涵一定的象征性且各具妙用。比如红色表现忠勇正直，水白色象征阴险疑诈，神怪脸则多用金银色。丑角脸谱，面部化妆用白粉在鼻梁眼窝间勾画脸谱，与大花脸对比之下，俗称"小花脸"。按照扮演人物的身份、性格和技术特点，大致可分为文丑和武丑两大支系。

清初的人物脸谱里，已有个别的开始在脑门和两颊画点图案，这种手法是从明代神怪脸谱中移用过来的。注意刻画脑门和两颊部位，这在清初是个进步，有利于脸谱的多样化和性格化。清中叶，地方戏兴起，净、丑的脸谱，各地差异较大，但总体上有了较大发展。特别是京剧形成以后，吸收了许多剧种的精粹，在表演上更臻于成熟和完美，行当划分上更加细密，这使得人物外部造型也更加讲究。脸谱艺术获得空前发展，在形式上更加多样化，在性格上更加个性化，在图案上更加复杂化。

在面具化妆基础上形成的"塑形化妆"是汉、唐歌舞百戏的重要造型手段。塑形化妆的长处一是可以对演员的面部、头部及全身进行夸张的雕塑性的改造，二是便于改扮，使一个演员可以借助于不断更换面具兼演多种角色。面具的缺点是表情的固定化和在某种程度上妨碍演唱。中国地方戏曲充分吸收了假面、假形，以增强自己的造型表现力。

使面具富于变化的称为"变脸"，它是戏曲表演的一种特技，许多剧种都有，以川剧最为著名。早期戏曲的变脸是演员在台下改扮，后逐渐发展为用多种手法在台上当场变脸。其表现形态有面具和涂面两类。面具变脸的手法主要有撕、扯两种，涂面变法有抹、吹、揉、支、画等，显示出面具与装扮艺术的巨大魔力。

曲六乙、钱茀著《东方傩文化概论》认为傩仪是融合图腾与傩文化最有效的祭祀表演形式，是充分展示中华民族传统文化的有力保证，此书明确指出：

> 傩仪是一种力量的展示。仪式是群体无意识的理念、情感、愿望、心理的凝聚与宣泄，为达到仪式的最终目的，这种凝聚与宣泄便形成一种无形的巨大力量。傩的本质就是同自然，包括看得见的各种自然灾害和肉眼看不见的疫鬼进行斗争，这就必须通过傩仪，并在各种傩仪活动中运用法术和巫术的所谓超自然的力量去征服自然，这就是傩仪几千年来不变的原则。①

综上所述，人类崇奉的各种扮饰与面具艺术，都是为了超脱平庸、乏味的现实世界，而靠想象进入理想的神话的未来。按照现代艺术审美的观点，是将历史美的记忆用实物方式记载和述说。英国学者华莱士·W·道格拉斯在《现代批评中"神话"的不同含义》一文中说："'神话'曾一度成了现代批评中最为重要、最包罗万象的词汇"，"神话的用途看来从'幻想'经由'信念'直到'更高的真理'。这一连串含义的最后一环是：神话成了拯救人类的代名词"。他另外借用文利希·卡勒《神话的持续性》中的主要观点："神话是真理的一切表述方式之总和。神话与理性相结合，从而构成人类生存的总和。"② 神话传说与图腾、傩面具、脸谱等装扮艺术作为人类宗教、世俗文化的重要组成部分，也同样在以特有的述说方式在显示其幻想中"构成人类生存的总和"的"更高的真理"的部分功能，这就是古代神话和现代美学所追求的历史文化属性和学术价值。

---

① 曲六乙、钱茀：《东方傩文化概论》，山西教育出版社2006年版，第23页。
② 约翰·维克雷：《神话与文学》，上海文艺出版社1995年版，第33、39页。

"脸子"：屯堡文化的标志符号

秦发忠[①]

摘　要："跳神"是地戏的原生名称，地戏演出所戴面具屯堡人称为"脸子"。"脸子"是地戏的核心部分，是地戏的灵魂所在，是屯堡文化的一个重要文化符号，是屯堡地戏的象征。没有"脸子"就没有地戏，戴上它，就是神灵护体，亦是神灵化身。屯堡人跳神，脸为面具，子为角色，面具代表神灵，演员就是角色；实际上"脸子"就是人神合一。"脸子"因为具有这样神圣的地位，自然而然地成了屯堡文化的标志性符号。

关键词：脸子；跳神；地戏；屯堡文化；符号

很早就关注屯堡人和屯堡文化的徐杰舜在接受安顺电视台的采访时说，屯堡文化有"五朵金花"，即服饰、地戏、面具、民居和花灯。那么，屯堡文化的文化符号究竟是什么呢？南京民俗学家扎西·刘则认为沈万三[②]是屯堡文化的符号[③]。其实，从人类学的本位来看，屯堡文化的标志符号应该是"脸子"。

---

① 秦发忠（1972—），汉族（屯堡人），男，贵州安顺人，主要从事傩面具雕刻，广西民族大学汉民族研究中心特约研究员，贵州省青年创业导师，中国傩戏学研究会会员，贵州民族大学西南傩文化研究院特邀研究员，贵州屯堡文化研究会常务理事，安顺市傩雕艺术名家，安顺市西秀区屯堡傩雕协会会长，从小学习傩面具雕刻至今。主要研究方向为屯堡文化、地戏文化、傩文化。

② 沈万三，名富字仲荣，又名沈秀，因排行老三，所以被称为沈万三。生于浙江南浔，后迁周庄。据史料记载，沈万三以农耕起家，后拓展工商业，因管理和经营有方，精于理财，积累资本发展海外贸易，以致家产亿万，成为富可敌国的巨商。后来由于资助苏州王张士诚对抗明军，又因筑明城墙犒赏三军，得罪朱元璋，终被发配到安顺。

③ 《屯堡的文化符号：沈万三》，载腾讯旅游 2009 – 05 – 26，http：//www.itravelqq.com/2009/0526/4816.html。

什么是"脸子"？这是一个使人感到很奇特的名称。因为一直以来，从原始涂面到后来的各种假面形式，世界各地各个民族都叫面具，而唯独在屯堡区域，屯堡人把地戏面具叫做"脸子"，这是何故？笔者作为一个屯堡人，特别是作为一个面具雕刻的传承人，有责任、有义务对"脸子"的根由进行追溯和研究。

一　"跳神"与"地戏"

欲弄清"脸子"的缘由，首先要了解屯堡地戏。以安顺为中心，东至平坝、清镇、花溪，南至黔西长顺、广顺、紫云，西至关岭、镇宁、郎岱、六枝，北至普定的屯堡区域内，有一种集宗教信仰及自娱自乐于一身的古老戏曲形式，人们称之为"地戏"，屯堡人称其为"跳神"，它属于中国傩文化的范畴。

跳神是一种集体活动，在整个跳神活动中，除服饰是自己准备之外，道具（脸子、野鸡毛、锣鼓），包括跳神期间的生活等经费都是全民集资。一般来说，一个屯堡村寨有一支演出队伍，多则2—3支，大大小小的屯堡村寨有地戏队伍379支（不包括近年来兴起的屯堡女子地戏队）。演出时间为每年的农历正月和七月，正月间跳神是迎春，七月间跳神叫跳"米花神"；演出地点是任选一块空地；演出的内容都是尚武的历史征战故事，如《三国》、《隋唐》、《杨家将》等。演出流程分为：开箱、参庙、参土地、开场、下四将、设朝、校场点兵、出马门、正戏演出、参财门、扫场、封箱。跳神的目的是祈求风调雨顺、五谷丰登、健康长寿、消灾纳福。可见，"跳神"是地戏的原生名称。

"地戏"一词，最早见于道光七年（1827年）《安平县志》卷五《风俗志》："元宵遍张鼓乐，灯火爆竹，扮演故事，有龙灯、狮子灯、花灯、地戏之乐。"现在的屯堡人演出地戏，既是为了休息娱乐、强身健体，也是为了敬神祭祀、告慰祖先、驱邪纳吉，此外，"亦存'寓兵于农'之深意"（《安顺续修府志》）。咸丰年间（1851年）常恩德修撰的《安顺府志》卷十五记载："风俗安平正月初八日，东门迎傩神，皆新衣花爆旗帜，男女老幼，沿街塞巷，观者如堵，于村则鸣锣击鼓，歌唱为乐。"

　　明嘉靖《贵州通志》卷三记载："除夕逐除，俗于是夕具牲礼，扎草舡，列纸马，陈火炬，家长督之，遍各房室驱呼怒吼，如斥遣状，谓之逐鬼，即古傩也。"虽然看不到"地戏"的字符，但这里说的逐鬼跟屯堡人跳神所表达的是一个含义，即是驱鬼逐疫。清康熙《贵州通志》卷二十九载："土人所在多有，盖历代之移民……岁首则山魈，逐存屯以为傩，男子装饰如社火，击鼓以唱神歌，所至之家，皆以食之……"康熙三十一年（1692 年）《贵州通志》卷三十刊印了一幅《土人跳鬼之图》，还附加了与上引文大体相同的一段文字。图上手提大刀的两个武将在对阵，旁边还有村民观看，伴奏也是一锣一鼓。这跟今天安顺屯堡地戏的演出场面是吻合的。只是从画面上看服装不太像今天的屯堡服饰，也看不清他们佩戴的面具。不过，再看清代的《百苗图》就很清楚了，特别是其中的《土人图》，很多学者都一直认为就是"屯堡人"。也难怪，看画中人物，头上包着帕子，身上穿着长衣，脚下布鞋跟今天的屯堡男人跳神时穿的战裙和手工布鞋完全是一样的，画面人物一只手拿着兵器，一只手拿着面具，这同屯堡人跳神时的正反将对战是完全相同的。这是地戏的前身，也证明了跳神是傩文化范畴，这种面具戏恰是中国傩面具的一个种类和支流。

　　跳神活动一直在屯堡区域内延续，"文化大革命"时期，跳神跟其他民间文化的命运一样，逃脱不了致命的摧残，被视为"牛鬼蛇神"的封建迷信。粉碎"四人帮"后，提倡"百花齐放"、"百家争鸣"，跳神活动一度复燃。20 世纪 70 年代末 80 年代初，中国的戏曲文化迎来前所未有的复新，各地展开戏曲文化种类的普查，沈福鑫、高伦等老一辈文化人冒着政治风险，从戏曲的角度对跳神活动展开了田野调查和研究。正是在这样的背景下，跳神民俗活动纳入了中国戏曲种类，而后被人们称为"古老的戏剧活化石"。高伦于 1985 年撰写了《安顺地戏研究》，这是迄今为止笔者看到的有关跳神的最早书籍。

　　1986 年 9 月，应法国秋季艺术节组委会的邀请，贵州省文联组织了安顺市西秀区龙宫镇蔡官跳神队伍首次走出国门，参加了法国巴黎第十五届秋季艺术节。之后，又从巴黎直飞西班牙马德里参加第二节马德里艺术节。当时组织的这个民间艺术团，还附带了 250 多张面具参加了展览，在世界艺术之都引起轰动，整个欧洲艺术界产生了强烈反响。那时，《欧洲时报》记者以《戏剧"活化石"登上巴黎舞台，贵州农民地戏演出成功》为题发表了评论；《巴黎日报》称安顺地戏演出是"今天能在巴黎看到的最动人心的剧目之一"。正是因为要走出去，特别是在当时"牛鬼蛇神"革命之后，跳神文化刚刚复兴，参与组织的人员不得不谨慎小心，认为跳神含有一个"神"字，似乎带有迷信色彩。于是，当提供材料和别人问起，势必要正面去回答，就借助当时戏曲研究的浪潮，看跳神演出时发现不是在戏台上演出，而是村寨中的某一块空地，于是就把这样的地面戏曲形式叫"地戏"，因此"地戏"就成了"跳神"的代名词。

安顺地戏的法国之行，标志着跳神首出国门，这增强了民间艺人的自信，也让中国民间文化艺术熏陶了外国艺术界人士的灵魂。后来，很多人慕名前来考察，并走进屯堡社区对跳神活动展开了广泛的研究。来访人员并不都了解跳神的发展史，最早研究跳神是从宗教戏曲仪式开始，没想到文人给取的这个书面学名与历史文献巧合。1989年沈福馨老师根据调查所得资料，编撰出版了《安顺地戏》画册。1990年贵州省文联、安顺市文化局、安顺师专的老一辈文化人联合出版了《安顺地戏论文集》，沈福馨编撰出版了《安顺地戏》，黄埔重庆编撰出版了《贵州傩面具艺术》，这些都是较早的安顺地戏研究著作。遗憾的是，近25年来，专家学者对地戏的研究几乎都是沿着老一辈文化人的研究方向，而缺乏新的突破。

随着关注的人越来越多，地戏文化景象自然成了政府部门对外宣传的一张绚丽名片。同时，举办各种文化活动，不断在社会中撒播，久而久之，"地戏"便全然取代了跳神。

随着岁月流逝，今天地戏所担负的"寓兵于农"的功能早就不复存在，但作为一种世代传承的文化现象，已深深地渗透到屯堡人的生活之中，成为最受屯堡人欢迎的群体文化活动。

二　地戏与"脸子"

地戏演出必须戴上面具。一直以来，从原始涂面到后来的各种假面形式，世界各地各个民族都叫面具，而屯堡人为什么把地戏面具叫作"脸子"呢？

为了挖掘"脸子"作为屯堡文化符号的文化底蕴，笔者查阅了有史以来众多专家学者研究地戏和屯堡的有关文献资料。1985 年高伦在《贵州地戏简史》中说："地戏面具又称脸子"①。1989 年沈福馨在《安顺地戏面具艺术》中也说："面具是安顺地戏的主要标志，在安顺地区称面具为'脸子'"②。1992 年由王秋桂和沈福馨主编的《贵州安顺地戏调查报告》也多次提到脸子，其中论述封箱脸子时写道："脸子封箱是用一门板摆在神案前，全部脸子排放在门板上。正将脸子排在上边，番将脸子排在下边。"③ 1998 年，顾朴光编撰的《安顺地戏脸子》，是首部以脸子为主要标题的著作。

对于"脸子"一词，上述文献中并无太多的诠释。自沈福馨称"安顺地戏面具俗称'脸子'"后，大多数的专家学者基本都沿用这个说法。到目前为止，除开从戏曲的用途和面具的审美艺术去研究外，并无一专家学者对脸子展开更深入的研究。现在，越来越多的人走进屯堡，关注屯堡，研究屯堡，于是，人们逐渐把目光聚集到了屯堡文化的核心符号——"脸子"上。

脸子是从中国民间文化土壤中生长出来的面具艺术，更是安顺地戏的重要载体。笔者从事傩面雕刻近 20 余年，生在周官屯、长在屯堡村寨，一边搞傩雕，一边关注和收集地戏有关资料，长年累月与雕匠和地戏演员生活在一起，既熟悉脸子雕刻的制作流程，也了解地戏演出的民俗仪式，深知"脸子"在屯堡文化中的核心意义和价值。

从脸子的制作过程可以看出，脸子是人神转换的精髓，脸子在地戏中具有核心价值，特别是在架马和开光仪式中。在地戏演出程序中，扫开场、参庙、开箱、扫收场、封箱再次担保和佐证脸子在屯堡地戏中的地位。可以说，没有脸子，也就没有地戏，没有地戏就不会引发出今天的安顺屯堡。因此，笔者认为，脸子是屯堡的活态文化，在屯堡文化

———————————

　① 高伦：《贵州地戏简史》，贵州人民出版社 1985 年版，第 67 页。
　② 沈福馨：《安顺地戏面具艺术》，民族出版社 1989 年版，第 1 页。
　③ 沈福馨、王秋贵主编：《贵州安顺地戏调查报告》，台北施合郑民俗文化基金会 1994 年版，第 105 页。

中，具有不可代替的核心地位和价值。

　　一支跳神队伍要跳演地戏，首先要请雕匠制作面具。在雕匠的精心雕刻下，一面脸子要经过以下程序：下料、劈胚、夹胚、粗雕刻、挖空、削边、细雕刻、雕耳翅、打磨、着色、彩画、上光（油漆）、安装镜片、上胡须，共15个工序才能制作完毕。

　　脸子制作是民间一种独特的传统技艺，这门绝活悄无声息地在屯堡人中传承了数百年。脸子的制作是很神圣的。一个屯堡村寨跳一堂神，就要制作一堂脸子。找到师傅问清楚后，选一个黄道吉日，把雕匠请去村里雕刻，集体管吃管住，盛情招待。雕匠动工之前，要举行庄严的"架马"（开工动刀）仪式。

　　开工的当天，神头安排戏友给师傅把工具和雕刻用的马凳搬去集体公房或者指定的一户戏友家，神头把事先准备好的香蜡纸烛、净茶供饭、活的雄鸡、一升米、鞭炮、利市钱（红包）摆放在马凳前的桌子上后，请师傅出场。师傅点亮蜡烛、点燃香、焚烧纸钱后接过雄鸡，开始拜鲁班仪式。

　　雕刻师傅向天敬请鲁班先师，边念道"抬头看青天，师傅在眼前，弟子焚香请，有请师傅受香烟"，边磕头叩首。然后，逐一摸动一下要用的工具，拿起又放下，拿起的时候说：

　　　　一把斧头亮晶晶，鲁班赐来塑尊神，
　　　　塑尊神灵来保佑，全村老幼得太平；
　　　　一把锯子牙齿长，鲁班赐来锯大梁，
　　　　锯棵神树雕脸子，保佑老幼寿延长；
　　　　一把尺子割正方，鲁班赐来做丈量，
　　　　割得材料得方正，保佑鹅鸭满池塘；
　　　　一把凿子亮堂堂，鲁班赐来雕神样，
　　　　雕得神灵多形象，财源滚滚似水长。

　　接着从神头手里接过雄鸡，又念：

　　　　仔鸡仔鸡，此鸡本是非凡鸡；

> 头戴红冠子，身穿五色六毛衣；
>
> 白天你在昆仑山上叫，夜晚你在凡人笼内歇；
>
> 今日落在弟子手，拿你做个拜师鸡。

然后把鸡冠掐破，用鸡冠血点雕刻工具，按照生产时用的先后顺序点，大概顺序是斧头、锯子、尺子、凿子（刻刀），一边点一边念：

> 仔鸡点斧头，安全又顺手；
>
> 仔鸡点切锯，健康又顺利；
>
> 仔鸡点雕凿，工事不耽搁；
>
> 仔鸡点木马，一帆风顺万年长。
>
> 日吉时良，天地开光，
>
> 今日开工，百事齐昌。

接着鸣炮，神头安排人把鸡关起来代养，等雕刻师傅回去的时候再给，这是拜鲁班师傅的，实际雕刻师傅也是当代的"鲁班"。拜完鲁班后，师傅接着就开工。

雕匠把一支队伍所需的脸子全部雕好并着色上光（上面漆）后，就选择黄道吉日进行开光，开光仪式由雕刻师傅主持。到了看好的那天日子，一早起来广大戏友就帮忙把脸子全部摆放在一块门板或者桌子上，正将摆在前面，番将摆在后面。正将中，按照皇帝、军师、五虎上将的顺序摆放，因为师傅开光一般也只以这些将帅为主。脸子前面安放一张桌子，把为开光仪式所用的香蜡纸烛、猪头、活雄鸡、一升米、利市钱（红包）、鞭炮、糖丝果品摆放在桌子上。开光仪式开始，雕刻师叩首磕头，并说道：

> 天无忌，地无忌，年月日时无忌。
>
> 姜太公在此，妖魔鬼怪回避。

然后烧香祭拜：一边烧一边念道：

一柱香烟升上天，南天门外接圣贤；

有请圣贤无别事，来到人间保平安。

点起香烛敬神堂，好日好时才开光，

有请大神大仙下凡后，保佑贵村顺利万事兴。

请完神后，把雄鸡抱起，一边磕头一边说：

弟子手提一只鸡，　　　慢慢将鸡说原因，

鸡从哪里起？　　　　　鸡从哪里生？

王母娘娘赐下五个蛋，　送到人间来孵成，

吃了主人米，　　　　　费了主人心。

大哥飞到天上去，天上吃，天上长，取名叫金鸡；

二哥飞到山上去，山上吃，山上长，取名叫野鸡；

三哥飞到林中去，林中吃，林中长，取名叫艳鸡；

四哥飞到田里去，田中吃，田中长，取名叫秧鸡；

只有五哥飞不高，飞到弟子手中提，

凡人拿来无用处，弟子拿做开光点将鸡。

说完，便把鸡冠弄破，从皇帝开始点起，然后又将雄鸡点元帅或其中一个正面大将，边点边说：

雄鸡点明君，贵村一代更比一代兴；

雄鸡点元帅，贵村子孙发达富贵在。

接着按照脸子的组成部位从上到下，从左到右边点边说：

雄鸡点盔头，贵村儿子儿孙中诸侯；

雄鸡点眼睛，贵村荣华富贵代代兴；

雄鸡点鼻梁，贵村鸡牲鹅鸭满池塘；

雄鸡点耳朵，贵村子子孙孙中高科。

一点天长地久，二点地久天长；

三点荣华富贵，四点儿孙满堂；

五点五子登科，六点文武状元郎；

七点六畜兴旺，八点人寿安康；

九点禾苗茂盛，十点万事吉祥，

点将已毕，百事大吉。

鸣炮！

　　这里要强调的是，开光的时候，妇女，特别是"四眼人"（孕妇）是不能在场的。在屯堡人的心里，脸子是神灵的化身，绝不容有所侵犯，更不能有半点的亵渎，否则会得罪神灵，给村里和家族带来不祥。女性成婚后，有了性行为，如果在场，这便是对神的不尊。因此，开光时，已婚女性是不能在场的。戏友戴上开光后的脸子，同样也是神灵，是非常之神圣的。由此可见，制作脸子是很庄严神圣的，如果不经过架马和开光，那只能是做一般的工艺品，只有做演出的道具脸子才举行这些庄严的仪式。通过开光后，一个木雕面具从此就不是一般的面具，而是神灵了！

　　当一堂脸子制作完后，如果恰逢演出时间，神头会组织戏友跳演一场，如果过了演出时间，那就要把开光的脸子封存起来，等下一次演出时，通过开箱后再取出来用。

　　一堂地戏在演出前首先是神头跟村里寨老们商议，确定哪一天跳神，跳演几天，生活、后勤怎么安排，一切商议确定，然后选择黄道吉日。由神头率领众演员在寨主和寨老的安排和主持之下，从庙里或者保管者家里把存放脸子的神柜抬到村集体的庙里，或者规定的一户人家神堂前，或者院子里，安排人摆上桌子，把事先准备好的一斗谷子或者一升米摆上。把蜡烛插在谷子上，香、纸、烛、糖食果品、鞭炮、鸡（宰杀煮的半熟，鸡腿跪着，头部昂起）、刀头（四方的一块肉，"井"或者煨得半熟，上面撒上点白盐和一把菜刀）、水豆腐一条（块）、净茶伥饭、米酒等贡品摆放在桌子上，锣鼓摆在桌子或者神柜前面，神头请村里德高望重的老人点上香和蜡烛，从箱子中请出珍贵的脸子（地戏面具），用开叫的公鸡血按从上到下，从左到右点脸子，同时念上祈祷之词。抱鸡人非神头莫属，在给脸子开光时说：

三柱青香入炉焚，惊动天空老神灵；

今日好时要开箱，要请大神大将来扎营；

一对明珠岸上萤，大神大将请出门，

大神大将来到此，要在此地扎下营。

把香蜡纸竹点上后，一边抱着雄鸡，一边念道：

仔鸡仔鸡，　　　　　此鸡本是非凡鸡，

头戴红冠子，　　　　身穿五色六毛衣，

白天你在昆仑山上叫，夜晚你在凡人笼内歇

今日落在弟子手，　　拿你做个开光点戏鸡，

日吉时良，　　　　　天地开光。

今日开脸，　　　　　百事吉昌。

这是开场白，说完后接着就要说祝愿的四句：

一张桌子四角齐，鲁班师傅来造成；

鲁班师傅手段能，造起神柜一大层；

神柜不是别的样，里面好是上天庭；

一张桌子四角方，上面摆得有名堂；

糖食果品来供起，要请神灵保安民；

神灵保佑多兴旺，牛马六畜群成群；

弟子今日开脸箱，虔诚奉请焚宝香；

奉请紫微星下凡，福禄寿星请到场。

敬酒三奠，弟子开箱，一边打开神柜一边祷告：

一开天长地久，二开地久天长，

三开财源广进，四开人寿安康，

五开五虎上将，六开六畜成行，

七开福星高照，八开八百寿长，

九开众神下界，十开谷米满仓。

香烛点燃后冒出的白烟就是神灵从天庭下到人间的路，蜡烛即是照亮神灵走路，把蜡烛插在谷子上是告诉神灵和祖先，在他们的保佑下人们的生活越来越好，并希望能继续得到神灵的保佑，一年比一年富裕；纸钱是给神灵的报酬。桌上摆放贡品有其深义，象征着应有尽有，在肉上面撒盐和摆上菜刀就是给神灵和祖先准备好吃饭和下酒的菜，刀头表示生者的慷慨，肉大了，神灵和祖先可以用菜刀切成小块，豆腐象征的是清清白白。

开箱后由神头率先虔诚叩拜，众戏友随着叩拜，从神柜里取出当天跳演内容所需要的脸子。在请神的时候，不拿番将脸子，只拿正面神将，不得人心的神灵是不能出现在这样的氛围中的。这充分表明了屯堡人弃恶从善的做人准则。祭拜完毕，把取出的皇帝、元帅、军师、先锋等主要正将摆在桌子上，供奉一阵。接下来就是准备演出了，按照剧情安排再取出番将，戏友统一戴上脸子，这时的演员就是神而非人了，因此演出的戏不称演戏而称"跳神"。

了解了脸子的制作流程和相关民俗，我们似乎更加明白屯堡人跳演地戏的初衷和目的，也可进一步了解为什么"脸子"是地戏的核心部分，是地戏的灵魂所在。

三　"脸子"与符号

"脸子"，即地戏面具。但是，为何屯堡人一直称其为"脸子"，而不叫"面具"？

为了解开这一谜团，笔者考察了周官、九溪、天龙、詹家等具有代表性的屯堡村寨地戏演出队伍的老艺人，对从事脸子雕刻的周祖本、胡永发等雕匠进行了访谈，都说不知道原因，老辈人这么叫，所以后人一直都是这么称呼。

屯堡人一直把面具称为脸子，这并非偶然。为了进一步弄明"脸子"这一传统称呼的来龙去脉，笔者访谈了最早研究地戏和安顺屯堡的专家沈福馨和帅学剑，也访谈了地戏传承人詹学彦（国家级地戏传承人)、胡永福（省级地戏传承人）、陈先松（省级地戏传承人）。访谈中，沈福馨说：在他调查的时候，也曾研究过这个问题，但还是未能搞明白，应该是一种习惯叫法吧。帅学剑说：脸子是屯堡人对面具的称呼，从原始涂面转换而来，是一个种类，就这么简单。詹学彦说：地戏是傩文化的一种，属于军傩，脸子也是面具，是随着时间而改变的称呼，只不过面具是官方语言。陈先松老师说：脸子是屯堡人对面具的称呼，至于什么时间开始的，为什么这样叫法也不知道。胡永福老师说：面具戴在脸上，所以叫脸子。

听了专家和传承人等前辈们的介绍，都说脸子是屯堡人的称呼，却似乎追寻不到脸子的出处和缘由。不过，这也可以理解，毕竟屯堡文化在安顺已有 600 多年的历史了，受环境和知识文化因素的影响，文化在传承过程中势必会有差异和变迁，文化失传也同样在所难免。时光已经不会倒流，我们无法追寻最先的缘由。从单一的层面也无法对屯堡人称面具为"脸子"一事进行诠释。但是，屯堡文化是一种历史形成，特别是作为一种族群象征的文化符号，它本身积聚的，就是一个族群文化极强的内部凝聚力。文化符号有着独特的魅力，不管年代如何久远，人们对文化符号的关注总是倾注着激情。屯堡文化以"脸子"为符号，主要有以下几个方面的原因。

1. 傩面具古代称为"魌面"、"魌头"，为四只眼睛的面具。早在原始社会时期，人类为了生存，先民们对于人类自身的疾病、瘟疫和死亡充满着迷惑和畏惧，以为是鬼怪在作祟，所以举行盛大的祭祀仪式，戴着面具、跳着凶猛而激烈的舞蹈向鬼怪发起反击，以此达到驱鬼逐疫的目的。先民们用涂面麻痹猎物获取猎物的形式，随着历史的变迁和人类社会的不断发展，后来逐步形成纸面具、布面具、金属面具、木雕面具等形式。这些面具不是都像先民们那样是为了求得生存，后世的面具更多的是以祭祀、娱乐为主要目的。

屯堡地戏属于傩文化的一个重要发展阶段，经过了不同的历史时期，在黔中这块特殊的腹地环境下孕育出了地戏这个古老的文化。地戏演出时，戏友们头顶面纱，佩戴着彩绘木雕面具，面具挡住脸部，从而达到人向神的转化。在屯堡人的精神世界里，所有的屯堡人皆是神灵保佑的对象，因此，屯堡人是正神之下的子民，传达着神的旨意，演绎着神的威武，驱逐着邪恶的鬼怪和病灾。

2. 地戏是明朝朱元璋调北征南和调北填南的产物。征南官兵一方面怀念故土和亲人，为了祈求丰收，驱灾纳祥；另一方面，也是为了鼓舞士兵锐气，以此宣扬忠心报国的历史英雄事迹，同时娱乐自己，教育后人。屯军官兵崇拜历代英雄，常演绎他们的征战功勋，可是又怕有损心中的英烈，也不让英雄的神灵在驱鬼的过程中受到鬼怪的伤害，于是就请雕匠把英雄的相貌雕刻出来，而相貌主要指脸部，面部的表情、主要特征则以世代民间传说和地戏剧本为主要依据。屯堡人皆是朱元璋"调北征南"和"调北填南"的官兵后裔，自认为他们的祖先都是征南英雄，作为征南英雄的子孙，演义古代英雄事迹即是重温祖先的征途，他们虽然戴上了古代英雄的面具，却始终还是古代英雄的替身，也是神灵的化身。

3. 面具是地戏的载体，剧本是地戏的灵魂，一个屯堡村寨的地戏队伍成立，少不了面具和剧本。而要制作英雄的面具，却没有一个人见过当时的每一个英雄人物的相貌，只能从世代口头传说以及剧本来了解英雄人物的形象特征。从剧本而言，如《三下河东》载："雄赳赳，气昂昂，莫说老将胡须长，身披葫芦口朝天，腰劈板斧月儿圆，不听皇王三喧召，只听杨家将令传。"所表战将为孟良，雕刻出来的孟良脸子一副老将嘴脸，凶猛威武，脸上雕刻或绘画着葫芦这个标志。《五虎平西》载："急急忙忙跳上马，杀气腾腾令人惊，一张血点朱砂脸，红须红眉倒倒生"，表的是焦廷贵，所以雕刻出来的脸子除了龙盔头饰外，主要脸部的表情定要是朱砂红脸，眉毛和胡须都是红的。既然有了胡须，那就是老将，因此，脸子要刻画出老将的特点。地戏艺人通过剧本描述来认识历史英雄，请雕匠刻制的时间都会由最熟悉的老人和戏友把每个脸子的面相要求交代给雕匠。雕匠刻制出来的英雄面具相像与否，主要是脸部的特征和喜怒哀乐的表情，而面具的客观视觉面就是脸部，不管怎么刻画，多么神似，始终只是英雄的替身。

4. 从屯堡民俗和信仰来说，屯堡人是一个佛教、道家、儒学的三重信仰者。是一个非常讲究脸面和推崇仁义道德的汉民族群体，仁义礼智是屯堡人的做人准则，视面子高于一切。脸在自己头上，待人处世之情感常表露于脸上，面具也如此，也是戴在头上，屯堡人说，这就是给人看的。因此，屯堡人评价一个面具雕刻得是好是坏，常常会以"眼睛盯不盯人"、"饱不饱满"为判断标准。

　　了解了屯堡人跳演地戏的习俗、信仰以及精神世界，我们再来看汉语词典里"子"的释义。子，中文辞典上最后一种解释为：角色，叫花子，戏子，学子，义子。屯堡人演义古代英雄事迹，跳演地戏实际就是一个扮演神灵和英雄的角色，是一个戏子。因此，正如有学者所说："顶戴面具于额前，一则表示对'神'的敬畏，亦有顶替'神'降临人间欢跳，既娱'神'又娱人的意思。"① 由此可见，没有"脸子"就没有地戏，戴上它，就是神灵护体，亦是神灵化身。从屯堡人跳神、民间雕匠雕刻面具、地戏说唱谱以及演出和制作民俗方面去研究，可以看出：脸为面具，子为角色，面具代表神灵，演员就是角色，所以"脸子"就是人神合一。"脸子"这样神圣的地位，就决定了它是地戏的核心部分，是地戏的灵魂所在。所以，"脸子"自然而然地成了屯堡文化的标志性符号。

参考文献

［1］高伦：《贵州地戏简史》，贵州人民出版社1985年版。

［2］沈福馨：《安顺地戏》，民族出版社1989年版。

［3］沈福馨、帅学剑、倪明、艾筑生、苑萍玉：《安顺地戏论文集》，文化艺术出版社1990年版。

［4］黄埔重庆：《贵州傩面具艺术》，上海美术出版社1990年版。

［5］李松、张刚等：《节日研究》，泰山出版社2012年版。

［6］秦发忠：《周官屯面具：每一张都有性格》，载《中国文化报》2009年10月25日。

［7］秦发忠：《安顺地戏面具的原始符号意义》，见曾羽、徐杰舜主编《走进原生态文化》，黑龙江人民出版社2011年版。

［8］秦发忠、伍明华：《周官屯堡面具雕刻》，载《贵州政协报》2009年11月24日。

［9］沈福馨、王秋贵：《贵州安顺地戏调查报告》，台北施合郑基金会，1993年。

---

① 沈福馨、帅学剑等：《安顺地戏论文集》，贵州文化艺术出版社1989年版，第5页。

重庆阳戏与福泉阳戏之比较研究

胡天成①

摘　要：本文将重庆阳戏和福泉阳戏之基本内涵、历史渊源、演出坛班、艺术形态、程序结构、剧目剧本、表演艺术、声腔器乐、舞美造型、崇奉神灵共十项内容，逐一作了对比列述。叙写时，在尽量精练的前提下，详重庆阳戏，略福泉阳戏，以有限的篇幅展示了两地阳戏的概貌。在此基础上，论述了阳戏在广大民众社会生活特别是民族心理结构和传统戏剧文化中曾经产生的重要作用，并提出了系统、综合、深化阳戏理论研究，进一步推进阳戏保护、传承的建议。

关键词：重庆；福泉；阳戏

在我主持实施"重庆阳戏"课题的时候，贵州民族学院西南傩文化研究院寄来了杨光华先生的大作《且兰傩魂——贵州福泉阳戏》。笔者十分欣喜，当即浏览全书之后，对其中的一些章节进行了细心研读，受到颇深的启发。笔者对福泉阳戏并非首次接触。2003 年 10 月，在参加中国梵净山傩文化学术研讨会期间，曾随代表团去福泉市龙昌镇黄土哨村看过该村阳戏班演出的阳戏，留下了很深的印象。边读杨先生大作边回忆当年看阳戏时的情景边思考课题中的相关问题，觉得重庆阳戏与福泉阳戏有颇多近似之处，又各具自己的特色。不久以后，又接到贵州民族学院西南傩文化研究院陈玉平教授的电话和他发来的参加中国贵州福泉阳戏学术研讨会邀请书。细读论文参考题目，思绪就自然集中到重庆阳戏与福泉阳戏的比较研究上来，于是很快确定了本篇拙文题目。在构思拙文提纲时，发现题目统领的内容太多，从节省篇幅考虑，作了在尽

---

① 胡天成，重庆市文化艺术研究院研究员。

量简练的前提下"详前（指重庆阳戏）略后（指福泉阳戏）"的处理，好在与会专家可能都拜读过《且兰傩魂——贵州福泉阳戏》，对福泉阳戏比较了解，笔者这样处理，想必不会影响大家对拙文意涵的理解。为了说清问题，在具体行文时，并不完全局限于福泉阳戏，对贵州及其以外一些地区的其他阳戏也可能有所涉及。

一　阳戏的基本内涵

阳戏，主要流传于江西、湖南、湖北、重庆、四川、贵州、云南等地，有的戏曲史论家称上述地区为"中国阳戏带"。

阳戏流传地域广阔，各处的地方语言、人文环境、民间习俗差别较大，从艺人员众多，这些成员的民族成分、文化素养、师承关系亦各相异，加之流传的时间悠久，其名称及其所含的意蕴，呈现出繁多丰富的事象。

湖北的鹤峰地区，流传有古朴久远的五大戏曲剧种，即南戏、堂戏、灯戏、傩戏、柳子戏。柳子戏又名阳戏，俗称杨花柳，为花鼓戏之一种。江西的宁河、修水等地，过去流传一种傀儡戏，该地艺人称之为"阳戏"。这可以归纳为"地戏异名说"。《湖南地方剧种志》、《阳戏志》在"源流沿革"一节里载："阳戏得名有二说：一说是种阳春（即庄稼——引者注）人演的戏，故名'阳戏'。……"重庆渝北、巴南和贵州福泉等地称阳戏为舞阳神戏，这与前蜀主王建及其子王衍有关。河南省许州有个舞阳县，前蜀主王建乃舞阳县人氏。王衍荒淫酒色，尤喜音乐歌舞，不仅制曲辞与宫人唱之，还常在宫中演出戏剧。前蜀灭亡后，王衍宠幸的宫妓沦落民间，其宫中演出的乐曲、戏剧也随之流传民间。这些流落民间的宫妓所演之戏，因王衍系舞阳人而称之为舞阳神戏。这可归纳为"演者职业籍贯说"。中山大学康保成教授在《傩戏艺术源流》里，详细论述了秧歌、阳歌、阳戏的衍变过程，此乃"秧歌阳歌沿袭说"。

不过，流行最广的还是阳戏与阴戏相对应的"与阴戏相对说"。这是持论者较多的说法，湖南、贵州、云南、四川、重庆等地不少阳戏艺人和阳戏研究者都持这种观点。

　　湖南的阳戏长期伴随还傩愿酬神演出，并与傩堂戏有同班的历史，黔阳至今还称傩堂戏为"内教"，称阳戏为"外教"。麻阳、凤凰、吉首一带指巫师行法事、演傩堂正戏娱神，称"阴戏"；庭前扎台唱戏娱人，称"阳戏"。

　　贵州省德江傩堂戏有"阴戏"和"阳戏"之分，生者为死者（自己的长辈，多指父母或祖父母）还愿而演的戏叫阴戏，而为了祈求全家老幼身体健康、生产生活无灾无难、家庭平安无事、尊辈延年益寿、喜庆五谷丰登、保佑六畜兴旺而演的戏则叫阳戏。思南地区还傩愿要打开桃园上、中、下三洞，"搬"出 24 戏（即 24 个面具）演给活人看，所以人们叫它为"阳戏"，而把傩坛祭祀叫"阴戏"。

　　云南彝良、巧家等县民间举行祭祀活动，目的是祛邪除病，祈寿延年。这种祭祀和祭祀中的戏剧表演所涉及的多是阳世间人们经历或祈愿事象，因此，人们习惯称之为"阳戏"。昭通民间的傩事祭祀活动分为阴事和阳事两大类。阴事专指丧葬祭祀，是为"殡天"者做的，阳事是为活人做的，酬神驱鬼，禳灾祛邪，求吉纳福，都是为了活着，活得更精神。傩戏的演出多从属于阳事。阳事名目繁多，主要有：以酬神还愿为目的的曰"庆菩萨"；以镇宅祛邪为目的的曰"庆坛"；以驱鬼逐疫为目的的曰"打傩"；以祈寿延年为目的的曰"阳戏"等。

　　四川民间在举行祭祀仪式时，有"阴一堂"、"阳一堂"两部分内容。通过娱神的途径，达到娱人的目的，称之为"阳戏"。

　　重庆的阳戏则是人们祈求阳戏神灵保佑自家病体康复、生意兴隆、仕途亨达等愿望实现之后，即举行酬恩了愿的祭祀活动；有的事先并未许愿，而当自己发财得宝、官位晋升、学业有成，或者适逢诞辰喜宴、嫁女娶媳等喜庆降临，也举行酬贺阳戏神灵的祭祀活动。因此，这种祭仪具有还愿酬神和喜庆贺神两种性质。这都与在阳世间的人相关，故称之为阳戏。重庆民间的阳事祭祀活动，除前所述外，还有祈神保佑主家人口安泰、五谷丰登、六畜兴旺的"庆坛"，以及祈求神灵佑福纳吉以实现去灾除病、驱凶纳吉、延年益寿愿望的"打延生"。重庆民间流传的阳戏、庆坛、延生三种祭祀活动，人们称之为"端公戏"。按照"与阴戏相对说"的观点，这也可称为阳戏。

　　贵州福泉阳戏也是与阴戏相对而言的。《且兰傩魂——贵州福泉阳戏》在"阳戏的渊源"里讲："傩戏从演出的内容上分，可分为阴戏和阳戏两类，即以驱邪和酬神为主的称为阴戏，以纳吉和娱人为主的称为阳戏。""福泉阳戏，有学者认为，它是从军傩演变而来，成为中国傩文化活动中以娱人和纳吉为主的'乡人傩'的分支，是原始傩文化中以讨好神灵为目的的阴戏演变成娱人纳吉为目的的分水岭，是由酬神演变到娱人的桥梁。"

《吕氏春秋·季冬篇》载："命有司大傩"。高诱注："大傩，逐尽阴气为导阳也。今人腊岁前一日，击鼓驱疫，谓之逐除是也。""逐阴导阳"是行大傩的基本内涵，也是阳戏的基本内涵。在这一点上，重庆阳戏与福泉阳戏是一致的。

二　阳戏的历史渊源

阳戏源于古代傩的祭祀活动。由傩仪、傩舞，而傩戏，再傩戏的分支阳戏。这是重庆阳戏之源，是从总体观照的视角使大家获得的共识。它具体起源于何时？艺人和研究者们认识并不统一。

第一种认为，它起源于商周时期的巴民族。《中国民间故事集成·重庆市巴县卷》"阳戏的来历"载，周武王率诸侯国联军讨伐商纣王，联军中的巴国军队"歌舞以凌，殷人前徒倒戈"。巴蔓子将军更以歌舞训练军队，"巴渝舞"名声更是大振。秦国派人暗中学习巴人歌舞，以此强军而后吞灭了巴国，下令不许巴人唱跳"巴渝舞"。巴人悄悄唱跳，练兵复仇，为避免秦人察觉，改名阳戏。后来，加进了驱邪除病、祈福祝寿等内容，民众更加喜爱。他们还把巴人的祖先伏羲、女娲当成神灵供在坛场，叫傩公、傩母，以保护他们人安物阜，繁衍连绵。阳戏就成了巴人自己的戏，于是长时期地流传了下来。

第二种认为，它起源于三国蜀之西川。清代同治二年刻本《酉阳直隶州总志》卷十九"风俗志""祈禳"部分载："州属多男巫，其女巫则谓之师娘子。凡咒舞求佑，只用男巫一二人或三四人。病愈还愿，谓之阳戏，则多至十余人，生旦净丑，袍帽冠服，无所不具。伪饰女旦，亦居然梨园子弟，以色媚人者，盖巫风转为淫风，其失礼愈不可问矣。又州属巫觋凡五种：……一种出于川西，言刘后主时所传其法，生旦净丑，插科打诨，谓之上川教，代人还愿，歌舞求神，此又一种也。"

第三种认为，它起源于唐朝李世民。据段明《酉阳面具阳戏》"民间流传的酉阳阳戏的起源"讲，当地阳戏艺人们都说，酉阳面具阳戏是在唐代形成的。李世民梦游月宫，看见宫殿里有人唱戏，生、旦、净、丑都有，非常热闹。醒来后，就组织戏班。命徐孟公演丞相，尉迟恭演大王，罗成演小生，罗成母亲秦氏演旦角，李世民自己演皇帝，阳戏就从那时开始了。因此，酉阳阳戏班在每次开演前都要念唱"唐朝启教"。有的戏班还要摆立敬奉祖师的神位牌，牌上书写"唐朝启教，历代戏官"八个大字。

第四种认为，它起源于五代之王建、王衍。唐末五代时期，王建在四川战败三川的三个节度使，于天祐四年（907 年）九月即朱温代唐称帝建梁后，在成都称帝，建蜀国，史称前蜀。王建在位 11 年，918 年死后，其子王衍在张格、王宗弼等佞臣的拥立下即位。王衍在位 8 年，公元 925 年后唐庄宗李存勖派太子魏王李继岌等率军讨蜀，王衍乃率百官投降，是年蜀灭。王建父子喜歌舞，弄戏剧。任半塘《唐戏弄》"溯源"之"五代"讲，王建"徘优弄参军戏"，"王衍颇有宫戏"。王衍北巡的"灌口神队"，乃后世重庆阳戏常演的《二郎降孽龙》母体。上一节关于王衍系舞阳人，重庆等地阳戏称"舞阳神戏"与之有关的叙写，也佐证了此说法。

第五种认为，它萌于宋元盛于明清。彭继宽等主编的《土家族文学史》在谈到阳戏这一"流行于土家族地区的老剧种"时，写道："大约萌于宋元，盛于明清。"《涪陵地区戏曲志》对此说得更加确切、详细："南宋年间（1227—1279），我区即出现戏曲艺术萌芽，孕育着神头鬼面的'川杂剧'，阳戏、苗族的傩愿戏相继兴起，民间花灯小戏开始形成。据《大日本佛教全书》册九五《大觉禅师语录》卷下《颂古》南宋高僧释道隆诗《马大师与西堂百丈南泉玩月》云：'戏出一棚川杂剧，神头鬼面几多般。夜深灯火阑珊甚，应是无人笑倚栏。'……由道隆观剧诗，可见当时涪州、酉州、黔州一带苗族面具'傩愿戏'及面具'阳戏'颇为流行。"

以上几说，有的来自口耳相传，有的来自文献记载，但各说的时、事差异较大，且缺乏有力的佐证。重庆阳戏的渊源还需进一步探讨，此处列举只作一般比较研究之用。

上述列举与《且兰傩魂——贵州福泉阳戏》之"阳戏的渊源"比较，阳戏源于古代傩的祭祀活动，重庆和福泉都是一致的。其具体起源则不相同。重庆阳戏的起源诸说多指巴蜀本土，而福泉阳戏则是明代洪武十五年之后随明军带入的军傩和由流官、移民带入的乡人傩逐步演变而成。

三　运作阳戏的坛班

运作重庆阳戏的坛班，因其崇奉的神灵、师承的教派不同，而分为佛教坛班、道教坛班、儒教坛班、淮南教坛班和仙娘教坛班。现在，淮南教和仙娘教很少有专门的坛班，他们多由佛教或道教的坛班成员兼习，而融入佛教或道教坛班之中，儒教坛班也很少。因此，重庆民间常见的主要有佛教坛班和道教坛班。

重庆的原生态阳戏分内坛和外坛两大部分，作为这种戏剧的主持者和运作者，也就分为内坛班和外坛班。在一般情况下，内坛班的主要职责是主持和运作祭祀仪式，即作法事；外坛班则以演唱戏剧为他们的主要任务。当然，也有个别坛班既能主持和运作祭祀仪式，也能演唱戏剧，此为内外合一的坛班。

在内坛班和外坛班中，还有几种司事特殊职能的艺人。

一种是内坛班在运作阳戏的时候，需要有人为其服务，诸如祭仪进行到焚香的时候，需要专人燃香秉烛，在祀献神灵的时候，需要专人斟酒或上茶，在打卦占卜的时候，需要专人捡卦，在焚化牒文、纸钱的时候，需要专人用特制的花盘将牒文、纸钱端送到火堆处火化，等等。对司事上述职能的人，人们习惯称之为"香灯师"。香灯师多由一些熟悉祭祀仪式的科仪程序而又热心服务的人充任。他们虽然不是内坛班的法师，但人们都把他们当着内坛班成员看待。

另一种是在演唱阳戏的时候，往往需要一些特制的实物——纸扎、图形等，以辅助祭祀仪式的顺利进行和阳戏的正常演出。对司事这些职能的人，人们习惯称之为"装颜匠"或"装颜师"。装颜匠或装颜师虽然不演唱戏剧，但人们也称他们是外坛班师傅。

外坛班中还有一种特殊成员，就是为演唱阳戏的师傅专门提供乐器、服装、道具的人。有些地方演唱阳戏的外坛师傅，他们只有捆头的绫帕和少量的化妆用品，演唱阳戏所需要的乐器、服装、道具，专门有人经营。某处演唱阳戏需要些什么东西，外坛班班首告诉乐器、服装、道具经营者，他即届时送去，并负责管箱等事宜。

重庆这个地方的人们称呼这些内坛班的成员叫"法师"，称主持全堂阳戏的叫"主坛法师"或"掌坛法师"，简称"掌坛师"。充任某坛阳戏的主坛者称"站坛法师"，简称"站坛师"。

内坛班和外坛班，因其所司的职能不同其传承方式亦各相异。相比之下，内坛班的传承比较规范，其程序也比较严格；外坛班的传承就显得比较灵活、简便。

外坛班也要拜师学艺，但学的主要是阳戏的演唱技艺，无须使用内秘去作法行科、驱鬼役神，坛班又以家族为主，父子、叔侄即是师徒，因此，其传承大致采用以下几种方式：一是从小耳濡目染，闲暇时口授身传；二是抄录科仪唱本，后代看本学习；三是定时严格训练；四是边搭班演唱边教习。

内坛班门徒学艺，必须经过投拜师尊、跟班学艺和请职出师三个程序。投拜师尊要找保举师。保举师一般是乡村干部或那些德高望重的老人。要写投师文约，要办投师酒。跟班学艺的方式与外坛班大致相同。学习一段时间，基本上可以独立主持祭祀仪式的时候，就请师颁职，办出师酒。这种出师仪式，就弟子对恩师而言是请职或受职，就恩师对弟子而言则是颁职或授职。这是内坛班门徒技艺学成后必须举行的祭祀仪式。在进行仪式的时候，主要运作分兵拨将和坐桥传法两坛法事。恩师要确定弟子奏受的雷坛和靖名，赐予弟子法号、法印、法服等，要将请职、颁职事宜用牒文形式禀告上、中、下三界神灵，祈神恩准，受理新恩弟子日后的行法奏事；要测定新恩弟子所占的主帅、副将姓名以及所占的神兵数目，分兵拨将，设立雷坛，护持作法灵验；还要向新恩弟子传诀传罡以及其他秘法，使之更能独立主坛，效应十方。

重庆酉阳等地的坛班不分内、外坛班，其传承与此有些不同。他们历来信奉农历的每年腊月三十日夜晚，是他们崇奉的三师祖爷合堂会师的时间。师傅传艺给弟子，必须经过师祖们的同意之后，方能算数。因此，他们的技艺传承仪式，必须在腊月三十日夜晚举行。这个地方坛班技艺的传承还流传一种"阴传"的方式。就是阳戏技艺不由现任坛班掌坛之职的师傅传授，而是由该班仙逝人间的原任掌坛师投梦受传者，在梦中引导他学习演唱阳戏的技艺，这当然就不一定必须在腊月三十日的夜晚传承了。

佛教和道教坛班的成员在请职之后，就有了法名。法名按坛班的字辈依次排列，实际上就是坛班的坛谱。佛教坛班遵依的字辈是："智惠清净，道德圆明，真儒性海，寂照普通，心源广宿，本觉昌隆，能仁圣果，常远宽洪，惟传法应，致愿会容，兼池界定，永济祖宗。"道教坛班遵依的字辈是："道德通玄静，真常守泰清，一阳来复本，合教永远明，至理忠诚信，从高嗣发兴，世景荣惟懋，希微衍自灵。"

每个内坛班的成员，都按字辈记载入册。有的插入安师一坛的科仪本中，有的则专写成册，名为宗师单。这样，各个坛班就有一个比较严密的传承系统，构成这个坛的传承谱系。

从《且兰傩魂——贵州福泉阳戏》关于坛班的传承和谱系看，福泉阳戏的坛班属道教坛班，且不分内、外坛。其传承谱系严密、悠久，度职仪式十分隆重，与重庆阳戏度职基本相同，只是重庆没有"舔红铲"仪式。

四　阳戏的形态

重庆阳戏历史悠久、流传广泛、从业者众、师承多样，其形态则多彩多姿，主要体现在剧种形态和剧目形态两个方面。

重庆阳戏的剧种形态有四种。

第一种是原生形态阳戏。其主要特点是保持了阳戏原初时期的状貌。由于历史渊源尚需进一步考证，重庆阳戏的原初时期很难确定。虽然萌于宋元盛于明清的观点较有说服力，但宋元阳戏的资料太少，其形态不甚了了，因此，我们将明清阳戏的状貌作为其原生形态。当然，这也只是大致的划分，因为阳戏也和其他非物质文化一样，也在历史进程中动态发展。

这种原生形态阳戏主要以重庆近郊边远山区农村流传的为代表。其主要标志：一是保持了逐阴导阳、驱凶纳吉的搬演主旨；二是主要崇奉的正神仍是川主、土主、药王三圣，伏羲、女娲傩公、傩母。傩公、傩母形象也保持了志书记载的"各以一竹承其颈，竹上下两篾圈，衣以衣，倚于案左右"的规制；三是内坛法事科仪保持了 24 坛程序，运作时保持了较多的符、篆、咒、诰和挽诀、步罡；四是戏剧表演与法事程序结合比较紧密；五是从业者多分内外坛班，内坛班的传承仪式十分隆重、严格而且充满神秘色彩，等等。

福泉阳戏包括阳戏和打保福，其中的打保福虽然相当于重庆的打延生，但它的基本科仪程序等原始古朴。因此，笔者以为，福泉阳戏属原生态戏剧形态。

第二种是次生形态阳戏。它以酉阳阳戏为代表。酉阳阳戏有三种情况：一是面具阳戏，特点是戴着面具唱阳戏，主要在小冈、铜西、黑水等地。二是开脸阳戏，又叫阳灯戏，特点是不戴面具，用花灯调唱阳戏，主要在龚滩。以上两种阳戏流传于乌江流域。三是面具开脸混合阳戏，主要流传于酉水流域的大溪、酉酬一带。这些地方的祭司给主家作法事，时间如果较长，除作必要的法事外，就插演一些阳戏。面具阳戏要演，阳灯戏也演，因此形成面具开脸混合形态。说它是次生形态阳戏，主要是它在保持阳戏原有的导阳、还愿主旨，部分坛班佩戴面具等原初特色的前提下，结合当地历史、人文环境作了一些十分明显的变异。一是崇奉主神，最先也将川主、土主、药王三圣作为阳戏主神敬奉，后来却改为关公。因为阳戏艺人们认为酉阳建置始于三国蜀汉（其实，早在西汉高祖五年，即公元前 202 年，酉阳就设立县治），为纪念此段历史，故将阳戏主神作了改动。在阳戏搬演过程中，神案上自始至终供奉木雕戏神太子阿斗，这在中国阳戏带绝无仅有。二是阳戏搬演程序有了大的变动。三是坛班组织和传承也带有浓郁的地域特色。

第三种是再生形态阳戏。这种阳戏的主要代表是秀山阳戏和巫山踩堂戏。其突出特点是受湖南阳戏和梁山灯戏的影响，已有较多的舞台表演戏曲的成分，代表剧目也多为舞台表演戏曲的剧目。秀山阳戏的演出组织也采用舞台表演戏曲的体制而取名"剧团"等。

第四种是特殊形态阳戏。这种阳戏的代表主要有近郊农村如巴南的庆坛戏和延生戏，以及远郊彭水和秀山的傩戏。前者的搬演主旨、供奉神灵、主要程序、坛班组织等与阳戏十分接近，其实就是贵州阳戏的内容，福泉阳戏的"打保福"实际就是重庆的"打延生"；后者包含有较多的阳戏内容，不少剧目演出、特技表演都属阳戏范畴，只不过它们未将阳戏这个分支析出罢了。

重庆阳戏剧目的形态较多。对阳戏剧目，从不同角度去观照，可以分出不同类型的形态。重庆阳戏与祭仪关系十分密切，从阳戏内部结构中的戏剧表演与祭仪运作的相互关系去研究，它主要包括以下 11 种形态：[10]

第一种是仪含戏因形态。阳戏搬演时，艺人们演唱有人物、有情节的完整故事，或主演艺人与鼓棚艺人对讲、对唱，推动仪式程序发展，或艺人将唱本以叙述者和装扮者的身份进行交替演唱，或艺人们将仪式过程化为一段完整事件进行表演等，蕴含不少戏剧因素，这便构成阳戏的仪含戏因形态。

第二种是代神演仪形态。代神演仪就是艺人们在运作阳戏的时候，采取一些法术性的仪轨，让神灵附体，使己身成为神灵的代表，在进行祭祀仪式的过程中，作些戏剧表演。经过长时期的传播演出，逐步形成一种戏剧表演模式，便构成阳戏的代神演仪形态。

第三种是扮神演仪形态。扮神演仪的基本形态，就是艺人们在运作祭祀仪式的时候，将对着神位牌进行酬祭、祈祷等仪轨，换成由艺人装扮成神灵代替神位牌接受信人的酬祭和祈祷。此外，艺人们有时也让自己装扮成神灵进入祭祀仪式以演绎祭祀仪轨，有的甚至装扮成祭祀神灵的信人而推动祭祀仪轨的演进和发展。这种角色装扮，尽管粗朴，甚至生硬，但它的戏剧因素比代神演仪明显而强烈，可以说，它是代神演仪形态的发展。

第四种是由仪及戏形态。由仪及戏，就是在举行某种还愿祭祀活动的时候，先举行祭祀仪式，再进行与此仪式内容相应的戏剧表演。有的为老人拜斗求寿，则先举行朝拜北斗七元星君的朝斗祭仪，紧接着就演出《玉祖寿》、《赵云求寿》、《麻姑上寿》等戏剧。

第五种是由戏及仪形态。此种戏剧形态与由仪及戏相反，是在先演出与某种愿信相关的戏剧之后，再举行与之相应的祭祀仪式。如在阳戏、庆坛、延生等祭仪的"开路"一坛中，先由开路神方弼和铺路神方相（有的坛班还加方斗、方文）进行奉了真武祖师之命，在会仙桥聚齐，驾着祥云去到凡尘信人家开路的戏剧表演。到了信人家后，即举行砍开东、南、西、北、中五方道路，以便大神登坛受祭的仪式。

第六种是戏仪交错形态。戏仪交错，就是戏剧表演与仪式运作交替进行。这种形态的戏剧，多由主要从事戏剧演出的外坛艺人表演。它与祭仪运作交相错接，相互之间的联系不紧密，显得矫揉造作、粗糙生硬。尽管如此，它较之代神演仪和扮神演仪，又有所发展，而与之处于不同等级的层次，其自然属于又一种仪式戏剧形态。

第七种是戏仪相融形态。当艺人们将戏剧表演与仪式运作交替穿插进行的时候，二者联系紧密，甚至相互交融为一个有机整体，这就构成戏仪相融形态的阳戏。这种戏剧表演与仪式运作的相互交融，主要以内、外坛艺人有机配合的形式出现，有时也有内、外坛艺人与事主家的相关人等参与，使这种相融形态戏剧变得多姿多彩。

第八种是以戏演仪形态。重庆阳戏中的不少祭祀仪轨都以戏剧形式进行表演，这就构成了以戏演仪的戏剧形态。这种戏剧形态与前述的戏仪交错和戏仪相融形态的主要区别是外坛艺人的戏剧表演和内坛艺人的祭仪运作的程度，亦即祭仪运作在某种仪式整体中居于何种地位：戏仪交错和戏仪相融虽有戏剧表演，有的戏剧意味还很浓烈，但祭仪运作却以一种独立的形态与之共处于某坛甚至某一品类的整个祭祀仪式之中；而在以戏演仪形态里，祭仪运作则比较淡化，要么将其全以戏剧手段加以展现，要么将其某些仪轨作为戏剧表演的附属或补充而留存在某种仪式的整体之中。这种以戏演仪形态主要有两种表现形式：一种是将某坛祭仪之大部或全部仪轨，以戏剧手段加以展示；另一种是对某种仪式祀奉的主要神灵或器物等的来历，以戏剧形式进行演绎，使之成为整个仪式的有机组成部分。

第九种是将仪戏化形态。在以戏演仪形态里，融入戏剧表演中的祭仪运作尽管已经作为戏剧表演的附属或补充而进入整个祭仪活动之中，但它毕竟还有一些祭仪运作形态，而在将仪戏化的形态里，这种由内坛法师运作的祭仪则全然消失，代之而行的全是戏剧表演，也就是说，整坛仪式都是用戏剧手段加以展示，其戏剧意味也很浓烈，以致达到"化"的程度。

　　第十种是戏仪并行形态。在重庆阳戏中，除前述的戏剧表演与仪式运作或前后依次交错相融，或将祭祀仪式作为戏剧表演之外，还有一种让戏剧表演与祭仪运作同时进行的形态。这种形态中的戏剧表演与仪式运作，相互之间在内涵主旨上有一定的联系，但在唱演形式和具体安排上却互不干扰并行不悖，这就是戏仪并行的戏剧形态。这种形态的仪式戏剧也比较多。常见的有在同一坛祭祀仪式里戏剧表演与仪式运作同时进行，也有的内坛法师在法坛里运作某一坛或几坛的祭仪时，外坛师傅在地坝临时搭的戏台上表演与祭仪内容相关联的戏剧，还有的是艺人们在运作某一品类祭仪的同时，另一些艺人演出与之相关联而又相对应的戏剧。

　　第十一种是隐仪显戏形态。在重庆阳戏中，常见艺人们只作戏剧表演，而不见他们运作祭祀仪式。这种戏剧表演，也不仅仅是为了满足人们的观赏需求，而隐含着人们希冀通过某种祭祀仪式实现他们的祈愿，并与祭祀民俗活动程度不同地相互联结在一起，只不过他们让祭祀仪式暂时隐去而已，这就是隐仪显戏的戏剧形态。这种戏剧形态主要有两种形式。其中突出的是外坛师傅在事主家室外地坝等处临时搭建戏台上所演出的与事主家举行祭祀仪式主旨一致或基本一致的多种戏剧：如果为了一般的庆贺，就演出《天官赐福》等赐福戏；如果为了庆贺老人寿诞，就演出《长生乐》、《玉祖寿》、《赵云求寿》、《麻姑上寿》、《八仙庆寿》等贺寿戏；如果庆贺官位晋升或学业有成，就演出《涌水》、《斗牛宫》等爵禄戏；如果庆贺嫁女娶媳，就演出《龙凤配》、《仙鹤配》等婚娶戏；如果庆贺得子，就演出《天仙送子》、《土地送子》、《门神送子》等送子戏；如果为了驱邪退病，就演出《钟馗》等镇邪戏。另一种是在祭祀仪式进行到更阑夜深的时候，围观者睡意袭神，审美注意力分散甚至中断，艺人们就插入演唱一些诸如"口白语戏"之类的逗乐戏，起到取乐提神的作用，以致像与庆坛祭仪内在联系并不紧密的由喜乐神表演的"初亮"、"二亮"、"三亮"等，竟被有的坛班纳入庆坛的科仪程序。

五　阳戏的结构

　　重庆的近郊民间逐阴导阳、驱凶纳吉、祈求在世阳人安泰的祭祀活动，形式很多，这就形成该地阳戏繁复多样的格局。重庆阳戏的结构比起福泉以及其他一些地区的阳戏来要复杂得多。

根据重庆阳戏的特殊情况，其结构可从剧种角度和科仪程序角度分成两个大类。

从剧种角度划分，其结构包括主体和旁体。主体就是前述原生形态的阳戏，旁体则是前述特殊形态的庆坛戏和延生戏。主体犹如人的躯体，旁体犹如人的肢体，二者有机组合就像构成人的身体一样构成近郊阳戏的整体。这个主体和旁体的结构较之福泉阳戏也复杂得多。

这个主体阳戏的结构除一般意义上的阳戏外，还包括"阴戏"。这个阴戏，与前述的酬神娱神和阴斋度亡的阴戏有联系但也有区别。它是指有的人许了阳戏愿信而未曾还愿就去世了，由他的子女或亲友帮他还愿而请班子所唱的阳戏。其内容是在一般阳戏程序的基础上加进两个程序：一是加坛召请法事，召请许愿亡魂临坛，酬神销愿；二是加演一出《梅花姐妹》，姐妹二人阳魂去阴司探视母亲亡魂。这个阴戏属阳戏范畴，是阳戏的特殊形式。

旁体阳戏中的"庆坛戏"，艺人们直呼它为"坛戏"。这种坛戏的结构按坛神制作的质地主要分为两大类别：一类是以石制坛神为标志的"礅礅坛"，也称"石坛"；另一类是以竹制坛神为标志的"篼篼坛"。如果按其所司职责来分，主要有三种：（1）养牲坛，这类神坛又包括五雷拷照坛、八方坛、和尚坛、蓝蛇坛等；（2）伍通坛；（3）三霄坛。以上第一、第二种属礅礅坛，第三种属篼篼坛。举行庆坛祭祀活动的时候，多以所司职责不同而进行具体的祭神祀鬼仪式。因此，其结构则包括庆养牲坛、伍通坛和三霄坛三种。

旁体阳戏中的"延生戏"，其结构还要复杂一些。它主要分为太平延生和急救延生两类：太平延生，系某人所许之良愿已经实现，否去泰来，为酬恩谢神而举行的祭祀活动。这类延生还包括五种形式：一是因为求子而果得儿子，以酬赐贵子之恩、了续香烟之愿的梓潼延生；二是为孩童度关去煞、消灾解厄，使之易长成人、长命百岁的过关延生；三是孩童度过关煞，顺利成长，年满十二周岁时举行的出关延生；四是冀求长寿、希满某旬，而果如其愿，在办满旬寿酒前夜举行的接寿延生；五是因庆贺寿高所举行的以朝拜北斗七星为主要内容的朝斗延生。急救延生，是某人因病痛来得突然而沉重，来不及等其愿信实现，而祈求神灵尽快退病救人所举行的祭祀活动。这类延生也包括五种形式：一是为解除患者结下的冤孽以求病愈所举行的解结延生；二是祈求上洞梅山胡大王、中洞梅山李大王、下洞梅山赵大王祛除疾病的梅山延生；三是患者病笃，甚至处于弥留之际，法师装扮患者替死、替葬的滚落材；此外，还有或者翻案开洞提取患者游魂，或者去到阴司地狱提取病者游魂，让其归身附体、去病祛邪、转危为安的翻案延生和闪狱延生。

延生戏的结构除太平延生和急救延生两种大型祭祀活动外，还包括一些小型祭祀仪式，诸如：（1）将邪魔神煞送出远方，以保事主家人安物阜的"推送"；（2）扎糊茅人，为患者替灾、替病、替死的"送替子"；（3）收取患者游魂归身附体的"收魂"；（4）将画有符令的鸡蛋烧熟，给患者吃下，以安定生魂的"烧胎"；（5）将菜油喷在火把上，在屋内各处烧熏，以驱魔除邪的"打粉火"；（6）将小石碑竖于三岔路口土内，或将木牌钉于三岔路口树干上，刻写左走某处、右走某处，并以弓矢状示之，以保小儿安康的"安将军箭"；（7）将铁铧烧红，喷以菜油，将邪魔鬼怪收入禁罐的"撒铧收禁"；（8）作法敬香于当冲路道旁埋立的书有"泰山石敢当"字样的石块，除祛邪煞，以求小儿病愈的"打石敢当"；（9）自号花娘，称言能见冥间花树，或枯或荣，以借此占卜吉凶的"观花"；（10）将铜钱或大米掷于水碗中，按其气纹形状，观测病者休咎的"圆光"；（11）在孕妇临盆时，祈求神灵保佑其顺利生产的"上六甲钱"；（12）年高体弱，生命垂危，请神护佑延长寿命的"接寿缘"；（13）妇女死了前夫，要再嫁时，在死夫墓前作法，不让其阴魂缠绕妻子的"脱白"；（14）为祈求财喜或庆贺发财举行"跳财神"等。

从科仪程序角度划分，不同形态的阳戏其结构也不相同。再生形态阳戏因其与舞台演出戏曲接近，科仪程序已不明显；特殊形态阳戏类别太多，其程序也较复杂，述列起来所占篇幅较大，因此，此处只列举原生形态阳戏和次生形态阳戏的程序结构。

原生形态阳戏的程序结构，主要是内坛24坛法事和外坛24出剧目，这就是一些阳戏唱本载录的"棚上二十四戏，棚下二十四戏，阴阳四十八戏"。内坛的24坛法事程序是：

上坛：（1）撒帐，就是撒开戏帐，准备开场唱戏，包括戏子来到主家准备开场唱戏的开棚，张郎、鲁班搭建戏棚、雕刻戏神的造棚，打扫戏棚五方，准备开坛的扫棚，（2）开坛，即法事正式开始；（3）发牒，将设坛运作阳戏的事宜书写成牒文，奏请功曹等众到各神殿圣府里去投送；（4）正请，恭请众神临坛领受洪猪祭奉：（5）点棚，川主、土主、药王三圣大神差遣土地到坛场戏棚来查点献奉神灵的供品，（6）领牲，迎请诸神临坛领受牲祭，并由站坛法师吩咐屠夫或厨子，按法事要求，将领牲祭祀的洪猪加以切割，为回熟的祭祀作准备，然后超度猪牲转投人身；（7）镇宅，请三十三天斗口星君王灵官驱邪除鬼，持家镇宅；（8）开路，由开路神方弼、铺路神方相砍开事主家的五方财门，以便请神临坛回熟；（9）走马，迎请川主的二化身走马二郎临坛证盟了愿功德；（10）催愿，催愿仙官临坛催还信愿；（11）接神，迎接川主、土主、药王三圣等神临坛，准备领受熟食享祭；（12）回熟，诸神临坛，赴宴受飨。

下坛：（13）碓磨，三圣驾下差来的碓磨大姐和碓头哥哥，到事主家推豆腐、舂粑粑，备办祭神供果；（14）工兵牢子，三圣驾下的听差工兵牢子前来坛场查点祀物准备情况；（15）敲枷，请敲枷脱锁神敲枷脱锁，以求平安；（16）六位国主，邀请阳戏戏神冯氏三兄弟及夫人临坛受祭；（17）田郭二位，邀请阳戏戏神田大哥、郭二郎临坛受祭；（18）赏杨大口，邀请阳戏戏神杨大口临坛受祭；（19）勾愿，迎请杨七郎死后受封的勾销判子神临坛，勾销了愿；（20）饯驾，此为送神前的宴请，为神饯别；（21）盖馗，迎请钟馗将邪神野鬼等押送出事主家门；（22）扫台，迎请王灵官扫除五方邪神；（23）造船，造起神船、花盘，以便送神；（24）送神，法事圆满，奉送神灵，各归其位。

以上 24 坛法事，一般都按此顺序进行。如果事主家许了"财神愿"，就在回熟这坛法事后加《跳打唐二》；如果是运作阴戏，就在盖馗这坛法事前加《梅花姐妹》。因此，《跳打唐二》和《梅花姐妹》不是内坛必做的法事。

外坛 24 戏，主要是戏剧表演，一般都称之为"唱戏"或"演戏"。它唱些什么和唱多少，依据主家运作阳戏的主旨、要求和外坛班的阵容而定。因此，外坛戏剧表演的结构比较灵活、松散，不像内坛 24 坛法事那么按比较固定的顺序进行。它也不一定非有24出剧目不可，其所称的24戏只不过是外坛剧目的概数而已。

再生形态阳戏即酉阳面具阳戏的程序结构与此不同。它不分内坛、外坛，也不明显地标出坛次，而按其实际运作的情况，大致分为三大部分、七个段落。第一部分主要包括请神、关爷镇殿、庞氏夫人镇台三个段落，第三部分主要包括送神、关爷扫殿和掌坛师投蛋三个段落。这两部分的祭祀性质较强，它的内容和程序比较固定，凡一般事主家延请坛班跳戏，基本上都按此程序进行，只是跳戏的因由不同，而在祭祀仪式进行过程中的疏奏内容有所变化。第二部分只包括唱正戏这个段落。顾名思义，这部分重在戏剧表演。演唱什么剧目，根据事主家跳戏的因由和坛班的剧目建设情况而定；演唱剧目的多少，则按事主家延请坛班跳戏时间的长短而定。因此，它的变化较大。

各个段落的主要内容如次：第一段落请神，掌坛师恭请关圣帝君和诸众陪神以及戏坛宗师，临坛受祭，并代事主家向神灵表明信人愿情，说明酬神内容，请神领纳一堂恩礼，祈神赐福信人，扶持弟子，事通法灵，圆满成功。第二段落关爷镇殿，迎请阳戏崇奉的主要神灵关圣帝君临坛之后，即以关爷之神威，震慑邪魔，帮助信人避凶除灾，以便了却所许良愿。第三段落庞氏夫人镇台，阳戏崇奉的神灵庞氏夫人来此替事主家了却信愿，并与夫君姜郎相公一道，劝化世人行孝扬名，流芳百世。第四段落正戏，如果为了庆贺寿诞、娶媳、升官、病愈等跳戏，就唱《大孝祀》等剧目；如果为了求雨跳戏，就唱《鹦哥记》等剧目；如果为了庆贺得子跳戏，就唱《杜老送子》等剧目；如果为了庆贺出征胜利跳戏，或者事主家是武将兵勇，就唱《征东》、《征西》等剧目；如果跳戏事主家有后娘不贤，就唱《蟒蛇记》等剧目。第五段落送神，掌坛师祈求神灵勾销信人所许良愿，并帮助事主家除祛灾祸，降赐福祥，然后送他们回銮转驾，归坛归殿。第六段落关爷扫殿，关圣帝君在离去之前，替事主家扫除一切邪魔妖怪，扫进钱财吉福，辞别诸位家神以及还愿主家、坛班成员和看戏观众，封赠事主家添福添寿，大吉大昌。第七段落掌坛师投蛋，掌坛师等一行坛班成员去到事主家屋背后的十字路口，作法之后，将神台供奉的鸡蛋向前高高抛掷出去，一下摔破，事主家才吉利。

《且兰傩魂——贵州福泉阳戏》所载之阳戏还愿法事，大体上也是24 坛，其中有约三分之二坛次的坛名和内容与重庆原生形态阳戏基本相同；打保福科仪的主要坛次约 30 坛，其坛名和内容在重庆庆坛和打延生中几乎都能找到，只是重庆庆坛和打延生的剧种结构比福泉打保福丰富复杂一些，其程序结构除福泉打保福的 30 坛主要法事之外，还有福泉打保福所没有的约 20 坛法事。

六　阳戏的剧目

重庆阳戏的剧目十分丰富。一个坛班的剧目三五十、七八十不等，多的上百，总共数以千计。这些剧目都是手抄本，最早的抄写年代是清道光二十八年（1848 年），直到现在有的艺人还在抄写。这些剧目，从规模上看，有小戏，也有大戏，还有连台本戏。从角色上看，有独角戏，也有二小戏、三小戏，还有生、旦、净、丑、末俱全的戏。从内容上看，有历史故事戏、神仙道化戏，也有伦理道德戏、生活故事戏，还有纯粹为了逗乐取笑的"口白语戏"。从形式上看，有唱白俱全的戏，也有条纲戏，还有只存剧目名称的戏；有人称标为角色的戏，也有写出人物姓名的戏，还有不写人称（多为独角者）的戏；有直接写明剧名的戏，也有剧名前加"出"、加"搬"的如《出土地》、《搬先锋》等戏；有只写唱词的戏，也有在唱词前写明曲牌的戏。从来源上看，有继承古老剧目的戏，引进川剧剧目的戏；也有演绎科仪程序的戏，其中有直接以坛目为名的，如《开坛》、《领牲》、《三领牲》等，有以某坛科仪程序为内容而另取剧名的，如根据庆坛戏的"安营扎寨"一坛科仪改写的《五台》、《借五台》、《堆五台》等；还有根据现实生活创编的戏，再生形态的巫山踩堂戏就以三峡移民为题材创编了《搬家》等。从功能上看，有敷演戏神业绩的戏，其中有敷演戏神来由的如叙说阳戏"开路"一坛戏神方弼、方相受封开路、铺路神的《战岐山》，有敷演戏神圣绩的如叙说庆坛戏主神赵侯出生、成长、修道、受封的上、中、下三本大戏《乾元县》，有敷演财神爷赵公元帅收服黑虎坐骑的《鸾凰记》等；也有适应演戏需求的戏，其中有根据唱戏时间长短和坛班阵容齐否来安排的如阳戏"镇宅"一坛的"大镇宅"演《大战洪山》、"中镇宅"演《镇宅祖师》、"小镇宅"演《灵官镇宅》，有根据事主家的不同要求来安排的如庆坛戏"画梁"一坛的《丹青梁》或《鲁班梁》等；还有紧扣演戏主旨的戏，如阳戏形态一节的隐仪显戏形态所述的诸多剧目等。

重庆阳戏剧目，从总体上看，除了上述的剧目数量和类别的丰富性特色之外，还具有民俗活动的依存性、戏剧内涵的仪式性、法术通灵的神秘性等特色。其中不同形态的阳戏又具有不同的特色，如再生形态阳戏，因受梁山灯戏的影响较多，它们的民众性题材、口语性台词和嬉闹性情节等特色也十分鲜明、突出。

福泉阳戏剧目的特色也很鲜明。剧目比较丰富，多为历史演义和历史人物，时代比较久远，多取材于秦、汉、唐、宋，其内容和形式也较复杂、生动，戏剧元素较多，具有明显的由原始古朴的傩戏向成熟的戏剧过渡的性质。

七　阳戏的表演

重庆阳戏也分生、旦、净、丑、末等角色行当，也讲究手、眼、身、法、步等表演手法，但从总体上说，艺人们在表演阳戏的时候，随意性比较大，程式性的表演手法较少。不过，在长时期的流传中，也积累了一些程式化技巧。

属于原生形态阳戏的石柱土戏，其常用的表演程式就有如下一些：（1）由旗手二至多人前导的带阵，也叫引阵。（2）以大穿花的步法为基本步法而使队形变化的走阵：这又包括类似其他戏种的走线耙子的穿猪蹄，又叫穿九宫节；几人横排，另几人顺次穿过去再穿回来的穿篾笆折；两路人相互穿插，像土家人搓犁扣的搓犁扣；几个人波浪似的进退摇摆的鲤鱼跑滩；两人以上对礼，两手相互半握，左手在内，右手在外，由左下角到右上角斜线上舞的拜罗汉。（3）男女角色理发、整冠、撩衣、扯袖、拍灰、扯鞋等动作的开山子。（4）摆画面或造型的靠山子。（5）徒步开打的空山子。（6）马上开打的对马。（7）牵马、洗马、刷毛、喂水、上料、遛马的遛马。（8）左腿独立，左手掐灵官诀，右手横鞭头顶的魁星点斗。（9）一人横臂，另一人抓臂前滚翻，像土家人打麦子的舞簸盖（连枷）。（10）多用于大花脸、二花脸的脚靠丁字行进的丁字步。（11）来源于土家人玩车灯和彩龙船幺妹的基本步法小碎步。（12）女角常用丈二长的帮腿捆着跷子走小碎步的踩跷子。（13）上三下三，挽一大圈，左右绣球交替舞三次，两臂伸直挽一个大圆圈的耍绣球。（14）轻摇轻扇，完了划开，开始轻摇，结束时往上向外翻舞的摇花扇等。

重庆阳戏还有一些特殊的表演手法，就是卜卦、符讳、咒诰。《且兰傩魂——贵州福泉阳戏》上部第五章对此作了形象而详细的叙述，可见福泉阳戏的这些特殊表演手法十分丰富，比重庆阳戏在这方面的表演更有特色。相比之下，重庆阳戏特殊表演手法中的挽诀和步罡，又较福泉阳戏丰富一些。

手诀，佛教称为"手印"。它是密宗身、口、意三密的身密的一种体现。佛教的手印十分丰富。据刘渺编著、陕西摄影出版社于 1993 年12 月出版的《佛教气功手印总集》所载，就有近千幅手印原法样。道教称手诀为"掐诀"或"捏诀"。据《天皇至道太清玉丹》卷二载："捏诀者，所以通真制邪，役将治事。诀各不一，罡诀有七百余目。"可见道教的捏诀为数也不少。

罡步，犹"禹步"。禹步，是道教法师用来召役神灵的一种方术。据《太上助国救民总真秘要》卷八和《洞神八帝元变经》等说，禹步是夏禹治水时，因不可预测高深以及伏泉盘石眼力不能及，必召山海之神问以决定之。禹到南海之滨，见鸟禁咒能使大石翻动，而此鸟禁咒时常作这种步法，夏禹便模仿其行，使之入术，自此后术无不验。因禹始作，故称禹步。后好道者加以推演，便成 90 余种，举脚不同，咒颂各异，步法多种。

重庆文化艺术研究院的几位专家曾对现今巴南接龙地区民间艺人在运作祭祀仪式时运用诀罡的表演作过调查，撰写、出版了《四川省重庆市巴县接龙区诀罡密谱汇编》。他们将艺人们所挽掐的手诀分为两大类：一类是以手指形态变化形成的指诀，另一类是以左手大指在指掌上掐点地支、八卦等位置形成的掌诀。在指诀中，又按各个诀目表示的不同性质分为星神仙师诀、将帅兵马诀、灵禽异兽诀、神器法物诀、神居灵座诀、奇方妙术诀和其他诀等 7 个小类，739 个指诀；在掌诀中，又按左手大指在指掌上掐点的位置不同而分为地支诀、八卦诀、地支八卦混合诀和其他诀4个小类，73个掌诀，共812个手诀诀目。他们将艺人们使用的罡步分为九州罡、八卦罡、九州八卦混合罡和其他罡共4大类136种罡目。直接收入该书并用图像和文字说明的共有诀罡380个，其中指诀207个、掌诀67个、罡步106个。这些诀罡，除丧葬仪式使用的以外，余皆用于阳戏表演之中。该书载录的仅是巴县接龙一个区（现为接龙、石滩、石龙三个镇）的民间艺人使用的诀罡表演手法，整个重庆市民间艺人对诀罡这种特殊表演手法使用的丰富多样就不言自明了。

八　阳戏的音乐

重庆阳戏音乐包括声乐和器乐两大类。在阳戏运作中，除宣读疏、牒、表、词、申、状等文书和少数科仪内容，以及戏剧表演的对白外，绝大部分均由内坛法师或外坛师傅进行演唱。因此，在声乐和器乐这两类音乐形式中，唱腔音乐是主体。

内坛法师和外坛师傅在进行演唱的时候，一般都在遵循基本曲调的前提下，腔随词变，依字行腔，显得比较自由。其曲调结构，主要有一句式、二句式和四句式几种，一些较长的唱段常以这几种结构的曲调进行反复演唱。其词格结构，主要的是二、二、三的七字句，三、三、四的十字句较少，科仪过程中的有些叙述部分的演唱和戏剧表演中的部分曲牌体唱词，其词格为不规整的长短句结构。

重庆阳戏音乐中的器乐，主要是打击乐，其基本乐器是小鼓、二鼓、大锣、大钹、小锣等。有时也用管乐唢呐，个别地方还用弦乐二胡等。乐队编制一般是四至六人。器乐的演奏，主要是根据曲调结构，当演唱告一段落停顿时，即由乐队进行间奏，这种间奏是一些比较短小的锣鼓套打牌子；当某坛仪式或某出戏剧的开始和结束时，乐队要进行演奏；此外，每天的早、中、晚台开始前，尤其是早台开始前，为渲染某种气氛，乐队还要按成套锣鼓牌子进行较长时间的演奏。

重庆阳戏音乐的主要特点是唱腔风格的多样性。其原因大致有以下四点：一是阳戏的内容丰富、形式繁多；二是地域辽阔、民族复杂、人口众多；三是阳戏音乐的多种来源；四是坛班繁多，从业者众，传承方式原始。

唱腔风格多样性的主要体现是演唱曲调基本上以师承为体系。某类曲调大体上只在相同师承的坛班内流传。不同师承的坛班很少有相同类型的曲调，即使名称相同，但其唱法也有若干差异。其具体体现有以下三点：一是对唱腔命名的依据不同；二是对同一类型唱腔所包含的具体腔名的理解存在着差异；三是对同名唱腔的唱法也不一致。

重庆阳戏唱腔声乐中最值得探讨的是"九板十三腔"。在《阳戏全集》的清代咸丰、光绪和民国多种手抄本的"开棚"一坛里，都记载有"常留九板十三腔"。一些老艺人一谈到阳戏音乐，对九板十三腔也津津乐道。遗憾的是，在一些阳戏资料中，对九板十三腔并无具体内容的记载，一些老艺人的说法又不一致。在重庆，不仅阳戏有九板十三腔，阴戏、皮影戏甚至竹琴等也有九板十三腔，其所包括的具体内容又各不相同。现各举一例：

阳戏的九板十三腔（巴南）。九板：【快板】、【慢板】、【垛板】、【一字板】、【梭板】、【慢二流板】、【快二流板】、【数板】、【抢板】；十三腔：【阴腔】、【阳腔】、【师腔】、【慢腔】、【快腔】、【高腔】、【低腔】、【咏腔】、【静腔】、【秽腔】、【赞腔】、【吊腔】、【总圣腔】。

阴戏的九板十三腔（巫山）。九板：【六钹板】、【大小天下同板】、【三钹两镲板】、【倒插子板】、【三副铙钹板】、【铁门槛板】、【鬼挑担板】、【龙摆尾板】、【虎唑牙板】；十三腔：【铁门槛腔】、【鬼挑担腔】、【鬼哭夜腔】、【六钹板腔】、【大小天下同腔】、【三钹两镲腔】、【三副铙钹腔】、【倒插子腔】、【大慈悲腔】、【龙摆尾腔】、【虎唑牙腔】、【三点弯腔】、【九点弯腔】。

皮影戏的九板十三腔（三峡地区）。九板：【抠板】、【倒板】、【三板】、【苦板】【高腔板】、【一字板】、【二流板】、【四平板】、【七句半板】；十三腔：【一字腔】、【二流腔】、【抠板腔】、【倒板腔】、【三板腔】、【苦板腔】、【高腔】、【四平腔】、【七句半腔】、【滚板腔】、【南路腔】、【上天梯腔】、【香罗带腔】。

竹琴的九板十三腔（万州）。九板：【一字板】、【二流板】、【三板】、【数板】、【倒板】、【摇板】、【垛板】、【彩板】、【赶板（含抢板）】；十三腔：【吼腔】、【喊腔】、【谈腔】【笑腔】、【喜腔】、【怒腔】、【哀腔】、【乐腔】、【生腔】、【旦腔】、【净腔】、【末腔】、【丑腔】。

《且兰傩魂——贵州福泉阳戏》的作者在"凡例"中声称："阳戏演唱一般只记唱词，音乐舞蹈另有专书记述。"但庹修明教授在他写的序里却透露出了福泉戏也有"九板十三腔"。皇甫重庆在《贵州阳戏——以罗甸县栗木乡达上村邓氏戏班为例》也作了更加肯定的记述："福泉、瓮安、罗甸、湄潭等地也有'九板十三腔'之说。"看来，九板十三腔在贵州阳戏里也普遍存在。

九 阳戏的造型艺术

阳戏的造型艺术，《且兰傩魂——贵州福泉阳戏》用了整整一章的篇幅加以介绍，展示了福泉阳戏运作中丰富多彩的神像、神案以及法器、服饰、道具等。这些造型艺术与重庆阳戏比较，各具特色，颇有研究价值。

重庆阳戏的造型艺术，主要由神轴画像、神灵牌位、各类纸扎、面具雕像、服饰道具等构成。

神轴画像主要有上五尊神像、十殿二帅、总真神像、三官图、三星壁神图、行神图等30多种。这些神轴画像主要是佛教和道教所崇拜的神灵。在阳戏运作中，佛道二教除了上五尊神像的使用有严格的习规与明显的区别外，其他的一些神像就不太讲究是否属于本教派的神灵，出现佛道神像的混合使用。就是同一教派，由于师承和地域的不同，使用的神轴画像也存在一定差异。如佛教所崇拜供挂的上五尊神像就有两种：一种是由中佛、左佛、右佛、青狮、白象组成的上五尊神像，另一种由释迦、孔子、老子、观音以及文殊和普贤组成的上五尊神像。又如同是重庆近郊的阳戏，綦江阳戏演出挂的是福、禄、寿三星壁画像，而渝北区的阳戏演出挂的是总真图和行神图画像。

神灵牌位在阳戏运作中使用较多。以近郊的原生态阳戏为例，即可见其一斑。其主要供奉万天川主崇应惠民大帝、璧山土主清明河潼帝君和苏州药王神功妙济真君神位牌，同时还供奉金轮如意赵公元帅四员官将、梨园启教戏主老郎太子和佛道二门羽化诸位宗师神位牌。此外，还将表演阳戏时提到的所有戏神用红、黄、蓝、白四色纸写出，粘挂绳上，悬空横拉在神轴和神牌前。这些戏神有开棚使者、撒帐仙师、木牛木马、造棚仙师、扫棚龙鸡、请神法师、接神土地、开坛仙姐、领牲二郎、敬灶法师、点棚土地、和事老人、催愿使者、走马二郎、碓磨夫人、提神仙师、王大元帅、开路大将、铺路先锋、回熟仙师、工兵牢子、敲枷童子、脱锁郎君、掌愿仙官、勾销使者、六位国主、田郭二位、杨公大口、跳打唐二、钱驾仙官、盖押尪神、扫台灵官、送神仙师等 30 余位。

纸扎是重庆阳戏造型中丰富多彩的重要组成部分。在运作过程中，大到坛场的隔坛布置，小到茅人、茅船都离不开纸扎制作。民间的这种纸扎工艺，并不局限于用纸作原材料，而是用纸、竹、木、布、元丝、谷草和颜料等材料进行制作。在造型艺术的发展过程中，按约定俗成的习惯统称为“纸扎”。常见的纸扎物品有皇伞、天棚伞、文书盒、关架、衣鞋、纸扇、关钱、茅人、茅船、六类结、灯笼、牛头马面、铜蛇铁狗、莲花台等，做工比较精致美观的有天门隔坛、表箱、表亭等。

重庆阳戏的面具雕像，主要在次生形态的酉阳面具阳戏中。酉阳面具阳戏戏班一般都有 2 套，每套 20 余个面具。如小岗乡兴隆村吴长富阳戏班所存的面具有关圣帝、皇生、包丞相、元帅、大小生、二小生、老生、老丞相、老臣、府官、三军、先锋、先行官、山大王、二大王、道人、家院、牛罗（两个）、悟空，共计 20 个。此外，还有一个老郎太子神像。铜西乡哨尉村许洪炎阳戏班现存面具有关圣帝、皇生、包拯、正生、武小生、张飞、太师、鲁智深、王灵官、先行官、大花脸、二花脸、三军、孙悟空、太白金星、二须生、老生、小鬼、安童、金童、安安、书童、喽啰，共 23 个。

除面具外，还有雕刻神像。这在重庆阳戏运作中用的较少，主要有观音菩萨、老郎太子、梓潼、药王、圣姥灵娘（傩母）等。

重庆阳戏的服装和头帽与川剧的服饰基本相同，有的直接借用了戏剧服饰装扮。其服装有蟒袍、褶子、花褶子、长衫、男帔、围裙等，头帽有纱帽、角巾、太监帽、蓝梳、帅盔、罗帽、二生巾等。道具也与一般戏剧近似，只是制作显得略为粗糙，种类较少，主要有长枪、大刀、短刀、鞭、折扇、手帕等。法器主要有法印、御炉、卦、令牌、法剑、押笏、师刀、朝笏、木鱼等。

十　阳戏崇奉的神灵

重庆阳戏崇奉的神灵数量众多，主要包括正神和邪神两大类。所谓正神，就是公正、清明的神灵；所谓邪神，就是给人带来灾祸，使人不得安宁的神灵（含鬼怪）。正神又分为主神和陪神。

阳戏的主神有三：一是主宰河川（一说是四川）的万天川主崇应惠民大帝，二是主宰土地的璧山土主清明河潼帝君，三是主宰疾病的苏州药王神功妙济真君，简称为川主、土主、药王，合称为"三圣"。

庆养牲坛崇奉的主神是赵侯、罗公、伍通。据说他们统帅兵马的主要职能是保佑设坛主家的人口安泰、五谷丰登和六畜兴旺。有的养牲坛坛礅下边，置放一条拇指大小的蓝颜色的小蛇，或在坛神图旁绘制一条蓝蛇，此坛即称为"蓝蛇坛"，这位蓝蛇大将也就成为庆养牲坛崇奉的主要神明。庆伍通坛崇奉的主神是伍通。庆三霄坛崇奉的主神是三霄娘娘。

打太平延生是因为事主家为除病祛灾、添延寿算所祈良愿已经实现，而酬神还愿所运作戏剧，事主家祈祷的神灵是掌管注生大权的东岳大帝，他自然也就成为打这类延生崇拜的主神。太平延生所属范畴的梓潼延生，是因事主家求子而得子，以酬赐子之恩，了续香烟之愿而运作的戏剧，其崇奉的主神就是重庆乃至四川民众当作生育神崇拜的梓潼菩萨；为孩童度关去煞，消灾解厄，使之易长成人，长命百岁的过关延生和出关延生，其崇奉的主神是分别掌管取命关、断桥关和落井关的天仙王姥、地仙王姥和水仙王姥，合称"三仙王姥"；因冀求长寿，期满某旬，而果如其愿，在办寿酒前夜举行的接寿延生，其崇奉的主神是人们作为寿星顶礼膜拜的南极仙翁；因庆贺寿高而以朝拜北斗七星为主要内容的朝斗延生，其崇奉的主神当然是中天星主北极紫微元卿大帝。

打急救延生是因为事主或事主家的某人病痛来得突然而又沉重，希望尽快除病，以救其性命所运作的戏剧，所崇奉的主神是掌管赦除死运、免受阴罚职权的冥府十王。急救延生所属范畴的解结延生，其主旨是要解除病人前世今生所结下的或贪人钱财，或占人劳力，或欺心敲诈，或害人性命，或鞭打奴仆，或喝骂下人等冤孽，所崇奉的主神就是掌管这些冤结之蓄留和解除的负财、负力、负心、负命、负鞭打、负喝骂六类冤家仙子；祈求梅山大王除妖驱邪、退病还魂的梅山延生，其崇奉的主神自然是梅山神；患者病笃，法师装扮患者替死、替葬的滚落材，以及翻案开洞去冥府，或直接到阴司提取病者游魂，让其归身附体，去病祛邪、转危为安的翻案延生和闪狱延生，主持冥府十殿事宜的十殿阎王则是其崇奉的主神。

应当说明，打延生还要祈请傩公、傩母（伏羲、女娲）帮助事主家驱凶祛病，保佑事主家人氏安泰，他们自然成为演出延生戏所崇奉的通用的主神。

至于陪神，包括上、中、下三界，佛、道、儒三教的众多神灵，艺人们在分别恭请了这些神灵之后，犹恐遗漏，还要概括性地进行恭请："再焚真香，虔诚奉请：浩浩天京上圣，冥冥地府王官，滔滔水国真仙，列列阳元祀典，在在城隍社庙，处处土地灵聪，济济家堂香火，轰轰护教龙神，雄雄帅将兵马，拳拳道派师尊，尽三界越幽越显，总十方乃圣乃贤，悉仗真香，普同供养。"

有时，艺人们将恭请的某类神灵具体化，以致派生出若干神灵，使陪神的数量倍增。比如在敬灶仪式中，在恭请了正一九天东厨司令灶王府君和内宫炎帝玉池夫人后，还请东方青帝灶君、南方赤帝灶君、西方白帝灶君、北方黑帝灶君、中央黄帝灶君及其五方五位夫人；又请天上三十六灶君、地下七十二灶君，以及灶公、灶母、灶子、灶孙和灶家眷属一切神灵；甚至还要请灶前吹火老母，灶后淘米仙姑，油、盐、酱、醋姊妹夫人，盘、碟、碗、盏检接大神；此外，还要请灶前土地，通报火官，考灶大神，以及火母、火公、火子、火孙和火部灵童一切威灵等众。

渝北区舒家乡余万盛在还阳戏酬神祭祀活动中"回熟"仪式所供奉的神灵有 108 位之多。108 是一个确切的数字，而非概称。因为，事主要上大小不同的刀头 108 个，斟酒 108 杯，放到供桌上祀神，每个神位一个。这 108 位神灵是：川土，土主，药王（即三圣），六位公婆，二十四戏（二十四位戏神），天军爷爷，撒帐先（仙）师，开坛先（仙）师，造棚先（仙）师，进（敬）灶法官，领牲二郎，扫棚先（仙）师，拨路先锋，发牒先（仙）师，金童玉女，皮头和尚（伏魔和尚），孽龙蟒将，演戏仙官，纠察灵官，钟馗大神，当方土地（点棚土地），牧牛童子，催愿仙官，五郎官将，碓磨夫人，工兵牢子（张、李二牌子），平风小姐，韩爷楚爷（韩信、楚霸王），虞姬娘娘，圣帝老祖（关羽），周仓大将，打莱娘子，李忠李孝，上熟法官，敲枷大神，梅花姊妹，（杨）救贫先（仙）师，阎罗天子，刘氏四娘，左鬼右判，盆下大鬼，柳英娘子，化药先（仙）师，（孟）姜女范（希）郎，孟公孟婆，刘爷銮驾，赵爷銮驾，张爷銮驾，秦爷銮驾，萧何将军，杨公大口，陈姑师姐，田郭二位，十殿王官，东岳老祖，三台法主，勾愿先（仙）师，勾簿判子，圆坛先（仙）师，送神先（仙）师，交钱先（仙）师，造船先（仙）师，东方戏子，南方戏子，西方戏子，北方戏子，中央戏子，杜康娘子，阴魂（传）师公，阳传师爷，雷祖十帅将，康王主，周公，圣母，高山大庙（神），低山小庙（神），游司五道，冷坛败兵，掌教仙师，茅山八洞神。

以上所引，如果以每节文字作为一个牌位，共 80 个牌位，其中六位国主和二十四神这两个牌位分别包括大伯公、大伯婆、二伯公、二伯婆、三伯公、三伯婆和二十四位戏神，这样，就共有 108 位神灵。如果将其中的一些牌位实际包括的神灵，如十殿王官包括冥府一至十殿的十位狱主，金童玉女、孟公孟婆、李忠李孝等显然各包括两位神灵计算在内，本坛仪式供奉的神灵约有 140 位。

邪神的数量更多。现以太平延生中"送神"一坛对邪神的遣送为例，其遣送的邪神有：主瘟天符大帝金容元帅，收瘟摄毒天尊，所统天瘟地瘟、年瘟月瘟、日瘟时瘟、瘟子瘟孙；春季行瘟使者张元伯，夏季行瘟使者刘元达，秋季行瘟使者赵公明，冬季行瘟使者史文业，所统萧家一派鬼、孟家一尊神、十二年王、十二月将、二十四气、七十二候之神；东方行瘟周信，南方行瘟李奇，西方行瘟杨文辉，北方行瘟朱天林，中央行瘟吕岳，所统五方行瘟使者；南方三气火德荧蝴执法真君，皇敕上品三气火官洞阳大帝，所统天火地火、年火月火、日火时火、飞火撒火、火飘火鸦、火精火怪、火部一切神祇；尾火虎，室火猪，觜火猴，翼火蛇，灶内火，灶外火，炉前火，炉内火，灯上火，灯下火，壁上火，壁下火，不动自发火，六十甲子丙寅丁卯火神，甲戌乙亥火神，戊子己丑火神，丙申丁酉火神，甲辰乙巳火神，戊午己未火神，三气洞阳一切火星；梁上白虎，梁下白虎，日游白虎，夜游白虎，北方真武祖师所统一切白虎星君；本年执掌虫蝗乾象高真，所统东方青头虫、南方赤头虫、西方白头虫、北方黑头虫、中央黄头虫、五方五色花虫使者，蜘蛛、鼠耗等神；此宅之中，三间瓦房，七间楼阁，阳光不照之地，房廊暗阁之中，日来逗鸡叫，夜来逗狗咬，朝是男子打扮，夜是巧女梳妆，红面君子，黑面小人，当面说好，背地说歹，朝来现形，夜来现影，朝来化钱，夜来化米，一切不吉不祥之神；老少人等，身前身后，身左身右，麻瘟痘瘟，伤风咳嗽，并及皮寒摆子，生疮药毒，害人妖邪等众；本年之中，老少人等，场街市上，术师推算，丧门吊客星，披麻戴孝五鬼官符，天狗吊客，凶星恶曜，春瘟夏疫，秋痢冬寒，魑魅魍魉之神；此宅之中，怪力乱神，迷人之鬼，害人之精，颠人之邪，使人头痛，使人腰疼，使人周身不活，四时常染啾唧灾星；门外高山大庙，低山小庙，冷坛兵马，游师五道，埋在此境，葬在此地，有人顶敬，无人施济，十结九缠，八伤七难，六道五苦，四生三途，二路一切孤魂甶（读"附"）子等众。

《且兰傩魂——贵州福泉阳戏》用整整一章的篇幅介绍了傩神谱系及传说。从中可以看出，福泉阳戏崇奉的神灵也很多，其与重庆阳戏一样，均属泛神崇拜。这是当地民众万物有灵的泛神观念在阳戏领域中的反映。

十一　结语

综上所述可知，重庆阳戏和福泉阳戏历史悠久，内容丰富，流播广泛，渗透进当地民众社会生活的方方面面，对民族心理结构和传统戏剧文化产生了深远的影响。

这种逐阴导阳的戏剧文化融入阳世生活的整个历程。为了早日降临这个世界，祖辈父辈延请阳戏艺人运作"梓潼延生"，祈求梓潼菩萨赐子赐孙；母体怀胎，即将临盆，便"上六甲钱"，以祈顺利降生；襁褓之中，又"安将军箭"，"打石敢当"，使能免疾去灾，茁壮成长；进入童年，又打"过关延生"，祈求三仙王姥庇佑，避煞过关；到了十二周岁，又打"出关延生"，酬谢三仙王姥护佑之恩；成年嫁娶，又"舞阳神戏"，上演婚配剧目，以资庆贺；逢十满旬，则打"接寿延生"，酬还南极仙翁洪恩；寿高福长，便打"朝斗延生"，朝拜北斗七元星君；临近晚年，举行"接寿缘"祭礼，以期福寿绵长……人生途程的各个阶段，都可从阳戏运作中寻找支撑自己前进的力量。为了在阳世旅途上行走得踏实稳健、幸福舒坦，还可将美好的愿望寄托在这种戏剧文化营造的良好境界里，诸如谋求五谷丰登、六畜兴旺便"庆养牲坛"；期望发财得宝、学业有成、官位亨达就"舞阳神戏"；驱邪除灾、逐疫去病则打"急就延生"；病体复还、人氏安泰便打"太平延生"；处于弥留之际还想延长在世时日便运作"滚落材"；希望免灾除病，就"打保福"……那些能为阳世生活顺达绵延的"食"、"财"、"禄"、"寿"欲望，都能在阳戏里得到心理上的满足。他们通过阳戏的运作，将自己的期望和欲求诉诸神灵。对待神灵，以"和"为贵。对公正清明之正神，恭请，恳祈，酬谢，以表敬仰、期冀、和美之意；对降灾布疫的邪神，诸如施病的"梅山"、为祸的"小山"、布瘟的"痘瘟"，也祈请、宴酬、规劝，乃至在祭祀里出现"和梅山"、"和小山"、"和瘟饯送"等诸多与神"和解"的剧目和坛目，因此"和事老人"就成为阳戏供奉的重要神灵。他们通过阳戏的运作，使自己与自然协调，与人际和谐，与神怪睦处，以求得到一个祥和、康宁的心灵境界，以致形成一种宽容、中和的心理结构。

这种由傩仪，而傩舞，而傩戏的古老戏剧，产生于祭祀习俗，它在长时期的流传中，又成为广大民众祭祀习俗不可分割的组成部分，与祭祀仪式结下了不解之缘，实质上就是一种仪式戏剧。无戏不仪、戏仪互存是这种戏剧的本质特征。宗教祭祀仪式是这种戏剧产生之源。过去一个较长时期内，人们受一切艺术起源于生产劳动观点的影响，认为中国戏剧起源于生产劳动。这个观点无疑是正确的，问题是有的人将它绝对化了，认为生产劳动是产生中国戏剧的唯一源泉，别的起源尤其涉嫌封建迷信的宗教祭祀仪式活动是不能提的。而重庆阳戏和福泉阳戏的产生、形成、流传雄辩地说明，仪式戏剧离不开宗教祭祀仪式活动，宗教祭仪活动是仪式戏剧的母体。

20世纪末，中国戏史界的个别专家，从戏剧形态学的角度，提出了中国广泛地存在仪式戏剧形态，并提出了仪式戏剧与观赏戏剧乃中国戏剧的两大部类的观点。重庆阳戏和福泉阳戏的诸多戏剧形态，又一次证明仪式戏剧在中国戏剧园中的存在是不争的历史事实。这种以巫觋为表演主体、旨在满足人们驱凶纳吉愿望、而在祭祀仪式中展示其艺术风貌的仪式戏剧，与以优伶为表演主体，满足人们审美需求，而在舞台表演中展示其艺术风貌的观赏戏剧，是中国戏剧的两翼。换句话说，仪式戏剧与观赏戏剧两大戏剧系统，构成了整个中国戏剧洋洋大观的整体面貌。

钩稽中国文化史迹，我们发现巫觋表演戏剧之根可以追溯到旧石器时代中期，因为那时先民们就已发明面具，并创造了原始假面狩猎驱赶巫术群舞。以后的黄帝作礼驱鬼，颛顼索室驱傩，"伏羲已来，五礼始彰，尧舜之时咸备"（《事物纪原》卷二）。及至周代，五礼更加规范完备。五礼，即吉礼、凶礼、军礼、宾礼和嘉礼。何为礼？《说文》："礼，所以事神致福也。"凡祀奉神明而求福祉即谓之礼。此为礼之本义，以后则引申为表示敬意的通称。由此可见，祭祀在古礼中所居之地位。在《周礼》中，则把祭祀置于诸种礼仪之首。《左传·成公十三年》载刘子云："国之大事，在祀与戎。"把对神灵和祖先的祭祀与利用战争掠夺奴隶和财产，或者保卫自己的国家摆在同等重要的地位，且二者都是一个国家头等重要的大事。

在这些祭祀仪式中，巫觋要扮神表演，这就构成仪式戏剧的萌芽或早期仪式戏剧。仪式戏剧不但历史悠久，而且它的从业者和受众面也比观赏戏剧多得多。从文化史的角度考察，中国戏剧初期的本源和主流应该是仪式戏剧。但在实际生活中，却将古代倡优侏儒供人调笑，发展到后来的观赏戏剧作为主流，而仪式戏剧反而成为遗漏的篇章。

令人感到欣慰的是，近些年来，仪式戏剧那浓郁的色彩、古朴的表演、多彩的风姿、深厚的文化内涵和具有原生态的历史风貌，赢得了不少戏剧史论家的倾心关注，推出了一批研究成果，而这些具有学术价值的研究成果，开始得到政府部门的理解、重视与支持。2006 年 5 月 25日，国务院批准将贵州德江傩堂戏、威宁"撮泰吉"、安顺地戏等十余种傩戏列入第一批国家级非物质文化遗产名录，予以重点保护。这次福泉阳戏学术研讨会的召开，则从傩戏的一个分支进行深入探讨，对傩戏乃至仪式戏剧的研究是一种有力的推进。

贵州是傩戏、傩文化资源聚集区，党和政府对傩戏、傩文化十分重视，学术界对傩戏、傩文化研究起步较早，研究成果丰硕，研究力量雄厚，民族学院又专门成立了西南傩文化研究院。在较长的学术实践中，贵州已经成为西南傩文化研究的中心，在傩戏、傩文化的研究中，理所当然地成为领军角色。因此，借着本次学术研讨的机会，笔者就阳戏的保护提出以下两点建议：

第一，编写一部阳戏史论专著。近些年来，贵州、云南、四川、重庆对阳戏作了大量研究，出版了 10 余部专著，发表了大量文章。这些专著和文章多系对阳戏演出的个案调查，做了大量的基础性工作。建议在此基础上，请贵州牵头，组织人员对西南阳戏乃至"中国阳戏带"的阳戏进行系统、综合研究，编写一部阳戏史论专著。

第二，深入研究"九板十三腔"。不仅贵州、重庆普遍流传有九板十三腔，云南的镇雄、大关、彝良等地区也曾流传有九板十三腔，四川也不例外。民间艺人和学术研究者对九板十三腔的认识、理解、记述都比较混乱，一些音乐辞典也没作出令人信服的解释。过去演唱阳戏的老艺人已相继辞世，抢救、挖掘迫在眉睫。因此，也请贵州牵头，组织人员调查、研究九板十三腔，撰写、出版令人信服的研究成果。

以上建议，是期望，是理想，但笔者相信，它一定会变成现实。

贵州傩戏源地略论①

刘怀堂②

（湖北省孝感学院；孝感市，432000）

摘　要：湘黔同属于巴楚巫文化圈，傩戏曾经在这个文化圈内流布。从傩戏名称、表演形式和傩戏剧目比较看，湘黔两地的确存在着差异，但其中的共性特征亦不容忽视。笔者发现，在傩戏名称、表演形式以及剧目名称上，湘黔两省的傩堂戏存在着显著的亲缘关系，而湖南的则更为原始一些。这说明，历史上湖南曾是贵州傩戏发源地之一。

关键词：巴楚巫文化圈；傩戏；傩技；傩神；撮太吉；毛古斯

曲六乙前辈在多年前曾将中国大地上各种傩戏活动地域分为六大圈，其中有"巴楚巫文化圈"，并对此进行了解释：巴指巴蜀，楚指荆楚，将巴蜀巫文化与荆楚巫文化划为一个文化圈，而不用楚越巫文化圈的概念，是从巴蜀与荆楚同属长江文化圈考虑的。③ 曲老的话可谓一语中的。巴蜀与荆楚不仅同属长江文化圈，而且两地山水相接，民间交往频繁，其中傩戏亦存在交往的可能。④

---

　　① 本文是教育部人文社会科学重点研究基地中山大学中国非物质文化遗产研究中心重大研究项目研究成果之一，项目名称"西南傩戏文本的调研与研究"，项目编号：2009JJD850005。

　　② 刘怀堂，男，河南省罗山人，湖北省孝感学院文学院讲师，文学博士，从事戏曲史以及戏曲与民俗研究。

　　③ 曲六乙：《漫话巫傩文化圈的分布与傩戏的生态环境》，张子伟《中国傩》，湖南师范大学出版社1994年版，第16页。

　　④ 笔者认为，傩是关于傩的一切活动，傩仪是一个过程，傩戏只是其中一个环节。笔者曾对"傩戏"进行了界说与区分。见拙文《"傩戏"与"戏傩"——傩戏学视野下的"傩戏"界说问题》，待刊稿。本文姑且采用学术界泛化的傩戏观点。

一　从傩戏名称看

"贵州傩戏可谓千姿百态，名目繁多"。① 根据学者的调查与研究成果，笔者将贵州出现的傩戏名称总结如下：②

　　傩堂戏、傩坛戏、傩愿、傩愿脚、傩戏愿脚、还愿戏、喜傩神、傩神戏、冲傩、冲傩戏、跳大牙巴、跳坛戏、跳神戏、跳鬼戏、装鬼戏、庆坛、还魈愿戏、木脑壳戏、鬼脸壳戏、嘎傩戏（冬冬推、面具戏）、哑面、③ 怼魀鞁、撮泰吉、阳戏、地戏、滚龙戏。④

　　再来看看湖南傩戏有哪些名称。湖南省傩戏研究起步较早，在20世纪80年代就有学者研究出了不少成果。80年代如胡建国的《湖南傩堂戏》、杜平与贾国辉合著的《湖南省石门县儿童"渡关"风俗调查》、肖南的《湖南沅水一带的"傩"》、易先根的《黑祖传说与巫文化》、田用红的《土家族傩戏与其传说》等；90年代，有李怀荪的《湘西傩戏调查报告》、向成绪与刘中岳合著的《湖南邵阳傩戏调查》等；千禧之年，有湖南省艺术研究所编著的《沅湘傩文化之族》（时代文艺出版社，2000）；近十年来，湖南省关于傩的研究成果颇丰。对这些成果进行研析，可知湖南傩戏名称计有：

　　傩堂戏（脸壳、还大傩愿）、傩坛戏、傩戏、傩神戏、傩愿戏

---

　　① 庹修明：《傩坛传承的神秘性与戏剧性》，载台湾《民俗曲艺》1994年第6期（《台湾中国祭祀仪式与仪式戏剧研讨会论文集》）。
　　② 参见劲松《思州傩戏简介》和晏晓明《思州傩愿脚的历史轨迹及特征》，见陈玉平、邹波主编《贵州傩文化保护与开发学术会议研讨会论文集》，2007年6月，第114—125页。
　　③ 见吴秋林《布依族仪式性傩戏"哑面"》，见庹修明、陈玉平、龚德全编《多维视野下的贵州傩戏傩文化研究》，贵州民族学院西南傩文化研究院，2009年11月，第245—254页。
　　④ 李永林认为，黔北正安县仡佬族的滚龙戏是傩戏的一种。见其文《仡佬族滚龙戏的意蕴表征与保护传承》，见《中国·遵义黔北傩文化国际学术会议论文集》，2009年11月，第405—408页。

（或称土地戏、姜女戏）、还傩愿、还愿戏、完傩愿、师道戏、跳戏、阳戏、冲傩还原、庆坛（即还愿、庆花朝）、还黑祖愿、咚咚推、毛古斯。

从名称看，两省傩戏基本都称为傩堂戏、傩坛戏；其他名称除个别具有地方民族特色的名称外，也颇为相近。如上文所说的贵州侗族的冬冬推，原称"嘎傩戏"，"冬冬推"是异名，也叫面具戏，此傩戏在湖南亦有。有学者认为，"'咚咚推'为新晃侗族自治县贡溪乡四路村天井村民小组所独有的傩戏。'咚咚推'之名因演唱时的锣鼓声而得：'咚'为鼓声；'推'为包锣（一种中间有凸出小包的小锣）声。又因演唱的全过程皆在'咚咚推'的锣鼓声中跳跃进行，故又称跳戏"。①所以，据湘黔两地的傩调查情况，咚咚推并非湖南新晃所独有。湘黔两地侗族地区关于这个傩戏内容上有无关联呢？据《贵州地方戏曲剧种史丛书》之《侗族傩戏》，贵州玉屏县，与天柱、锦屏、剑河、镇远、三穗等县及湖南新晃、靖县一带地区，在语音区分上均属北侗方言区。两省侗族血缘关系密切，清代才把玉屏、天柱从湖南省划出，归属贵州管辖。②根据李怀荪《湘西傩戏调查报告》，咚咚推在新晃侗族龙、姚两族姓中世代相传。龙姓四十五世祖龙地盛在元顺帝二年（1331）从古州平茶迁至飞山脚，后搬到新晃；明洪武年间，他的长子龙金海迁到四路，永乐十七年（1468）定居天井。而姚姓四十八世祖姚正华生于明成化二十二年（1468），他从新寨迁往田家寨，后其长子姚通祖又迁到天井定居。据此，李怀荪推断：咚咚推很可能是龙、姚两姓带过来的。而远在数百里外的靖州及数十里外的新寨，咚咚推已不见活动，只有天井还在流传。③从内容看，湖南新晃的跳戏还上演过《三国》，④这种跳戏可能就是咚咚推；而贵州玉屏、天柱、三穗北侗语方言区行傩时也可

---

① 李怀荪：《湘西傩戏调查报告》，见顾朴光等编《中国傩戏调查报告》，贵州人民出版社 1992 年版，第 63 页。

② 俞伯巍：《贵州地方戏曲史丛书》，贵州人民出版社 1987 年版，第 117—118 页。

③ 李怀荪：《湘西傩戏调查报告》，见顾朴光等编《中国傩戏调查报告》，贵州人民出版社 1992 年版，第 1—2 页。

④ 同上书，第 63 页。

能演出过《三国戏》。① 那么，贵州侗族地区的冬冬推就是湖南新晃咚咚推的别称，当从湖南传入。

湘黔两地的傩戏是否具有相同的内涵，我们还可进一步从形式与内容上加以考察。

二　从傩戏表演形式看

（一）傩堂（坛）戏仪式比较

1. 傩堂（坛）戏的组成

贵州傩堂戏就程序而言各地大同小异。就整个仪式演出来说，贵州傩堂戏分为两部分，其称谓大致有外坛和内坛、阳戏（也称正戏）和阴戏两种。内坛娱神，是祭祀表演；外坛表演主要是娱人。湖南以湘西傩堂戏为例，也分为两部分即傩堂正戏和本戏。本戏统称"花朝"，又称"外教"。傩堂正戏称"正朝"，也叫"神戏"，又称"内教"。正戏是由法事演变而来的、带有简单情节表演，即祭祀带有表演因素；而本戏的戏曲成分浓一些，主要以娱人为目的。从组成看，贵州省与湖南省的傩堂戏基本相似，只是两地在组成名称上稍异。据学者调查，"湘、渝、黔、鄂交界地带，庆坛活动至今犹存。如贵州织金，汉族庆赵侯坛，……德江有'子孙坛'，……湘西巫师请神中有'潘家沈家灶公坛神'"等。②

2. 傩堂内坛戏

（1）仪式

在傩堂仪式中，最具有代表性的当数过职仪式。此仪式在贵州还有一个别名叫"抛牌过职"，③ 而湖南亦有这类传承，名叫"抛牌传度"。④ 可惜的是，笔者对湖南傩戏资料搜集不全，不能作一比较。不

---

① 高伦：《贵州傩戏》，贵州人民出版社1987年版，第117—120页。

② 雷翔：《鄂西南傩文化的奇葩——还坛神》，中央民族大学出版社1999年版，第2页。

③ 庹修明：《叩响古代巫风巫傩之门》有详细记载，贵州民族出版社2007年版，第110页。

④ 向绪成、刘中岳：《湖南邵阳傩戏调查》只提到"抛牌传度奏牒"，见顾朴光等编《中国傩戏调查报告》，贵州人民出版社1992年版，第110页。

过，笔者可从两省傩仪程序来比较。今以两省土家族傩戏为例。

贵州德江土家族约有 19 大项：

> 开坛、发文敬灶、搭桥、立楼、安营扎寨、造席、差发五猖、
> 铺罗撒网、判牲、膛白、和会交标、上熟、造船清火、大游傩、送
> 神上马、安香火、过关、祝寿、扫荡。每一大项又包括一些小项，
> 如"发文敬灶"，包含穿衣件、参神、拜功曹、赞香、宣文书、发
> 文、交文书、敬灶、请圣、推遣保管、宣文书、唱赞、下装等十三
> 个小程序。[①]

湖南邵阳土家族各庆坛傩仪在具体程序上稍有不同，如邵东县姚家
坛有 26 堂法事，武冈县朱家坛有 47 堂法事，但基本祭祀内容大致一
样。今以武冈县朱家坛法事程序为例说明：

> 请圣、发功曹、接驾、巡殿、净坛解秽、装身备马、立寨、庆
> 会兵桥、收兵上殿、踩九州、打五猖、唱九州、点五方兵、调三
> 场、庆桥、拆坛、下马、劝酒、祭表、接娘娘、接家仙、打洞、监
> 牲、祭五岳、迎圣、扦坛（藏坛）、唱桃园三洞、送圣。[②]

尽管在两地傩仪中出现不同，笔者认为这不是主要问题。因为贵州
不少地方的傩仪中都有点五方兵马、踩九州或踏禹步的程序，贵州湄潭
傩仪中也有解秽程序并有解秽咒语。问题的关键在于两地土家族的傩仪
中出现的一些具有相同名称的程序，关键的有三个：一个是关于五猖
的，一个是关于"××标"的，一个是"打洞"。

先看关于五猖的。有学者认为五猖信仰发源于鄱阳湖流域，相当于
江西，后在江南各地传播。张劲松《中国鬼神信仰》一书详细地记载
了湖南五猖信仰的一段咒语，五猖被称为"五岳五猖神"。湖南一些傩
仪中亦有称为"发五猖"的，某些傩坛神案下设有"五猖"神位；而

---

① 陈玉平、邹波：《贵州傩文化保护与开发学术研讨会论文集》，2007 年 6 月，第 26 页。
② 向绪成、刘中岳：《湖南邵阳傩戏调查》，见顾朴光等编《中国傩戏调查报告》，贵州
人民出版社 1992 年版，第 112—113 页。

贵州德江傩仪中有"差发五猖"，名称基本与湖南的相同。贵州织金县"庆娘娘"傩戏中还保留有"祭五猖"的仪式。在黔北傩文化地域中众多的傩坛神案图有一个共同的特点，就是"'五猖'神的强大阵容都安排在神图的'下五重'底部，形成向妖魔鬼怪猛攻的架势，具有强烈的威慑力"。① 从逻辑上看，两者应有源与流的关系。苗族古歌《创世纪》讲述了苗民从黄河流域南迁至长江流域的楚地，之后又向西迁徙的历程，故事的时间始于战国。历史上，黄河流域是傩盛行的地方，或许傩的流行在那时就开始了。不过，傩沿长江流域由东向西传播，较为确切的文献佐证，除了正统史书外，还有方志的记载。如《杨再思氏族通志》载，杨再思是唐末五代湖南靖州人，曾为靖州十峒首领，去世后被湘桂黔三省边民奉为神灵。其第七子杨正岩统治的范围有很大扩展，包括今湘西南、黔东南、桂西北广大地区（包括湖南靖州、会同、通道、黔阳、怀化、溆浦、麻阳、芷江、新晃、新化、新宁、武冈、城步、绥宁、贵州、锦屏、黎平、天柱、从江、榕江、玉屏及广西三江，龙胜等县）；宋以后，杨家世代为当地土官，对民族和谐颇有功绩。② 因此，我们虽然不能确定傩仪向西传播的最早时间，但至迟不会晚于唐末五代。至少在杨氏家族统治时期，傩在其统治领域内传播是可以肯定的。

再看"××标"。

贵州傩仪中这个程序常常出现。在贵州傩传承中还有"和标"、"拜红标"、"交标酒"、"拜神交标"等程序。而辰州土家族中的上河教与河南教的傩仪（程序基本相同）中都有"跳标"程序；在"冲傩"中还要举行"斩高标"仪式。这显然不是巧合。贵州傩仪中的"和标"，也称"合标"，"旨在敬劝请神团结一致守护傩堂，为主家勾销良愿，降福免灾"。③ 这里的"标"是何意？贵州的一些调查和研究中并未有交代，《沅湘傩辞汇览》"开洞交标"题解有解释："'交标'实含

① 李永林：《傩界精锐全无敌——"放五猖"（神）纵论》，见《中国·遵义黔北傩文化国际学术会议论文集》，2009年11月，第354页。该文叙述黔北五猖神源于湖北武昌府，古代湘、鄂巫风颇盛，同为贵州傩的源头之一。

② 引自百度网，无题名。

③ 庹修明《叩响古代巫风巫傩之门》有详细记载，贵州民族出版社2007年版，第116页。

有‘交表’之意。似为‘上表’一科的继续和发展，只是称谓不同而已。"① 根据"开洞交标"前一科法事"进表赍奏"之"题解"："在这堂法事中，要呈奉烟、酒、茶给来客，焚檀香、真香、兰麝香，化纸钱，最后将表文烧化",② "开洞交标"中"题解"的解释是较为恰当的。贵州傩仪中有"烧标"仪式，即赶走邪神之火，和标师傅将标交给南方火德星君在门外烧化。③ 那么，这个"标"就是"表"。两地都是用相同的傩仪术语，可见两者的血缘关系。另外，贵州的"交标酒"与湖南土家族的"劝酒"相似，都是劝请神灵享受祭酒的仪式，也可说明两者的亲缘关系。

最后，看看"打洞"。

贵州德江傩堂戏称为"开洞"，即打开桃园上、中、下三洞，请出戏（神）。按照傩堂戏的说法，开了洞就可出戏。④ 笔者认为，这是整个傩仪的一部分，傩堂戏包括开坛、开洞和闭坛，就是请神、酬神和送神。湖南的三洞之说较详细，即桃园上洞鱼骨庙，桃园中洞铁柱庙、桃园下洞松树庙,⑤ 湘西有些地方直接称傩坛为"桃园洞"。⑥ 湘西也有将"打洞"称为"开戏洞"的，由巫师作法，请出 24 戏。无独有偶，贵州岑巩有一个傩坛剧目名就称为《开戏洞》。湖南邵阳傩戏有傩坛大戏《桃园洞》，有 30 多折，其中开洞、打洞、封洞分别为相连的三个独立的剧目，之后还有部分仪式，大体上就是勾愿送神。至于打洞仪式在具体情节上可能存在着差异，因掌握资料有限，暂时还不能比较。尽管如此，我们还是能看出两地傩戏的相似性。

（2）仪式内容

仪式内容可作比较的方面有很多，限于材料掌握不够以及学识有限，本文仅从手诀入手。手诀的特征之一就是神秘性，外行很难窥寓意、掌握其变化。手诀的一致性很能说明傩坛之间的亲缘关系。

---

① 周明阜等：《沅湘傩辞汇览》，香港国际展望出版社 1992 年版，第 207 页。

② 同上书，第 201 页。

③ 庹修明《叩响古代巫风巫傩之门》有详细记载，贵州民族出版社 2007 年版，第117 页。

④ 俞伯巍：《贵州地方戏曲史丛书》，贵州人民出版社 1987 年版，第 59 页。

⑤ 周明阜等：《沅湘傩辞汇览》，香港国际展望出版社 1992 年版，第 207 页。

⑥ 同上书，第 73 页。

贵州傩堂手诀以《思州傩堂手诀百图》为例、① 湖南傩堂手诀以梅山《还都猖大愿》② 为例来说明（见表1）。

表1　　　　　　　　思州、梅山两地傩堂手诀的比较

思州傩堂手诀	祖师诀、收魂诀、排邪诀、封邪诀、土地诀、七祖诀、莲花诀、排兵诀、会兵诀、迎兵诀、泰山五郎诀、藏身诀、大金刀诀、小金刀诀
梅山傩堂手诀	祖师诀、收魂诀、收邪诀、阳五猖诀、阴五猖诀、七祖诀、莲花诀、大金刀诀、小金刀诀、前光后暗诀、刀山诀、剑树诀

两处的傩堂手诀都很多，本文只列举基本相同的手诀。除了不同的手诀外，这两者手诀名称有完全相同的、基本相同和异名同质的三大类。如祖师诀、收魂诀、七祖诀、大金刀诀、小金刀诀等名称都是相同的；排邪诀、封邪诀与梅山的收邪诀内涵基本相同；藏身诀与前光后暗诀名称不同，但内涵是一样的。今稍作比较：

收魂诀。思州傩堂的内涵是招回生人魂魄；梅山傩堂的内涵"收讨生魂归于祖师法力保护范围之内"。

贵州排邪诀、封邪诀与梅山的收邪诀。排邪诀指排除邪神恶鬼净化傩堂，封邪诀指驱逐妖魔；收邪诀指拘禁、镇压邪魔妖怪。

藏身诀与前光后暗诀。藏身诀指法师隐藏自身；前光后暗诀象征法师隐身，使猖鬼无法跟踪。

排兵诀、会兵诀与阳五猖诀、阴五猖诀。排兵、会兵两诀象征召请阴兵、指挥他们听令；阳、阴五猖两诀象征召请阳、阴五猖兵马。

另外，思州有"张赵二郎诀"，尽管目前笔者还没有见到湖南傩堂关于此诀的文字记录，但笔者认为应该有。这个张赵二郎是一个造神水的神，邵阳傩戏剧目有《二郎记》，这个手诀应当从此而来。据邵阳《二郎记》剧目介绍，张赵二郎原是太白金星的一位童子，奉命下凡出生在张、赵两家交界的一个南瓜中，两家为这个男孩争执不下，县官判两家共养，取名张赵二郎，是两家的孩子。成人后，拜老君为师学法

---

① 庹修明《叩响古代巫风巫傩之门》有详细记载，贵州民族出版社2007年版，第138—148页。

② 李新吾等：《上梅山〈还都猖大愿〉手诀简述》，见《中国·遵义黔北傩文化国际学术会议论文集》，2009年11月，第233—244页。

术。贵州傩堂有关二郎的手诀还有不少，但还未见到贵州阳戏中有《二郎记》的剧目。显然，贵州的此诀当来源于湖南，至少湖南是其源头之一。

3. 傩技与傩神

傩技是傩坛法事展示强大的本领以威慑鬼神的法术，巫师通过一些特殊的甚至使人视觉感到恐怖的行为表现出来。今以表格形式，将两省傩技显示出来（见表 2）。

表 2　　　　　　　　　　贵州、湖南傩技比较

省份	傩　技　名　称
贵州	上刀梯（或称上刀山）、踢刀、炒刀、过火海、踩红犁、顶红三角、口衔红铁、手持红铁链、捞油锅、开红山、悬星挂斗、掰竹、放马脚、甩七星箭
湖南	上刀梯、下火海、下火槽、摸油锅、滚刺床、杀犁*、铁椎穿喉（穿胸）、开红山、悬弧挂斗、放阴斩、筛子端水、金枪锁喉、火球烧身、嘴嚼瓷碗、竹叶变鱼、灰线吊铜钱、搭阴枧、九牛撬、下雪山、死鸡复生

　　说明：*为湘西傩技之一，巫师将烧得通红的犁口，用手捧、脚踩、口衔表演。参见吴晓玲《傩堂巫术与湘西原始初民信仰》，见张子伟《中国傩》，湖南师范大学出版社 1994 年版，第 533 页。

　　贵州傩技号称有 36 种之多，而湖南傩技也有数十余种之多。从表中所列傩技看，两地的多数傩技是相同的。这些同名的傩技可能在表演形式上存在差异，但其实质基本一致。有些质同名异的，可能就是相似的傩技，如贵州傩堂戏的"甩七星箭"。法师在一只公鸡嘴里插入七根筷子（没入鸡嗓子大半），公鸡似死去；法师作法后，向其喷一口水，公鸡自己将其口中的七根筷子甩出，又恢复了活力。而湖南沅陵县这项傩技是将鸡一刀杀死放在案头，法师施法、画符、挽诀，喷水于鸡身，再用小刀在自己左手背上划开一个裂口，滴血于鸡头，鸡就复活，还高声啼叫。两者形式有别而内涵基本相同。

4. 特殊的傩戏比较：撮太吉与毛古斯

贵州威宁彝族的"撮泰吉"被学者视为初级形态的傩戏，[①] 而远在湖南的永顺地区也有一种具有原始形态特征的"傩戏"，两者有着非常

---

　　① 关于撮泰吉的详细介绍可参见庹修明《论彝族傩戏"撮泰吉"的原始形态》，见庹修明《叩响古代巫风巫傩之门》，贵州民族出版社 2007 年版，第 104—113 页。

惊人的相似性。

撮泰吉模拟彝族祖先迁徙、定居、繁衍的过程，反映的是彝族祖先由狩猎转为原始农耕的历史。其仪式由四个部分组成：祭祀、正戏、喜庆和扫寨。祭祀时演员头上用白布包成的锥形，身上与四肢以白布紧裹表示裸身，戴面具，以罗圈步行，如猿猴般吼叫，祭天、地、祖先、自然神灵和谷神等；祭祀必跳"铃铛舞"。正戏只有一个剧目"变人戏"，反映先民创业、生产、繁荣、迁徙的历史，中间自然有生产环节的模拟。重要的是还有交媾、喂奶场面的表演。喜庆就是表演狮舞；最后是扫寨。

而湖南永顺地区的"毛古斯"则更特别。"毛古斯"是土家语，永顺地区叫"毛古斯食吉"，"毛古斯"就是"浑身长毛的古裸人"，"食吉"是"狩猎"之意。演员身披茅草或稻草编织的"毛衣"，以演员头上扎成的犄角的奇、偶将毛人与野兽、牛区分开来。其仪式可能也分为祭祀、表演、喜庆和扫寨。角色有丈夫名"拔普卡"（祖公）、妻"拔帕"，还有一个土著头人"嘎麦"加上一些小毛古斯，走路采取屈膝、沉臀、抖摆等动作，刚从树上走到地面，变嗓说话，语音不清。"毛古斯"反映的是土家先民迁徙、由原始狩猎到农耕活动过程与种的繁衍。其中的刀耕火种及原始狩猎这里不再介绍，只介绍其种的繁衍。表演中有示雄，即表演者各配一根长棍，顶端用土红浸染，象征男根，亦称"粗鲁棍"，演至高潮时毛古斯可用其随意触及女性观众的身体，女方认为是神灵赐自己多子而很高兴。[①] 这一点贵州的撮泰吉与其非常相似。"毛古斯"也有扫寨仪式，目的与撮泰吉相同。从形式和内容来看，湖南的毛古斯在形态上都较贵州威宁的撮泰吉似乎要古老一些。这两个地区相隔较远，一个是彝族的，一个是土家族的，这表明湖南至少有部分"傩戏"保留着更为原始的形态。

5. 傩坛法师传承谱系的形式

贵州、湖南两省傩坛法师传承形式非常相似。贵州德江土家族张金辽老师保存一张"司坛图"，上有历代师长的姓名或法名。除了"茅山启教"下所列的祖师姓名不带有"法"字外，其他祖师基本都是将法

---

① 庹修明：《巫傩文化与仪式戏剧研究》，贵州民族出版社 2009 年版，第 45—48 页。

名题在"司坛图"上，今转摘部分坛师法名如下：

　　　　梅山启教：张法娘、谭法娘、苏法娘、熊法娘
　　　　前代师祖：冉法胜、田法胜、朱法灵、何法道、蔡法通、熊法
胜、罗法高、李法清、赵法灵、王法真、赵法兴、张法开
　　　　正坛师祖：鲁法清、鲁法高、李法旺、安法兴、刘法旺、罗
法开

　　再看湖南傩坛法师的名号，以邵阳向家傩坛历代祖师名讳（部分）
为例：

　　　　二十世：　德胜公奏名法胜
　　　　二十一世：派鸿公奏名法魁
　　　　二十二世：从显公奏名法显
　　　　二十八世：朝文公奏名法文朝武公奏名法武
　　　　二十九世：延玺公奏名法显
　　　　三十二世：德宪公奏名法度德懋公奏名法全

　　三十三世至三十五世师祖有法修、法身、法道、法贵、法高、法
阴、法钱、法山、法理、法义、法旺等。[①]
　　邵阳向家傩坛谱牒上的"奏名"指传度受戒时所取的法名。从两省
祖师名讳看，法师的法名中间都有一个"法"字，且两省法师还使用
同一法名，如"法胜"、"法道"、"法高"、"法旺"等。
　　这里值得注意的是"法胜"这一法名。张金辽"司坛图"师传承
了 26 代，庹修明前辈据此以每代 20 年推算，他认为至少在五六百年
前，傩堂戏就已在德江土家族盛行。[②] 如要推研结果，当为 520 年，相
当于公元 14 世纪，正处于明成化（1465—1487）末期。而湖南邵阳的
傩活动，据当地傩坛法师说，前 48 代老祖不再叩请了，现今尚需观请

　　① 向绪成、刘中岳：《湖南邵阳傩戏调查》，见顾朴光等编《中国傩戏调查报告》，贵州
人民出版社 1992 年版，第 105—106 页。
　　② 庹修明：《巫傩文化与仪式戏剧研究》，贵州民族出版社 2009 年版，第 116 页。

的祖师至少在 20 代以上。邵阳黄亭市井坝向家坛，竟有 28 代之多。①
从向德胜传到现在已经有 42 世，总计 750 年，② 时间相当于元顺帝至正
（1341—1368）末期。从时间上看，邵阳巫傩活动显然要早于德江。两
者亲缘关系的确定就在于"法胜"这一法名的使用上。而且两地历代
法师中都有一个"法"字，这不仅仅是巧合。那么，傩坛法名"法胜"
就反映了傩坛活动有一个由东向西的传播过程。

三 从傩戏演出剧目看

湘黔两地傩戏剧目不尽相同，但的确有部分剧目至少在名称上是一
致的。我们从傩堂戏的阴戏与阳戏的划分来讨论。

（一）湘黔傩戏中的阴戏剧目

湖南各地阴戏也不尽相同。《沅湘傩词辞汇览》对于湖南傩事有较
为全面的收录，专辟一个栏目介绍湖南傩事的"全堂科目"，可参见。
在德江，有人将请圣、发文、扎寨和搭桥合称为"阴戏四大坛"；在思
州，除了四大坛之外，还有八小坛之说，即领牲、上熟、参灶、招魂、
祭船、判卦、和坛、投表、清册。从比较看，湖南傩堂阴戏还没有形成
贵州所谓的"阴戏×大坛"，但基本的法事表演都具备。

（二）湘黔傩戏中的阳戏剧目

湖南傩戏中经常上演的阳戏剧目有《搬先锋》、《搬开山》、《搬算
匠》、《搬铁匠》、《搬师娘》、《搬郎君》、《搬八郎》、《搬泗洲和尚》、
《搬土地》（也称"梁山土地"）、《孟姜女》、《搬判官》；"扛菩萨"中
还上演《扛杨公》、《扛华山》、《划干龙船》、《郎君杀猪》；辰州还演
有《旁氏女》、《龙王女》；邵阳傩戏上演的阳戏剧目有《桃园洞》、
《打梅山》、《二郎记》、《庆盘王》等；另外，《开戏洞》亦是常演
剧目。

---

① 向绪成、刘中岳：《湖南邵阳傩戏调查》，见顾朴光等编《中国傩戏调查报告》，贵州
人民出版社 1992 年版，第 105 页。

② 同上。

贵州岑巩傩戏剧目代表性的有 8 个：《开戏洞》、《引兵土地》、《押兵先师》、《出先锋》、《出将军》、《秦童八郎》、《出开山》、《梁山土地》、《欧阳老判》。德江正戏有全堂和半堂之分，全堂二十四戏，半堂十二戏；正戏之外还有插戏。德江二十四戏：上半堂十二戏分别是《唐氏太婆》、《金角将军》、《关圣帝君》、《周仓猛将》、《引兵土地》、《押兵仙师》、《九州和尚》、《十州道士》、《柳毅传书》、《开路将军》、《勾愿先锋》，下半堂十二戏分别是《秦童挑担》、《三娘送行》、《甘生补考》、《杨泗将军》、《梁山土地》、《李龙神王》、《城隍菩萨》、《灵官菩萨》、《文王卦师》、《丫环》、《蔡阳大将》、《勾簿判官》。其他傩堂的阳戏剧目就不再列举。①

就剧目而言，湘黔两省有差别，但其中共同的剧目显示了两省的渊源关系。

首先，剧目名称的原始性与规范性。

如湘西称"搬××"，岑巩为"出××"，尽管使用的字不同，但显示出同样的原始特征。"搬土地"还有一别名"梁山土地"，岑巩就使用后一名称；而德江的傩堂戏剧目名称均为四字。再从湘黔都有的关于秦童的剧目看。湘西剧目为《搬八郎》，而贵州则为《秦童八郎》和《秦童挑担》，岑巩的剧目已发生变化，远离湘西更远的德江傩戏则更为规范。

其次，剧目名称中"搬"字的使用。

贵州傩戏剧目名称少有使用"搬"字的，而湖南就很普遍。除上文所举例子外，还有很多。如梅山傩戏主要剧目《搬锯匠》，是大型巫事《大宫和会》（俗称"接娘娘"）中的傩戏《搬架桥》中的一个片段；《扎六娘》（又称《搬扫路娘子》），也是《大宫和会》中的傩戏；《搬五台山》是"传度"、"和会"等巫事均需搬演的显武傩戏；民间偶尔还有《搬笑和尚》，即使像梅山《抛牌过度》、《大宫和会》、《跄梅山》等能以剧目形式独立存现的大型巫事活动，其表演俗称"搬"。②

这个"搬"字在表演上使用很早。孟元老《东京梦华录》卷五

---

① 傩堂中的世俗剧目变动性很大，此处不再列举。且限于篇幅，两地傩戏剧目内容本文不再对比研究。

② 李新吾、李志勇、李新民：《梅山傩：梅山文化的活化石》。

"京瓦伎艺"条有载："般杂剧：杖头傀儡任小三"，卷八"中元节"条亦载："勾肆乐人，自过七夕，便般《目连救母》杂剧。"这里的"般"通"搬"。湖南傩堂戏剧名称中至今仍然使用"搬"，显示其含有更多的原始性。

最后，湖南梅山《跄梅山》中的"跄"字的使用。

"跄"是上古巫舞的一种舞步。《尚书·虞书·益稷》云"笙镛以间，鸟兽跄跄；箫韶九成，凤凰来仪。夔曰：'於！予击石拊石，百兽率舞。'"显然这是上古虞舜时期的一种巫舞，"跄"就是化装成各种鸟兽的巫师表演的一种动作。这种动作后来成为一种行为或礼仪规范。如《诗经·齐风·猗嗟》"巧趋跄兮，射则臧兮"里的"跄"即是如此，意为行走有节奏。后来，人们将这种舞步与禹联系起来，称为"禹步"，进而形成众多巫傩中的一种标准的舞步。这种舞步后来被戏曲所借鉴，形成特有的舞台表演步法。这种巫舞源自上古，其古老与原始自不必说。湖南的《跄梅山》剧目中使用此名称，证明其较为原始。笔者认为，这是上古巫傩之风在沅湘的遗存。

通过对湘黔两省傩戏对比分析，我们发现，众多的信息表明湖南傩戏更为原始和古朴，应是贵州傩戏的源头之一。

阳戏仪式文本叙录①

吴电雷②

摘 要： 阳戏仪式文本多样庞杂，大体上可划分为两大类：仪式抄本和各种法事文疏。仪式抄本有四个显著特点：一、每出内容和形式基本固定；二、编排体例同中有异；三、普遍保留着对重庆巴县道光时期阳戏文本的继承性；四、表现形式渐渐呈现出与传统剧本趋同的倾向。法事文疏体裁有疏、牒、幡、票、圣牌、纸钱、宝马、符箓、字讳、手诀、咒语、诰章等，它们或用来祭神祀鬼，或用来增加法师法力。

关键词： 阳戏；仪式文本；抄本；疏文；叙录

阳戏是广泛流布于我国西南地区民间的一种文化样式，有仪式性阳戏、戏仪结合性阳戏和民间小戏性阳戏三种基本形态。适应其多样化的表演形态，阳戏文本③的类型亦有多种，尤其是它的仪式文本，既有仪式性抄本，亦有各种法事文疏。这些仪式文本占西南阳戏文本的主体部分，是仪式性阳戏形态类型标识之一。叙录阳戏抄本、法事疏文及其他的文体性质、编排体制等特点，将为该领域的深层次研究工作提供资料支持和理论依据。

---

① 本文为教育部重点基地重大项目"西南傩戏文本调研与整理"（项目批准号：2009JJD850005）的阶段性研究成果。

② 吴电雷（1972—），男，汉族，山东平邑人，文学博士，贵州民族大学西南傩文化研究院副教授。

③ 本文所论阳戏文本指在西南巫傩文化语境中生成、发展并不断完善的"有形文本"，是用于阳戏演出的各种仪式性抄本、手抄和印刷形式的疏文。

一　阳戏仪式抄本

阳戏手抄本数量多，抄录时间跨度大。据不完全统计，仅四川梓潼、重庆巴南、贵州息烽、福泉四地的抄本就有203出，计2000多页，抄录时间从道光十二年（1832）至20世纪80年代。这些抄本涵盖了仪式性阳戏的所有出目，而且至今仍在川、渝、黔、滇各地阳戏坛广泛使用。所以，以此为对象研究阳戏抄本具有代表性意义。

四川梓潼阳戏剧本手抄本有三类：《戏门启白坛前仪》、《戏门断愿启语》以及"清戏"文本若干。《戏门启白坛前仪》体裁为科仪性质，内容由上香请神的祭礼、纳祥祈福的祭词和净天地、净身心的咒语三部分构成。《戏门断愿启语》分由天戏、地戏两部分。"天戏"，演天上神祇出场后自报家门，介绍三十二天神来坛场，以及净场和戏班、愿主筹备阳戏的情况。"地戏"则有《上太白察善》、《上功曹》、《上祖师》、《上统兵元帅》、《出钟馗》等六出戏目。"天戏"、"地戏"皆为神话故事戏。清戏抄本，大多是从川剧、花灯戏移植过来的民间小戏，如《驼子回门》、《赶会算命》、《和尚思凡》、《黄金诰》等。三类文本性质各有特色：《戏门启白坛前仪》为祭神、请神、镇鬼的仪式文本；《戏门断愿启语》中的"天戏"具有简单故事情节，"地戏"故事性、娱乐性增强；"清戏"则以纯粹娱人为目的，文本内容追求艺术性。

重庆各地阳戏抄本共九册，由胡天成搜集、复印，并整理出版，名称为"阳戏全集"或"阳戏全本"①。贵州息烽阳戏坛有抄本12册，其中4册科仪本，8册仪式戏本。贵州福泉阳戏坛有抄本20册。渝、黔两地阳戏的手抄本，主题内容是诗赞体的颂神词，并间有祭祀疏文和其他打卦、烧纸钱等说白性文字。

整理发现，各地阳戏仪式抄本基本上有单抄本和复合本两种抄本形式。复合本，往往是将相邻的两个或几个演出内容相关、文字不多、用时不长的科仪唱本合装成一本。如息烽黄晓亮阳戏坛一个复合抄本，包

---

① 参见胡天成编《中国传统科仪本汇编（六）——四川省重庆接龙区端公法事科仪本汇编》（上），台北新文丰出版股份有限公司2003年版，第206—620页。名称为编者编辑时添加。

括《灵官纠察》、《三圣登殿》、《百花诗》、《催愿仙官》、《敲枷》、《盖魁》六个科仪。单抄本为一抄本仅录一个科仪。从文献收录情况看，单抄本比较常见。如胡天成编《中国传统科仪本汇编》里面所辑九个版本"阳戏全集"或"阳戏全本"，皆是按照阳戏坛上仪式活动的先后顺序排列下来，每坛科仪各自独立。田野调查亦发现，戏坛师傅也倾向于单本抄录和保存，因为单抄本在正式演出或日常练习时使用起来更方便。如贵州福泉市曾华祥阳戏班抄本全是单抄本，算上各种疏文，共计四十本。但是，不论哪一种类型的抄本，皆能体现以下几个方面的特点：

第一，仪式性抄本的每出都有一套基本固定叙事范式。篇首先唱出场诗，或韵或白。神灵出场，先唱身世家族，来神坛的行程经历，神坛上履行的职责。最后在"锣沉沉鼓沉沉"的锣鼓声中，向天宫转回程。

仪式性阳戏文本已出现各种形式的开场戏，常以"启戏"、"启语"、"启白"或"启"的名义开场。如"启戏"唱：

> 酬恩正逢黄道，了愿用吉时良。施主三上真香，众圣祈福光降。看戏客人不用慌，掌坛师父不用忙。谁家子弟角戏喱，忙把神歌细细唱。上界敕令响，下界开戏场。

还有其他开场唱"启语"，如《破桃山》唱"桂香枝启语"、"开路大将启语"、"钩（勾）愿唱启语"、"戏中天官开台启"等。与传统剧本类似，启戏、启语、启白往往以四言、五言或七言诗的形式开场，称作"开场诗"。开场诗往往根据演出内容，前面加上不同的修饰词，如"盖魁一宗内台诗"、"范三郎姜出玄坛内堂诗"、"纠察内堂诗"、"出二化身内堂诗"等。

开场诗性质内容丰富多样。有的概括整出仪式戏的剧情，如《寒窑记》一百花诗，"唱金榜一宗（说诗）十年苦读在寒窗，不见田元看文章。喜及一偏等荣贵，① 一举成名天下扬"。可以是交代角色身世背景，如《开路一宗》"英雄豪杰偷斗牛，纣王无道霸诸侯。纣王无道钟爱妲

---

① 此句可能有错字、别字，不知所云。

己，黄家父儿反过西岐"，写开路先锋的前生身世，也可以是直接引出剧中角色，"二八姣娥提篮去采桑，红粉面对红粉面，白胸前对白胸前。君王马上挞鞭指，二八姣娥上棚行"。开场诗无论从内容到形式都比杂剧、传奇之题目、正名更丰富、更自由。

仪式戏开场常用偈诗。如《开路一宗》唱"开路偈子"、《梅花姐妹》唱"梅花一段偈子"、《杨公大口》唱"出杨救贫偈子"、《碓磨夫人》唱"柳青偈子"、《降蹇龙》唱"蹇龙偈子"、《纠察灵官》唱"内台偈子"、《领牲一坛》唱"道科子偈"、"走马二郎偈子"等。偈子诗体结构多种，七言四句式最常见。如：

（白）：门前杨柳百丈高，四边尽挂绿系（丝）袍。
堂前摆起香供烛，走马二郎上戏棚。（"走马二郎偈子"）
（上台说）：入水修道数十年，养就龙女上九天。
要把四川沉大海，呼风唤雨不为难。（"降蹇龙偈子"）

也有五言体，六言体、七言体、九言体的六句式、八句式或更长的偈诗，但不常见。

文本中常借神祇之口唱"百花诗"。百花诗，往往是一些叙事长诗，常作为仪式戏的"垫场戏"。如其中一首《百花诗》唱："韩信做了秦天王，昔日登科张子房。大破城州王怀女，十二征西杨满堂。杀人放火焦光赞（占），马上抛刀杨六郎。宋朝古人唱不尽，当堂焚起一炉香。"随后唱两汉、三国、初唐的征战故事。另一首《百花诗》唱演戏的特点，"你出胭脂我出粉，红红绿绿一堂神。戏字原来半边虚，一头装扮一头红。头上无发巧栽花，脚下无靴巧穿靴。或是大来或是小，或是皇帝登龙位，或是花子满街游，金榜题名须富贵，洞房花烛假风流"。《土垚百花诗》则唱请川主、土主、药王三圣到堂领祀的恢宏场景。可见百花诗内容丰富驳杂，各种题材都能入诗，有的是对日常生活常识的总结提炼，有的是串联历史上著名人物、重大事件或传奇故事中的精彩片段等。它形似"掉书袋"，旨在说教、娱乐，与其他坛次请神、颂神、祀神内容明显不属同一格调，应是移植于讲唱文学的"彩段"。

西南阳戏仪式文本的终场形式亦独具特色。首先，唱神灵完成来神坛驱瘟逐疫的任务，回讲堂乡向三圣先祖复命交差。同时，神灵转回程要唱降福留恩的唱词。唱词多种多样，或"金钱宝马火中化"，或"催锣击鼓转回程"，或留下"留恩享福免灾殃"、"善心坚固福禄长"、"叫你财宝常时进"的祝福语。然后，借助催锣击鼓，转回仙宫复命。当然，对于茅船上载的恶鬼邪神，则是"借动坛前鸣锣鼓，一船载去永无踪"。其次，一些出目的唱词旨在引出后一出祭神仪式作为终场形式。如《六位国主》之"锣沉沉，鼓沉沉，交钱里面一时辰"、《领牲一坛》之"法王不上其脚座，开光点香一时辰"，随后便接"交钱"、"点香烛"等仪式。另一种形式，以焚纸钱宝马、化愿书文牒、通口意取卦等仪式作为结尾结束本坛次的演出。

　　每坛在尾戏部分和出目上亦常见显示议事程序的衔接语。有些仪式戏结束前，有"开场终，接造盆"、"造盆完，接开路、开坛"、"请神完，接领牲"等一类提示语。息烽阳戏抄本则以"完接辞神"、"完接拷枷"的形式以示两出仪式的衔接。而在下一坛出目上大多有一个"接"字，如"接造棚"、"接正请"、"接神"、"接回熟"等出，表示此出表演开始。

　　仪式戏每出内容长短有差别，但基本结构相同，这种结构形式有利于坛师记住唱词和场上表演。

　　第二，抄本体例编排。各种阳戏仪式抄本在体例编排上同中有异。唱词和宾白在文本中的呈现格式有四种：一是唱词和道白上、下皆断格竖排排列，每七字或五字为一句；二是唱词和宾白连贯排列，唱词、说白虽可分辨出或七字句或五字句，但无句读，也无空格断句；三是唱词上、下断格，说白连贯排列；四是唱词上、中、下断格，竖排排列。由于抄录时所用纸张规格不统一，抄本每页列数有六至八列，甚至多达十列。

　　关于句读体例，不同文本的句读情况不同。一般来说，因为仪式文本的唱词为板腔体，多为七字一句竖排排列，自然形成断句，不加断句符号。况且，说白少而短，常以对话形式出现，即使不用特别标注，演出时坛师亦能准确把握。如果抄本出现断句符号，基本可以断定有两种情况：一是旧抄本，断句符号为后来添加，再一种情况是新抄本。如息烽县黄晓亮坛剧本《开坛科仪》属于前一种情况，明显看出抄本原本没有断句符号，文本断句或单独用"。"、或"ⵧ"号，或两种符号并用，样式多样，且颜色数种。基本可以断定是演出时艺人为便于把握节奏，在需要停顿，或需要帮腔，或需要为演出齐节而该响乐器的地方所做的标识符号。①

第三，抄本仪式性质。这点从仪式抄本具体名称足以体现，如重庆阳戏抄本出目：《提神上熟仪》、《阳戏上熟科》、《阳戏密旨》、《钩愿一宗科竞》、《赏杨大口先生内秘》。息烽阳戏抄本也附三本科仪：《参神科仪》、《开坛科仪全册》②、《阳表注仪》。福泉阳戏抄本仪式氛围同样浓厚，有较多的发牒文、罡诀、咒语、符箓、卦象等内容。

"仪式性"的另一方面体现，在各地阳戏文本中每坛演出的先后顺序基本一致，极少见到逆向性的场次，极小的差异变化仅限于坛次名称汉字书写形式的异化。

值得一提的是，西南阳戏抄本的多样化是在保持传统"仪式性"框架下的多样化，因为各种地抄本普遍保留着对重庆巴县道光时期阳戏文本的继承性。体现在不论是黔北、黔东北、息烽、福泉的抄本，还是远离阳戏主要流播区的罗甸和昭通的抄本，皆以重庆道光本"阳戏全集"的体例为宗。如贵州罗甸和息烽阳戏坛仪式抄本的每出都带"△△一宗"字样或"一宗"的多种变异形式，福泉阳戏每出仪式戏名称都简化为二个字：《开坛》、《洒帐》、《灵官》、《请神》，等等，仅有《点盘官》、《范郎辞祖》两出例外。可见，阳戏文本在传播过程中不断得到加工修改。尽管存在上述细枝末节的不同，但从剧目名称、仪式坛次的排列、剧本体例及其版式结构来看，依然保持着重庆道光本"阳戏全集"的主体骨架。

再从阳戏仪式文本形成时间上看，道光以后的咸丰本、光绪本、民国时期的几种版本，直至20世纪后期息烽、福泉阳戏仪式抄本，亦与该版本保持较高的一致性。

第四，抄本呈现渐渐与传统剧本趋同的倾向。四川梓潼和重庆阳戏

---

① 笔者在观看息烽黄晓亮阳戏班和福泉曾华祥阳戏班演出时发现每到文本标"ⵧ"处，演唱者有意拖腔，响乐器。

② 《开坛科仪全册》为贵州息烽县黄晓亮阳戏坛戏书，内容包括开坛、造棚、扫棚等多出仪式戏。

抄本没有体现角色分工，有些文本则直接以戏中人物来提示角色。如《开路》内场诗后："戏中天官开台后，请上台。（元帅出台）"。文本唱词以板腔体为主，长短句式夹杂，穿插有少量的念白形式。

息烽阳戏抄本人物角色有所增加，用戏中人物简称标注动作的执行者，如土地用"土"，将军用"君（军）"、川主用"川"、土主用"土主"。并出现传统剧本体制特征，唱白、说白、对白用"唱"、"说"、"问"、"答"、"兑"标识，动作说明用"揖"、"跪"、"打卦"、"烧纸钱"字样，应为初期的"舞台"提示。自民国本《阳戏科仪》始有"旦"角色出现。像"开坛"部分"小旦放头子马门哐哐驻云飞"，而在《上灵台桃山救母》则普遍使用"生"、"旦"、"老旦"等戏剧角色行当。同时出现唱腔标注，如唱"出马门调"、"满江红咏"等。此为阳戏由堂内之"仪"向舞台艺术之"戏"演化的重要线索之一。

以上几个方面的内容，是阳戏仪式抄本的显著特点，还可以从其他角度进一步发微。

二　阳戏疏文体裁

阳戏疏文，指阳戏表演时，法师在操作法事过程中用于驱邪役鬼、保护自己、祈福纳吉的各种形式的祭祀仪式文书。按照使用方式的不同，法事文书分两类：一类是，在仪式过程中需要焚化的各种文书，如疏、牒、幡、票、圣牌、纸钱宝马等；另一类，法师在施法过程中操作以增强自身法力的符箓、字讳、手诀、咒语、诰章等。

（一）焚化的各种文书

1. 疏，又称疏文。在各种法事上，凡人祈求于神仙的文函，是沟通仙凡之间的媒介，是供奉神祇、敬天法祖的正式文诰。主要内容有还愿主人的籍贯姓名，祀神原因，供奉祀品清单，祈神护佑愿家风调雨顺、六畜兴旺、无水火无旱涝之灾的文字，以及祀神人和掌坛法师的落款等。

不同的仪式程序运用相应的祭祀疏文，分勾愿疏文、开棚疏文、沐浴疏文、通神疏文、敬灶疏文、回熟疏文等多种。其中核心性疏文为勾愿疏文，又称"雷霆都院"、"雷霆都司院疏文"。记录还愿的日期、时限、缘由等事项，洪猪、白羊、雄鸡等祭牲，金钱、纸钱、阴阳戏、香烛等供品，红布、白布、胭脂、凡士林等祭祀物品。如贵州省息烽县流长乡新中村长干子村愿主黎××还愿阳戏的勾愿疏文（见图1）：

图1　雷霆都司院疏文

此疏文还要装在"雷霆都司封"内。封面正中自上而下写"雷霆都司封"，右有"牒文一角，径诣"，左有"右仰三界功曹四值使者及当方土地里域等神帐下准此开拆"。背面从右至左文字"雷字不列号，内一件，天运：△△年△△月△△日，行坛弟子：王××发，照验"。

2. 纸钱宝马。每坛仪式结尾时，愿主家用来酬谢神灵的阴间钱财祀物（见图2）。

图2　纸钱宝马

3. 圣牌。分"台子上圣牌"和"上熟圣牌"两种，是两个演出场所所供神祇的牌位编目。台子上圣牌有圣前、驾下、祠下、位下、御前、星宫下32位神。上熟神牌祀祠下、御前、星宫下、玉陛下、驾下、圣前、殿前、金莲下、幕下等 65 位神（见图 3）。此圣牌在仪式结束后，不焚化。

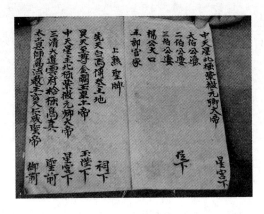

图 3　神祗圣牌

（二）法师增强法力的神秘符号

这类神秘符号有符箓、字讳、咒语、诰章等。

1. 符箓。亦称"符"，是道教法术之一，是道士用来"驱鬼召神"或"祛病延年"的秘密文书。说是天上神的文字，笔画屈曲，似篆字形状，即道书所谓"云篆"、"丹书"、"符字"、"墨篆"；道教认为可用于驱使鬼神、祭祷和祛病等。符箓被阳戏坛师当做镇魔压邪、驱鬼治病、祈福禳灾的武器，他们把神力以"符号"的形式附在规定的文字或图形中。

符箓的形状神秘怪异，符头常有"敕"或"敕令"，有的符头绘有三个"√"符号。符尾多绘"鬼挑担"符号（见图 4）。

常见符箓有：五方符箓、保平安灵符、四季消灾降福灵符、去病灵符、镇恶梦灵符、小儿罡煞符、孩子受惊灵符、化胎符、白虎符、五鬼符、退神符、胎死符、保身灵符、破土灵符、救宅灵符、召神符、求财符、解厄符、斩鬼符、扫邪符、太岁符、斩邪符、催生符、安胎符、元帅符、千斤榨符、米碗符。这些符箓有的被贴在堂屋内、大门上，有的被当作护身符戴在身上，或被烧成灰化水吞服。使用这些符箓时，法师们往往念诵一些咒语，才发挥正常的"神力"。如"镇恶梦灵符"要念咒语"吓吓阳阳，日出东方，此符断却恶梦，扫除不祥，急急如律令敕"。

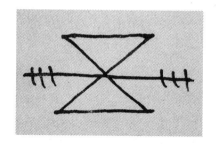

图4 "鬼挑担"符号

图5 万能字讳

2. 字讳。又称"讳",是一种似符非符,似字非字的神秘符号。一般由"云头"和"鬼脚"两部分组成。"云头"指字讳上部为"雨"字头。"鬼脚"指字讳下部为"鬼"字,"鬼"字下面有的画着一个或几个圆圈将整个字讳圈住;有的画着巫术盘绕的小圈,向左右分开;有的画着一些交叉的线条,称为"横八卦"或"鬼挑担"。字讳大多是阳戏法师即兴用香、烛或令牌象征性地在空中划出来,也有少数字讳是法师画在纸上的。

阳戏常用字讳有:总字讳,也称"万能字讳",可以代替任何一个或因忘记不会写,或因笔画太多不便写的字讳(见图5)。紫薇讳,二十八画构成,象征二十八宿星君,亦为金、木、水、土的总称。三尊字讳,元始天尊、道德天尊、灵宝天尊的符号。七正字讳,奉请七正之二,叫天心地胆时使用。玉皇字讳,奉请玉皇大帝的字讳。八卦字讳、罡煞字讳、退病字讳、病人长久患病不愈,在身上划此字讳,可逼病魔早退。破血讳,法师"开红山"划此讳,可使头部出血顺利且人不感到疼痛。封血讳,"开红山"划此讳,止血迅速。生死离别讳,法师用此讳超度祀用"三牲"亡魂,以免留在人间作祟。闭门讳,法事结束,关闭大门,法师在大门缝处用令牌划此讳,使得瘟疫不得入内,封条讳,法师将妖魔鬼怪捉住后,将其装入坛中,然后在坛口划此讳,将其永封坛内,不再出来作祟。铁鞋讳,法师上刀山前在脚心划此讳,意指穿上铜铁草制神鞋,上刀山时就不会被利刃划破脚。海水讳,阳戏法师在"穿红鞋"、"下火海"的法事前,划此讳意在调五湖四海的海水来坛场,使烧红的犁铧、红砖迅速降温,以免烫伤手脚。鬼挑讳,即阳戏坛所称"鬼挑担",用于驱鬼辟邪。五方讳,用令牌或燃香化此讳,用于"扫五方"、"砍五方"等仪式法事中。开光讳,代表天上日、月、星斗三光。在运作法事过程中需划相应的字讳，要边化字讳边念咒语。如化"开光讳"时念"开光咒"："开光不开灯火光，灯火开光不长久。开光要开日月光，日月轮流照十方。"

图 6   "云"头"鬼"脚字讳

图 7   "云"头字讳

3. 咒语。又称"咒"，为一种口传文本。本是旧时僧、道、方士等用以驱鬼降妖的口诀。咒语之功能"阴阳历数，天文药性，无不通解"①，同时增强施法者的法力。阳戏法师在做还愿法事时，通常在念奉请神灵、驱邪逐鬼、交牲祀神时念咒语。法师念咒语的声音小、速度较快，只见其口急速张翕，念念有词，别人很难听清具体内容。如"藏身咒"：

藏吾身，化吾身，变化吾身，吾身不是非凡身，化作铁牛祖师真身。放火烧山牛不动，铁棒打牛牛不行。石板牵牛无脚迹，水上行船永无踪。牵牛元星，北斗七星，吾奉太上老君急急如律令。

此咒语弥漫道教色彩，不押韵。戏坛师傅唱诵时缓急有度。再如

① 唐李延寿：《北史·列传》卷八十九，列传第七十七"由吾道荣"条，中华书局 1974年版，第 2930 页。

"安土地咒"：

> 元始安镇，普告万灵。地方清官，土地真灵。左右社稷，不得妄惊。回向正道，内外澄清。各安方位，镇守家庭。太上有命，搜捕邪精。护法神正，无亨利真，元始安镇天尊，急急如律令。

此咒语押韵，句式统一为规整"四字句"。

可见，咒语有三个基本特点：（1）咒语文字亦文言文亦白话文，有的夹杂佛道等宗教用语，更增加了常人理解的难度；（2）咒语句式长短不一，有的押韵，有的不押韵；（3）结尾常有"急急如律令"之语，使之成为条律，又要急速执行，增加了咒语的严肃性、神秘感。

阳戏坛常用的咒语有十九咒：请神咒、化钱咒、安镇咒、起水咒、天地解危神咒、净身神咒、净水神咒、敕水咒、灶王神咒、藏身咒、观音咒、安土地咒、灵官咒、收邪咒、金光神咒、天地神咒、藏魂咒、金刚咒、雪山令咒等。

4. 诰章。简称"诰"，是用于阳戏法事仪式中的一种训诫性质的文诰。是法师用来驱邪奴鬼、保护自己、祈福纳吉的文书。阳戏坛中常用诰章有八个：雷霆都司诰、开关诰、观师诰、解秽诰、雷霆诰、功曹诰、请水诰、玉皇诰等。诰章的详细内容参见杨光华《且兰傩魂——贵州福泉阳戏》一书。①

其他仪式文书还有《参神科仪》、《阳表注仪》等。《参神科仪》，即参星主、参万天宫、参川主、参药王、参山王、参三圣、参梓潼、参黑神、参鲁班、参二郎、参老君、参雷祖、参观音、参张公等。《阳表注仪》记录进灶祭灶，皈依佛法，禳醮二部表科，牛王表科范的唱词和祭礼。此类文本，佛教氛围较浓，唱词常由《满庭芳》曲牌体咏唱。

三 结语

阳戏仪式文本类型多样，主要有传统二十四仪式戏抄本、法事疏文

---

① 杨光华：《且兰傩魂——贵州福泉阳戏》，人民文学出版社 2008 年版，第 199—200 页。

两种基本类型。仪式性阳戏抄本体例每出都有一套请神、唱神、祀神、颂神固定规范的程式，而且各种抄本始终保持对传统科仪本的继承。从角色分工、唱词、说白等方面看，抄本形式呈渐与传统剧本趋同的倾向。

仪式疏文形成于传统的鬼神信仰。戏坛神祇在民众想象空间——神坛上各司其职，驱邪鬼、保民福，而通神役鬼的巫师、坛班师傅就成了这些神祇旨意的代言人。他们把自己融入鬼神世界，采用种种鬼领神会的办法或请神贿鬼，或驱疫逐邪，于是就有了纸钱、宝马、诰章、符箓、字讳、咒语等体裁的仪式疏文。

安顺地戏面具造型艺术概述

王 义 王文英①

摘 要: 安顺地戏面具作为依附于民间戏剧表演的一种雕刻造型艺术,有着悠久的传承历史和广泛的群众基础,是民间喜闻乐见的传统工艺。它除开作为表演中不可缺少的道具外,还可作为木雕造型工艺品。地戏面具随着时代的发展,逐渐独立于戏剧表演之外,成为具有浓郁地方特色的民间艺术品。

关键词: 安顺地戏;屯堡;脸子

明朝初年,为巩固西南边陲,朱元璋派川侯傅友德为征南将军,率步骑三十万出征云南。于明洪武十四年(公元1381年)到达鲁定(今安顺)之后,安顺一带便成为明王朝军队的大本营。洪武二十一年(公元1388年)第二次南征后,又从江南诸省大量移民来黔。尔后明王朝又采取"调北填南"的举措,从中原、湖广、江南等省强行征调大批农民、工匠、役夫、商贾、犯官等迁来黔中,名曰"移民就宽乡",发给农具、耕牛、种子、田地,以三年不纳税的优惠政策,就地聚族而居,与屯军一起,形成军屯军堡、民屯民堡、商屯商堡,构成安顺一带独特的汉族社会群体——安顺屯堡。

据《安顺府志·风俗志》记载;"屯军堡子,皆奉武教调北征南。……散处屯堡各乡,家人随之至黔。"屯堡人即明代屯军之裔嗣也。根据《安平县志·民生志》记载:"屯堡者,屯军居之地名也"。"以其住居地而名之屯堡人"。由此可见,生活在这一社会区域的人,由于特

① 王义:贵州省话剧团舞台美术主任技师(副研究员),贵州省作家协会会员、贵州省摄影家协会会员、贵州省舞台美术学会常务理事,《建立中国西部阳戏文化带相关问题研究》国家课题组成员,曾在国内外多家学术刊物发表文章。王文英:黔南州贵定师范学校美术教师。

定的历史背景、特殊的生活环境、特别的民风习俗、特有的艺术文化，他们所居住的村寨又特以带军事性质的屯、堡、官、哨、卫、所、关、卡、旗等命名。故此，"迨制既废，不复能再以军字呼此种人，惟其住居地名未改，于是遂以其住居名而名之屯堡人"（《安平（平坝）县志·民生志》）。除史书记载外，众多屯堡人家谱的记载，足以证安顺屯堡人实系"明代屯军之裔嗣"。随着时代的变迁、屯田的废除、移民的涌入，本来意义上的屯堡有所扩大。在以安顺为中心，东到平坝，西到镇宁和关岭，南到紫云，北到普定，方圆 1340 平方公里的土地上，散布屯堡村寨达数百个，人口约有 30 万人。明朝皇帝"养兵而不病于农者，莫如屯田"的举措，不仅实现了明王朝镇压反叛、巩固统治的军事目的，而且屯军移民带来的江南先进耕作技术，也促进了安顺的发展。当时这部分进驻大军并非心甘情愿千里迢迢地来贵州的，而是被采取抽丁的方式强迫进军贵州的（有的兵士还携带着家眷）。这是贵州历史上最大的一次移民。这批江南水乡汉族移民的到来，无论是对贵州的经济、政治还是文化都产生了深远的影响。他们到了贵州后就被分为几个移民集团，并分别被安置在不同的地区。现在贵州的一些"湖广人"、"南京人"、"穿青人"、"屯堡人"等就是那时划分在不同区域内屯军后裔的称谓。

安顺屯堡人虽然来自中原和江南各省，但同一目的、同一命运、同一生存的需要，人众聚族而居，村寨连缀成片，逐渐形成有别于当地民族和其他汉族的特殊的文化现象——屯堡文化，构成安顺多元文化中耐人寻味的一元。

安顺屯堡文化包罗万象、内容纷繁、底蕴深厚，值得深入研究。本文试以屯堡文化中的地戏面具艺术作一探讨。

作为一种宗教意识化的凝聚物——面具，是傩文化（傩戏）的一种载体，是区别于其他祭祀活动中祭祀舞蹈与面具戏的界定，是宗教和艺术相结合、酬神和娱人相结合的原始戏曲形式。贵州的"傩戏"面具，当然也包括安顺地戏面具，作为一种待开发和研究的民族民间工艺品来说，既是古老的，又是新奇的。在那千姿百态的面具中，都是用各种不同的木料和各种不同的加工方式，经过民间艺人的辛勤劳动，创造出来的面具，它们都具有很高的工艺水平和欣赏价值。

一

在贵州，目前保存古老的原生态傩戏数种，除贵州威宁彝族傩戏"撮太吉"外。还有黔西南贞丰的布依傩"哑面"及道真、福泉（阳戏）等地的多种形式风格的傩戏，而比较集中又具有独立特征的安顺地戏却别具一格。它分布于安顺地区所属各县及邻近周边区域，即西起六盘水市六枝即岱，东止平坝及贵阳市花溪，北至普定，南迄紫云。在这一区域内，有近 300 堂地戏。

地戏古称军傩，明洪武年间，朱元璋派兵南征云南，屯兵贵州，建立了安顺城及相关的屯、堡、旗、关、哨等带有军事屯兵（屯田）性质的村寨，屯兵（屯田）的士兵和南迁的移民（即"调北征南"、"调北填南"）从中原带来了古老的傩戏，并逐代流传，迄今已有 600 余年历史。

"地戏"顾名思义，是在地上表演的戏剧。这一称呼至少在清代已经出现了。它还有另外一个名称叫"跳神"，外国人翻译为"神的舞蹈"，意思基本正确。但"跳"的含义似乎包括得还要复杂得多，它除了表示地戏演出方式多为"跳跃式"舞蹈动作之外，还有一种对神的崇敬心情。安顺地戏的演出时间一年主要两个时候，一是春节，二是夏历七月中旬稻谷扬花的时候，称为"跳米花神"。这两个时期表演时间长，尤其是在春节期间，往往是一个月。此外，碰到喜庆的事情也会有不定期的地戏表演，如立庙、开新场等活动。

安顺地戏是一种佩戴面具演出的民间戏剧。面具，在安顺屯堡区域称为"脸子"，它既可以说是安顺地戏的特征，也可以说是安顺地戏的灵魂。

据说安顺地戏面具源于明代（随军带来），但明代面具现已无法找寻，目前有证可考的清代面具雕刻艺人有齐二、胡五公、二窝老者、罗建章、吴少怀等人。齐、胡二人最为著名。二人的传承者目前尚有 20 余位，主要有胡少南、胡济先、胡永辉、胡永发、胡永其、秦朝安、周祖本、金国华、金国忠、杨正坤、杨正恒等。目前安顺农村的大部分面具是他们的作品。以传统风格著称的黄炳荣自成一体，其子王树清（黄炳荣原姓王）徒弟童发周等在安顺小有名气。吴华明、吴杰明兄弟及吴学明之子杨正坤（吴学明原姓杨）又得其爷爷吴少怀家传，作品造型敦厚，刀法粗中有细，风格独特。金国华、金国忠、封忠良、关文铎等人多系"偷师学艺"者，却能自成一体，别具一格。其中封忠良是比较典型的一个，他雕刻的面具造型多变，形象诡秘，带有浓厚的地戏艺术色彩。其面具曾在法国和西班牙展出，与金国华在德国、杨正坤在日本、韩国以及我国台湾、香港等地展出的面具一样，都受到国外人士的好评。

据多年从事地戏面具研究的沈馥馨先生记述：安顺地区已知的最有个性的代表艺人有齐二、胡五公、周官屯和蔡关屯等诸多民间艺人。

齐二，西屯人，他大约生活于清嘉庆至光绪年间（1796—1868年）。在安顺农村的许多地方，上年纪的老人几乎都能说出"齐二"这个名字，民间还流传着许多关于齐二的故事。虽努力调查齐二的身世，但所获无几，只知道他已经没有后人，因此也找不到他的家谱。关于他的生卒年月，主要是根据一些老人口头流传来推断的。他的作品还遗留下不少，加起来有四五十面。从这些作品我们可以看出：齐二作品性格外向传神，刀法粗犷灵活，比较注重表现人物的心理特征，在人物外貌上已有较大的夸张。

"西屯齐二派"。这个派别的组成人员虽然不是齐二的后人，但他们都是齐二的家乡人，直接或间接受到齐二作品的影响，风格与齐二风格十分接近。代表人物有方洪礼、李大芳、李大遥、宋世友、严树国等。这一派别的作品汲取齐二作品灵活多变的风格，注重人物心理性格的刻画，面相上有较大的距离，同样受到四乡农民的喜爱。不过他们的作品数量较少，只在家乡周围和边沿地区有分布。

"双堡罗姓派"是以罗建章的后人为主形成的，代表人物有罗志彗兄弟和他们的子侄罗景学、罗景阳、罗景和等。他们雕刻的面具色彩艳丽，神采飞扬，体现出民间艺术多彩的艺术风貌。作品主要流布于安顺的双堡、华严一片。有齐二的神韵，如果不是从他们祖传去追源，而从目前的作品来看，他们应该属于西屯齐二派。

胡开清，周官屯人，行五，人称"五公"。这位"五公"的知名度可与齐二相比，他的作品遗存下来的较多，有近百面之多。这些面具出相较小，纹饰简洁，但气魄宏大，仪态庄严。头盔多数是尖盔，刀法细腻，结构严谨。与齐二面具相比，庄重有余而轻松不足，大概同他的家族是正统的御用匠人身份有关。明代初叶（1384 年），征南大将军傅友德的大本营就驻扎在与周官屯隔田相望的谷陇大寨。设想当年这支军队带来军傩的时候，周官屯一定有手艺高超的民间艺人。从胡氏家谱上可以看到，胡开清同辈的民间艺人还有胡志厢，人称"二窝老者"，也是著名的面具雕刻艺人。他的作品虽然与"五公"属同一种风格，但也不失自己的个性。胡开清和胡志厢的上辈为胡金延，也是面具艺人。再往上，已无从考查，但可以这样说，胡氏家族制作面具的历史在 5 辈人200 年以上，具有深厚的面具艺术传统。

　　周官屯，"五公"和"二窝老者"的故乡，现在是有名的安顺地戏之乡。一个 200 来户人家的村庄，拥有两套地戏班子不说，光从事面具雕刻的就有十来家，二三十人。胡姓的有胡少南、胡济先和他们的子、侄胡永其、胡永发、胡永辉、胡永兴、胡永贤等。周姓的有周祖本、周祖培、周成林、周成孝等。其他杂姓的有秦朝安、秦廷新父子，金国华和洪国香夫妇等。周官屯地戏面具有其特有的典型风貌。这些面具头盔一般都有四个装饰层，典雅朴实中透出堂皇富丽的本色。周官屯的面具艺人的作品分布最广，除了安顺西南和双堡南面，几乎遍布整个地戏分布区域，而主要集中在安顺的旧州、黄蜡及平坝、清镇、贵阳一片。一般把周官屯艺人共同形成的风格群体称为"周官屯派"。

　　比齐二、五公稍晚的较为著名的民间艺人还有罗建章、吴少怀。罗建章的作品遗存不多，仅有一个村寨保留下一堂地戏面具中的主将，其余的面具比较分散。从这些作品来看，他的面具比齐二的大气，但仍不离齐二神韵，大概与他居住的村寨与西屯相近有关。吴少怀、吴显清早年从安顺双堡招赘来到蔡官屯下苑，带来雕刻技艺，传给后人。吴少怀的作品有下南山 29 面和下苑几面。南山的 29 面是"文革"中乡亲们从火神那里"抢"回来的。这些面具色彩变化较多，面相神奇怪异，想象力极为丰富。其他地方很少见到的动物面具，在这里以一种新奇的角度展现出来。

　　"下苑吴氏派"是吴少怀的子、侄吴华明、吴杰明、杨正君、杨正坤、杨正洪、杨正富以及张正刚、张正国等十几人组成的雕刻集体。他们的作品遍布安顺西南。从面具上看，下苑吴氏派的风格既有憨厚古朴的一面，又有多变神奇的一面。用色大胆而朴实。说大胆，因为什么颜色都可以使用，有时面部着色甚至左右各半，上下各半；说朴实，则因为他们所使用的大多是"原色"，很少调和使用。有的面具造型怪异，给人神奇之感。

此外，在安顺农村，还有许多虽不是祖传，却能自成一派的民间艺人。具有代表性的人物有黄炳荣、金国华、封忠良等人。

黄炳荣是安顺旧州人。他是雕花木匠出身，新中国成立前长期为地主雕刻木质家具，在木雕艺术上有着深厚的传统功底。他还兼做油漆工匠，这对脸子的彩绘技艺无疑是有裨益的。笔者访问他时，正值老人不幸遭受火灾后不久，家中财物付之一炬，最心爱的几面脸子也被大火焚毁。但老人乐观坚强，竟步行到查坡去看他雕的《隋唐演义》脸子。此脸子比一般脸子雕得稍大，装饰也更为精巧。盔头上的龙凤纹饰一般都是透雕，强调龙凤图形一定要完整。在民间吉语的运用上，也有他独到的地方。在我们看到的几十面脸子中，用到吉语雕刻的有近十面，这大概正是黄炳荣作为民间雕刻老艺人，把一些民间木雕艺术运用于脸子装饰的地方，可以说他所作的地戏脸子有浓郁的乡土气息。

黄炳荣一生带过许多徒弟，他的儿子王树清、徒弟童发周等人的作品，也同属他的雕刻风格。

金国华，周官屯人，但是他的面具造型风格从周官屯派中独立出来。从他的作品可以看出情绪饱满、赋彩灵活的特点，他的作品似乎更接近黄炳荣派，其作品多次参加对外文化交流展出。但为了便于比较研究和独特的造型艺术，把他列为周官屯派似更为合适。

封忠良是 1986 年曾经到巴黎表演的地戏演员之一，他既是蔡官地戏的主要演员，又是一位雕刻工匠。他的作品稀奇古怪，想象力十分丰富。其所刻形象，面部花纹抽象简洁，给人一种奇特的遐想。虽我们可以将它列入下苑吴氏派，主要是取齐师承关系和作品主要特征，而他更为丰富的想象力和独特的动物面具，已出吴氏派之右。

此外，安顺、平坝、长顺、清镇等地区还有一些不成派系的民间艺人，他们中比较知名的还有长顺县马路场的宴世忠、宋世明，石洞上的伍耀华，平坝县芒种的郭培修、郭培康兄弟，安顺市汤关的宋景超，大西桥的唐学明，清镇县簸箩王忠合以及岩孔等地的雕刻工匠。他们独立活动于四乡，面具也不乏精彩之作。而其中尤以搓头堡的一批匠人活动较为频繁，作品也分布较广且有一定的水平特征，如果按此趋势发展下去，在一两代人之后或可形成新的派别。在安顺周官屯周围一些村寨，由于他们的影响，也出现一些脸子雕刻艺人，如刘官屯的任启学、水桥官文铎等。要特别提出的是王钦廉。他属较年轻的从事脸子雕刻的艺术工作者，今年50多岁，是贵州美协会员。他的木雕和石雕作品曾参加过在北京和省内的展出。王钦廉深感经过十年浩劫之后，濒于灭绝的地戏脸子彩绘木雕艺术有亟待抢救、加以继承发展的必要，便着手雕刻脸子。多年来，他虚心向传统学习，掌握了各个时期、各种艺人的个人风格，然后加以综合概括，融为己有。他认为地戏属于中原文化，因此极力从中原文化中吸取有益成分，用于地戏面具的创新。王钦廉仔细研究过永乐宫壁画，把壁画中力士、天丁的眼部表现方法移植到地戏面具上来，把线描变成刀法。他还独创了一种小型脸子，刻得十分精致美观，作为欣赏之用。使地戏面具这种不可亵渎的神物，变成了人们掌上、案头、墙上欣赏的艺术品，从而改变了地戏面具原有的属性。王钦廉曾参加贵州省在北京举办的《民间艺术展览》，其刻制的地戏面具有20多件被中国民间艺术博物馆（筹）收藏。

　　安顺地戏面具雕刻艺人大多是上述重点介绍的4位清代艺人的后代。他们吸收民间传统雕刻技艺，融合现代艺术的审美情趣，创造了风格多样、手法各异的地戏面具雕刻艺术。

二

　　面具，在安顺屯堡区域称为"脸子"，这种面具在制作的时候也如同地戏表演一样，具有一整套宗教仪式。当匠人开凿之前，要用禽血祭奠木料和工具，念一些祝祷的词语。当面具制作完毕后，要举行庄严的"开光"仪式，将面具供在神龛上，用禽血点在上边，以赋予其神性。因此在地戏中，面具具有神圣的不可侵犯的神秘色彩。地戏面具夸张、拙朴、粗犷的风格样式，鲜明的人物形象，强烈而丰富的色彩表现，无不展示出自有的艺术魅力。

　　从艺术分类的角度来说，安顺地戏面具属彩绘木雕艺术，它以木头雕刻成形，然后再彩绘、油漆而成。最好的制作安顺地戏面具的材料是丁木，其次是白杨木，然后才是其他木材。丁木在贵州被称为"神木"，除了雕刻面具，几乎不能派作其他用场。它木质软而韧，易雕而不龟不裂。艺人们将它锯成一尺左右的段子，一劈两半，放在木橙上，随意雕凿。每个人物形象都是成熟在心里的，用不着照图或木坯上绘图。（当然，也有照着图样临摹的和在木坯上画底样的，但为数极少。）工匠以木为纸，以凿为笔，大刀阔斧，痛快淋漓。他们先在鼻沿、鼻底、口裂三处锯三道口子，然后以此为依据，顺势雕凿。整个面具的完成，基本上分为五个步骤：第一步，先出毛坯；第二步，出脸型；第三步，出头盔；第四步，精雕细刻统一整体；最后，彩绘、油漆。

　　制作地戏面具的民间艺人在动工之前必须祭神，一是祈求神灵保佑，赋予面具的神（灵）性，二是保佑在制作中平安顺利、发财发富。雕刻艺人们在神龛前或屋门口摆下供桌，敬上供品，用一升米插上工木角尺，墨斗、雕刀之类工具，然后磕头作揖，请求菩萨保佑，口中念诵"菩萨保佑，鲁班显圣，保佑保佑"之类吉祥词语。供奉结束后，才能开始雕刻面具。

　　据刘官乡周官村的面具艺人金国华介绍地戏面具制作工艺过程如下：

　　1. 地戏面具一般用木质细腻的白杨、白果、丁（香）楸木等木料制作。

　　2. 将木料放在阴凉处晾 8—10 天，锯成所需要尺寸，剥去树皮后 3—5 天，然后将圆木剖成两个相等的半圆，成为两个面具的毛坯（现在改为直接以生料制作）。

　　3. 量出头盔和面部的比例以及五官的位置，雕刻出大概的轮廓，称为粗胚；晾 3—5 天，再刻二胚。二胚要求将头盔和耳翅纹饰交代清楚，并塑造出不同角色的表情和神态。少数精致的面具，还需要再刻一次，称为三胚。

　　4. 用碎玻璃片、瓷片和砂纸将面具打磨光洁后，再根据角色性格及民间传说对面具着色上彩。最后用桐油或清漆上光。

　　5. 面具的着色可分为油质和胶质两种。油质着色是用各种粉质颜料（如石膏、石绿、赭石、土黄等），加入清漆调配，然后上彩。采用这种方法，色彩鲜亮，效果好，不怕雨水，十年之内不褪色。缺点是成本高，因此艺人们很少使用。胶质着色是用各种广告画颜料或粉质颜料加入牛皮胶调配，然后上彩。使用这种方法，色彩不鲜亮，有点发乌，怕雨水，不耐久，色彩只能保持五年左右。优点是成本低，故一般艺人多采用此法。

地戏脸子的制作分文、武、老、少、女等五种类型。有些民间艺人统分为正、邪二种，因各民间艺人所处的地域位置各异而称谓也有所不同。但总的来说，也有一定的制作模式：男将腮圆额饱，眉突眼鼓，咬牙张鼻。女将，少将面部肌肉平和丰满、柳眉上挑凤眼微睁，有英姿飒爽而绝无娇艳之容。在眉毛的雕刻上有"武将烈如焰，女将一根线，少将一支箭"之说。嘴的雕刻上有"天包地（正神）、地包天（邪神）"之分。面部着色（彩绘），看上去十分自由，但却有规律，以色彩来表示对面具角色的贬褒。大体区分如下：红色代表忠烈、黑色代表刚烈、白色代表奸诈、绿色代表邪恶等，但这些也并非绝对。

地戏面具种类繁杂，大体可分为以下几种类型：

第一类为武将。由于地戏以武戏为主，因此武将在戏中占有十分重要的地位，不但有文将、武将、老将、少将、女将之分，而且有正派将军和反派将军之别。此类面具视头盔和耳翘的制作，头盔一般以龙凤作为装饰，男将多为龙盔，女将多为凤盔。也有以大鹏、白虎、鬼头、蝙蝠、鲤鱼、莲花等作为装饰的；耳翘多以龙凤和各种吉祥花草作为装饰图案，在雕刻技法上，浅浮雕与镂空雕相结合，刻工精细而不烦琐；在色彩上，以贴金、刷银的亮色为主，辅以红、蓝、白、绿、黄等色，有的还镶嵌着圆形玻璃小镜，显得金碧辉煌，绚丽多彩，充分体现了农民的审美趣味。面部雕刻简洁明快，讲究刀法，要求轮廓分明，见棱见角，造型偏重写实而又有所夸张。各类武将的区别主要在面部表情和眼睛神态上，例如女将端庄娴静，凤眼微闭；少将英武洒脱，豹眼圆睁；反派将军满脸横肉，怒目而视，等等。面部颜色多用对比强烈的原色，一般以一种颜色为底子，然后在上面勾画眉毛、眼睛和各种纹饰图案。常见的有蝴蝶纹、瓜蔓纹等。正面人物和反面人物的着色虽无固定模式，但每一种颜色都象征着一定的人物性格。一般来说，红脸多为忠勇刚直的将军，如关羽、薛仁贵、杨六郎；白脸多为英俊美貌的将军，如岳云、罗成、薛丁山；黑脸多为威猛骁勇的将军，如盖苏文、单雄信、苏宝童；绿脸多为力大勇猛的将军，如熊阔海、孟怀元。此外，二花脸多为守关总兵，三花脸多为偏将、副将，如此等等。

　　第二类为道人。地戏中的道人很多，他们大多为反派营垒中的军师，或前来助战的仙人。不戴道冠是其最显著的特点。民间艺人抓住各个道人的外形特征，随类赋形，突出其精神气质，给人以深刻的印象。例如鸡嘴道人被刻成人面鸡嘴，道冠由变了形的鸡翅和鸡尾组成。造型兼有人和鸡的特点，怪异中蕴含着狡黠的性格；鱼嘴道人为鱼嘴形，道冠作鱼尾状，嘴中伸出两根长须，额头画有点点鱼鳞，眉毛似两片鱼鳍，看上去三分像人七分像鱼，憨厚中透露出几分可爱。其他如《封神演义》中的飞钹道人、铁板道人等，也都生动传神，妙趣横生。

　　第三类为丑角。地戏中最常见的丑角为歪老二，又叫老歪或歪嘴老苗。相传他是当年朱元璋征讨云贵时在少数民族中寻找的向导内线。在两军对垒中，他往来于交战双方代为传话。时而发上一番议论，时不时舞弄一顿拳脚，还可以为演员提词问句，甚至出入场内外送水，是一个插科打诨的活跃人物。在造型上，歪嘴龇牙、头插木梳是其主要特点。面部一般涂为红色或蓝色，鼻尖和人中绘有小块白班，更增添了几分滑稽色彩。地戏中的丑角尚有笑嘻嘻、老好人等角色。

　　第四类为动物。地戏的动物面具甚多，常见的有狮、虎、龙、犬、牛、马、猪、猴等。这类面具或写实，或变形，大都能抓住各种动物的特性。如虎的威猛，马的温顺，猴的淘气，猪的憨厚，无不形神俱佳，各臻其妙。

　　地戏面具除了以上四种类型，尚有差官、小童、小军、老生、老军等角色，因在地戏面具中不占重要位置，暂不细述。

　　由于地戏面具制作工艺比较复杂，雕刻精细，因此，所需工具也较多，且每一种工具都有特定的用途。地戏面具的常用造型工具共有 20 余种，其名称和用途如下：

　　（1）一分圆凿：镂刻眼睛等细小部分。

　　（2）两分圆凿：镂刻较小的部分。

　　（3）三分圆凿：镂刻小洞。

（4）四分圆凿：镂刻牙齿和鼻孔小洞。

（5）五分圆凿：打半圆形洞。

（6）六分圆凿：转面旦厂圆角。

（7）七分圆凿：镂制云纹。

（8）八分圆凿：修面具眼睛。

（9）一寸圆凿：镂刻内空。

（10）半分平凿：掏小缝杂质。

（11）一分平凿：打小方洞。

（12）五分平凿：打大洞。

（13）斜凿：镂刻眼角。

（14）油筒：擦抹工具。

（15）木槌：槌击凿子、刻刀。

（16）斧头：粗砍毛坯。

（17）推刨：把耳翅推平。

（18）锯子：把木料锯断或横剖。

（19）刮刀：把面具表面比较粗的地方刮平。

（20）瓷片或砂纸：把面具表面打磨光滑。

以上所列，只是一般常用工具，有些面具雕刻艺人的工具更多，分工细致，可见面具雕刻艺人要雕刻出比较精美的佳作来，除了自身的高超技艺外，工具也是非常重要的。

制作结束后的开光，不仅是为面具上色彩，更重要的是通过这种开光供奉仪式，使面具更具有灵性。于是，照例又要焚香燃烛供奉面具，寨老和神头带领群众三叩九拜，然后欢聚晚餐，喝酒猜拳庆祝一番。有时还将新面具戴在头上表演，这种开光场面的热烈和隆重现已比较少见，一般改为民间艺人（面具雕刻者）象征性的展示即可。

地戏面具作为依附于民间戏剧表演的一种雕刻造型艺术，有着悠久的历史传承和广泛的群众基础，是民间喜闻乐见的传统工艺。作为木雕造型工艺，地戏面具随着时代的发展，逐渐独立于戏剧之外，成为具有浓郁地方特色的民间艺术品。

自20世纪80年代以来，安顺地戏面具艺术为越来越多的人所熟知，并作为一种艺术产品进行生产、销售。许多雕刻艺人专门从事此项经营，产生较好的经济效益。成为贵州著名的民间工艺品之一。

三

综上所述，如果我们从审美的角度来观看傩文化中的重要特征——地戏面具，这无疑是审美应渊源于原始宗教文化活动的又一佐证；从它所包含的原始文化积淀中的原始宗教信仰看来，每一副面具在经过肃穆隆重的宗教仪式后，便有了超脱自然的不可思议的神的属性，可以认为面具就是神，在这种观念下，贵州的傩文化地区发展了精湛的面具雕刻艺术。随着文化的发展，这些民间艺人吸收了大量世俗生活中的素材与人文气息，使渐浓的巫术意味减退。这不仅表现在部分面具从早期的狰狞可怖的形象转向表现世俗人物的喜怒哀乐，其表演形式也从纯粹的讨好神灵（娱神）而转向娱人，成为公众喜闻乐见的娱乐活动。

傩文化是一种跨时代的传统文化现象，今天人类的戏剧脸谱，其造型多脱胎于傩戏面具。从民间傩（地）戏的表演中得知，贵州安顺地戏正是通过表演商业化而将其从原始宗教文化中分离出来，逐渐形成一门独立的文化艺术。它所遗存的文化信息，对中国文化史、哲学史、民族宗教史、民俗史及美学艺术史等学科的研究，都将具有重要的学术价值。

夜郎文化

鳖邑与开明大夜郎国通考

王德埙①

摘　要：确定鳖邑之三个条件。两条鳖水都有成立的理由，以发源于绥阳的芙蓉江，且"东入延"的"鳖水"为正解。"犍（qián）""犍为"都是古代僰蛮的自称。不狼山实际是濮僚山，简称"狼山"，音转又名为"娄山"。枧坝为鳖灵帝的鳖国的首府所在，也是汉朝犍为郡郡治和犍为县县治所在。绥阳山就是犍山。鳖灵神话的解读。《史记》"南御僰僮"之"僮"读作 zhuàng，意为僮越。蜀国纵目人是古代的蜀、髳、微等土著民族。濮巴僮越联军对郫城的钳形攻势。由分权共治蜀地到逼死望帝而建立起太阳崇拜的开明大夜郎国，这是一个包括黔、川、渝、滇、桂、藏、交址、缅甸、老挝、泰国，势力范围遍及东南亚和日本的超级大国，从而终结了古蜀国时期。金沙出土的黄金太阳神鸟就是开明大夜郎国的国徽。秦灭开明王后确立今绥阳为夜郎县，是为开明王朝就是大夜郎国的明证。绥阳山下的土城坝很可能是秦夜郎县治所。

关键词：鳖邑；绥阳；犍山；大夜郎国；秦夜郎县

一　研究的缘起

2008 年 6 月，我应邀同一帮学者考察了凤冈县何坝乡"夜郎古甸"

---

① 　王德埙，贵州民族大学研究员。

的摩崖和古盐道。研究成果有《凤岗县何坝乡"夜郎古甸"摩崖"见田李将军"考释》（载《贵阳市委党校学报》2011 年第 4 期），《凤岗佛教地域文化之我见》（载《贵州世居民族研究》2009 年第 4 卷）。

2011 年 6 月在遵义，绥阳县政协副主席张绍春先生对拙著《温水考》① 颇感兴趣。他建议我继续深入研究文章中涉及绥阳历史文化地理方面的内容，认为我应该到绥阳实地考察一番。当年 8 月，我应邀考察了桐梓县夜郎镇，在县城牛心山竹王墓山下一口废弃的水井中发现了竹王墓碑的一角，遂给桐梓县政协提出了整修竹王墓和打捞保存竹王墓碑的建议。2012 年 1 月 13 日到 21 日，在除夕前的鞭炮声中，带着夜郎历史研究的若干疑问，我去成都专门考察了金沙遗址和广汉三星堆遗址。从感性上感觉到了纵目人的三星堆——金沙文化和桐梓夜郎镇纵目人石棺葬存在着某种文化联系。

2012 年夏，我给绥阳方面提交了《绥阳县考察提纲》。其中说明，研究绥阳县的起因：我们已经应邀考察过了桐梓县、凤岗县，发现这两县都有明显的夜郎历史和夜郎文化的材料。绥阳县在桐梓县和凤岗县之间，应该不会与夜郎历史和夜郎文化无关。

此后，我在研究谭其骧主编的《中国历史地图集》"汉代牂柯郡图"时，发现了他的两个错误：一是将鳖县画在今遵义市区西南（遵义县）；二是将不狼山（大娄山）画在今遵义市区西边的金鼎山一线。犹海龙编《桐梓县治》云："桐梓山脉，旧以蒙山为祖……其由遵义入桐者，由金鼎山经白云台，海龙屯等处，百余里而达于大娄山。山脉至此交桐界矣。娄山在县城南二十五里，故形家以大娄山为县治太祖山。"（第 70 页）。我追究谭其骧产生这个错误的原因，应该是错误地理解了有关史地文献。如：郦道元《水经注》卷 36 曰："鳖县故犍为郡治也，县有犍山，晋建兴元年，置平夷郡。县有鳖水，出鳖邑西不狼山。"② 又，注补《地道记》曰："不狼山，鳖水所出。"显然，他是以鳖邑来确定不狼山的位置。而不狼山的位置明显错了。可见其错误的原因在于

① 王德埙：《温水考》，见《纪念莫友芝诞辰 200 周年暨遵义"沙滩文化"学术研讨会论文汇编》，2011 年 6 月，第 250 页。

② 郦道元原著，陈桥驿等译注：《水经注全译》，贵州人民出版社 1996 年版，第 1222 页。

他将鳖邑的位置定错了。

问题就此提出：鳖邑到底在哪里？我初步的判断是：根据典籍"出鳖邑西不狼山"，鳖邑应该在大娄山以东的区域即今之绥阳县。如果将谭其骧先生图中的不狼山平移到大娄山，他图中的鳖县则差不多正好就平行位移到今天绥阳县的风华镇一带。当然，要确定鳖邑之所在，还应该满足三个基本条件：（1）位于不狼山（大娄山）的东面；（2）县有鳖水；（3）县有犍山。我将这个想法同绥阳的学者进行了交流，他们也很感兴趣。

实践出真知。治夜郎史犹如啃一枚硬核桃，单纯的书斋式的研究看来是不会有出路了。而室内考证之外，历史人类学的不二法门仍然是田野调查。2012 年 9 月，我们组成考察组到绥阳县开调查会并到该县各地进行实地踏勘。9 月 24 日，我们到遵义历史文化研究会作了汇报和座谈，我的学术构想得到了他们的支持。

因此，本文也可以权作绥阳县历史文化考察报告。

二 典籍的证明

1. 关于两条"鳖水"

《汉书·地理志》所言："鳖，不狼山，鳖水所出，东入沅，过郡二，行七百三十里。"许多人以此为据认定鳖水属于沅江流域，而误判鳖水就是清水江云云。《汉书》"义蕴宏深，通贯匪易"，舛驳特甚，为诸史难读之首。其实我们只要查阅地图就很清楚，大娄山脉出来的河流断不至于能够像"南水北调工程"那样腾空飞越，绝不能飞越大包围的乌江而跑到湖南水系去。故关于《汉书》的研究，自东汉以来，注解校订《汉书》的学者蜂起。而其集大成者，一是唐朝的颜师古，二是清朝乾嘉考据学派的大师王先谦。王先谦《汉书补注》认为"东入沅"为"东入延"之误。延水，即今天的乌江。此校毫无疑问是正确的。

关于鳖水，习作《温水考》判为"上仁江"。文章认为"这里的鳖水，就是遵义县官方地图所称的'仁江'的上半段"。即从大娄山发源，向南流经板桥、汇塘河、松坝、李家湾的那一段河水。该段河水在龙溪场与园田沟之间转向东汇入了西洛安江。此正所谓"县有鳖水，出鳖邑西不狼山，东与温水合"。绥阳为温水（西洛安江）之源。同样，民国《绥阳县志》的地图也称为"乐安江源"。到今日我也认为能够自圆其说。但是，这个鳖水符合《水经注》"东与温水合"的条件，却不合《汉书·地理志》的"东入延"的条件。显然，典籍上出现了两条"鳖水"：一是《水经注》"鳖水"（"东与温水合"）；二是《汉书·地理志》王注"鳖水"（"东入延"）。

初步的讨论：绥阳县既然在不狼山（大娄山）的东面，应该就是鳖邑之所在。按照"县有鳖水"的记载，则可知从绥阳县发源，而"东入延"的那条河流，就可能是鳖水。

但是，如何看待《水经注》"鳖水"（"东与温水合"）呢？

2. 关于安乐水"通鳖县"的辩证

鳖县的前身是商周时代的邦国鳖国。秦朝称为鳖县，隶属巴郡。汉武帝建元六年（公元前135年）在西南设立犍为郡，郡治即在鳖县；清代段玉裁《说文解字注》认为："武帝建元六年开——则鳖字必其时所制"，我认为可能早在秦朝就由"鳖"创制了县名"鳖"。汉武时代的鳖县乃"汉承秦制"。元光五年（公元前130年）郡治移至南广；元鼎六年（公元前117年）设立牂柯郡，鳖县分属牂柯郡。

需要注意的是，犍为郡治在鳖县。关于鳖县，套用颜师古的说法，乃故鳖国也；而鳖县的县治则在鳖邑。因而具体的郡治也应该是在鳖邑这个具体的城垣。套用颜师古的说法，乃故鳖灵（他本有作鳖令等）之首府也。秦汉的鳖县地理范围很大，包括先秦的鳛国地域，不能用今天的县域来理解，也不同于秦汉中原的县域。一是因为鳖县的前身是统治区域较大的鳖国，二是秦汉在"巴蜀西南徼外"的西南夷初步推行郡县治时，中原王朝鞭长难及，且行羁縻的"权宜之制"，故其县域划分也比较粗疏，一般都是将就原来的方国而姑且名之。这样的情况，就是到了三国时代也依然如故。"以汉中、巴、蜀、广汉、犍为为国，所署置依汉初诸侯王故典。夫权宜之制，……"（《三国志·刘备传》）

赤水河流经12个县市的广阔区域，因而安乐水（赤水河）经过鳖县的部分，并不能证明鳖邑就在赤水河边。因此，下面两则材料便不足为证：

材料一："符县，郡东二百里。元鼎二年置。治安乐水会。东接巴郡，南通平夷、鳖县。"（《〈华阳国志〉校补图注卷三蜀志》）

材料二：桑经：又东过符县北邪，鳛部水从符关东北注之。郦注：县故巴夷之地也。……县治安乐水会，水源南通宁州、平夷郡、鳖县。北迳安乐县界之东。[1]

讨论：安乐水为今天的赤水河。安乐水在这里同长江交汇，此地故名安乐水会。这两则材料所涉及的鳖县，都缺乏"县有鳖水"的基本条件，因而安乐水（赤水河）流域虽然经过鳖县的一部分（鳛国），但并不存在鳖邑。

关于安乐县，目前只知道西汉设置过安乐县，隶属渔阳郡，故城远在今北京市一带。与郦注安乐县不是一回事。郦注安乐县则肯定在安乐水（赤水河）之西，这个安乐县是否为今天的二郎镇，待考。

3. 犍山、犍为人和不狼山考

犍为郡，今天的四川尚存犍为县。犍山乃犍为郡命名的来源。按《汉书·地理志》载："犍为郡，武帝建元六年设立，领十二县。"所谓当时十二县，有八个在今四川境内，三个在今云南境内，一个在今贵州境内。那么犍为、犍山是什么意思呢？《说文解字》："犍，犍为僰蛮也"。显然，犍（qián）字来源于远古僰蛮的语言，它只不过是借用"犍"字来标音 qián 而已。同理，"犍为"二字也是标音。我认为"犍""犍为"都是古代僰蛮的自称，"犍为"的意思就是僰蛮。不过有时称"犍为"，有时称"犍"，有时称"为"[2]。这是西南古代民族音节含混的原始语言的孑遗。"僰蛮"则是中原人对犍为这个民族的称谓。犍为郡则是犍为（僰蛮）人居住的地区，属于汉王朝特设的一个"郡"。僰为"百濮"的一支，为僰国和黔北土著之一。"百濮"的另一支为僚人，一说僚人为越族的别支。先秦已大量入居贵州高原，黔北亦多，与僰人逐渐融合。故本文统称之为濮人。

---

① 郦道元原著，陈桥驿等译注：《水经注全译》，贵州人民出版社 1996 年版，第 1151 页。

② 有一种背面有"为"字的直百五铢，乃刘备在四川犍为所铸，是我国最早铸有地名的方孔钱。

"犍为"于是由民族名而兼指地名。汉字学传统的拆解字形的方法在古代民族研究中必须谨慎使用。四川有的朋友从字面上来分析或者从字形拆分的方法来加以解释，认为"犍为"正确说应该是"楗为"，在语法上是一个动宾结构，其得名可能是因为这一地区在汉初乃捕象、驯象之地"①。由于此文没有区别"犍"之两读，以 jiān 解之。是为南其辕而北其辙。这正如"俄罗斯"（росий）其实只是一个国名的音译。如果我们不信这一套，一定要作这样的解读——"俄"，突然间；罗，捕鸟的网；斯，指"这"。于是得出结论："俄罗斯"的意思是"突然间得到这个捕鸟的网"，因而判断俄国是以鸟（鹰）为图腾。这样的"研究成果"恐怕只能引起外交风波。

同理可证，"夜郎"也不是指在晚上跑出来玩的狼。夜郎是濮人语言音译。即其自称为夜郎或濮，或"狼""郎""朗"等。其义为"团结的多筒"②，也可以理解为特指与生殖崇拜相关联的竹崇拜宗教即竹教。中原王朝后来也名之曰"僚"。

"不狼山"的"不"是记录读音，绝不是汉语的否定词"不"，而是"濮"。"僚"则通"狼""郎"。"僚"是由"郎"音变而成。"濮僚"曾经连称：《华阳国志·南中志》云："谈稿县有濮僚"。故不狼山实际是濮僚山、濮郎山。取"不"乃通假而使笔画从简而已。濮郎山简称"狼山"。一音之转又名为"娄山"。今天则称为大娄山。濮僚山（大娄山）乃是僰族即夜郎族（含古越人）的圣山，是夜郎族的发源地。周国茂教授告诉我：布依语"不劳"就是"我们"的意思。远古濮越一家。因此，濮僚山（大娄山）同样是布依族的祖灵之山。

"濮僚"的连称后来又有"葛老""盖脑""仡佬"的音变。

大娄山千山万岭。那么，濮族或夜郎族具体的祖源山、祖源洞在哪里呢？答曰在犍（qián）山也。犍（qián）山就是濮蛮具体的祖灵之山。祖源洞则在犍（qián）山附近。犍（qián）山的正式名称仍然是"犍为山"，简称犍山。《清一统志》"犍为山，在犍为县南十五里"。可见犍为山不在大娄山主峰，而是大娄山脉中的某一座山。同时，犍

---

① 赖金普：《"犍为"考》，《岷江星空论坛》。
② 《夜郎、夜郎文化及其古乐舞复原之我见》，《贵州民族学院学报》2005 年第 1 期。

（qián）山也绝不是 jiān 山（阉割之义），也绝不能从汉字的字面"牛"（阉割）去过度解读。

不狼山实际是濮僚山，还有一个相同词组的旁证，即绥阳县的蒲老场。在民国胡仁所修《绥阳县志》的地图上，采用的是濮人最古老的写法"卜老场"①。"濮"与"蒲"同音相通，"僚"则与"老"同音相通。今蒲老场又简称蒲场。

犍为人实为夜郎人这个大族群的主体。"犍为"主要是民族人类学方面的含义。"夜郎"其义则为"团结的多筒"，主要是竹崇拜的宗教方面的含义。因此，只要信仰竹教，团结在竹王乃"三节竹筒""非血气所生"的旗帜下②，则无论你是百濮还是百越，都是夜郎人，都是一家人。因而"夜郎"具有最大的民族包容性。竹王之所以具有一呼百应，动辄能够发动民族大请愿且"夷濮阻城"，动辄能够发动"二十四邑反"的号召力，就是来源于竹教的这种宗教力量。竹教的宗教力量同时也是一种强大的军事力量。

濮与僚只是同一古代民族在不同历史时期的称谓，主要是时间上的前后关系。应该是先"濮"后"僚"。因而可以连读，也可以连称。濮和古代巴人、夷越则是有紧密的族外婚关系的三支姻亲部族③。因而都属于古代夜郎系民族。他们的联系纽带还有共同的生殖崇拜这种原始宗教。只不过有的表现为竹崇拜④，有的则表现为石崇拜。但归根结底，都是生殖崇拜。在那个生存维艰，30 岁即为高寿的远古洪荒，绝对不可能有阉割崇拜。

犍为郡设在鳖县，以鳖邑为首府。可见鳖县的主体民族是犍为人，即僰蛮；僰蛮是夜郎人（濮人）的一支。

犍为郡治后来由贵州的绥阳向南安的迁移，以盐业为准应该是一个重要因素。据四川旧《犍为县志》记载："西汉武帝元封元年（公元前110 年）在犍为郡南安县境内设盐关，县境属南安县。"又，汉武帝建

<hr>

① 《汲冢周书》卷 7《王会》第 59 "卜人以丹沙"。
② 《夜郎竹王、竹图腾与芦笙文化本质特征研究》，《贵州大学学报》（艺术版）2006 年第 2 期。
③ 赖金普：《"犍为"考》，《岷江星空论坛》。
④ 《夜郎、夜郎文化及其古乐舞复原之我见》，《贵州民族学院学报》2005 年第 1 期。

元六年（前 135 年），分巴割蜀及新地置犍为郡。犍为郡领江阳、南安、武阳、资中、符、南广、汉阳、朱堤、堂琅等县，富顺归为江阳、荣县境属南安县。东汉章帝时期开凿的富世盐井为自贡盐业历史的起点。

三　实地调查的证明

孔子曰"礼失而求诸野"。是说当国家礼乐崩坏之际，还可以到民间去寻求礼乐文化。这是中国古代采风的理论依据。这个方法在 20 世纪 80 年代为中国民族音乐学界所重视，并形成了一种历史回溯法。其实这个方法也同历史人类学的基本方法论是一致的。

我到绥阳县作田野调查，最大的震撼，就是绥阳全县从上到下，从专家到民间，几乎一致认定现在的滔滔大河芙蓉江就是古代的鳖水。

1. 民间诗歌的手抄本《鳖水流韵》的证明

下图文字：芙蓉江古时名鳖水

2. "乡土教材"的证明

芙蓉江干流的发源地是海拔 1400 米的杉木箐天池。位于绥阳县枧坝镇，属于宽阔水原始森林的一部分。芙蓉江产鳖，古人称它为鳖水。又因为沿岸多芙蓉花，所以后来改名为芙蓉江。

（中共枧坝镇委、枧坝镇人民政府编《我爱枧坝》第 10 页，第二单元"自然景观"）

3. 香港出版物的证明

芙蓉江（鳖水）发源地——绥阳县杉木箐水库

（吕金华摄。天马图书有限公司出版）

4. 刘德庆《物华天宝，秀丽芙蓉江》："秦、汉时期，芙蓉江称鳖水；到了唐代叫洋水、芙蓉水。"①

5. 当地学者的论著

发源于绥阳县枧坝镇杉木箐石瓮子的芙蓉江，在温泉朱老村入正安县境，再经道真，在重庆武隆县江口入乌江，全长 753 公里。芙蓉江在绥阳境内的 110 公里河段，多数为石头河床，水质清澈，盛产鳖鱼（亦名团鱼或甲鱼），古时候的芙蓉江上游，因此被称为"鳖水"。

春秋时期，远古越、濮民族分支的僚人，在鳖水畔的平畴沃野（今之旺草坝）上，建立了一个松散的部落联盟，史称"鳖国"。温塘（今

---

① 《芙蓉江畔》，天马图书有限公司 1993 年版。

之温泉）距旺草仅有 15 公里，是鳖国的中心地域。

……

与鳖国同时存在的，还有夜郎国、牂牁国、鳛国、巴国、僰国等。春秋中叶，夜郎国强盛起来，先后征服了上述小国，鳖国遂降格为鳖邑。①

舍人，西汉犍为郡鳖邑（今绥阳旺草）人，曾任犍为郡文学卒史。他学习勤奋，博览经史，尤其喜好训诂学，是西汉的学问家。②

6. 家谱的证明

绥阳耿氏家族自明朝 1390 年由江西吉安迁至绥阳县赵里六甲小地村。研读过该家谱的绥阳作家说：该家谱说耿氏家族世代居住在鳖水之滨云云。

7. 口碑的证明

据调查，20 世纪 70 年代，绥阳鳖水边一个捉鳖高手说："你把水烧涨，我去给你抓团鱼。"结果，水还没有烧涨，他已经把团鱼抓来了。在绥阳鳖水两岸，以捉鳖为业的人很多，许多人还因此发了财。

---

① 崔笛扬：《温塘赤尾甲鳖国》，绥阳县旅游局 2001 年印。
② 崔笛扬：《舍人温塘释鼯鼠》。

8. 石文化的证明

枧坝镇鳖水的发源处是一个形状像鳖的水塘，枧坝镇鳖水岸边还有一个石头鳖在爬山。

枧坝鳖水岸边有一个石头鳖在爬山

那么我们如何看待文献中所载的两条鳖水？

一是上仁江，即《水经注》"鳖水"（"东与温水合"）；二是《汉书·地理志》王注"鳖水"（"东入延"）。"东入延"鳖水"就是发源于绥阳县的芙蓉江。

地理学出身的吕金华先生认为：两条鳖水都在分水岭的东西两面，紧紧相邻。芙蓉江发源于绥阳县枧坝乡石瓮子，这里仍然是大娄山山脉的东南段的分水岭。即上仁江（鳖水）在分水岭之西，芙蓉江（鳖水）在分水岭之东。如果没有分水岭之隔，则为一水也。

因此，我认为两条鳖水都有典籍的依据，都有成立的理由，说不定远古就有着两水同名的情况。但应以发源于绥阳县的芙蓉江，而且"东入延"的"鳖水"为正解。据《元和志》，朝廷曾在绥阳旺草设芙蓉县。故鳖水之改名为芙蓉江，当自此始。

此外，据清朝和民国的绥阳县志，绥阳有夜郎民族"竹三郎崇拜"的地名，如"二郎坝""六郎屯"；夜郎的地名如"卜场口""卜老场""朴老岩"；"郎山""郎水""郎里""郎山关"等；有铜鼓习俗的地名如"铜鼓三寨""铜鼓水"等，还有唐朝就闻名天下的"蛮王洞"。夜郎文化就是竹文化。绥阳的地名有"苦竹关""苦竹坪"。绥阳仍保留有丰富的竹文化，其"竹编技艺"已列入省级非物质文化遗产名录。绥阳旺草的竹编歌谣称"砍竹子请把竹神请"，"竹子竹子，你是神竹林中生、林中长"，"此竹不是非凡竹，长在林中是神竹。"值得注意的是，竹子歌谣中仍然保留有上古生殖崇拜的痕迹："一张竹子铺上床，红烛开花喜满堂。喜满堂，共久长，我把姑娘夸一场。……五夸姑娘生贵子，生了贵子点状元。"（引自《艺文论丛》2003 年第 3 期田野文）另据民国《绥阳县志》，该地有岁末竹卦的风俗："或焚青竹，视其爆裂之纹，以占休咎。"父丧用竹杖："手执孝杖，径长尺余，父丧用竹，母丧用桐。"此外，还有纪念唐蒙通夜郎的河水名"蒙水"。此地还有夜郎文字的古碑，惜"字迹灭没"，见民国《绥阳县志》页 63 和页 68。

四　鳖邑之所在及犍山—绥阳山—仙人山问题

> 彻宇（明）：题神仙岩旧址
> 仙人何处去，修炼已成功。
> 白日飞金鼎，青云慕老翁。
> 空余一片石，长在薜萝中。
> 想象悬岩上，谁能继此风？[①]

坝按：吾查旧《绥阳县志》，彻宇，为彻字。误。陈《绥阳志》页 18 仍作"彻宇"。此即崔本所据。该诗的标题有旁注：右郎里洞青寺之左。郎里，绥阳古地名。郎里为远古夜郎人所居，即夜郎故里。这个旁注说明：绥阳山—仙人山就是"众里寻她千百度"的犍山—犍为山。

王观（清初）：仙岭棋局
一局残局总不收，楸枰代石在峰头。

---

① 转引自崔笛扬《绥阳县历代诗歌选注》，2006 年，第 24 页。

古来成败皆虚著，何事机心苦运筹？

其注云：绥阳城二十四里有仙人山，双峰对峙，中有石枰，宛如棋盘。相传有樵子曾遇双叟在此对弈，须臾不见，故名仙岭棋局。（引同页157脚注）

通过召开调查会议，我们得知绥阳在20万年前的旧石器时代就有人类活动。20世纪50年代，在县境内发现过新石器时代的黄色石斧。绥阳后水河两岸曾经分布着数不清的"蛮子坟"，即濮蛮的石棺椁。黄杨镇等地有悬棺葬。现在的绥阳县城（洋川镇）在县城的基建过程中也曾经发现过不少濮蛮的石棺椁；在绥阳县城西南约5公里的大辰山上面有两座（地理坐标：北纬27.9度，东经107.13度，海拔1000—1100米），大辰山属于绥阳县风华镇龙牙自然村。这些濮蛮的石棺椁，当地的人们称为"苗罐坟"或"蛮子坟"。由此可以判断：绥阳后水河两岸和洋川镇、风华镇龙牙村是远古濮蛮的墓葬区。鳖邑不可能存在于墓葬区。

考古常识告诉我们，远古濮蛮的生活区乃至于鳖邑之所在应该也离这些墓葬区不远。《旧唐书·地理志》认为犍为郡来自郡内的犍山，《太平寰宇记》卷79"戎州"引《十三州志》也称："（犍为）郡有也。"是郡因犍为山而得名。从枧坝往南翻过小峰坎就到了土城坝，大约一二十里路。《清一统志》指出"犍为山，在犍为县南十五里"。可见鳖邑之所在则应该是仙人山（犍山）北边的枧坝。枧坝是汉朝犍为郡和犍为县郡治和县治所在。是为郡县同治。我怀疑枧坝本来叫"犍qián坝"。由于误读为"犍jiān坝"，进而误写作"枧坝"。类似的情况还有旧《绥阳县志》所载的"米泥坝"，也是濮蛮词语的遗留。后来被儒者谐音改成为"礼仪坝"，汉化了。

枧坝是鳖水的发源地，与《汉书·地理志》所云"鳖水所出，东入延"相符。

仙人山就是犍为山或曰犍山。犍山到隋朝改鳖县和秦夜郎县为绥阳县时就改称为绥阳山。是山因城市而改名。仙人山则是历代文人和民间的称谓。无论是名为鳖县还是名为秦夜郎，或名为绥阳；无论县治如何的东挪西移，从汉隋历朝到各种典籍或方志，人们都将此山作为县城定位的坐标原点，犍为山厚重的历史文化内涵遂由此显现。

在九月晴朗的日子里，犍山上也有神秘的祥云缭绕：

在九月晴朗的日子里，犍山上也有神秘的祥云缭绕

枧坝也是先秦濮蛮人的领袖鳖灵建立的鳖国的首府所在。鳖灵正是在这里开始了他雄才大略的讨伐蜀国的战争，并最终称帝而建立了灿烂辉煌的开明大夜郎王朝，成就了举世瞩目的成都金沙文明。

枧坝与发源的鳖水

鳖国一度属巴，因而鳖国也存在巴人的白虎崇拜。绥阳乃濮巴共生之地，先濮后巴。晚来的巴人融入了濮人，因而也有着白虎崇拜的孑遗。现在绥阳还流传着远古卜老场来了一只白虎的故事（崔笛扬整理《狮子山和白虎崖》绥阳县政协编，第 31 页）。巴人竹枝词就是竹王之歌。明朝绥阳高僧刘天峰就号"竹枝道人"（崔笛扬《绥阳县历代诗歌选注》，2006 年，页 6）。

五　神话的解读

（一）鳖灵攻蜀的战争

《晋书·载记第二十二》云："初，蜀土无獠，至此，始从山而出，北至犍为、梓潼，布在山谷，十余万落。"可见，后来的濮獠在蜀国本来是外来户。濮獠入蜀不止一次，而是多次。此乃学界共识（侯绍庄《夜郎研究述评》）。他们当初是怎样进入蜀国的呢？

《史记·货殖列传》云："巴蜀亦沃野，……南御滇僰、僰僮。西近邛莋、莋马、旄牛。然四塞，栈道千里。无所不通。唯褒斜绾毂其口，以所多易其鲜。"褒斜道是秦岭山脉中一条贯穿关中平原与汉中盆地的山谷，是秦人入蜀的要津，与濮獠入蜀无关。

"僮"（读作 zhuàng）乃古代越族的一支——僮越，周恩来则改"僮"为"壮"。包括广西的越人和贵州本地的越人，今自称"布依"者，所谓"仲家"。过去认为在宋代史籍中始称其为 zhuàng，误。

司马迁的"货殖"是指谋求"滋生资货财利"，即利用货物的生产与交换，进行商业活动。当然还包括各种手工业，以及农、牧、渔、矿山、冶炼等行业的经营在内。因此，他在《货殖列传》中指出"南御滇僰、僰僮"必然包含这两个敌对区域的经济—军事活动和相关的政策。

这样，所谓"南御滇僰、僰僮"就是为了防御强悍的僰人僮越联军。因此，笔者不从三星堆洪水废弃之说。笔者推测：过去，由于防御松懈，僰人僮越夜郎联军曾经一度攻陷了蜀国三星堆都城，抢掠一空，满载而归。蜀人仓促逃离中将宗庙圣物留在了三星堆遗址。因此，吃了大亏的各代蜀王必须严守"南御滇僰、僰僮"的基本国策。当然，还有另外一种可能：三星堆为僰人僮越夜郎联军所遗留。如何确证？由于史料不足，目前还有困难。

正如恩格斯在论及古代日耳曼人所说的那样，初民部族都认为掠夺邻人的财富是比生产更光荣的事业。从5000年前到3000年前，蜀国与夜郎地区无义战，不断地互相攻伐和抢掠。战争造成了破坏，也造成了人员、物资和文化的交换与融合。蜀国纵目人部队也曾经打到过夜郎地区，抢掠一空。并且居留下来。其蜀、髳、微民族的石棺葬习俗也跟濮僚人相同。《桐梓县志》云：

> 《华阳国志》："有蜀侯蚕丛，其目纵，始称王。死作石棺石椁，国人从之。故俗以石棺椁为纵目人冢。"
>
> 按：郡俗至今犹尚石椁，古风世传，不能以通礼禁之也。前代造者，高原陂陀，锄垦雨洗，十九露出，无山无之。
>
> 按：桐邻蜀边，富家作石椁，费千缗者为常。桐山又多青坚之石，厚薄版片，随便可取，数十金即可作整椁，而外砌高坟，竖丰碑。遵、绥则土垒为多，又与前代之山山皆有异也。①

清同治年间，黔北诗人郑珍，避乱魁岩山下，对桐梓夜郎竹王坟进行实地考察，以诗的形式写下考察记录：

> 何由更识竹王墓，纵目人同太虚屋。
> 谁敩好事就桐梓，认冢鼎山之西麓。
> 此邑唐初夜郎县，名虽从古地已戚。

蜀国望帝杜宇曾经经常侵扰黔滇（南中）地区，史有明证：《华阳国志·蜀志》："七国称王，杜宇称帝……以南中为园苑。"② 即望帝杜宇经常凭借强大的军事实力以黔滇（南中）地区为其游猎掠夺的"园苑"。前人已证其"七国"的时代记述有错误。金沙博物馆的图介（详下）亦认为杜宇王朝时在春秋时期。

"俗以石棺椁为纵目人冢。"石棺葬俗是太古鳎人以髳鳎人为中介从岷江上游"拿来"的。纵目人与濮人葬俗的混一，当然也有 3000 年前大夜郎国长期统一造成的民俗交互影响的因素。详后。因此，三星堆遗址到底是蜀、髳、微民族的创造，还是夜郎人的创造？还有待继续

---

① 民国犹海龙等纂辑《桐梓县志》卷 31 "文教志"。
② 任乃强：《华阳国志校补图注》页 118 校 "七" 为 "巴"，可从。

研究。

摄于桐梓县夜郎镇

蜀国纵目人是古代什么民族？

《史记》卷4武王曰："远矣西土之人。……庸、蜀、羌、髳、微、纑、彭、濮人。"孔安国注曰："八国皆蛮夷戎狄。……蜀、髳、微在巴蜀。"显然，蜀国纵目人都是中国西南古代的蜀、髳、微等非中原的土著民族，太史公书说得清清楚楚。不是外国人，也不是古羌族。不能根据三星堆遗址中作了艺术化夸张的青铜纵目人像就猜测三星堆遗址中的人属于什么外国人，说什么"像埃及的穆巴拉克"等。三星堆和金沙遗址中的青铜人像，既不是西南人的造像，也不是中国人的造像，也不是外国人的造像，甚至也不是地球人的造像。而只能是古代艺人心目中对神的一种想象。因为是神，犹如科幻影片中艺术家所想象的各种奇形怪状的外星人形象一样，青铜纵目人处处都跟人类不相同。民间称眼球稍微突出者为"鼓眼"。蜀侯蚕丛正是这样一位"鼓眼"。而且他视力超群，可能达到了2.0的视力，所以被神化为"纵目人"。当然也可能表示他思维能力强，有政治远见。试想人类的眼睛怎么可能像螃蟹那样，鼓出来16厘米长呢？因此，青铜纵目人像只能是一种艺术的夸张。

蜀国"南御滇僰、僰僮"重要手段之一，便是封锁盐道，实行严格的锁国政策：封锁重要战略物资流入夜郎地区。仅仅开放褒斜道对秦国交易而"易其鲜"。黔地夜郎向来缺盐，受伤害的一方是大西南辽阔区域的百濮和百越，蜀国杜宇已激起了众怒。因此，战争的再次爆发显然已不可避免。

有人论证鳖灵又称"鳖令"，即鳖国的领导人。接着就判断说"荆人鳖灵"是湖北、湖南人。此说不能成立。"荆人鳖灵"肯定不是湖北、湖南人。一是鄂湘两省从来都没有出现过鳖国，也就不可能出现什么"鳖国的领导人"。这是一个极简单的形式逻辑问题。二是今之绥阳即古之鳖国，而绥阳属贵州管辖。三是今之绥阳在殷商时代曾经属楚。1993 年出版的新《绥阳县志》第 66 页就有明确的记载。鳖国既然在上古曾经属楚，故扬雄将今之绥阳古之鳖国人称"荆人"也有一定的道理。显然，"荆人鳖灵"是指绥阳 3000 年前鳖国的一位领袖人物"鳖灵"。

同时，"荆人鳖灵"的记载也透露了一点历史信息，荆乃巴族重地，已证巴族、夜郎族有亲密的血缘关系①。而且巴国本身就是一个多民族的古国。《华阳国志·巴志》云："巴之属有濮、宾、共奴、獽夷、狼之蛮。"其中，濮僚是巴国的主体民族。因此，"巴"首先是一个邦国的地域概念。所谓"巴人"则是以濮僚为主体的古代民族的综合体。故"巴人"也属于夜朗系民族，"巴人"后来演变成为今之土家族。《史记》卷 40《楚世家》张守节注云："刘伯庄云：濮在楚西南"。《史记》卷 40《楚世家》楚武王三十七年"于是始开濮地而有之"。又，晋张华《博物志》"异俗篇"曰："荆州极西南至蜀诸民曰僚子。"荆为中国古代"九州"之一，春秋时楚国别称，亦泛指长江中游的黔北和今重庆等地区。春秋时楚之东部就有巴人。这就是夜郎王鳖灵被称为"荆人"的原因。由此可见，这个濮越联军准确地说应该是僰族领袖、又一代夜郎王鳖灵领导的一支"多国部队"——濮（含滇僰）巴僮越联军。

鳖灵为什么"灵"？因为他是竹王"非血气所生"的神灵。这个竹教的教主的确能通神灵，因而也是一位大祭司，古代西南的宗教领袖。只有他能够号令西南各族进行共同的竹教活动。古代的大西南竹教活动，同时也是一种战争活动。

---

① 《夜郎、夜郎文化及其古乐舞复原之我见》，《贵州民族学院学报》2005 年第 1 期。

战争的起因，就是要去讨伐"不仁"的蜀国？前文已证望帝杜宇经常凭借强大的军事实力以黔滇地区为其游猎掠夺的"园苑"。战端的引爆点首先就是报复杜宇过去的侵略，也是为了争夺生存空间和重要战略物资。据《后汉书·公孙述传》："（蜀）沃野千里，土壤膏腴，果实所生，无谷而饱……名材竹干，器物之饶，不可胜用。又有鱼、盐、铜、银之利，浮水转漕之便。"

竹为夜郎圣物，盐铜为重要战略物资。因此，这次讨伐富裕而不仁的蜀国，实质上就是盐铜之战，或曰贸易战争。而"浮水转漕之便"也给了濮（含滇僰）巴僮越联军运兵之便，即从水路或沿水边盐道去进攻蜀国。

历史是胜利者写的，神话也是胜利者编造的。神话学告诉我们，神话表达思想，也能曲折地传达史实。从历史人类学的角度看问题，从神话中往往能析出历史的真实，故不能一概排斥。

西汉扬雄的《蜀王本纪》（明郑朴辑）"蜀王之先名蚕丛……望帝积百余岁，荆有一人，名鳖灵，其尸亡去，荆人求之不得。鳖灵尸随江水上至郫，遂活，与望帝相见。望帝以鳖灵为相。时玉山出水，若尧之洪水。望帝不能治，使鳖灵决玉山，民得安处。鳖灵治水去后，望帝与其妻通。惭愧，自以德薄不如鳖灵，乃委国授之而去，如尧之禅舜。鳖灵即位，号曰开明帝。帝生卢保，亦号开明。"

扬雄（公元前53—公元18年），西汉官吏、学者。西汉蜀郡成都（今四川成都郫县）人。少好学，博览群书。扬雄的时代距离开明王朝灭亡不过260多年，扬雄所撰的《蜀王本纪》又是记述他家乡郫县的故事，因而有很高的史料价值和可信度。

鳖俗称甲鱼、水鱼、团鱼等，卵生爬行动物，能够水陆两栖生活。水性好的人也正像鳖一样处于水陆两栖的状态，使人惊叹而佩服，因而雄长一方。濮僚族也由此表示水军的将领和有治水特殊才能的人物。证据：《魏书·僚传》："僚者，盖南蛮之别种。……能卧水底持刀刺鱼，其口嚼食而鼻饮。"鳖灵王正是这样一位混江龙。加上鳖水盛产鳖，于是以鳖图为旗帜，只表示所在邦国的区别，并没有图腾的含义。鳖国的图腾仍然是夜郎系民族的竹图腾。鳖在上古的意义与今日民间的桃色转义截然不同。

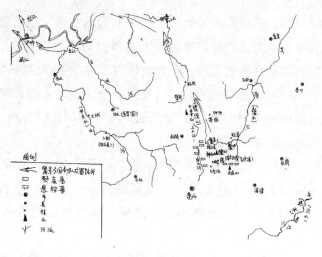

（鄂曾馨绘制）

　　"兵者，诡道也。"哀兵必胜。鳖灵的战争谋略就是让部队伪装成为自己送葬的船队，沿着岷江，下垂着鳖图的旗帜，一路悲歌，划船拉纤，顺江而上。"至郫，遂活"：送葬的水军露出虎狼之师的本相，登陆后开始实行武力征讨，迅速剑指蜀都郫城。

　　旁证：《战国策》卷9《燕策》："蜀地之甲，轻舟浮于汶，乘下水而下江，五日而至郢。"是证远古岷江—长江水道畅通。且由黔北夜郎地区攻蜀，走水道既无三峡之险，渡符关（今合江）则水阔流缓；走盐道则轻车熟路，当更便利。到今泸州更有铁杆盟友僰国军队的接应。鳖灵的战争可以说占尽了天时、地利、人和。

地老天荒的枧坝古盐道，亦即文化、经济、军事、驿传之道

　　另外一支部队沿着沱江，诈称"寻找失踪的鳖灵"，谎称"其尸亡去，荆人求之不得"。他们哭丧着脸，到处装模作样地找呀找呀找，弄得有些蜀国的官民也出于同情而帮着寻找。谁知道这些寻找人的群体突然露出虎狼之师濮巴僰越联军的本相，打过今之简阳一带，顺盐道翻越山岭，迅速剑指蜀都郫城。两支部队的钳形攻势来势凶猛，蜀国全境骤然陷入一片混乱，"望帝以鳖灵为相"背后的历史事实应该是停战谈判：分权共治蜀地。

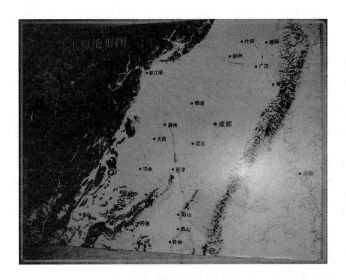

摄于金沙博物馆

　　目前，三星堆和金沙青铜文明西来说与"红海文明"说从者众，我对这样的非主流学说抱有深切的同情。但西来说的弱点就是一直没有找到确凿的证据，推测居多。而我所找到的《史记》等确凿的证据都不支持此说。这就是我的夜郎研究基本上是走传统路线的原因。

　　但是，笔者作为在中国古代音乐史学领域搞非主流而撞入门者，在这里也姑且再非主流一次。设若金沙青铜文明西来说成立，那么，蜀国望帝杜宇之前的统治者或者商人集团的首领都是从印度河来的雅利安人或犹太人。那么，蜀国望帝杜宇"以南中为园苑"的文化冲突就是外国人对滇黔地区的武装侵略了。如是，则鳖灵领导的"多国部队"就有了正义的反侵略战争的性质。这样看问题，则所谓"分权共治蜀地"就是苏三等学者在商、周时期遍寻而不得的欧洲殖民者所热衷的"双王制"痕迹了①。

　　鳖灵不再像前代夜郎王那样，抢了蜀都（三星堆）就跑。他这次来了就不打算走了。以后便是鳖灵和杜宇的治水文斗："若尧之洪水。望帝不能治，使鳖灵决玉山，民得安处。"鳖灵有治水理国的才能可以肯定。而望帝年事已高，且身边绝色美女很多，故很难相信他会迷上一个拖娃带崽、乳房下垂到肚脐眼的过婚嫂——鳖国著名的"儿马婆"（黔北方言，指泼妇）。然而，不可能的事情偏偏就发生了："鳖灵治水去后，望帝与其妻通"。我看这大概是鳖灵老婆布置的一个桃色陷阱——她突然脱光衣服大声嚷叫："非礼啦！望帝要非礼我呀！"她一把揪住望帝的白胡子就不放。事先安排好的证人们于是一拥而上——"捉奸捉双"。个人生活问题是攻击政敌的最佳武器。于是有口难辩的望帝只好"委国授之"。夜郎王鳖灵的开明王朝于是通过"禅让"的和平方式取蜀国而代之。此后望帝就死于非命——被鳖灵卫队逼迫："你不是从天上掉下来吗？跳下去吧！跳下去咱们瞧瞧。跳下去！"杜宇只好在宫廷高楼上以 9.8 米每二次方秒的加速度做自由落体运动。虽然开明官吏正式宣布废帝是在练习跳高运动时，自己不慎而摔死，但蜀人谁都不相信。望帝杜宇被逼死的证明："望帝去时子圭鸣，故蜀人悲子圭鸣而思望帝。望帝，杜宇也，从天堕。"这就是"子规鸟啼血"的由来，啼血的故事生动地表现了蜀国民众对亡国的悲痛心情②。

　　司马贞解释为杜宇从天而堕到蜀地当皇帝，恐无是理。

　　一说望帝归隐山中。

　　第一代开明丛帝仍以郫为都城，同时继续经营今成都附近的新城垣（金沙遗址），以后又逐步经营成都。

----

　　① 苏三认为三星堆是"萨巴帝国""出埃及"从西亚出走的一群犹太人。又说："英国人为了稳住当地土著，先是保持了当地贵族的地位，甚至连土著的王位也维持不变，同时设立'副王'由英国殖民者担任，但'国家'实权则是英人手里，是为'双王制'。"（苏三：《汉字起源新解》东方出版社 2010 年版，第 204 页）
　　② 宋《太平御览》卷 888 最早引《蜀王本纪》。《太平御览》卷 56 引汉应劭《风俗通》："望帝自以德不如，以国禅与鳖令，为蜀王，号曰开明。"晋常璩《华阳国志·蜀志》："会有水灾，其相开明决玉垒山以除水害。"北魏郦道元《水经注·江水一》："来敏《本蜀论》曰：荆人鳖令死，其尸随水上，荆人求之不得，鳖令至汶山下复生，起见望帝……望帝立以为相。时巫山峡而蜀水不流，帝使鳖令凿巫峡通水，蜀得陆处，望帝自以德不若，遂以国禅，号曰开明。"

《文选·蜀都赋》注："蜀王之先名蚕丛、柏濩、蒲泽、开明。是时，人萌（民）椎髻、左言，不晓文字，未有礼乐。从开明以上到蚕丛，积三万四千岁。"左言，谓不同于汉语，一本作"左衽"之羌俗，非也。

1983 年，在成都三洞桥遗址发现了一件战国时期的铜勺，勺面刻有 5 个图像文字，中间是一个鳖，右边是鱼和蝌蚪形文，左边是张翅的飞鸟和 S 形文。冯广宏《开明新考》（《文史杂志》2009 年第 2 期）的不少结论可疑，如"鳖水应该就是现在的清水江"等，但是，文章下面的推测有一定的道理："右边的鱼和蝌蚪形，是鱼凫徽记；左边的鸟应是杜宇徽记；所以鳖就该是开明族的徽记了。峨眉符溪出土的铜矛上，有一件上面刻着高举右手的双髻悬刀人像，下边刻有一鳖，鳖尾有一太阳图形，太阳显然是象征明字。"

如果此说成立，则开明鳖灵大帝乃是以杜宇王朝的当然继承人自居，对包括典章制度在内的蜀国传统文化采取的是兼容并包的仁政。

另外，《淮南子·墬形训》称："东方曰东极之山，曰开明之门。"明，指太阳。日出东方，则天下大明。本文认为开明王朝为了统治的需要，在蜀国也传播了僰蛮的太阳崇拜，体现了古代西南民族文化之间存在相互影响和吸收。

四川学术界有称金沙遗址为距今 3000 年前的鳖灵时期（晚期蜀文化时期）者，时当春秋后期与战国之交。我认为鳖灵时期应该是在春秋中期。开明灭国于公元前 329 年（从潘光旦之说），春秋开始于公元前 770 年。开明王朝传国 14 代，按理应该存在了近 350 年。鳖灵攻蜀的时间大约应在鲁庄公十六年即公元前 678 年。是年楚开始攻郑国而无暇西顾。

开明王朝统治大夜郎国 12 代。其中九世开明帝开明尚接受中原文化，立宗庙，去帝号称王。① "螳螂捕蝉，黄雀在后。"开明王朝后期，蜀王与苴侯兄弟反目，蜀国与盟友巴国关系破裂：《华阳国志》云："苴侯与巴王为好。巴与蜀仇。故蜀王怒，伐苴。""蜀王伐苴侯，苴侯

---

① 《华阳国志校补图注》（上海古籍出版社 1987 年版，第 122 页）："开明位号曰丛帝。丛帝生卢帝。卢帝攻秦，至雍。生保子帝。保子帝攻青衣，雄张獠僰。九世有开明帝，始立宗庙。以酒曰醴，乐曰《荆》。人尚赤。帝称王。时蜀有五丁力士，能移山，举万均。每王薨，辄立大石，长三丈，重千钧，为墓志。今石笋是也。号曰笋里。未有谥列，但以五色为主。故其庙称青赤黄白黑帝也。开明王自梦廓移，乃徙治成都。"

奔巴，求救于秦。惠文王使张仪、司马错伐蜀，灭之。"公元前 329 年（秦惠文王九年）① "张仪伐蜀，蜀王开（明）战，不胜，为仪所灭也。"（《蜀王本纪》）具体情况是："周慎王五年秋，秦大夫张仪、司马错、都尉墨等从石牛道伐蜀。蜀王自于葭萌拒之，败绩。王遯走至武阳，为秦军所害。其相傅及太子退至逢（音彭）乡，死于白鹿山。开明氏遂亡。凡王蜀十二世。冬十月，蜀平。司马错等因取苴与巴焉。"（《华阳国志》）

竹木易朽。金沙和三星堆遗址少见竹质器物，包括没有三节竹筒圣物出土并不奇怪。四川广汉三星堆遗址我在前文姑且推测为鳖灵的先代夜郎王攻蜀的遗留物。但是，同样存在着是 5000 年前的某位夜郎王在那里建立城垣的可能。三星堆青铜立人像双手空握着什么东西呢？由于青铜立人像双手所呈的角度不能够握垂直的刚性棒体。而竹材有韧性能够弯曲，插进青铜立人像双手所呈的角度以后，由于摩擦力的作用，就被牢牢的卡住。因此，恐怕青铜立人像双手握的正是夜郎竹筒圣物。三星堆博物馆的专家不妨做一做这个试验。三星堆问题难度甚大，我这里只是提供一个思路罢了。

摄于三星堆博物馆

（二）绥阳县为秦夜郎县

蜀、巴两国为秦国所灭后，秦废巴国置巴郡；废鳖国置鳖县（辖原

---

① 一说为公元前 316 年，而《水经注·江水注》则作秦惠王二十七年，即公元前 320 年。

鳖国、鳛国地和道真、正安），隶巴郡。鳖县的县治称为鳖邑，仍然在今之绥阳的仙人山以北的枧坝。以后，秦又改鳖县为夜郎县。过去，何光岳称今桐梓为秦夜郎县。但是，对这个判断我尚有所保留，因为他所说的秦夜郎县的方位还不够准确："关于秦朝的夜郎县，《太平御览》：《十道志》曰：'播州，播川郡。秦夜郎县之西南隅。'这则史料说明秦夜郎县治所在唐初播州之东北方向。凤岗和桐梓县的西南正是遵义旧城所在。遵义唐代置播州。由此可以证明凤岗或者桐梓县为秦夜郎县。笔者对此尚未完全确证，故一般只言夜郎首府在黔北。"[1] 又，唐德宗时代的宰相贾耽《古今郡国县道四夷述》曰："播州，秦夜郎西南隅者，是其疆域。"现在看来，凤岗和桐梓县的方位都不符合典籍所指的方向。而绥阳县的绥阳山（犍山）的"西南隅"却正好是遵义旧城（播州）所在。因此，绥阳县绥阳山下的土城坝很可能是秦夜郎县治所。

旁证：

明朝贵州巡抚况上进曰："天文井鬼分野……秦为夜郎。"

（清朝乾隆陈世盛修《绥阳志》《创建绥阳碑记》。民国十七年胡仁修《绥阳县志》卷8艺文上《创修绥阳碑记》同）

贵州巡抚况上进，四川涪州（今巴县）人，明万历十七年（1589年）己丑科殿试金榜第三甲第98名同进士出身，后任御史。为《明史》的重要官员，属于高文化层次的人物。其说必有所据。

为什么同一个绥阳既是鳖邑，接着又是夜郎县呢？这恐怕只有用秦朝曾经一度易名来加以解释了。秦朝虽然短寿，但开明王朝（大夜郎国）早在前329年就被秦国所灭，在秦（包括秦朝）的统治下达到了122年之久。故秦国在统一全国建立秦朝后，很可能改易鳖邑为夜郎县。而这种行政改划应该是考虑到鳖灵开创的开明王朝——大夜郎国12代国王的辉煌历史吧。因此，笔者推测是在秦朝实行郡县治后始正式划定为夜郎县。秦夜郎县的县治仍然在鳖邑附近。此时，夜郎王鳖灵的后代由于兵败被杀，开明的贵族一度反抗失败后，一说逃往长江以南的山区。我推测开明余部有可能逃到朝鲜半岛，越过对马海峡，到了日本列岛。近年来，有韩国学者认为黔北夜郎余部（僚人）曾迁徙到朝鲜半岛。还曾试图联系黔北学者，未

---

[1] 《"夜郎文化"研究座谈会交流材料汇编》，桐梓县政协，2010年11月。

果。我希望能同韩日学界建立学术交流的关系。另外，美国罗兹·墨菲的《东亚史》第 11 章"日本历史的开端"（世界图书出版公司 2012 年版，第 263 页）认为："约前 200—300 年，日本人的到来（经过朝鲜）。"这个时间段也正是开明十二世由盛而衰并为秦所灭的阶段。一说蜀人残部一支在王子安阳王带领下辗转南迁，最后到达交趾，在现今越南北部建立了一个新的王朝，并持续了一百多年。留在成都的开明余部命运是悲惨的。当初，为了安抚开明，秦国还封开明后裔做过三代"蜀侯"。据《华阳国志·蜀志》，这三代蜀侯分别是"通国"、"恽"、"绾"。他们都先后被秦国以各种借口诛杀了。因此，开明王族四散奔逃是必然的现象。至于开明王朝发迹的鳖邑，当然也在秦国的严密监管之下。鳖邑的余部经济—军事实力已大大削弱，而新一代夜郎王多同则在今桐梓一带乘机崛起，雄长一方。唐蒙通夜郎后，汉朝设置了南夷、夜郎两县一都尉，使其子为令。这就是汉夜郎。《史记·西南夷列传》中，"见夜郎侯多同，约为置吏，使其子为令"，"罢西夷，独置南夷、夜郎两县一都尉，稍令犍为自葆就"。这个汉夜郎县治当在今桐梓县夜郎镇。关于汉夜郎，据《安顺志·牂柯夜郎二国本末》曰："其可考者，有夜郎县、汉阳县，皆略夜郎国地置也。夜郎县，治今桐梓故夜郎城。"又，清人张国华《禹甸吟编》辑诗《扶欢山》曰："夜郎原置县扶欢，又置播川与鼎山。三县归并桐梓县，密云深锁竹王关。"其扶欢山即鼎山，竹王关又名娄山关。这样，西汉朝廷就没有必要保留绥阳的秦夜郎地位了。鳖邑的地位则下降为"夜郎旁小邑"。

　　前文已证枧坝是先秦濮蛮人建立的鳖国的首府所在。现在我们又知道绥阳县绥阳山下的土城坝很可能是秦夜郎县治所。吕金华先生帮我查到的下面这份材料与之对比很有意思：在北宋大观年间，绥阳曾分为义泉县和高富县，义泉县县治在仙人山下的土城坝，高富县的县治在（赵家里）枧坝。义泉县之前，唐武德年间曾设为夷州。据《太平御览》128 江南道下引《十道志》："夷州、义泉县，古徼外蛮夷之地。汉置牂柯郡。历代恃险，不闻臣附。隋大业七年，始招慰，置绥阳县，属明阳郡。唐武德四年置夷州。"

　　北宋勘划县治往往因应前朝故事，在一千多年前，当时应该还考虑到两地尚存旧城垣等基础设施等条件，可以节省朝廷开支。而且"土城坝"这个小地名本身就带有城垣之义。

是又得一旁证。

汉武帝元光六年（前129年）开犍为郡①。汉划定犍为郡时的郡治所在地仍然恢复在今之绥阳枧坝。据《华阳国志·蜀志》记："犍为郡，孝武建元六年置，时治鳖。其后县十二，户十万。鳖，故犍为地也。"元光五年（前130年），移治南广县。以郡治所在地兼代鳖邑。拿今天高速交通的条件来看，枧坝位置不如今绥阳县城所在地洋川；但拿两三千年前的盐道交通条件来看，枧坝则是通向渝都之要津，是川盐巴盐重要的集散地，得地利超过绥阳其他地方。我在川主庙徘徊良久，能依稀想见到枧坝当年的繁华。

犍为郡治与秦夜郎县在同一个地方的证据有民国《贵州通志·前事志》："乃以为犍为郡，郡治鳖，即秦夜郎县之旧疆也。"

枧坝川主庙与古碑

小结：绥阳县为秦夜郎县已可认定。

唐蒙曾经作为犍为都尉在今天的枧坝办公。《大定府志》曰："蒙之为犍为都尉也，盖治南夷、夜郎两县。即且兰，夜郎也。"

秦灭开明王朝——大夜郎国以后就在中国历史上第一次勘定了鳖灵的故国为夜郎县，是为开明王朝就是大夜郎国。这是大夜郎国并非子虚乌有的又一个佐证。

---

① 王德坝：《温水考》，见《纪念莫友芝诞辰200周年暨遵义"沙滩文化"学术研讨会论文汇编》，2011年6月，第250页。

今遵义市的老城在唐朝称为播川镇。《十道志》曰："珍州，夜郎郡。古山獠夜郎国之地。晋永嘉五年，分牂柯置夜郎郡，兼置充州。唐贞观十七年，廓辟边夷，置播川镇。后因川中有降珍山，因以镇为珍州，取山名郡也。"

秦朝专注于镇压开明余族，对贵州多数地区放任不管。

六　金沙鳖灵建立的开明王朝就是大夜郎国

过去，许多人怀疑"大夜郎国"实际上并不存在，此说现在看来已完全可以否定了。"鳖灵即位，号曰开明帝。帝生卢保，亦号开明。"这个父子相传的开明王朝正是学术界苦苦求索多年的"大夜郎国"。正如满清入关后，带来了一个疆域空前辽阔的大帝国一样，夜郎王鳖灵领导的多国部队——濮（含滇僰）巴僮越联军，给古代中国的南方也造就了一个疆域辽阔的大夜郎国。网友 bbirds 认为鳖灵同其儿子卢保充满了积极进取精神，"向东越过了嘉陵江；往北进攻秦国，占领了雍都（今陕西凤翔县）以南之地；往西进攻青衣羌国，'雄张獠僰'，称霸西南夷地区"。我认为他们父子还将进攻的锋芒向东打下了交趾等地区，其势力范围则遍及东南亚。

我们再来看濮（含滇僰）巴僮越联军本身的民族构成就包括了蜀、滇、黔、巴、桂等广阔地域的各古代民族。彝族先民接受竹文化并且融入夜郎系民族，应该也是从鳖灵统一蜀地，包括今四川凉山地区的开明王朝时期才开始的。大夜郎国最早见于《水经注》。《水经注·江水注》犍为郡武阳县下，称为"县故大夜郎国"。"大夜郎国"，疆域包括今天的贵州、四川全境，也包括滇东与滇东北部，和桂西北部。而且"东接交趾，西有滇国，北有邛都国"①，幅员辽阔，经济、文化、军事已相当发达。《后汉书》说它"东接交趾，西有滇国，北有邛都国"。《水经注·江水注》之说为《十道志》、《太平御览》等反复征引，说明大夜郎国确有其事。"大"者，国家伟大、政治开明、疆域辽阔、人口众多也。犹如历朝总要前缀"大"也自夸：大汉、大隋、大唐、大宋、

---

① 《夜郎、夜郎文化及其古乐舞复原之我见》，《贵州民族学院学报》2005 年第 1 期。

大明、大清。又如大日本帝国、大韩民国等等。唯有"大夜郎国"不是这样，它的"大"不是自夸，而是"人夸"，是典籍所称颂的——"大夜郎国"。

今天，我要明确地指出，开明王朝与大夜郎国是完全相同的概念，它代表着 3000 年前夜郎国发展的最巅峰时期。

大夜郎国在疆域和军事、经济实力诸方面已完全可以同"礼崩乐坏"、群雄割据的中原各国比肩而立。当时大夜郎国军事力量肯定远远不止"精兵十万"，而可能是数十万。如果没有开明第 12 代的衰落，且有明君干臣，继续创造文字或引进汉字，发扬五行哲学，北望洛阳，分而治之，完全拥有一统中原的实力。历史的机遇被秦孝公之流紧紧抓住，而失之交臂的百濮则四分五裂，在此后两千年中千百次抗争，千百次被镇压、屠戮、贩卖殆尽。一个"最仁"的民族的命运一至于此！令人扼腕叹息。

夜郎兵力下降为"精兵十万"，是出现在开明王朝被秦国推翻以后。汉朝初年，大夜郎国早已风光不再，其疆域已经大大缩水，降为只是在西南夷中才"最大"的二等邦国。不过在当时，能够拥有"精兵十万"的多筒王的夜郎国已足以让汉王朝不可小视了。

1. 濮（含滇僰）巴僮越联军留下的证据。

巴人崇祀白虎（《春秋》哀公四年《左氏传》：楚人既克夷虎。埙按：夷虎即虎夷，早期巴人的一支。）

摄于金沙博物馆

考古学家梁太鹤教授所赐书影：
《赫章可乐 2000 年发掘报告》文物出版社

赫章可乐乙类墓出土两类多个青铜立虎。凡此类墓者，疑为巴人墓葬。拟另文专述。

2. 濮（含滇僰）巴僮越联军留下的证据。

比较成熟的干栏式建筑，有明显的濮僚族影响：

证据：《魏书·僚传》："僚者，盖南蛮之别种。……依树积木以居其上，名曰干栏。干栏大小随其家口之数。"

3. 给成都平原带来了鳖国人对太阳的崇拜。

绥阳县得名甚早。隋大业十二年（616 年）置绥阳县，属明阳郡。本文认为，大隋王朝如此命名"绥阳""明阳"，有纪念开明王朝之深意焉！

张绍春先生曾经同西南大学文学院曹廷华教授等专家学者讨论过绥阳的地名问题。他的意见是："绥者，舒缓、平缓也。在贵州山区，非常不易看到像平原地区那样的落日场景，而绥阳大坝地势平缓，就能够看到太阳几乎落到地平线以下的景象。由于日照时间相对较长（日升日落少有山岭阻挡），感觉太阳好像走得慢一点似的，'绥阳'应该理解为'舒缓的太阳'。"我认为张先生的意见值得重视：从遵义到绥阳是一马平川。绥阳拥有贵州少有的四个万亩大坝（洋川、郑场、旺草、儒溪），土地肥沃，农业发达。据旧《县志》记载，历史上有的流寇打到绥阳就建立起根据地而不

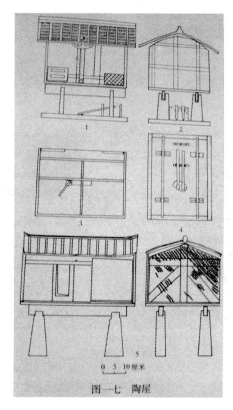

图一七　陶屋

《赫章可乐 2000 年发掘报告》，页 431

想走了。绥阳的地名应该是指地势平缓而太阳高照的地方。《淮南子》云："东方曰东极之山，曰开明之门。"明，指太阳。简而言之，绥阳就是太阳之城，开明之门。日照的充分，给绥阳地区的农业发展以良好的自然条件。绥阳的地名也体现和保存了古代鳖国人对太阳的崇拜。鳖国人对太阳的崇拜属于自然崇拜，鳖国人对竹筒的崇拜则是图腾崇拜。直到今天，绥阳县悠长动人的传统山歌起兴的第一句都是歌唱光芒万丈的太阳："太阳出来照白岩，金花银花滚下坡来"。

　　开明王朝名称的意思就是太阳帝国。"开明"与"绥阳""明阳"在实质上是相同的。我们甚至可以这样说："开明"就是"绥阳"或者"明阳"。同时，也说明 3000 年前的绥阳地区仍然在开明大夜郎国的统治范围内，并且是开明王朝的发祥地。显然，大夜郎国才是真正的最早的太阳帝国，其后才是日本国的文化复制。

显然，"绥阳"的得名比"遵义"来得更加古老，而且卓有光明和辉煌的含义。建议将"贵州"改名为"开明"；"遵义"改名为"明阳"；将桐梓改名为"夜郎"。"绥阳"可以不更名。"绥阳山"恢复为"犍山"。枧坝恢复为"犍为"或"犍（qián）坝"。芙蓉江恢复为鳖水。下仁江（含后水河）恢复为温水之名。

金沙遗址出土的黄金太阳神鸟已成为中国旅游业的标志

摄于金沙博物馆

开明大夜郎国是一个光明磊落的古代民族国家！黄金太阳神鸟就是开明大夜郎国的国徽。

今天，黄金太阳神鸟已经成为中国文化遗产的形象标志。

黄金太阳神鸟于 2005 年入选中国文化遗产标志，同时也成为中国旅游业的形象标志，这是非常了不起的荣誉。这个黄金太阳神鸟线条流畅，构图大胆而极富创意，更具有难能可贵的超前意识——即使拿到今天也是第一流的设计作品。这个"黄金太阳神鸟"揭示了大夜郎国人灵魂深处的文化根基，因而是激动人心的考古大发现。

简而言之，是 3000 多年前的绥阳人把太阳崇拜搬到了成都平原，并在那里一度长足发展。这是一种常见的文化的传播。

4. 大夜郎国民族的和宗教的基础。

濮僚人在远古分布的区域非常辽阔。濮僚人号曰"百濮"。《春秋左传》文公十六年《传》："百濮聚于选……百濮离居，将各走其邑。"因而孔安国干脆直截了当地说："濮为西南夷也。"也就是说，无论西夷还是南夷，都属于濮僚人。故其分支也特别多。如《华阳国志·南中志》："勾町县，故勾町王国名也。其置自濮，王姓母，汉时受封迄今。"

《华阳国志·南中志》又云："兴古郡，……户四万，去洛五千八百九十里。多鸠僚濮。"此系黔西部与滇东部一带。又云"南域处邛、笮五夷之表，不毛闽濮之乡。"《华阳国志·南中志》又云："谈稾县有濮僚，伶丘县有主僚。……永昌郡……有鸠僚。"是为前文所述的"滇濮"。犍为郡以后改设了牂牁郡，而牂牁郡的主体民族仍然是濮僚。唐朝段成式的《酉阳杂俎》："僚在牂牁"。濮僚人这些复杂的分支构成了不同的邦国。这些邦国都是鳖灵王多国部队的核心力量。在汉王朝的统治下，这些邦国则形成了 24 邑。虽然濮僚人有着这些复杂的分支和邦国，但是，他们都有着共同的生活习俗如"打牙"等，特别是有着共同的竹崇拜宗教。正是竹崇拜宗教卓有成效地维系了大夜郎国的统一，迎合了迅速发动战争和军队调动的需要。当某一邦国出现雄长一方的英雄人物时，他自然就成了濮僚公认的"非血气所生"（《后汉书》）的竹教领袖。同中国其他地方的民间宗教不同，夜郎的竹教是主导宗教，是主流宗教。按照容格的理论，夜郎王由三节竹筒诞生（《后汉书》），这个竹神话就是夜郎人活的宗教原型，即竹筒原型。它不是巫术，因为它能够将不同民族的信仰者联结起来，组成一个能够共进退的庞大群体。鳖灵就是创教人。这样，他就能够通过竹崇拜宗教，一呼百应，出动多国部队去打天下。鳖国的鳖灵之所以最终能够建立起中国 3000 年前长江流域的一个势力远及东南亚的超级大国——开明大夜郎国，其力量的来源就是这个民族的和宗教的强大背景的支撑。

按《通典》中记有"尾濮、木棉濮、文面濮、折腰濮、赤口濮、黑僰濮"等，反映了"百濮"某些固有的生活特征。据明朝董难《百濮考》，称"折腰濮"为"见人折腰，言其礼俗也。"可从。日本民族今仍保留有见人即鞠躬的习俗。

5. 杜佑在《通典》云："今犍为、阳安、安岳之西境，仁寿、通义、和义、资阳皆故夜郎国。"杜佑所说的"故夜郎国"的诸县均在蜀地，而这正是开明大夜郎国时期统治的区域。并不是小夜郎国的范围。

6. 交阯又名交趾，位于今越南。"交趾"一名在远古已有之。公元前 111 年，汉武帝灭南越国，并在今越南北部地方设立交趾、九真、日南三郡，实施直接的行政管理。交趾位于中国的南方，故又称"南交"。潘光旦认为：交自是交趾。唯"交"之名何由来，向未见言之。疑仡佬二字之切音也①。潘说甚是。可见交趾在先秦就是濮僚族建立的政权。交趾为开明大夜郎国所统治的地区，是又得一佐证。

7. 开明大夜郎国的竹图腾以及竹文化对东南亚的影响。

我认为，判断夜郎文化的标准是芦笙文化："竹图腾是一种原始宗教形式。竹图腾的传播，促成了古代西南少数民族的部族联盟的形成。古代西南少数民族的部族联盟的思想基础便是竹图腾崇拜。而这个少数民族部族联盟的黄金时期，就是所谓'大夜郎国'。""芦笙文化荷载着古代西南两系少数民族的竹图腾和葫芦图腾，通过祭祖芦笙乐舞，将远古先民深刻的文化记忆传承至今。如果没有竹王崇拜和葫芦崇拜这两种图腾崇拜的叠加，并且数千年来在西南少数民族中间形成了一种执着而深刻的文化心理结构，即对芦笙文化的共同的图腾艺术审美标准，就不可能发明芦笙这种法器兼乐器的东西，也就不可能产生多民族共赏的芦笙文化了。这就是芦笙文化的本质特征。"②

黔西北的考古证明汉朝贵州就已经有芦笙这种"以竹为簧，群聚鼓之"的法器兼乐器的东西（王德埙《贵州夜郎研究二十年》）。笔者现在推测濮僚族在先汉就有了芦笙和芒筒。濮僚族虽然没有文字，但是，"芦笙会说话"，他们完全有可能用芦笙来传递情报，调动多国部队。《魏书·僚传》："僚者，盖南蛮之别种。……以竹为簧，群聚鼓之以为音节。"关于"芦笙会说话"，贵州民族音乐学界称为"芦笙语"。"芦笙语"具有"以乐传文"的功能（《中国民族民间器乐曲集成》贵州卷上，页 5）。"芦笙语"有可能是中国早期的军事密码之一。

交趾曾经是开明大夜郎国的属地，史有明证。但是，从文化人类学的观点来看，开明大夜郎国的属地恐怕还不止交趾一国。东南亚某

---

　　① 《史记》卷 1 "申命羲叔，居南交"。司马贞：是交趾不疑。潘光旦：《中国民族史料汇编》，天津古籍出版社 2005 年版，第 39 页。

　　② 《夜郎竹王、竹图腾与芦笙文化本质特征研究》，《贵州大学学报》（艺术版）2006 年第 2 期。

些国家至少也曾经在大夜郎国的势力范围之内。多民族共赏的芦笙文化已经成为判断夜郎文化存在的"标准器"（借用考古学的概念）。近期楚雄师范学院王翼祥撰文指出："王德埙先生认为，'今天，滇文化区域流行葫芦笙，夜郎文化区域流行芦笙。'目前，越南、老挝、柬埔寨、泰国等东南亚国也存在形制和演奏方法相近的各式芦笙。……"① 如果历史上没有大夜郎国的存在，则夜郎芦笙文化远传至东南亚是不可思议的。今更有人主张大夜郎国还包括西藏和缅甸。西藏在先秦并不是吐蕃人的居住地区，夜郎人很早的时候就占据了西藏。旁证材料是，法国学者伯希和认为吐蕃人甚至在公元初年也主要在今"甘肃南部和四川西部。我们远不能肯定，这些部族中有任何一个曾占据过中部西藏"。② 显然，开明大夜郎王国终结了古蜀国时期，形成了远古东亚的一个超级大国。

大夜郎国的确证，使我们认识到"夜郎自大"这个成语的确错了。夜郎不是一般的大，而是超级大。因此，应该改为"夜郎甚大"。

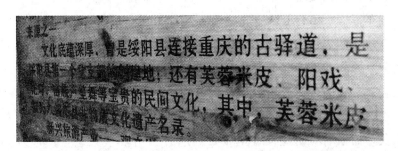

枧坝小峰坎古盐道旁立的枧坝简介中关于当地芦笙舞的内容

8. 开明王朝帝王与夜郎国侯王之间的同称谓现象。

开明王朝历代帝王与夜郎国历代侯王之间的同称谓现象，亦即共同的命名方式体现了制度的共同性："夜郎濮人以竹为图腾的习俗，是以历代夜郎王均可称为竹王，亦如蜀开明王朝历代均以开明帝相称。"（侯绍庄《夜郎研究述评》。）

---

① 王翼祥《说"笙"——兼议双柏彝族"三笙"之名》，《楚雄师范学院学报》2007年11期。

② ［法］伯希和等：《伯希和西域探险记》，耿昇译，云南人民出版社2011年版，第104页。

9. 赫章可乐的"套头葬"也远播东南亚。

根据是杨勇著《战国秦汉时期云贵高原考古学文化研究》（科学出版社 2011 年版）图 10 – 4 柬埔寨波萝勉省波赫墓地发现的套头葬和覆面葬图 10 – 5 越南北部出土铜器和铜铁合制器。近来报纸报道越南发现许多铜鼓套头葬，惜未见可靠的正式材料。

10. 据周麟的研究，夜郎国灭以后，黔北僚文化曾传播到泰国。其论文引起泰国学界广泛的重视。又，1979 年，日本大阪教育大学人类学名誉教授乌越宽三郎最早发表新说"日本人的发源地在中国贵州省、云南省。"

11. 开明大夜郎国建立的历史意义。

西南地区的史前文化是长江中上游文化。长江中上游文化的特点是呈现长期沿长江两岸独立发展的态势。江北是三星堆文化，江南则是夜郎文化。开明大夜郎国的建立，以金沙文化为标志，把大江南北的文化统一起来，协调发展。与黄河领域的考古学文化一起形成了一种"满天星斗"的状态。实现了大西南各部族之间的联盟，结束了蜀国和夜郎地区相互攻伐的局面。建立了一个以竹教为号召的统一的古代邦国联盟体。各族民众的生命财产安全有了一定的保障，有了一个相当稳定的社会环境，对中国长江流域古代经济和文化的发展具有相当积极的意义，结束了两地相互敌视和封锁的历史。蜀地和夜郎地区的盐、铜、木材等经济贸易关系顺利畅通，直至今日。尔后"川黔一家亲"便成为两地政府和民间的共识。开明都城的发展为后来的成都建城奠定了基础①。开明王朝如太阳般的光辉，普照着远古大西南、东南亚和日本列岛②的大地。开明大夜郎国竹崇拜宗教得到了广泛的传播，促进了夜郎系各民族竹文化和竹材经济的多样化、艺术化的发展。其中最杰出的创造，便是竹筒原型艺术化的芒筒和芦笙。

我们应该反对中原文化中心论，重新评估开明大夜郎国的历史地位

---

① 《路史·余论》卷一："开明子孙八代都郫，九世至开明尚，始去帝号称王，治成都。"一说认为成都建城始于公元前 311 年。

② 近王长城的论文论证了日本古坟壁画的巨乳女神即天照大神；2013 年 12 月 18 日，王德埧在綦江郭扶镇发现了 5000 多年前花耳岩墓的巨乳女神石刻。这是黔北夜郎天母大神艺术形象的首次发现。当地还有天母大神坛遗址。

和贡献。其次，将开明大夜郎国完全等同于古代蜀国在逻辑上是错误的。前者起源于古代贵州的鳖国，先后征服了蜀、巴、滇、桂、藏、交、缅甸、老挝、泰国，势力范围遍东南亚和日本列岛。因而其历史定位不是古蜀国，而是开明大夜郎王国。

　　过去，人们错误地认为，贵州没有自己独立的文化体系，只是邻省区文化的"拼盘"，更有人以此作为取消贵州行政省的"依据"。研究表明，夜郎本土的区域在贵州。夜郎在西南少数民族中创造了灿烂的文化，是中国历史文化的有机组成部分。贵州文化的本质就是夜郎文化，这是一种既神秘又优秀、更独具地方特色的"文化基因"。夜郎文化是贵州民族文化的根，二者是源和流的关系。贵州省在某种意义上也可以称为开明省、夜郎省、竹王省。昨天，开明的贵州创造了太阳一般耀眼的辉煌；今天，开放的贵州正在凯歌行进。贵州研究夜郎历史和夜郎文化的政治意义就在于此。

　　　　　　　（本文图片除署名者外，均为王德埙拍摄）

夜郎古国探幽

——电视纪录片编创基础文案

王长城[①]

摘　要: 电视纪录片《夜郎古国探幽》创意文案及编创提纲。在木鼓擂动、芦笙音乐中推出片头。两线两点所确定的汉夜郎国的大致范围。从筑城广场的雕塑说起。多民族共享的芦笙文化是夜郎文化的艺术载体。夜郎考古的证明。鳖邑、秦夜郎和开明大夜郎国。今天，开放的贵州正在凯歌行进。贵州夜郎历史和夜郎文化的重大意义就在于此。

关键词: 纪录片；创意文案；竹筒；开明大夜郎国；秦夜郎；汉夜郎

一　电视纪录片《夜郎古国探幽》创意文案

(一) 策划背景

所谓"夜郎自大"其实是"滇王自大"之误。大夜郎国的历史存在，更让我们知道"夜郎自大"应改为"夜郎甚大"。本片立足夜郎学最新研究成果，为贵州世居各民族寻"根"，用影视语言解读夜郎历史，认识贵州省独立的文化品格，提高全省各族人民的民族自豪感，后发赶超，"夜郎志大"，共创美好家园。又，本片正本清源，充分利用现代化的传媒手段来大力宣传，将能促进贵州旅游业超常规发展，成为经济发展的新亮点。

---

① 王长城，贵州民族大学传媒学院教师。

（二）制作思路

1. 剧本说明：以立体的角度展现贵州历史遗产和风土人情；以独特的视野让更多人发现一个不同的贵州。

2.《夜郎古国探幽》要达到的目标：

（1）一幅展现贵州历史文化遗产和风土人情的精美画卷；

（2）一部人与环境的相互映像的纪录片；

（3）一次身临贵州文化考古之旅以有别于观光的视角，深入探寻这里辉煌的历史。

（三）剧本结构

《夜郎古国探幽》拟采用广播级高清格式进行拍摄。重点介绍六方面的内容，其中以介绍开明大夜郎国的最新发现为表现重点。40 分钟一集，共上、中、下三篇。

（四）项目运营

略

二 夜郎古国探幽——电视纪录片基础提纲

（一）片头

在木鼓擂动、芦笙音乐和动画摇动中，逐渐推出旋转的崇山峻岭、江河溪流、原始森林、梯田坝子、鼓楼、苗寨、夜郎人的歌舞、远古的山岭岩画、古代兵马等画面。

解说词：在远古的迷雾中，在祖国的大西南，有一个古代的邦国，它有着许多美丽的传说，闪烁着"耕田，有邑聚"的农耕文明之光，它就是夜郎古国。中国著名的三大古国之谜，其中之一就是夜郎古国。楼兰古国消失在沙漠，大理王国成为著名的旅游胜地。而夜郎古国在人们的印象中差不多就只剩下"夜郎自大"这句成语了。

旁证：

A. 出字幕：明朝贵州巡抚况上进认为绥阳县："天文井鬼分野——

秦为夜郎。"

B. 贵州省委书记赵克志出现画面中定格，出字幕，赵书记指出：说到贵州"印象"，大家的确很容易想到"夜郎自大"这个成语。实际上"夜郎自大"是一种历史误读，在这一成语背后，反映的恰恰是夜郎人自觉自信的精神和积极开放的心态，据《史记》记载，秦汉时期，"西南夷君长以什数，夜郎最大"。当时夜郎王之所以自大，是因为在西南地区，他的国家最大，有精兵十余万人，已经进入"耕田，有邑聚"的农耕阶段，代表了西南地区最先进的生产力水平。

C. 省长、省委副书记陈敏尔出现画面中定格，出字幕：陈省长指出：遵义积淀了浓郁的夜郎文化！

D. 字幕特效：抗战时期浙江大学张其昀《遵义新志》：夜郎期。汉武帝元鼎六年以前，"遵义古属夜郎"。"元鼎六年，夜郎侯入朝长安，武帝封为夜郎王，此为黔省汉化之始。"

在黔东南万人芦笙鼓舞的大型场面中，推出片名"夜郎古国探幽"，后淡出。（特写画面：鼓舞场面中三节竹筒制作的芒筒的表演）

解说词：关于夜郎研究，目前学术界不同看法尚多。

视频 1：开明大夜郎国地图（古地图为蓝本制作特效）

解说词：鳖灵大帝的大夜郎国开明王朝起于春秋中期，这是中国3000 年前长江流域的一个包括交趾（今越南）等地区、势力范围遍及东南亚的超级大国——开明大夜郎国。开明王朝在战国时代为秦所灭。

视频 2：小夜郎国地图——贵州（古地图为蓝本制作特效）

解说词：西汉初年的夜郎王多筒的夜郎国在西南夷中虽然"最大"，但在大夜郎国面前，也只能算"小夜郎国"了。这个小夜郎国到西汉成帝年间，约存在了 300 年之后被西汉政府所灭。现在，就让我们沿着历史的河流上溯，为你一层层揭开夜郎古国神秘的面纱。

拍摄环境：中学教室。

视频 3：中学老师给学生讲解成语"夜郎自大"并为之正名：同学们，所谓"夜郎自大"其实是"滇王自大"之误。大夜郎国的历史存在，让我们知道"夜郎自大"应改为"夜郎甚大"。

拍摄环境：大学课堂。

视频 4：教师：鳖灵大帝攻蜀之前统治鳖国，治所在今绥阳县的枧坝。与鳖国友好存在的还有一个鳛国，在今天的习水县。这两个邦国历史悠久。学界近年来在习水发现了鳛国的国徽。国徽的图案中间是猪婆龙抢宝，两边是对称的两尾鳛鱼。猪婆龙就是国宝扬子鳄，代表鳛人的父亲，鳛鱼则是鳛人的母亲。人们还发现了鳛鱼龙抢宝的图案。这在远古长江文化和中国龙文化领域都是具有里程碑意义的考古发现。（摇出鳛国国徽等图案）。

（二）　两线两点所确定的汉夜郎国的大致范围

视频：西南地图

解说词：研究表明，夜郎本土的区域在贵州。

视频1：诵经的毕摩

解说词：那么，西汉时期的夜郎国到底有多大呢？当年，为了进攻南越国，西汉政府曾经派番阳令唐蒙在南越进行调查研究。唐蒙站在番禺北望，那里的人告诉他"夜郎国临牂牁江"。这是言夜郎国边界范围达到"牂牁江"。唐蒙回到长安，继续询问蜀郡商人，了解具体通达夜郎国的路线。

视频：唐蒙率领一万多精兵和大量的礼物浩浩荡荡经过夜郎的情景再现（影视片资料）。

解说词：此后，中郎将（皇帝卫队统领）唐蒙率领一万多精兵和携带了大量的礼物出使西南。首先结交了巴国，然后从巴属符关进入夜郎，会见了夜郎王多筒。符关，也就是今天的四川合江。西汉时期的夜郎国到底有多大，只要将"临牂牁江方向"和"唐蒙符关方向"结合起来观察可知，唐蒙时代的夜郎国版图，差不多已经有今天贵州省这么大的范围了。为了说明这个问题，我们需要讨论一下所谓"两线"和"两点"。

已经证明的一个明显的历史事实是：唐蒙是从符关（今合江南）达到黔北夜郎首府的。这样，我们就得到了一线和一点。一线是长江，一点是符关（今合江南）。

视频：地图特效

"临牂牁江方向"，牂牁江属于珠江水系。现在多数人判断"牂牁江"就是今天的北盘江。这样，我们就得到了第二条线——北盘江，本片以其中红水河一段的走向为准。

第二个点就是今天毕节的可乐。赫章可乐发现了具有汉夜郎文化特点的"套头葬"。

地图特效：

两条曲线：长江和北盘江——取红水河一段的流向；一条在北，一条在南。两个点：符关（今合江南）和赫章可乐（犍为郡的汉阳县）；一点在东，一点在西。从东点向南方作长江的垂直线，从西点向南方作北盘江的垂直线，这样，我们就得到了由这四条线所确定的一个四边形。本片称为"夜郎四边形"。

视频 2：凝视沉思的苍老的寨老

这样两条曲线和两个点确定的平面，差不多就是唐蒙时代的夜郎国版图的大致范围了。而这样的两条曲线和两个点所确定的区域，差不多也正好是今天贵州的版图。当然，这只是夜郎国版图的最小值，实际夜郎史的研究往往超出了这个范围。

视频：夜郎四边形与贵州地图的动画

解说词：汉夜郎国的版图大致在今天的贵州。有别于楚文化、滇文化和巴蜀文化的夜郎文化是贵州的本土文化。汉夜郎国又称为"小夜郎国"。在司马迁的笔下，它又是西南夷中"最大"的一个邦国。

（三）从筑城广场的雕塑说起

视频：筑城广场的雕塑

解说词：贵阳市筑城广场标志性城市雕塑设计方案体现了夜郎文化的特色。筑城广场以竹文化为"灵魂"的形象载体和地标建筑。

视频 1：贵州省委、省政府和贵阳市政府领导访谈：12 座三节竹筒对应 12 天干，显得文化内涵丰富，大气磅礴。

视频 2：核心雕塑：金碧辉煌的团结的多筒，也就是"夜郎"的本义。

解说词：艺术妙在"似与不似之间"，即核心雕塑是对芦笙和芒筒的艺术抽象。从而体现贵州省领导关于贵阳市规划建设"抓纲铸魂"的指示精神，这个"魂"就是民族团结之魂。

视频：学者访谈

评论：贵州对夜郎竹文化的研究已经 300 多年了。我们贵州夜郎竹文化研究的特点是说得多，做得少。是说话的巨人，开发行动的矮子。从今天的筑城广场标志性城市雕塑开始，即从这 12 座三节竹筒和拔地顶天的核心雕塑：金碧辉煌的团结的多筒的景观开始，能够做到坐而言、立而行，逐渐改变这种令人遗憾的状况。应该说，政府尊重学术研究成果，顺从民心民意，这是一个良好的开端。

视频：夜郎侯生于三节竹筒的情景再现（动漫制作）

解说词：贵州竹文化的"特色"就是以竹为姓。例如，贵州仡佬语称"竹"为"盖脑"，其音同"仡佬"。《后汉书·南蛮西南夷列传》云："夜郎者，初，有女子浣于遯水，有三节大竹流入足间，闻其中有号声，剖竹视之，得一男儿，归而养之。及长，有才武，自立为夜郎侯，以竹为姓。武帝元鼎六年（前 111 年），平南夷为牂牁郡，夜郎侯迎降，天子授其王印授。后遂杀之。夷僚咸以竹王非血气所生，甚重之，求为立后。"《郡国志》、《华阳国志·南中志》同。这是继《史记》之后关于夜郎的信史记载。

竹图腾的自然基础就是竹林："氏以竹为姓。捐所破竹于野，成竹林。"贵州多竹。贵阳、遵义等地本来就是竹乡、竹海。

（四）多民族共享的芦笙文化是夜郎文化的艺术载体

视频：祭祀芦笙之内容

"三节大竹"又象征着男性生殖器，即所谓男根是也。

用三节粗大的竹筒制作的"芒筒"是今天贵州少数民族竹图腾崇拜的法器。

镜头 1：祭祖芦笙，男人吹芦笙

镜头 2：芒筒和姑娘吹芒筒

解说词：夜郎各族似乎始终同"三"有不解之缘，据《酉阳直隶州志》称白帝庙供奉的三人为"母感龙产三男者，或曰竹王江氏"。著名的竹枝歌，应即夜郎竹王之歌。巴人为今之土家族先民。

夜郎的一支融合于僚人，《苗防备览》所记仡佬语称"竹"为"盖脑"，其音同"仡佬"。可见今之仡佬族正是《汉书》所谓的"以竹为姓"的道地的夜郎后裔。总之，"夜郎"一词的本义是"团结的多筒"，夜郎人就讲究民族团结与融合，是为真夜郎之风采。

芦笙文化是葫芦文化与竹筒文化相交汇的产物。

（五）夜郎考古的证明

研究背景：如何充分利用贵州近年来夜郎考古出土的材料，以求得夜郎研究的新突破，已经成为学界的共识。翁家烈认为今之威宁、赫章乃西汉犍为郡之汉阳县，赫章又是汉阳都尉所在地，原皆夜郎方国辖区。夜郎国乃仡佬族先民濮人所创建。可乐考古出土文物当是仡佬族先民的文化遗存。

视频 1：赫章可乐考古的套头葬

视频 2：翁家烈访谈

视频 3：考古学家梁太鹤访谈

视频 4：习水文史专家冯世祥（政协副主席）访谈

（六）鳖邑、秦夜郎和开明大夜郎国

解说词：在贵州的夜郎学研究中，有许多问题长期没有得到解决。其中就有大夜郎国问题。大夜郎国的研究长期没有突破，许多人认为在历史上大夜郎国并不存在。成都金沙遗址太阳文明的出土，横空出世，震动全世界。今天，这些难题通过学者们近期对绥阳县的考察研究，基本上已经解决了。绥阳县古代是鳖国首府，也是上古势力远及东南亚的超级大国——开明大夜郎国的发祥地。绥阳县为秦夜郎县。

1. 介绍犍山、犍为人和不狼山的研究

视频：外景主持人站在"娄山关"界碑旁白：犍字有两读，jiān 和 qián。读作 jiān 则义为阉割或者特指阉割了的公牛，也指被阉割了的其他牲畜。

读作 qián 的，则有犍为郡，今天的四川尚存犍为县。犍山乃犍为郡命名的来源。因而犍山的"犍"，读作 qián 而不是 jiān。"犍为"是由民族名而兼指地名。

视频：贵阳筑城广场核心雕塑

解说词：同理，夜郎是濮人语言音译。即其自称为夜郎或濮，或"狼""郎""朗"等，其义为"团结的多筒"，也可以理解为特指竹崇拜宗教即竹教。中原王朝后来也名之曰"僚"。

视频：大娄山主峰娄山关

解说词："不狼山"的"不"是记录读音，不是汉语的否定词"不"，而是"濮"或"僰"。"僚"则通"狼""郎"。"僚"是由"郎"音变而成。不狼山实际是濮僚山、濮郎山或僰郎山。

视频：贵阳筑城广场核心雕塑

解说词：犍为人（僰蛮）实为夜郎人这个大族群的主体。"犍为"主要是民族人类学方面的含义。"夜郎"其义则为"团结的多筒"，主要是基于生殖崇拜的竹崇拜的宗教方面的含义。

视频：綦江中峰镇夜郎男根石柱群雕塑

綦江这个地方很特殊。历史上曾多次划为黔北，地理上接近。在行政上属于重庆，在文化上属于黔北。綦江文史学者访谈。

视频：三都水族男根石柱广场

视频：彝族傩舞《撮太极》片段

解说词：濮与僚只是同一古代民族在不同历史时期的称谓，主要是时间上的前后关系。濮和古代巴人、夷越则是有紧密的族外婚关系的三支姻亲部族。因而都属于古代夜郎系民族。他们的联系纽带还有共同的生殖崇拜这种原始宗教。只不过有的表现为竹崇拜，有的则表现为石崇拜。但归根结底，都是生殖崇拜。

视频：綦江郭扶镇夜郎巨乳女神像

犍为郡设在鳖县，以鳖邑为首府。鳖县的主体民族是犍为人，即僰蛮；僰蛮是夜郎人的一支。

2. 实地调查的证明

视频：民间诗歌的手抄本《鳖水流韵》作者访谈

视频：《我爱枧坝》作者访谈

解说词：芙蓉江产鳖，古人称它为鳖水。又因为沿岸多芙蓉花，所以后来改名为芙蓉江。

视频：绥阳文史学者访谈。

视频：枧坝镇鳖水岸边还有一个石头鳖在爬山。

解说词：石文化的证明。枧坝镇鳖水的发源处是一个形状像鳖的水塘，枧坝镇鳖水岸边还有一个石头鳖在爬山。

视频：原绥阳县宣传部长吕金华访谈

解说词：两条鳖水都有典籍的依据，都有成立的理由，说不定远古就有着两水同名的情况。但应以发源于绥阳县的芙蓉江，而且"东入延"的"鳖水"为正解。

视频：犍山——绥阳山影像

3. 鳖邑之所在及犍山——绥阳山——仙人山问题

解说词：

彻宇（明）：题神仙岩旧址

仙人何处去，修炼已成功。

该诗的标题尚有旁注：右郎里洞青寺之左。郎里，绥阳古地名。郎里为远古夜郎人所居，即夜郎故里。这个旁注说明：绥阳山——仙人山就是"众里寻她千百度"的犍山——犍为山。

绥阳在 20 万年前的旧石器时代就有人类活动。20 世纪 50 年代，在县境内发现过新石器时代的黄色石斧。

视频：黄杨镇的悬棺葬

视频：习水县仓头坝日月九室联缀石墓。

解说词：该墓雕刻是鳛国文化的优秀代表。墓室外一幅幅像连环画一样的浮雕，表现鳛王在鳛水波涛中诞生时，有灵猫神猴呵护，有象部族来表示拥戴。鳛鱼摇身一变，就成了龙头鱼尾的鳛鱼龙。猪婆龙和鳛鱼龙两夫妻都是铁血战士，在三五千年前，由于战争频发，唯有拼死一搏才能自保。鳛鱼象征女阴，象征着鳛人的母亲；猪婆龙代表鳛人的父亲。猪婆龙抢宝两边为对称的两尾鳛鱼，就是鳛部活生生的祖宗崇拜，当然也是鳛部的图腾崇拜。图案群反映了古代鳛国伟大的进取精神和奋然前行的历史风貌。

视频：在绥阳县城西南约 5 公里的大辰山上有两座石棺椁

解说词：在绥阳县城西南约 5 公里的大辰山上有两座石棺椁。绥阳县后水河两岸则有许多石棺椁。这些僰蛮的石棺椁，当地的人们称为"苗罐坟"或"蛮子坟"。由此可以判断：绥阳后水河两岸和洋川镇、风华镇龙牙村是远古僰蛮的墓葬区。鳖邑不可能存在于墓葬区。

枧坝是鳖水的发源地，与《汉书·地理志》所载相符合："鳖水所出，东入延。"仙人山就是犍为山或曰犍山。

视频：在晴朗的日子里，犍山上也有神秘的祥云缭绕。

解说词：枧坝也是先秦僰蛮人的领袖鳖灵建立的鳖国的首府所在。

鳖灵正是在这里开始了他雄才大略的讨伐蜀国的战争，并最终称帝而建立了灿烂辉煌的开明大夜郎王朝，成就了举世瞩目的成都金沙文明。

视频：枧坝影像

解说词：鳖国一度属巴，鳖国存在巴人的白虎崇拜，因而也有着白虎崇拜的孑遗。现在绥阳还流传着远古卜老场来了一只白虎的故事。而巴人竹枝词就是竹王之歌。

4. 鳖灵神话的解读

视频：桐梓县夜郎镇石棺椁影像

解说词：蜀国望帝杜宇经常侵扰黔滇（南中）地区，史有明证：《华阳国志·蜀志》"七国称王，杜宇称帝——以南中为园苑"。即望帝杜宇经常凭借强大的军事实力以黔滇（南中）地区为其游猎掠夺的"园苑"。

视频：三星堆遗址中的青铜纵目人像

解说词：蜀国纵目人是古代什么民族？《史记》卷4武王曰："远矣西土之人。——庸、蜀、羌、髳、微、纑、彭、濮人。"孔安国注曰："八国皆蛮夷戎狄。——蜀、髳、微在巴蜀。"显然，蜀国纵目人都是中国西南古代的蜀、髳、微等非中原的土著民族，太史公书说得清清楚楚。既不是外国人，也不是古羌族。

鳖国在上古曾经属楚，故扬雄将今之绥阳古之鳖国人称"荆人"也有一定的道理。显然，"荆人鳖灵"是指绥阳3000年前鳖国的一位领袖人物"鳖灵"。

鳖灵为什么"灵"？因为他是竹王"非血气所生"的神灵。这个竹教的教主的确能通神灵，因而也是一位大祭司，古代西南的宗教领袖。只有他能够号令西南各族进行共同的竹教活动。

战争的起因，就是要去讨伐"不仁"的蜀国，也是为了争夺生存空间和盐铜等重要的战略物资。

视频：进攻路线图（特效）。

视频：西汉扬雄的《蜀王本纪》书影

解说词：西汉扬雄的《蜀王本纪》明郑朴辑，"蜀王之先名蚕丛，——望帝积百余岁，荆有一人，名鳖灵，其尸亡去，荆人求之不得。鳖灵尸随江水上至郫，遂活，与望帝相见。望帝以鳖灵为相。时玉山出水，若尧之洪水。望帝不能治，使鳖灵决玉山，民得安处。鳖灵治水去后，望帝与其妻通。惭愧，自以德薄不如鳖灵，乃委国授之而去，如尧之禅舜。鳖灵即位，号曰开明帝。帝生卢保，亦号开明。"

视频：鳖灵部队有"鳖"的战旗；鳖灵部队攻蜀路线图；鳖灵部队攻蜀（影视资料加特效）

解说词："兵者，诡道也。"哀兵必胜。鳖灵的战争谋略就是让部队伪装成为自己送葬的船队，沿着岷江，下垂着鳖图的旗帜，一路悲歌，划船拉纤，顺江而上。"至郫，遂活"：送葬的水军露出虎狼之师的本相，登陆后开始实行武力征讨，迅速剑指蜀都郫城。

视频：地老天荒的枧坝古盐道，亦即文化、经济、军事、驿传之道。

动画视频：从水路或沿水边盐道去进攻蜀国一支部队，沿着沱江，诈称"寻找失踪的鳖灵"，谎称"其尸亡去，荆人求之不得"。他们突然露出虎狼之师僰巴僮越联军的本相，打过今之简阳一带，顺盐道翻越山岭，迅速剑指蜀都郫城。两支部队的钳形攻势来势凶猛，蜀国全境骤然陷入一片混乱，"望帝以鳖灵为相"背后的历史事实应该是停战谈判：分权共治蜀地。

以后便是鳖灵和杜宇的治水文斗："若尧之洪水。望帝不能治，使鳖灵决玉山，民得安处。"个人生活问题是攻击政敌的最佳武器。于是有口难辩的望帝只好"委国授之"。夜郎王鳖灵的开明王朝于是通过"禅让"的和平方式取蜀国而代之。此后望帝就死于非命："望帝去时子圭鸣，故蜀人悲子圭鸣而思望帝。望帝，杜宇也，从天堕。"这就是"子规鸟啼血"的由来。

视频：成都金沙遗址影像

拍摄环境：国际民族文化学术研讨会会场。

学者评论：我们认为鳖灵时期应该是开始于春秋中期。当然，学术界对此也有不同意见。开明灭国于公元前 329 年（从潘光旦之说），春秋开始于公元前 770 年。开明王朝传国 12 代，按理应该存在了近 350 年。鳖灵攻蜀的时间大约应在鲁庄公十六年即公元前 678 年。是年楚开始攻郑国而无暇西顾。

动画视频：秦灭大夜郎国。开明王朝统治大夜郎国 12 代。其中九世开明帝开明尚接受中原文化，立宗庙，去帝号称王。开明王朝后期，

"蜀王伐苴侯，苴侯奔巴，求救于秦。惠文王使张仪、司马错伐蜀，灭之"。

视频1：三星堆青铜立人像双手空握影像

视频2：三星堆青铜立人像双手握持夜郎竹筒圣物试验影像

研究背景：绥阳县为秦夜郎县。蜀、巴两国为秦国所灭后，秦废巴国置巴郡；鳖县的县治称为鳖邑，仍然在今之绥阳的仙人山以北的枧坝。以后，秦又改鳖县为夜郎县。《太平御览》："《十道志》曰：'播州，播川郡。秦夜郎县之西南隅。'"这则史料说明绥阳县绥阳山下的土城坝很可能是秦夜郎县治所。

视频：绥阳县绥阳山下的土城坝影像

解说词：清朝乾隆陈世盛修《绥阳志》《创建绥阳碑记》"秦为夜郎"。书影由小到大推出字幕：绥阳在秦朝实行郡县治后始正式划定为夜郎县。秦夜郎县的县治仍然在鳖邑附近。此时，夜郎王鳖灵的后代由于兵败被杀。鳖邑的余部经济和军事实力已大大削弱，而新一代夜郎王多同则在今桐梓一带乘机崛起，雄长一方。唐蒙通夜郎后，汉朝设置了南夷、夜郎两县一都尉，使其子为令。这就是汉夜郎。

视频：绥阳县枧坝川主庙影像

解说词：绥阳县为秦夜郎县已可认定。秦灭开明王朝——大夜郎国以后就在中国历史上第一次勘定了鳖灵的故国为夜郎县，是为开明王朝，就是大夜郎国。这是大夜郎国并非子虚乌有的又一个佐证。

5. 金沙鳖灵建立的开明王朝就是大夜郎国

视频：大夜郎国地图影像（特效）

解说词："大夜郎国"是客观存在的。"鳖灵即位，号曰开明帝。帝生卢保，亦号开明。"鳖灵同其儿子卢保充满了积极进取精神，往北进攻秦国，往西进攻青衣羌国，"雄张獠僰"，他们父子还向东进攻，并打下了交趾等地区，其势力范围则遍及东南亚。

开明王朝与大夜郎国是完全相同的概念，它代表着3000年前夜郎国发展的巅峰时期。

视频：金沙博物馆影像

视频：绥阳政协副主席张绍春访谈影像

画内音："'绥阳'应该理解为'舒缓的太阳'"

视频：绥阳县太阳高升光芒万丈的影像。

解说词：绥阳的地名也体现和保存了古代鳖国人对太阳的崇拜。鳖国人对太阳的崇拜属于自然崇拜，鳖国人对竹筒的崇拜则是图腾崇拜。直到今天，绥阳县悠扬动人的传统山歌起兴的第一句都是歌唱光芒万丈的太阳："太阳出来照白岩，金花银花滚下坡来"。

视频：绥阳山歌演唱。

视频：绥阳县悠扬动人的传统山歌演出影像

解说词：开明王朝名称的意思就是太阳帝国。"开明"与"绥阳""明阳"在实质上是相同的。我们甚至可以这样说："开明"就是"绥阳"或者"明阳"。

视频：金沙博物馆影像

解说词：开明大夜郎国，一个光明磊落的古代邦国！今天，黄金太阳神鸟已经成为中国旅游业的形象标志，这是非常了不起的荣誉。这个黄金太阳神鸟线条流畅，构图大胆而极富创意，更具有难能可贵的超前意识——即使拿到今天也是第一流的设计作品。这个"黄金太阳神鸟"揭示了大夜郎国人灵魂深处的文化根基，因而是激动人心的考古大发现。

视频：越南社会主义共和国影像

解说词：交阯又名交趾，位于今越南。"交阯"一名在远古已有之。交阯位于中国的南方，故又称"南交"。潘光旦认为是"仡佬"二字的切音。

视频：祭祖芦笙乐舞影像

解说词：黔西北的考古证明汉朝贵州就已经有芦笙这种"以竹为簧，群聚鼓之"的法器兼乐器的东西。

视频：《中国民族民间器乐曲集成》贵州卷书影像

解说词：濮僚族在先汉就有了芦笙和芒筒。濮僚族虽然没有文字。但是，"芦笙会说话"，他们完全有可能用芦笙来传递情报，调动多国部队。"芦笙语"有可能是中国早期的军事密码之一。

东南亚某些国家至少也曾经在大夜郎国的势力范围之内。多民族共赏的芦笙文化已经成为判断夜郎文化存在的"标准器"。

视频：越南、老挝、柬埔寨、泰国等东南亚国存在的各式芦笙影像

　　解说词：目前，越南、老挝、柬埔寨、泰国等东南亚国也存在形制和演奏方法相近的各式芦笙。如果历史上没有大夜郎国的存在，则夜郎芦笙文化远传至东南亚是不可思议的。今更有人主张大夜郎国还包括西藏和缅甸。

　　视频：赫章可乐的"套头葬"影像

　　解说词：赫章可乐的"套头葬"也远播东南亚。柬埔寨波萝勉省波赫墓地发现的套头葬和覆面葬，越南北部出土铜器和铜铁合制器。报纸报道越南发现许多铜鼓套头葬。

　　视频：大夜郎国地图影像

　　解说词：过去，人们错误地认为，贵州没有自己独立的文化体系，只是邻省区文化的"拼盘"。研究表明：夜郎本土的区域在我们贵州，夜郎在西南少数民族中创造了灿烂的文化，是中国历史文化的有机组成部分。贵州文化的本质就是夜郎文化，这是一种既神秘又优秀、更独具地方特色的"文化基因"。夜郎文化是贵州民族文化的根，二者是源和流的关系。贵州省在某种意义上也可以称为开明省、夜郎省、竹王省。昨天，开明的贵州创造了太阳一般耀眼的辉煌；今天，开放的贵州正在凯歌行进。贵州夜郎历史和夜郎文化的重大意义就在于此。

　　资料画面交替闪出：一系列当代贵州的建设场景——新机遇、新速度、新贵州！

参考文献

　　［1］王德埙：《贵州祭祀芦笙之考察与研究》，载《音乐探索》1992 年第 2 期。

　　［2］王德埙：《夜郎、夜郎文化及其古乐舞复原之我见》，《贵州民族学院学报》2005 年第 1 期。

　　［3］王德埙：《夜郎竹王、竹图腾与芦笙文化本质特征研究》，《贵州大学学报》（艺术版）2006 年第 2 期。（此文应邀参加了贵阳市政府建设筑城广场的专家论证会）

　　［4］王德埙：《唐蒙自符关入夜郎考》，《贵州大学学报》（社会科学版）2007 年第 6 期。

　　［5］王德埙：《凤冈县何坝乡"夜郎古甸"的摩崖"见田李将军"考释》，《贵阳市委党校学报》2011 年第 4 期。

　　［6］王德埙：《贵州夜郎研究二十年》，载《走向世界大潮的艰苦历程》，中央

文献出版社 2010 年版。

[7] 清乾隆陈世盛修《绥阳志》。

[8] 民国十七年胡仁修《绥阳县志》。

[9] 绥阳县方志编纂委员会：《绥阳县志》，1993 年 10 月。

[10] （民国）犹海龙等纂辑：《桐梓县志》，桐梓县地方志编纂委员会，1987 年。

[11] 郦道元著：《水经注全译》，陈桥驿译，贵州人民出版社 1996 年版。

[12] 《赫章可乐 2000 年发掘报告》，文物出版社 2008 年版，第 145 页。

[13] 《二十五史·魏书》，上海古籍出版社 1986 年版。

[14] 侯绍庄：《夜郎研究述评》，贵州人民出版社 2003 年版。

[15] 《专访贵州省省长赵克志》，《财经国家周刊》2012 年 2 月 21 日。

[16] 曾祥铣：《人文遵义》，四川大学出版社 2009 年版。

[17] 王德埙、王长城：《鳛国与鳛龙考略》，《艺文论丛》2013 年第 3 期。

布依族文化

黔中布依族丧葬之《引路幡词》考论

叶成勇[①]

摘　要：文章主要从文字内容和历史内涵比较并解析了贵州布依族丧葬文化中所用的六种《引路幡词》，同时与汉族买地券文作比较，综合推断其产生的时代背景及其之间的源流关系。

关键词：黔中；布依族；《引路幡词》

笔者近年来在黔中地区搜集到几种布依族丧葬古籍文献：（1）镇宁县扁担山区普里寨76岁老经师杨开佐家传抄本《古谢经》，其中有《便告》一文，编译者注为《魂幡词》。[②]（2）贵阳市开阳县禾丰乡王车村石头组59岁经师罗继登家传光绪十八年（1892年）抄本《砍牛经》，其中有《引路旐》。[③] 旐，音放，即幡字。引路旐，即引路幡。（3）贵阳市小河区金竹镇金山村上长滩组74岁经师金在贵家藏父辈抄本残卷《东南引路籓》。[④] 籓，通旛，即幡字。（4）紫云火花万历时期《韦氏谱序》（韦汉朝源流）所载《亡人归天大事由三》。[⑤] 另外，2012年7月，笔者带领学生在长顺县调查时，又发现两种。（5）睦化乡纳傍村纳傍组布依族老人杨玉修家藏约民国时期抄本《杨氏家谱》所载

---

① 叶成勇（1977—），男，仡佬族，历史学博士，贵州民族大学副教授，主要从事西南历史与考古方面的研究。

② 贵州省安顺地区民族事务委员会、镇宁县苗族自治县民族事务委员会编：《古谢经》，贵州民族出版社1992年2月，第373页。

③ 笔者2007年10月4日在开阳调查时发现，此书保存完整，由罗继登先生保存。罗继登目前仍在做丧葬仪式活动，其技艺乃其祖传。

④ 笔者2011年9月13日在当地调查时发现，此书保存不甚完整，《东南引路籓》抄录在类似《砍牛经》的末尾两页，文字与正文字体不同，当不是同一人抄录，也不是同时抄录。现由金在贵先生保存。金在贵目前仍在做丧葬仪式活动，其技艺也为祖传。

⑤ 《韦氏谱序》由韦永松、伍文义收集，载于《民族研究参考资料》第19集，第41—52页，贵州民族研究所编，1983年11月。

《富州水田》。（6）长鼓扬镇 2007 年修撰之《班氏家谱》所载《祭祀幡文》。① 总体来看，这六种布依族丧葬古籍文献虽然其名称、时代和地域不同，但内容却基本相同，性质一致，姑且将其统称为《引路幡词》。所谓"引路幡"，就是出丧时为死者带路的旗帜。一般有两支，由童男童女执之，幡上常见题句是"金童前引路""玉女送归山"。故《引路幡词》，简单地讲即书写于引路幡上的词句，但有其特定的内容、要求、句式、格式和文化内涵。布依族中这类文词，周国茂先生早在 1986 年的调查中有一些发现，并重点记录了贞丰、望谟、罗甸和云南罗平的丧葬祭祀文本《殡亡经》，其中往往有引路幡文，以"幡文经"或"挂幡经"的形式存在，但未对其内容作进一步分析。② 另外，他还提到贞丰兴北镇岜村《殡亡经》中之《挂幡经》，其中有"照州""矩州""柳州""旺西州""广南西路翁州"等行政区划概念。威宁县新发乐居村《殡亡经》中之《目中师》也可能属于引路幡词。其中有"金丢引路、男女引路、括姑夹舍、路往州、口棒州、腊款州"等汉字记布依族语音文字，很有价值。③ 遗憾的是全文内容未作附录，不便深论，但也说明布依族中尚有不少《引路幡词》，有待进一步搜集整理研究。本文主要讨论笔者亲自调查搜集的六种布依族《引路幡词》的基本内容，并在此基础上揭示其所反映的历史文化信息。

一　六种《引路幡词》的内容及疑难文句试释

六种《引路幡词》中都有很多难懂的文句，而这些文句又是布依族独特丧葬文化的表达，录文后对其尽可能释读，不妥之处，恳请同仁批评指正。（凡前后文句有重复者，不重注。）

1. 镇宁县扁担山区普里寨杨开佐家传抄本《古谢经》之《便告》

金调引路[1]，罗甸国[2]所管责有南泉部州[3]，大宋国广南西路[4]，里州要五行三寨去主管下部郑山州林多街[5]。家有弟子，年登己岁[6]，顾俞岁，阳道午时，大郎，今年今月今日今时[7]在家请酒迷旺，大山糜

① 分别见于贵州民族大学 09 级历史学专业赵兴鹏和吴悠同学毕业实习报告。

② 周国茂：《摩经与摩文化》，贵州人民出版社 1995 年版，第 77—84 页。

③ 同上书，第 79—84、197—198 页。

文[8]，不还还路，不回往[9]。今有孝男孝女，今备金银一共[10]、凉伞[11]一把、挂度[12]一辕，今有大鹅公鸡，大牛一头[13]。其罗父果[14]酒食，登登丈钱竹上，祖公婆，司尸司户路[15]。尤备万万九千九贯九分九厘九毫长天果，买到祖地，左有青龙，右有白虎，前有朱雀，后有玄武。东至甲乙，南至丙丁，西至庚辛，北至壬癸，中至戊己[16]，四至八向分明。

三仲无陆八在山淡，已在千年不动，万年不移。第一保牛马，第二保田地庄，保千年富贵，保万年命长，荣华平安乐矣。[17]

吾奉太上老君急急如律令。

注释：

[1] 金调引路，类似于"金童引路"。[2] 罗甸国，又称为"罗殿国"，详见后文。 [3] 南泉部州，另外的《引路幡词》作"南瞻布州"、"南膳部周"，皆应作"南瞻部洲"，为佛经中所谓的四大部洲之一。（唐）玄奘《大唐西域记·序》："海中可居者大略有四洲焉。东毗提诃洲，南瞻部洲，西瞿陀尼洲，北拘卢洲。"[4] 大宋国广南西路，宋代今广西地区的建置，详后文。[5] 当是死者居住地点，但所指不明。[6] 己岁，下文《韦氏谱序》所载作"吭十岁"，贵阳小河金竹镇金在贵家藏父辈抄本《东南引路籓》作"已十岁"，即几岁或某岁，指多少岁之义，"己""吭"当为"几"字误写，为不确定代词。[7] 今年今月今日今时，即某年某月某日某时。据笔者调查，布依族摩公常常称某年某月某人某处某寿之"某"字用"6"或"△"这样的符号代替。[8] 请酒迷旺，大山糜文，疑为布依族语汉字音译，不知其意。"迷旺"，或即"迷纳"，音译之别，布依族中的从事占卜和祭祀的女巫师。①[9] 不还还路，不回往，当是对死亡的委婉表达。五代至宋时期汉人买地券中有类似的表述，详后文。[10] 金银一共，共当作"供"，指祭祀时摆设的祭葬之品。[11] 凉伞，布依族中有给死者送伞的习俗，人下葬后，伞置于坟上。据（明万历）郭子章《黔记》卷五十九，仲家"葬以伞盖墓，期年而火之，祭以枯鱼"。清嘉庆年间编撰的《清一统志》卷五百《贵阳府》也云仲家苗"葬用棺，以伞覆墓上，期年

---

① 参见布依族简史编写组《布依族简史》，贵州人民出版社1984年版，第170页。

而火之"。《百苗图》云补笼仲家"贵阳定番、广顺二州，南笼、安顺二府皆有之，……祭亦必用鱼，葬则以伞盖墓，期年而后焚之"。①
[12] 挂度一辕，当为冥器，不明其意。[13] 鹅、公鸡、牛，皆祭品。布依族为什么要用鹅和牛作祭品？鹅能为死者避开毒蛇猛兽。据杨庭硕先生调查研究得知：在贵州南部地区的茂密森林中的水族、布依族、苗族熟知鹅有主动攻击蛇类的天性，目的在于保护它们的幼崽。因而人们为能在茂密森林中生存而不受毒蛇侵害，都要在家中放养鹅和旱鸭。而且说只要鹅和旱鸭能去的地方，人也能去，不会有危险。② 故人死后自然也会送上一只鹅，为其避开蛇虫的侵害。牛乃其农耕民族生存所依托，寓意在能继续耕地。关于用牛作祭品，文献多有记载。《百苗图》云：卡犹仲家，"在贵阳、安顺、南笼、平越、都匀诸府，……亲死，古俗分食亲肉，今以牛代之，贫者用牛一只，富者用牛头数个，亲戚朋友携鸡酒致祭，绕牛而哭，祭毕屠牛分肉饮食，饱醉而散。孝家不食"。③ 据《布依族简史》，杀牛是办丧事中很隆重的仪式。所用的牛，有的地区由丧家自备，有的地区由女婿送来。纸旛、纸旗、亡伞等都由女婿备送，丧家给女婿孝衣、孝帕，给女婿孝裙。丧葬活动由本民族巫师"老摩"主持。④ [14] 其罗父果，《韦氏谱序》作"地罗甫果"，或者指鱼。前引《百苗图》云补笼仲家"祭亦必用鱼"。[15] 祖公婆，对死者男女之称呼。司尸司户路，当为布依语的汉字音译，不知何意。可能与尸单、尸包有关。据覃东平先生对贵州独山县麻尾区布依族丧葬的调查可知：人死后地理先生要按照死者生辰八字、死亡时辰，推算并书写办丧事的程序，即"尸单"。所谓"尸包"，指用红纸包的纸钱，共 49 包，并杀鸭用鸭血淋上，由主家烧掉。7 天烧一次，49 天烧完，据说尸体上天要走 49 天的路。⑤ [16] 戍己，当作"戊己"。字形近而误。[17] 大致意思是让死者永安，保佑生人。

① 杨庭硕、潘盛之：《百苗图抄本汇编》，贵州人民出版社 2004 年版，第 40 页。
② 参见杨庭硕《非物质文化的特殊形式：贵州各民族的生态知识和技术》，2010 贵州省文化生态会议提交论文。
③ 杨庭硕、潘盛之：《百苗图抄本汇编》，贵州人民出版社 2004 年版，第 38 页。
④ 参见布依族简史编写组《布依族简史》，贵州人民出版社 1984 年版，第 169 页。
⑤ 参见覃东平《独山县麻尾区布依族来源及节日婚姻丧葬习俗调查》，载贵州省民族研究所、贵州省民族研究学会编《贵州民族调查》（之九）。

2. 紫云火花乡明万历时期《韦氏谱序·韦汉朝源流》所载《亡人归天大事由三》

大路如来，大宋国广南西路洪州、右州，行江三寨，左管旧顺地名城梁[1]，太保太子戌巳郎王巳娘，年登吭十岁[2]，不横[3]，今年今花甲乙月今月时酉。

把大子大病中病不横甲乙，况凉伞果银钱，东至甲乙，南至丙丁，西至庚辛，北至壬癸，中至戊己，土子午卯酉年安葬，地罗甫果左右。

有九江九海沙木一府[4]，太牛一条，一两银钱，三沙件。九千九万九十九百九文文，翁与亡人前往买卖。左有青龙，右有白虎，前有朱雀，后有玄武。一兑凉年[5]一把，还力猪鸡狗[6]酒食等齐备。今往归天子去。莫里了里死莫生与用三十四万，过了地只了。千年不动，万年岁稷，千年保富贵，万年保子孙，千年保猪羊，万年保田地。千年保奴婢，万年保金银，千年保牛马，万年保男女，保千代富贵。吾奉太上老君急急如律令。

注释：

[1] 以上地名不明，但路、州、寨的行政等级观念是宋代历史的遗留。右州，据《宋史》地理志，宋代在今广西左右江地区设四十四羁縻州，分属左江道和右江道。其中左江道有羁縻州"左州"。相应地，右江道当有"右州"，文献缺载。[2] 吭十岁，即几十岁。[3] 不横，布依族语汉字音译，不知其意。 [4] 沙木一府，指棺木一副。[5] "凉年"，疑即"凉伞"，古人往往把"年"字写成"季"，与"伞"字形似而误。[6] 狗作祭品。狗是重要的狩猎助手，是布依族日常生活中不可缺少的一种动物，人死后作祭品也是可以理解的。

3. 贵阳市开阳县禾丰乡王车村石头组罗继登家传光绪十八年（1892年）抄本《砍牛经》中的《引路旒》

勅令太长拒州[1]水田一坵，占引路鬼初公[2]，请我上、中、下元有天、水官，保我四坐把亡界急急如律令。三寨三州有家神南瞻布州龙长里甲逢至山二万十州、罗何莫州、老平鸭水州[3]，其祐阳龙难到得信士[4]死了代好娚，今用银钱买讨棺木一片，六堂定堂[5]上头有飞衣[6]，白裙，鞋袜帽子帷子一头，有牛一只殡葬，有猪有鸡有酒饭食，□九万万九十九贯九万九千九毫九厘九分，定将军[7]买讨本阴地一所，保使其国无，其里定敬，东至甲乙木，南至丙丁火，西至庚辛金，北至壬癸水，中至戊己土，上至青天，下至黄泉，前有朱雀，后有玄武，左有青龙，右有白虎。二十四□大官管里，鱼在水中，肉在高山[8]，千年不动，万岁不回。吾奉太上老君急急如律令。敕令定出去（按：此五字倒写）。

注释：

[1] 拒州，疑为《新唐书·地理志》所载之"矩州"之误。贞丰兴北镇岜村《殡亡经》中之《挂幡经》中即有"矩州"。矩州，始建于唐代，其地在今贵阳。[2] 初公，即布依族巫师"摩公"，或称"道公"，为死者开路。[3] 此段文字颇为费解，大致指布依族曾迁徙走过的地域范围。估计当与唐宋时期在今贵州乌江及以南地区设置的羁縻州有关。唐时设五十羁縻州，隶于黔州都督府，五代至宋变化不大，基本沿袭唐代州名。[4] 信士，信奉佛教的在家男子，梵语"优婆塞"的译称。汉碑中有"义士"之称，泛指出财布施者，宋避太宗赵光义讳，改称"信士"，后因专称信仰佛教而出钱布施的人。参阅（清）顾炎武《金石文字记·郃阳令曹全碑》。[5] 六堂定堂，布依族语汉字音译，不知其意。[6] 飞衣，即绯衣，红色衣服，与后文"白裙"相对应。[7] 定将军，当指"李定度"，其充当幽契中的卖主。详见后文。[8] 肉在高山，"肉"当为"鹿"字之误。详见后文。

4. 贵阳市小河区金竹镇金山村上长滩组 74 岁经师金在贵家藏父辈抄本残卷《东南引路幡》

太长州[1]水田难惟，娑婆世界[2]有南膳部周[3]大明国南西路[4]管下居住人齐杨到地起人黄九郎，即年登己十岁[5]，得□在身，今年今月今日今时在家说话，惟路不还，路不回。今有孝男孝女得立长幡乙套，用银钱买棺木六行，合成停堂[6]衣服六对，上门坤直[7]花裙，难子[8]，齐出一牛，鸡、猪、鸭[9]、酒食，惟说公婆迎却上，合用银钱买九万九千九百九十九分九厘九毫，买得黄江大地[10]一所安葬，千年不退，万岁不回，东至甲乙，南至丙丁，西至庚辛，北至壬癸，中至戊己，上至青天，下至皇泉，左有青龙，右有白虎，前有朱雀，后有玄武。吾奉太上老君急急如律令，出。

注释：

[1] 太长州，文字有遗漏，当与前篇同作"太长矩州"。[2] 娑婆

世界，佛教中指三千大世界的总称。[3] 南膳部周，即"南瞻部洲"之误。[4] 当为"大明国广南西路"，但广南西路为宋代建置，明代称广西。[5] 己十岁，即几十岁。[6] 停堂，与前篇"六堂定堂"类似，文字序列上，都位于棺木与服饰之间。[7] 上门坤直，布依族语言汉字音译，不知其意。[8] 难子，当与前篇同，作"帷子"，字形近而误。[9] 鸭作为祭品，其文化根源与前篇以鹅作为祭品类似，参见镇宁县普里寨《引路幡词》注 [1]。但用鸭取代鹅，或许表明时代偏晚。旱鸭被驯化比鹅要晚得多。[10] 黄江大地，即下文所见"黄冈大地"，"江"，古音同"冈"。

5. 长顺县睦化乡纳傍村纳傍组布依族老人，杨玉修家藏约民国时期抄本《杨氏家谱》第 3 页所载《富州水田》

天上明明、地下出星、连朝引详、化仙人鬼[1]。维为安安世界，则有南前部州[2]大送国广南西路有州有姜营泗城州[3]管福，阳道弟子黄己郎、黄己娘，神男女年登几十年，到岁死幸，于今在家舍下天告终，风往南山，栽花供养，失物不转，至每路不送，送路不面[4]。今则孤男孝女一下东永、孝义坛场，立番正包[5]、上下虎衣件阑一锁领，今有所金钱九千九贯九百九十九分九文九厘九毫买到黄罡、官木[6]地穴，二丁当共禄八金有弗，不先至，处独大牢一头牛，猪鹅鸭鸡，酒食等件，道增申亡神、开召上祖公婆。今上佑保里买到黄罡地一所，上至青天，下至黄泉，东至甲乙，南至丙丁，西至庚辛，北至壬癸，中至戊己。子午卯酉安葬亡神，共地远见、风黄仙见、先刑桃树、青龙动由、于合、四钱、白虎、后有玄武、青龙白虎、前朱雀时。[7]童连安、横刑桃后、安葬亡神、千年万岁不移。生有田地、死有棺椁、有关冲口河、落[8]水官不得、定禄一时、行到鸟问、鸟问白来、读山中鱼、何读着学问、问水中禄、朱在千千年年万岁不移。[9]吾奉太上君。

注释：

[1] 道教语言，开场导引神灵之语。[2] 南前部州，即"南瞻部洲"之误。[3] 大送国，即"大宋国"之误。有州，或为"右州"之误。泗城州，宋元时期设置，辖今广西右江地区及南盘江以北贵州兴义部分地区。[4]"在家舍下天告终"至"送路不面"数句，与前述《古谢经》中"在家请酒迷旺，大山糜文，不还还路，不回往"

和贵阳市小河区《东南引路藩》中"在家说话，惟路不还，路不回"在文本中位置一致，意思当是对死亡的委婉表达。"不面"，当为"不回"之误。唐开成二年（公元 837 年）江西弋阳县姚仲然买地石券中有类似的表述："因往南山采药，遇仙不回，遂即致死。"①［5］坛场，可能是受到黔北黔东北地区傩坛丧葬习俗的影响而出现。据道真冉文玉先生《上坝土家族乡巫佛合一坛班"提坟"仪式》一文介绍，仪式中有法师跪于坟前宣读《地契疏》，其文与布依族此引路幡词很接近。②关于二者之关系，见后文所述。正包，疑指前述之"尸包"。［6］黄罡，即黄冈，《正字通·山部》："罡，俗冈字。"黄罡大地，道教中常用语，官木，即棺木。［7］自"今则孤男孝女"至"前朱雀时"，大致讲对死者的祭品祭器和购买葬地的情况，但层次较混乱，文字上多有歧出、错乱和复沓。与下述长顺县《班氏家谱》所载《祭祀幡文》相关部分比较一致，文字上也互有出入，不知孰是。［8］箌，音 zhǎo，同旐，出丧时在前面引路的旗子，也叫引魂幡或引路幡。［9］自"时童连安"至"千千年年万岁不移"，大致意思是让死者永安，不再妨碍生人，但无求保佑之词。类似文句在汉地买地券中常见，但差别很大（参见后文）。禄，当为"鹿"之误。"禄"与"鹿"同音。前引唐开成二年（公元 837 年）江西弋阳县姚仲然买地石券中有类似的表述："何人书？水中鱼，何人读？高山鹿。鹿何在？上高山，鱼何在？在深泉。"对照可知，布依族此幡文语句多有不通。所谓"山中鱼、水中禄"当为"山中鹿、水中鱼"。

6. 长顺县鼓扬镇 2007 年修撰之《班氏家谱》所载《祭祀幡文》

长州水田[1]天上开门（右开门，上开门，左开门），天上明明，地下出星星，金桥花地[2]下生金之鱼。婆婆世界[3]，则有南善部州大宋国广南西路巴州右江横出三寨，贵州省贵阳府长顺县管下鼓扬枝[4]×××寨小地名，阳道弟子黄已郎（娘）寿命年登×××岁到死，得病于家中，鬼灵天命告终，南下栽花供养，猪狗南堂，右江迷路不返，返路不回。则左男右女，东敬成双，上下衣裙，长短二阑，鞋袜布明，有所对处，备金、银、钱、九万九千九百九十九两九分九钱九厘九毫九贯，买到棺木米叮当共几件，大宰牛一头，猪、鸡、鹅、鸭、米、酒等，在于堂前祭上祖公婆李定度[5]，买到黄罡大地一所，上至青天，下至黄泉，东至甲乙，南至丙丁，西至庚辛，北至壬癸，中央戊己，四面八方，子午卯酉安葬亡神，其地看凤凰，见仙穴合刑，左有青龙欲动鱼于盆前，右有白虎扣布庄移后时。童遥迎接安葬，生有田地，死有棺木，道路何北，水管不得停留，急急行北方，何为书山中鱼，何为件水中绿，绿在山鱼在案[6]，若要相见万代千年。吾奉太上老君，急急如律令。

正月天德在午方	七月天德在子方
二月天德在未方	八月天德在丑方
三月天德在亥方	九月天德在巳方
四月天德在酉方	十月天德在卯方
五月天德在戌方	十一月天德在辰方
六月天德在寅方	十二月天德在申方
东引路童子	南引路童子
西引路童子	北引路童子
中央引路童子[7]	

注释：

[1] 长州水田，当作为标题出现，如前一则之"富州水田"，新修家谱时不明其意，误入正文，又另以"祭祀幡文"作标题。[2] 金桥花地，与傩坛戏中的许愿观念类似。布依族中年无子女时，则要修桥积"阴功"，女方坐家多年不孕，也请迷纳（女巫师）搭花桥。用红绿剪成许多纸人，分别代表男女小孩，贴在桥上，表示神灵送来许多儿女。① 幡文中出现"金桥花地"，明显受到黔北黔东北乃至四川的傩坛的影响。[3] 婆婆世界，当作"娑婆世界"。[4] 贵州省贵阳府长顺县管下鼓扬枝，作为地名，存在时间不一致，有混乱之嫌。贵阳府一直存在至民国三年。长顺县，则是民国三十年（1941 年），合并长寨、广顺两县而设，一直沿用至今。鼓扬枝，今长顺鼓扬镇一带；枝，清代州、县下设置的行政机构。[5] 李定度，魏晋以来在买地券中主要充当土

---

① 参见布依族简史编写组《布依族简史》，贵州人民出版社 1984 年版，第 170 页。

地买卖的见知人和保人，也有时候充当书契人或读契人，属墓冢中的"专职神仙"，常与张坚固一起出现。① 根据文意，这里的李定度充当土地的卖主，这种情况在汉地买地券文十分罕见。[6] 绿，当为"鹿"之误。黔中方言"绿"与"鹿"同音。与前则幡文对照可知，布依族此幡文语句也多有不通，有同样的错误。[7] 自"正月天德在午方"以下，未见于其他《引路幡词》，道教意味更浓，当是后人累加。

以上六种《引路幡词》内容大致包括五个部分：一是开场导引神灵之语言；二是死者信息（籍贯、年龄、死亡原因）；三是安排布置丧葬仪式及其所需之祭器和祭品；四是购置葬地情况（所用费用和葬地范围大小）；五是道符律令文，强调死者永安，不妨碍生人，所谓"生死异路，不得相碍"。各部分文字比较接近，应有相同的来源，可以看出，六种《引路幡词》基本上是一种模式化的文体格式。其实，这种文体在唐宋时期的中原汉族地区已经成熟，被称为"买地券"，是葬家为死者虚构的一种置买阴地的契约，通常为道家人士书写，具有明显的道家文化的色彩。② 规范的买地券文本，出现在北宋时期，王洙等人奉宋仁宗之命，于嘉祐元年（1057 年）编修了《重校正地理新书》，其中卷十四即有《斩草建旐》篇，这是目前传世文献中的唯一范本，金元时期编修有《大汉原陵秘葬经》，影响很广。这一方面表明宋元时期是风水思想极为流行，但葬师又各有师法，颇为相异。③《斩草建旐》格式与同时期出土的部分买地券完全一致，但也有很多与之不同的地券，正表明了这一点。④ 可见并无强制性的规范券文，虽对宋代民间买地券文书写有一个持续影响，但从来没有真正实现统一规范。《斩草建旐》是从买地券文的契约性质向引路魂幡文的引魂安魂性质转变的重要标志，前者一般书写在石、砖、金银质材料上，与死者一起下葬，即所谓"丹青铁券"，后者则一般书写在幡上，下葬时烧掉。但是如何理解贵州布依族中这种模式化的文体呢？我们拟从两个角度作比较分析。一是与汉地

---

① 参见黄景春《地下神仙张坚固、李定度考述》，《世界宗教研究》2003 年第 1 期。

② 参见张传玺主编《中国历代契约会编考释》（上册），北京大学出版社 1995 年版，第 606—624 页。

③ 徐苹芳：《唐宋墓葬中的"明器神煞"与"墓仪"制度——读〈大汉原陵秘葬经〉札记》，《考古》1963 年第 2 期。

④ 参见黄景春《地下神仙张坚固、李定度考述》，《世界宗教研究》2003 年第 1 期。

的买地券文比较，二是在它们之间作比较。

二　与汉地唐宋时期买地券文比较

通过与唐宋时期中原地区买地券文比较，可以发现它们之间相同之处仅在于基本格式上，都有第一、二、四、五部分内容，但就这四部分而言，具体在文字上又有很多不同。如关于死者逝世的委婉之词，镇宁县普里寨《引路幡词》作"在家请酒迷旺，大山糜文，不还还路，不回往"。小河区金山《引路幡词》作"在家说话，惟路不还，路不回"。《韦氏谱序》作"不横，……把大子大病中病不横"。长顺睦化民国时期抄本《杨氏家谱》所载《富州水田》作"今在家舍下天告终，风往南山，栽花供养，失物不转，至每路不送，送路不面"。长顺县鼓扬镇2007 年修撰之《班氏家谱》所载《祭祀幡文》作"病于家中，鬼灵天命告终，南下栽花供养，猪狗南堂，右江迷路不返，返路不回"。这些都是中原地区极罕见的表述，目前仅在唐开成二年（公元837 年）江西弋阳县姚仲然买地石券中有类似的表述："因往南山采药，遇仙不回，遂即致死。"① 合肥西郊出土的南唐保大四年（公元946 年）墓葬的买地券中也有"为……路至今不还"这样类似的表述，而这样的表述在已发现或传世的宋代买地券中实无一件，说明布依族的表述渊源可追溯至唐末宋初。

又如，在所购置墓地范围的表述中，各《引路幡词》都有"东至甲乙，南至丙丁，西至庚辛，北至壬癸，中至戊己，上至青天，下至黄泉，左有青龙，右有白虎，前有朱雀，后有玄武"，只是文字排列顺序有别。然而，在中原地区唐宋时期买地券文绝无这么全面，一般表述是"东至青龙，西至白虎，南至朱雀，北至玄武，上至青天，下至皇泉"。而且东南西北所对应的只是四象，无前后左右与四象对应。极个别券文为"东止甲乙青龙，西止庚辛白虎，南止丙丁朱雀，北止壬癸玄武"。也无前后左右与四象对应。那么，前后左右与四象对应应当是南方，尤其是西南多山地而少平原的自然环境的反映，出门便是山，山前山后

---

① 参见陈柏泉《江西出土土地券综述》，《考古》1987 年第 3 期。

住，山上山下走，在这种环境中难辨东南西北，也不需要分清明确的方向，前后左右的方位观念更实际一些。今云贵高原的人们在描述方向时，常说前后左右，不说东南西北，即是这种观念长期存在的体现。

另外，就第四部分道符律令而言，也与中原汉族地区的表述有异。各《引路幡词》多有千年不动，万岁不回，保万年生命、财物、富贵等之类的词句，以《韦氏谱序》所记最全："千年不动，万年岁稷，千年保富贵，万年保子孙，千年保猪羊，万年保田地。千年保奴婢，万年保金银，千年保牛马，万年保男女，保千代富贵。"这种表述在已有的宋元时期的买地券中不见，而在隋唐时期却有类似的表述，如 1972 年出土于湖南湘阴城关镇郊外的隋大业六年（公元 610 年）陶智洪买地陶券中即有："毕事之后，千年不惊，万年不动。"①至唐末似还有类似的表述，如唐大顺元年（公元 890 年）南昌县熊氏十七娘买地木券，云："□□□万岁不得相关"。②在道符律令部分，如长顺睦化民国时期抄本《杨氏家谱》所载《富州水田》有"生有田地、死有棺椁、有关冲口河、涝水官不得、定禄一时、行到鸟问、鸟问白来、读山中鱼、何读着学问、问水中禄、朱在千千年年万岁不移"。长顺县鼓扬镇《班氏家谱》所载《祭祀幡文》有"生有田地，死有棺木，道路何北，水管不得停留，急急行北方，何为书，山中鱼，何为件，水中绿，绿在山，鱼在案，若要相见，万代千年"。鱼、鸟、鹿，三国时期买地券中即已出现，但身份不明确不稳定。五代、宋以来，买地券文中的鱼和鸟（鹤），往往分别是作为书契人和读契人的身份同时出现。如南汉大宝五年（公元 962 年）扶风郡马二十四娘买地券："书券积是东海鲤鱼仙，读券是天上鹤，鹤上青天，鱼入深泉。岗山树水，各有分林。神仙若问何处追寻，太上老君，敕青诏书。"③这是最为复杂的一种表述，一般则很简单明了，如四川蒲江发现的北宋初年的两件买地券，一则为"书契人鸟飞上天，读契人鱼入黄泉"，一则为"书契人天上飞鸟，读

① 参见张传玺主编《中国历代契约会编考释》（上册），北京大学出版社 1995 年版，第 248—249 页。

② 江西省博物馆：《江西南昌唐墓》，《考古》1977 年第 6 期。

③ 参见张传玺主编《中国历代契约会编考释》（上册），北京大学出版社 1995 年版，第 263—265 页。

契人是江中鱼。书契得了，鸟飞上天，读契了，鱼归大海"。① 这说明已经很规范程式化了。比较而言，布依族幡文表述很复沓，语义甚繁乱，而汉地券文中一般又没有"千年不动，万岁不移"之类的语句附在其后。这反映了其来源很早，当在宋代之前，且有来自汉地早晚不同时期的券文的重叠影响。

值得注意的是，《引路幡词》中出现了"坛场"，前文推测可能是受到黔北黔东北地区傩坛丧葬习俗的影响而出现。而且《引路幡词》文本与傩文化中的《地契疏》十分接近。据道真冉文玉先生《上坝土家族乡巫佛合一坛班"提坟"仪式》一文介绍，仪式中有法师跪于坟前宣读《地契疏》，其文与布依族此引路幡词很接近。《地契疏》文曰："阴阳院为出给地契事：今据中华人民共和国贵州省遵义市道真仡佬族苗族自治县××乡（镇）××村××组地名××墓前奉圣设供，焚香炳炬，买山安位。孝信×××又洎合家孝眷人等，伏为昔故受地亡人×××葬于此地，礼宜安位。孝眷虔具买地珍财九万九千九百九十贯文，买到土府之尊位下吉地一穴，坐取本山吉向，东至甲乙青龙，南至丙丁朱雀，西至庚辛白虎，北至壬癸玄武，上至青天，下至黄泉，中至一穴地，亡人坐中庭。自此以后，神坛不敢占，古墓不敢侵；倘有侵占者，须令受地亡人，执契告赴女青天，依律治罪，决不姑宽。须至地契者。右给与受地亡人正魂收执，永远为凭。天运×年×月×日具疏　立出卖地神，土府真敕令。九宫钟瑞气，八卦灿祥光。一干中证：东王公（金）、西王母（木）、张坚固（水）、李定度（火）、石功曹（土）、金主簿（同）、白鹤仙（在）、敕火令（笔）。三十三天诸圣作证，亡人×××亲身准此。"② 就其行文格式和内容而言，《地契疏》与唐宋时期的巴蜀地区的买地券文更为接近，重点强调买地范围及其合法性，而与祭祀和安魂关系不大。其源头当为唐宋时期的买地券文，更进一步而言，道真傩坛此种文本很可能直接源自川东地区。据冉文玉先生《道真仡佬族苗族自治县傩文化简志》，道真傩文化至迟在元明时期已传入，最早即来自川东一带。③ 但是《地契疏》有开场导引神灵之语言和安排布置

---

① 龙腾、李平：《蒲江发现后蜀李才和北宋魏训买地券》，《四川文物》1990年第2期。
② 载冉文玉主编《道真古傩》，2012年11月，第280—281页。
③ 同上书，第67页。

丧葬仪式两部分，这又与出现了傩文化中"孝义坛场"的《引路幡词》接近。这似乎表明黔中布依族《引路幡词》某些文本是经由黔北傩文化转承，而与巴蜀地区唐宋时期的买地券文有某种关系，是汉地买地券文化与布依族祭祀文化重新组合创造而成的新形式。

总之，六种布依族《引路幡词》中有大量隋唐五代以来的汉地买地券文的格式和文字信息，充分验证了清康熙后《贵州通志》所载布依族丧葬中"习阴阳家言"之俗由来已久，但又有很突出的自身文化色彩。

三　六种文本内在关系比较

我们发现上述六种《引路幡词》虽然都是黔中地区布依族的丧葬文书，但它们之间在具体内容上又有许多差异。首先是标题就不一致，更重要的是各部分文字出入很大。就第二部分而言，各种《引路幡词》提及的地名性质和范围很复杂（见下表），有罗甸国、广南西路、州、寨等，这些地点多数已经无法考证，特别是州、寨之名，除矩州和泗城州外，汉文献基本无线索可寻。时代很久远的罗甸国和矩州之名，一为唐代中央朝廷封赠的土著国名，一为唐宋王朝羁縻而治的行政区划名。国、路、州、寨等行政等级区分也无不体现出中央王朝治理地方的影响。广南西路之名出现频率很高，州、寨作为行政区划已经很详备，等级区分甚为明细，在贵州、广西地区，这种情况更是宋代方有之事。尤其是宋代在边鄙各险扼控御之地置堡或寨，置有寨官，掌招收土军，阅习武艺，以防盗贼。① 总之，其唐宋时代的特性已甚为明了。另外，唐宋至明清不同时期的地名往往叠加，可以看出其形成和发展演变的过程。结合前文的比较，可以得出以上六种《引路幡词》的基本内容与唐宋时期中原的买地券文类似，可以初步判定布依族的这种丧葬文书即来源于此。因此，布依族的丧葬文书自然不会早于唐宋，这成为我们讨论其产生时代的起点。就第三部分而言，主要是反映布依族丧葬文化的葬器和祭品，最能体现民族丧葬文化特色（见下表）。大致看来，六种

---

① 参见《宋史·职官志七》镇寨官条。

文本在此方面具有时代性和区域性的差异，并非产生于一时一地，生动地反映了不同地域布依族丧葬仪式的独特性。但葬器和祭品又具有一致性，特别是祭品，六种文本基本一致，体现了一个民族的文化共性。而葬器方面的细微差异则表明随着时代发展而有所变更，大体反映的是受汉式丧葬文化影响不断加强的历史过程。比较文本结构和内容，六种文本似乎可以分三型。为了探究布依族在不同历史时期丧葬文化演变及其特定的关联，我们姑且把镇宁、紫云两地的文本称为 A 型，把开阳和小河两地的文本称为 B 型，把长顺两地的文本称为 C 型，列表如下。

六种《引路幡词》相关信息比较表

	A 型		B 型		C 型	
出处	镇宁扁担山家传抄本《古谢经》	紫云火花万历时期《韦氏谱序·韦汉朝源流》	开阳禾丰家传光绪十八年（公元1892年）抄本《砍牛经》	小河金竹家藏父辈抄本残卷	长顺鼓扬2007年修撰之《班氏家谱》	长顺睦化家藏约民国时期抄本《杨氏家谱》
名称	《便告》	《亡人归天大事由三》	《引路旗》	《东南引路旛》	《长州水田》（家谱载为《祭祀幡文》）	《富州水田》
开场占引	金调引路，南泉部州	大路如来	占引路鬼初公，请我上、中、下元有天、水官，家神南瞻布州	婆婆世界有南膳部周	天上开门，天上明明，地下出星星，金桥花地下生金之鱼。婆婆世界，则有南善部州	天上明明、地下出星、连朝引详、化仙人鬼。维为安安世界，则有南前部州
地名	罗甸国、大宋国广南西州、里山州、五行三寨、郑山州、林多街	大宋国广南西路、洪州、右州、行江三寨，左管旧顺地名城梁	太长矩州，三寨三州，罗何莫州、老平鸭水州	太长州、大明国南西路	长州，大宋国广南西路巴州右江横出三寨，贵州省贵阳府长顺县管下鼓扬枝	大送（宋）国广南西路有州有姜营泗城州
死者情况	在家请酒迷旺，大山糜文，不还还路，不回往	大子大病中病不横	信士死了	在家说话，惟路不还，路不回	得病于家中，鬼灵天命告终，南下栽花供养，猪狗南堂，右江迷路不返，返路不回	在家舍下天告终，风往南山，栽花供养，失物不转，至每路不送，送路不面

续表

	A 型		B 型		C 型	
葬器	金银一供、凉伞一把、挂度一辕	凉伞、银钱、棺木	银钱（作购买之用）、棺木、绯衣、白裙、鞋袜、帽子、帷子	长幡乙套、银钱（作购买之用）、棺木、衣服、花裙、帷子	东敬成双，上下衣裙，长短二阑，鞋袜布明，金、银、钱（作购买之用）、棺木、米叮当共几件	东永、孝义坛场（严格说不属于葬器），立番正包、上下虎衣件阑一锁领、金钱（作购买之用）、棺木、二丁当共禄八金
祭品	鹅、公鸡、罗父果、酒食	牛、猪、鸡、狗、罗甫果、酒食	牛、猪、鸡、酒、饭食	牛、鸡、猪、鸭、酒食	牛、猪、鸡、鹅、鸭、米酒	牛、猪、鹅、鸭、鸡、酒食
购置葬地	尤备万万九千九贯九分九厘九毫长天果，买到祖地有青龙，右有白虎，前有朱雀，后有玄武。东至甲乙，南至丙丁，西至庚辛，北至壬癸，中至戊己，四至八向分明	九千九万九十九百九文文，翁与亡人前往买卖。左有青龙，右有白虎，前有朱雀，后有玄武	九万万九十九贯九万九千九毫九厘九分，定将军买讨本阴地一所，保使其国无，其里定敬，东至甲乙木，南至丙丁火，西至庚辛金，北至壬癸水，中至戊己土，上至青天黄泉，朱雀玄武青龙白虎	合用银钱买九万九千九百九十九分九厘九毫，买得黄江大地一所安葬，千年万岁不退不回，东至甲乙，南至丙丁，西至庚辛，北至壬癸戊己天，上下有青皇泉，左有青龙，右有白虎，前后有朱雀玄武	备金、银、钱、九万九千九百九十九两九分九钱九厘九毫九贯……李定度，黄罡大地一所，上至青天，下至黄泉，东至甲乙，南至丙丁，西至庚辛，北央戊己，四面八方。子午卯酉安葬亡神，其地看凤凰，见仙穴合刑，左有青龙欲动鱼于盆前，右有白虎扣布庄后时	金钱九千九贯九百九十九分九文九厘九毫……买到黄罡地一所，上至青天，下至黄泉，东至甲乙，南至丙丁，西至庚辛，北至壬癸，中至戊己。子午卯酉安葬亡神，共地远见、风黄仙见、先刑桃树、青龙动由、于合、四钱、白虎、后有玄武、青龙白虎、前朱雀

续表

	A 型		B 型	C 型	
道符律令文	三仲无陆八在山淡，已在千年不动，万年不移。第一保牛马，第二保田地庄，保千年富贵，保万年命长，荣华平安乐矣	千年不动，万年岁稷，千年保富贵，万年保子孙，千年保猪羊，万年保田地。千年保奴婢，万年保金银，千年保牛马，万年保男女，保千代富贵	二十四□大官管里，鱼在水中，肉在高山，千年不动，万岁不回	童遥迎接安葬，生有田地，死有棺木，道路何北，水管不得停留，急急行北方，何为书山中鱼，何为件水中绿，绿色山鱼在案，若要相见万代千年（另外还附有十二月天德方位和五方引路童子）	童连安、横刑桃后、安葬亡神、千年万岁不移。生有田地、死有棺椁、有关冲口河、落水官不得、定禄一时、行到鸟问、鸟问白来、读山中鱼、何读着学问、问水中禄、朱在千千年年万岁不移

四　三型《引路幡词》产生的时代背景与源流

（一）A 型《引路幡词》产生的时代背景与源流

镇宁县普里寨《引路幡词》中有罗甸国、大宋、广南西路等具有鲜明时代信息的名词。罗甸国，汉文献又称为"罗殿国"。《新唐书·南蛮传》："昆明东九百里即牂牁国，兵数出，侵地数千里。元和八年（813 年）上表请尽归牂牁故地。开成元年（836 年）鬼主阿佩内属。会昌中（841—846 年）封其别帅为罗殿王，世袭爵。"据史继忠先生研究，鬼主阿佩辖地为罗氏鬼国，或称"罗施鬼国"，地在今毕节地区及安顺、六盘水部分地区，为彝族阿者部所建立。罗殿王国在今安顺地区，为彝族播勒部所建立。[①] 五代时期，罗殿国曾入朝。《旧五代史·唐书·明宗纪》载：后唐明宗天成二年（927 年）八月乙酉，昆明大鬼主罗殿王、普露静王九部落，各差使随牂牁、清州八郡刺史宋朝化入朝。至宋代，罗殿国因为参与卖马活动，而为史家所注意。至元代，罗

---

① 史继忠：《罗殿国非罗氏鬼国辨》，《贵州民族研究》1982 年第 4 期。

甸国灭亡。据《元史·地理志六》和《贵阳府志》刘继昌条记载：至
元十六年，潭州行省平章事阿里海牙遣两淮招讨司经历刘继昌招降八番
罗甸蛮，遂置宣慰司及小龙番、卧龙番、大龙番、程番、洪番、方番、
石番、卢番、罗甸国九安抚司，以刘继昌为宣慰使，以兵三千戍守。九
安抚司并授怀远大将军佩虎符。至元二十六年置八番罗甸宣慰司，以斡
罗思为宣慰使。然而，据《元史·地理志四·普定路》记载，罗甸国
归附后，改为普定府，隶属云南行省。其实元代罗甸国虽然灭亡，但土
著势力很强，加之朝廷派遣来的官员从中拨弄，归属难定，后几经变
动，改属湖广和四川行省。《元史·地理志四·普定路》特别提到云南
行省所反映的当时实情："罗罗即普里也，归附后改普定府，印信俱存，
隶云南三十余年，赋役如期。今（指至元二十七年）所创罗甸宣慰安
抚司，隶湖广省。斡罗思等擅以兵招降普定土官矣资男、扎哇、希古
等，勒令同其入觐，邀功希赏，乞罢之（按：此即至元二十九年斡罗思
入贿丞相桑哥等，请创罗甸宣慰司之事。），仍以其地隶云南。"元成宗
大德七年（1303 年），改普定府为普定路，隶曲靖宣慰司，终属云南行
省。从上可知，罗甸国之名存在于唐会昌中（841—846 年）到元至元
十六年（1279 年）间。但是，从"罗甸国"与"罗殿国"之称谓看，
唐宋时期的汉文献一般都是称为"罗殿国"，唐朝最初所封其国主即为
"罗殿王"，而在宋代称"罗甸王部落"者仅发现有《太平寰宇记》一
处。① 元明时期文献多记为"罗甸国"，无一见"罗殿国"者，由于元
大德七年改为普定路，"罗甸国"之名淡出文献，至明清时期只在追溯
历史时偶有提及。因此，可以推测"罗甸国"之名始于北宋，主要流
行于元代。由此得出，镇宁县普里寨《引路幡词》"罗甸国"之名产生
的时代不大会早于宋代，但也不会晚至元代以后。把罗甸国之名摆在大
宋国广南西路之前，其主体地位则不言而喻，"罗罗即普里也"，从唐
代罗殿国到宋元罗甸国再到元代的普定府，一脉相承，更说明这一带在
宋元时期已有布依族存在，且统属于罗甸国。

　　至于《引路幡词》提及的"大宋广南西路"，有必要另做分析。据

---

　　① 《太平寰宇记》卷 120："南宁州本清溪镇，唐末置，在黔州西南二十九日行。从南宁
州至罗甸王部落八日行，与云南接界。"

《宋史·地理志一》，至道三年（994年），分天下为十五路，广南西路
为其一。大观元年（1107年），别置黔南路，三年，并黔南入广西，以
广西黔南路为名。四年五月，改为广南西路。别置之地，据《宋史·地
理志六》，"割融、柳、宜及平、允、从、庭、孚、观九州为黔南路，
融州为帅府，宜州为望郡"。查谭其骧等编绘《中国历史地图集》第六
册，融、柳、宜、平、观五州在广西境内，大致范围在今广西河池地区
和柳州北部地区。另外，还涉及贵州与广西邻边的从江和荔波一带。而
允、从、庭、孚四州，据《宋史·地理志六》载，时置时废，反复不
定，但大致在今广西与贵州的交邻地带。总之，宋广南西路地几不与今
贵州相关，其辖地并未到今黔中一带，更没有到黔中以西的安顺、镇宁
等地。实际上，宋代仅对今贵州乌江以南之地实行羁縻控制，而乌江以
西之地更是土著统治，朝廷势力基本不能控制。前面分析已经表明，在
宋代今安顺、镇宁一带是罗殿国的势力范围。在这种政治形势下，汉民
族基本不会进入，自然不可能带来汉地流行的丧葬文化。而《引路幡
词》偏偏说是在大宋广南西路，其源头只能到宋代的广南西路去寻找。
据《宋史·蛮夷三》，大批汉人迁入广西西部，当与宋仁宗皇祐年间
（1049—1054年）平定广源州侬智高之乱后，军人留守广西有关。今广
西西部及黔西南地区布依族中之岑、黄、王等大姓，都说其祖先是随狄
青征讨侬智高叛乱而入粤，这些人正是留守广西的汉人与布依族先民融
合而成。贵州望谟《王氏宗谱》记载，在狄青平定侬氏后，上表朝廷
以岑仲淑为首的八员留守（八员，即岑、黄、王、覃、柏、许、潘、李
八姓）。"各率领本部人马驻镇邕州，建元帅府。置部下将官往各处镇
守。"[①] 而且各姓驻镇后，因黔、桂两地土著联合，二万余侵入泗城讲
里、罗那地方，地方叛乱再起，八员受命前往镇压，后各受其封地，势
力遂进入今黔西南望谟、册亨、罗甸等地，并设甲治理。因此，这些地
带即并入广南西路，与当时罗殿国的势力范围交错。再从地名看，详细
的路、州、寨三级行政区划，也真实反映了宋代在边境地方的行政机构
设置情况，这是后人无法虚构出来的。进入这一带的汉人站在客籍的立

① 参见广西《田州岑氏源流谱》（1965年3月广西民族研究所编印）、贵州望谟《王氏
宗谱》、贵州册亨《黄氏宗谱》（载《民族研究参考资料》第19集，第41—52页。贵州民族
研究所编，1983年11月）。

场，用汉人丧葬习俗写成买地券文，故有"金调引路，罗甸国所管责有南泉部州，大宋国广南西路里州"这样的文句。也因此而保留有"不还还路，不回往"这样的在宋代不见，而在唐末五代时期中原地区的买地券文中存在的内容。这是移入汉人的文化滞后性的反映。这种文句后又被布依族上层人物或者是融入布依族的汉人所移植，加入布依族的丧葬文化因素，而变成《引路幡词》，故又最能体现布依族丧葬文化鲜明的时代性和地域性。因此，镇宁《引路幡词》的真正形成当是在北宋仁宗皇祐年间以后，与汉人的文化影响密切相关。故可推知，今黔中、黔西一带布依族的这种丧葬文书形式很可能就在宋代的广南西路境内形成，随着布依族的迁徙而带到了镇宁一带，只是不知是形成后又过了多少代人才进入镇宁地区。

相比之下，今紫云火花一带明万历时期《韦氏谱序》所载《引路幡词》与之在结构文字表述方面很接近，在地域上也邻近，二者应属同源关系。据谱序记载，自明初以来，韦氏为当地土司，具有特定的政治权利和心理上的优越感，乐于接纳汉人的丧葬文化。而且韦氏与广西汉移民王氏有长期的军事斗争，文化上自然也会受到影响。据《韦氏谱序》，明初，韦氏先祖韦卜銮因立功，被授为永、镇二州土官州同知，并准许世袭，于打罕设衙门管理十马之地。元代韦氏本为镇宁州火烘司冠带土司，洪武十五年世袭土官，管理打罕地方。将元代德安州（土语"打罕"）改设前阮州，并于打罕境内的落黎寨开设州同知衙门。火烘，现在紫云火花乡一带，但明代无火烘司之设，且明代安顺府所辖康佐、十二营、西堡、宁谷、顶营、募役六长官司，皆在洪武十八年后建立，《韦氏谱序》火烘司可补正史之阙。至于在打罕落黎寨设前阮州同知衙门管理上下三马之地，传世文献也无确载。所指上三马包括扫喷、板陆、洒浪、板完、雷林、落圯、岩峨、更名、仰鹅等地，下三马包括落运、落坎、播西、册秧、垛温、落坝等地，这些地名都是布依族语言之汉语音译。通过与附近地区布依族其他传世文书提及的相关地点参照比较，推知上述地点大致在今紫云、镇宁、关岭三县之南部地区。其中，在镇宁，民国二十五年韦治安所抄反映其族人迁徙史迹的《开方科仪》中即有打罕、播西这两个重要的地名，落圯，此文则作"落运"，并说打罕驻韦氏，是个好地方，播西驻叶氏，落运驻杨氏。打罕、播西、落运三地点都属于今镇宁六马镇。另外，安顺幺铺镇阿歪寨韦永桢藏的布依族祭祀经《开路词》中为亡灵回家指路，提及达罕、坎动、纳巴、纳芥、邦接，达罕即打罕，纳巴即落坝，纳芥即落坎，邦接即播西，整理者只笼统地说这些地点在今关岭境内，但查阅今地图，应属于镇宁县六马、良田、简嘎一带。汉文献中也有相关记载，（道光）《安顺府志》卷3《地理志二》引旧《通志》云："镇宁州，宋为普东部，元于罗黎寨置和宏州，寻改镇宁州。又永宁州，元为达安州，夷名打罕，寻改永宁州，大德中改属湖广行省，至正中为广西泗城州所并。"同书卷6《地理志五》引《永宁州志》云永宁州东南有六马，分上三马和下三马，乐举司、大屯司、八大司，为上三马，乐运哨、乐坝哨、播西哨，为下三马。卷3及卷23《安顺置府本末》又云永宁土州同知韦氏，盖成化三年作乱，即已讨绝。或者韦氏既绝之后，用泗城有功土目王氏为正副长官，直至清代仍有王氏管理打罕地区。打罕王氏乃宋时入广西之余姚王氏之裔，明初，韦氏叛乱，其裔有王应时者，擒韦卜蛮于伏泥屯，防守打罕哨，随后分其子管理打罕、乐举、八大，是为上三马之地。又云元末有王国宾者，居乐运，其后裔则管理播西、乐坝、乐运等地，是为下三马之地。依此说，则是王氏早于元末明初已占有六马地区，韦氏灭亡已久。其实，《安顺府志》这里提及的韦氏作乱，泗城王氏入并一事在《韦氏谱序》中有详细记述，全非前者所言。本系正统九年王应时父子统兵七万越省前来，杀占城池，焚毁衙门，抢劫无数。韦氏也并未灭亡，直至万历时期仍存在，只是衰落了。

这篇《引路幡词》的时代从谱序的历史叙述看很清楚，不会晚于明万历二十二年（1594年）。由此说明，至明万历时期，其结构和文字基本定型了。不过韦氏所载文字则更为原始，层次更为混乱，用词颇不严谨，反映了比较拙劣的汉文水平，这似乎表明汉文化水平本不高的布依族上层在自身丧葬习俗的基础上，开始主动模仿汉人丧葬文化，因而显得不伦不类。有的语言是纯粹的布依族丧葬仪式的汉语化表达，有的则是直接引用汉文，行文基本结构也依从汉式。不过，这样的文本对无文字不行书面语的布依族而言，已经十分完善了，当是经过了一段时间的运用融合以后的形态。同时，罗甸国之名已经淡出不存。那么，据此推定，今紫云一带的布依族《引路幡词》的产生不会晚至明代中期，很可能是直接受到了广西北上的以岑、黄、王氏为代表的汉移民的影响。

总之，今镇宁、紫云一带的布依族《引路幡词》大约形成于宋元时期，至明中期传入镇宁、紫云一带。这一支布依族与北宋皇祐年间以来迁入广西西部的汉族有密切关系，其丧葬中所用之《引路幡词》是在移入汉族丧葬文化（尤其是买地券文）影响下，自身土著性文化与移入的汉式文化因素缓慢融合的产物。

（二）B 型《引路幡词》产生的时代背景与源流

开阳禾丰的《引路幡词》虽然是王车村石头组罗继登家传光绪十八年抄本，但也当由来已久。从文字上看，没有前两种典雅，呈现出比较粗俗的语气，同时，道教色彩甚浓，如"上、中、下元天水官""信士"、倒写"勅令出去"等。但是其中的"拒州"（矩州）"初公"（摩公），一则说明时代较早，二则强调布依族摩公的主导地位，这当是在汉文化影响还不甚浓厚的情况下，夷汉丧葬文化初步交融痕迹的保留。矩州，始建于唐初武德四年（621 年），至宋代仍存在，其地在今贵阳，以州南有水方如矩为名。今贵阳南明河流至中曹司一段称"四方河"，故推测矩州当在贵阳市花溪区金竹镇中曹司一带。小河区金竹的《引路幡词》开头也一样有"太长（拒）州水田"，接着是"大明国南西路"，此语则表明时代属于明代。明代距离宋代虽不甚远，而布依族民间对宋代的广南西路已经很模糊了，故误写成"国南西路"而不觉，可见其对历史的记忆已经不明确了。但是，唐代的矩州距离明代更是遥远，为何在民间的历史记忆还那么清晰，且是摆在最首，这充分说明矩州对于这一支布依族的特殊意义。据笔者调查，今关岭断桥镇、兴义巴结镇板舍村等地的布依族称今贵阳仍为"谢收"或"谢州"，或因唐代矩州刺史为谢氏，或因"矩州"本是布依语"谢收"之音变。因此，综合起来看，开阳和小河的两篇《引路幡词》都有一个共同的源头，起源的时代当在唐宋时期。这可能与唐五代以来的"蕃"（元以后写成"番"）有关。《旧唐书》卷 199《东谢蛮传》载贞元十三年（797 年）已有西南蕃大酋长宋鼎请求入贡之事，又说蛮州、牂州，"户口殷盛，人力强大，邻则诸蕃悉皆敬惮"。《宋史》载宋初有"西南蕃""五姓番""西南七番"，"八番"之名则起于宋元之际。具体是哪几番，史载不一，一般指龙、方、石、张、罗、韦、程等蕃，韦蕃、程蕃后起，比附前五姓，史称"西南七蕃"。

《新五代史》卷16《楚世家》载：后晋天福四年（939年），楚王马希范平溪州，于溪州立铜柱，意在讽喻周边的牂牁、两林、桂林、象郡。"于是南宁州酋长莫彦殊率其本部十八州，都云酋长尹怀昌率其昆明等十二部，牂牁张万浚率其夷、播等七州皆附于希范。"《资治通鉴》卷283《后晋纪四·齐王上》记载此事在天福八年十二月，或与四年各是一次，云："宁州酋长莫彦殊以所部温、那等十八州附于楚。其州无官府，惟立牌于冈阜，略以恩威羁縻而已。"其中，南宁州酋长莫彦殊之本部十八州即是当时的羁縻州。宁州，胡三省注以为唐时之南宁州。然天宝以前之南宁州在今云南曲靖一带，天宝末没于蛮。唐末复置，然已向东侨置于清溪镇（今惠水境内），属于黔州管辖。故《太平寰宇记》卷120："南宁州，本清溪镇，唐末置，在黔州西南二十九日行。从南宁州至罗甸王部落八日行，与云南接界。"至五代时今贵州中南部即为南宁州地，故不得与彼唐前期之南宁州相混。莫氏本部之温、那等十八州，应为《新唐书》卷43《地理志七下》所载之芳、劳、羲、福、犍、邦、清、峨、蛮、鼓、濡、琳、鸾、令、那、晖、都州，共十七州，相差一州。这十七州从排列顺序看，介于牂牁蛮与昆明蛮分布之间的今黔中地区，境内其族属关系复杂，其中无疑有布依族先民，且应以其为主体。故推测《资治通鉴》所言莫氏本部之温州即芳州，那州即那州。南宁州能在唐末徙治并侨置于此地，当与布依族先民之中的莫氏、尹氏的"输忠""投诚"有关，也与唐以来今黔中各地土著大姓如谢氏、赵氏、宋氏等长期归顺的政治传统密切相关。[①] 至宋代，南宁州地位进一步上升。据《宋史》之《地理志五》和《蛮夷传四》，南宁州在绍庆府下辖四十九羁縻州之首位，其时首领为龙氏。境内有诸蕃部族数十，独龙、方、张、石、罗五姓最著，号称"五姓蕃"，皆常奉贡职，受爵命。又有程氏、韦氏，比附王姓，故又有"西南七蕃"之名。自宋代以来，诸蕃以龙氏为宗，称为西南蕃主，以"五姓蕃"为代表的诸蕃集中居住在今惠水境内，发展演变线索很清楚，至今皆为布依族中的大姓。

---

① 叶成勇：《黔中"夜郎竹王"后裔：金竹金氏族属认同及其变迁探析》，待刊稿。

　　至于"八番"的来历，文献中多有记载，但也各有出入，或云马殷时，或云马希范时。明弘治《贵州图经新志》："五代时楚王马殷遣八姓率邕管、柳州兵讨两江溪峒，至此留军戍之，遂各分据号'八番'。"而清《黔南识略》则云："五代时马希范遣兵戍地，其部众欲自异于诸蛮，因以其主帅之姓为号，遂为仲家。故今仲苗犹以贵种骄诸苗。"道光《贵阳府志》卷 87《土司传上》记述甚为详细，谓龙、方、石、程、韦、洪、卢、张等氏："皆起于马希范之世。先是马殷时，遣马平龙德寿等率柳州兵讨略两江溪峒，数岁始平之。而殷已卒，希范嗣立，晋天福五年（940 年）至南宁州，南宁州酋长莫彦殊率其本部十八州附于希范，遂留德寿等戍其地，与校七族各番南宁，而授土，以时番上。因称'八番'，亦称'八蕃'。"以上所谓"八番"，来历大致如此，但多与唐宋史籍所载相混淆。其实，唐时已有诸"蕃"人，并非起于五代楚国之马氏，但马氏时当有汉移民进入此地，并与"蕃"人融合。简单说来，是今惠水一带五代时新来的汉移民，后与以土著为主的蕃人融合发展，成为今黔中地区布依族文化在五代时期的重要来源。道光《贵阳府志》卷 87《土司传上》又云："其后复有滕氏、谢氏、罗氏亦称番，或为土族，或为蜀族，盖马氏之衰，孟氏抚有南宁，又使其将领土人备番南域也。然诸番有盛衰。"所谓马氏，即指前述楚王马希范，孟氏，则指后蜀孟知祥。据《宋史》卷 496《蛮夷四》，宋太宗雍熙二年（985 年）八月，夷王龙汉璿自称权南宁州事，兼蕃落使，遣牂牁诸州酋长赵文桥来献方物、名马，并上蜀孟氏所给符印。这充分说明孟氏确实控制到今黔中一带。而且，民国《贵州通志·金石志一》记有一件清光绪初年出土于定番龙氏宅地中的"广政通宝"铜鉴。广政，即后蜀孟知祥在位年号（938—965 年），而"广政通宝"铜鉴或即孟蜀所赏赐，为五代时期夷王龙氏所有。至于谢番与滕番，其实在宋代文献中颇有提及，范成大《桂海虞衡志·志蛮》、周去非《岭外代答》卷 5《财计门》中即有记载。谢蕃，道光《贵阳府志》卷 87《土司传上》云"谢番，和武州节度使，今居归化厅之火烘。"谢氏原为唐代牂牁大姓，查《新唐书·地理志七下》江南道诸蛮州之牂州，武德三年乃以牂牁首领谢龙羽地置，领建安、宾化、新兴三县。宾化，后讹为平伐，在今贵定县南部一带。至宋代，谢番则向西进入归化厅之火烘（今紫云县一带）。大致看来，五代至宋时期的谢番当为隋唐时期的牂牁首领谢龙羽之后，为"蕃"中的土族，地在今贵定至紫云一带，只是到了唐代后期，谢氏衰落或南迁，这大概就是今关岭、兴义等地的布依族仍称今贵阳为"谢收"或"谢州"的原因所在。他们中的一部分当在唐代就居住于黔中，且统属于牂牁谢氏之矩州。谢氏衰落或南迁后，赵氏、宋氏、龙氏相继起于黔中地区。而滕番则为五代时来自四川，为"蕃"中的蜀族，道光《贵阳府志》卷87《土司传上》即云：平伐长官司庭氏本姓滕，四川灌县人，五代末仕后蜀孟氏，征南有功，授宾化令，世守其土，号曰滕番。因居蛮日久，滕讹为庭，宾化讹为平伐。元时，滕氏还在活动，《新元史》卷248《八番顺元诸蛮传》记载大德五年六月，小盘寨主腾香与其他寨主共誓不叛之事。腾香，即滕香。此外，南宋淳熙四年邕州知州、广南西路安抚使吴儆奉诏出横山寨，赴大理市马，在《竹洲集》卷10《邕州化外诸国土俗记》中就记述了其沿途亲历所见，其中提到西南番各有君长、姓氏，且"自言诸葛武侯所留戍卒后裔，有武侯碑在西南番境中"。今罗甸县城西孔明祠旧址内道光二十一年《南□山爱吾庐记》碑文："昔者孔明先生征伐南蛮，尚有佩剑之遗迹，土人得之，以为乃祖从戎屯戍于此，即以先生瘗剑之地，建祠而尸祝之。"[1] 这些都表明"蕃"中的土族还有不少是三国时期戍卒的后裔，可见被称为"番"的群体来源很复杂，最早可追溯至三国时期戍卒，甚或西汉时期的汉移民大姓。

总之，五代以来布依族中"蕃"来源和成分很复杂，除了隋唐以来莫氏、尹氏、谢氏等土族外，有不少来自楚地和蜀地的汉人融入今惠水、贵定一带的布依族中。或为土族，或为蜀族，或为楚族，然诸番各有盛衰。来自楚地和蜀地的这部分汉人可能就是带来更早的属于隋唐时期汉地的丧葬文化习俗和买地券文的文书表述，如"千年不动，万岁不回"与"千年不退，万岁不回"之类。今惠水、贵定、龙里、贵阳一带布依族文化中有很多汉文化因素的存在，也当与这一带汉族进入后与布依族融合有一定关系，从而构成现在这些地区布依族中汉文化因素的

---

[1] 黔南州布依族自治州史志编纂委员会编：《黔南布依族自治州志·文物名胜志》，贵州民族出版社1989年版，第84页。

最早来源。前文说这一支布依族对广南西路记忆已经很模糊，这与他们本身的历史不甚关切，推测可能是元明时期广西地区布依族上层的统治向北扩张，其丧葬文化对早已居住今贵阳地区的布依族的一种影响，表明早期布依族对后来同族文化的吸纳。一个是唐代的矩州，一个是宋代的广南西路，都在明代的文本中并列，有主有次，本末分明，是历史因素的叠加，可以从中窥探贵州少数民族历史文化演变的深层关系。

（三）C 型《引路幡词》产生的时代背景与源流

长顺鼓扬和睦化两地很近，《引路幡词》构成及各部分内容几乎一致。其涉及地点与 A 型类似，强调大宋国广南西路所辖州、寨。值得注意的是泗城州，《宋史》、《元史》地理志皆无载。今人地志中往往以宋皇祐五年（1053 年）置泗城州，不知何从。但据明清时期地志追述，元代即有泗城州。据林富、黄佐修撰明嘉靖十年《广西通志》记载，泗城州土官知州，岑姓，旧为溪洞蛮夷酋长。元时有岑怒木罕，尝为泗城州土官。经元明时不断开疆拓土，泗城州成为广西左右江辖域最大的土州。"弘治三年，土官知州岑应复据上林长官司及贵州镇宁等处一十八城""隆庆二年，泗城蛮黄豹、黄豸等据贵州程番府麻向、大华等司，时出掳掠，官军剿之，豹等遁去。"其辖地向"北至永宁州界一千里"，至今贵州关岭、镇宁南部的六马地区。明代，岑氏以其子孙分据泗城、程县、安隆、上林等处，又令其部将王初、王旦、黄慧等人越过红水河而入今贵州境，势力达于镇宁、永宁、普安边界，形成"上江王、下江黄"的统治格局。因此，涉及的路、州、寨地理观念是典型的宋代建置的反映。但是，鼓扬《班氏家谱》所载则有明清乃至民国时期的建置，是后人随着建置的不断变化添补更改所致，从文本中地点反映的建置的叠加，可以初步认为 C 型产生时代不早于宋代，至明清民国时期一直沿用并增补，这说明文本的延续性使用。

为了进一步探讨其时代性，还须从该类型与其他两类的区别上分析。首先，关于死者情况方面，有"风往南山，栽花供养"的字句，目前只有唐开成二年江西弋阳姚仲然墓券中有类似表述。其次，购置墓地方面，李定度充当保人，并购买黄冈大地，这种情况在汉地南朝以来都有发现，但主要流行于宋代及其以后。再次，葬器方面，出现了"东永孝义坛场"，前文已指出其可能是受到黔北黔东北地区傩坛丧葬习俗的影响而出现。宋代以来傩坛在四川、重庆及黔北一带流行，与道教关系极为密切。在布依族丧葬文化核心层面出现来自这些地区的典型汉文化因素，应与这一带人口（川人）迁入和影响密切相关。因此，推测其源头可追述至宋代四川。最后，道符律令部分，鱼、鸟、鹿三种动物扮演书契人和读契人。鱼和鸟（鹤），三国时期买地券中即已出现，但身份不明确，唐末、宋以来，鹿始偶尔充当读契人，如前引开成二年江西姚仲然墓券买地券文中鹿作为读券人。宋代，鱼和鸟（鹤），往往分别是作为书契人和读契人的身份同时出现，关系十分稳定，但一般不见三种动物同时出现者。如前引南汉大宝五年（962 年）扶风郡马二十四娘买地券和四川蒲江发现的北宋初年的两件买地券。这说明 C 型文本的源头仍可追溯至唐末至宋代早期，且与四川、江西有某种关联性。但是，更应该看到幡文中的叠加所呈现出来的矛盾性，即一方面是很早的源头，另一方面是整个文本又十分繁复而规范，道教色彩十分突出，这又只能是宋元时期汉族风水观念在丧葬中定型完善后才可能出现的。结合前述贵州黔中一带移民的历史特点，我们认为 C 型幡文中包含唐末至宋代早期的汉地买地券文表述，当是川人直接迁入时带入，这部分很可能就是五代至宋时期被称为"蕃"的来自四川的那部分人；而繁复规范的形态则是明代洪武以来，大规模从江南迁入黔中的汉人带入。当布依族中使用 C 型这部分人的先民在与五代时期川人文化融合后，至明代又接受了江南移民的丧葬文化影响，使其幡文更加规范完整，所以，其中有来自江西同一个体墓券的券文痕迹也就很正常了。当然，北宋以来，随着从广西北上的王氏、黄氏强势进入，大宋广南西路州寨的文化因子早已深入布依族中，因而也成为黔中整个布依族的整体性历史记忆，与其葬器和祭品共同构成其核心层面文化因子。但是，其记忆越来越模糊，以致把大宋国误写成"大送国"而丝毫不能觉察，把"长州水田"和"富州水田"居然作为标题出现，根本不知长州、富州①为何

---

① 长州，据《旧唐书·地理四》载，属安南都督府，其地在今越南南部，与黔中相去近两千里。富州，据《旧唐书·地理四》载，属桂州都督府，《宋史·地理志六》广南西路昭州龙平县条注："开宝五年废富州，以县来隶，又以思勤、马江入焉。"其地约在今广西东部之昭平县一带，与黔中相去也近两千里。相隔如此远，不知有何关系。

物！大明王朝在黔中的影响实在太大，又不断磨灭颠覆以往的真实记忆，把大宋广南西路改写成"大明广南西路"，这大概不是无意的疏漏，而是曲意的归附。这与黔中一带不少布依族声称其祖籍源自江西有内在关系。

五　余论

黔中布依族《引路幡词》蕴含的历史文化信息非常丰富，本文仅是一个初步的探索。文中较详细地注解了文本中的文字，讨论了三种类型的时代背景和关联性，总体而言，B 型产生要早一些，约在唐末五代时期，与布依族中八番这一支有关；A 型产生时代约在宋元，至明中期已进入贵州，与宋代平定侬智高以来广西地区的移入汉人的影响密切相关；C 型则反映了五代时期四川汉移民和明代江南移民的重叠影响。通过本文的分析，我们对幡文中历史文化内涵的多样性和叠加性作了较充分的揭示，可以比较清晰地看到黔中布依族族源的多元性和文化因子的融合性，对布依族的族源和文化渊源提供了较深入的理解和个案分析。但就祭器和祭品的完整性看，B 型和 C 型又要晚得多，已经到了明代，这是充分发展的形态，故至今仍在布依族中沿用。然而不管是哪一种哪一型，都不是绝对的，本质上讲，它们都是夷汉丧葬文化缓慢融合发展的产物。由于资料不全面，我们只能看到这个历史进程中的一点一滴，一个片段。各种文本之间的深层次关系仍有待探讨，如六种《引路幡词》中都有"千年不动，万岁不回"之类的语句，只是各本之间个别字有异，这似乎也表明它们有一个共同的祖源。

另外，幡文一般是作为附录出现，存在于家谱中或布依族丧葬祭祀经典《砍牛经》文的末尾，而家谱和《砍牛经》是两种不同性质的文本。家谱在早期只有少数上层或土司家族拥有，而后者则仅有摩公拥有。可见，布依族上层和摩公是汉式丧葬文化传入的主要力量，笔者曾在长顺县营盘乡调查摩公文化时，他们举行的汉式丧葬仪式和文本都说是从附近的汉人学习而来。幡文则往往用汉字记布依语发音，就连最近几年所修家谱中仍然保留了这样的传统，如长顺鼓扬 2007 年修撰《班氏家谱》即是。由于布依族巫师（摩公）的汉文化水平有限，认知不全面，在吸纳汉族丧葬文化的过程中带有相当的主观性，体现在引用汉族券文中，幡文文字多有复沓、歧出和错漏，如把"鹿"字分别写成"禄""肉""绿"，如果没有汉文地券作比照，多不知所云。加之掺入一些音译汉字，使幡文更加难以理解。我们调查时还发现前人往往在原本上有过点读和标注，但句读明显不合文义，这说明使用者对这样的文本并不深知其意，还停留在口传形授的层次上；即使在邻近地域内，巫师之间都有不同认知上的差异，使得同一型的文本之间都只能是大同而多异。这就不可避免地在民族之间的文化交流中出现"复写"与"误写"。与此同时，这个过程中也有一些"创造"，如方位的地方性知识运用，即从汉族券文中的"东南西北"转化为"前后左右"，在道符律令部分，创造性地加入了与自身经济生活密切相关的内容，如保地庄、牛马、奴婢、富贵等。又如"鹿"字在不同地方被写成"禄""肉""绿"，则是方言的充分自觉运用。这些都反映了文化融合中的按照自己的文化习惯加以创新和改写。相类似的现象还有不少，有待进一步研究。

《南盘江之歌》的布依族
民族地域特色

范元祝　谭　远①

摘　要：歌曲《南盘江之歌》产生于 20 世纪 80 年代初，是音乐教育家、作家王廷珍先生的一首怀乡词作，由范元祝先生谱曲而成。歌曲优美婉转、动人心弦，表达了南盘江及其两岸秀丽的风光和勤劳智慧的布依族儿女美好的生活。作品结构紧凑，连贯流畅，意境清新，如诗如画。他采用富有特色的贵州布依族民间音调的音乐元素，运用西洋的歌曲创作手法，展示了贵州少数民族传统而独特的民族音乐风貌，体现了我国西南少数民族的民歌风格与审美取向。

关键词：《南盘江之歌》；布依族文化；民族音乐

歌曲《南盘江之歌》产生于 20 世纪 80 年代初，是音乐教育家、作家、原贵州民族学院（现贵州民族大学）艺术系恢复招生的第一任系主任王廷珍先生创作的一首怀乡之作，由范元祝（笔者）为 1986 年"第二届全国电视歌手大奖赛"（CCTV 青年歌手电视大奖赛）谱曲而成。同时创作的还有一首《高原上的杜鹃花》（王廷珍词，范元祝曲）。《南盘江之歌》歌词结构紧凑，连贯流畅，朴素无华，如数家珍，抒发了词作者内心强烈的怀乡情感。曲调优美婉转、情深意长，如诗如画，动人心弦。歌曲可谓词曲合一，相得益彰，深刻地表达了南盘江及其两岸秀丽的风光和勤劳智慧的布依族儿女的美好生活。尤其是采用贵州布依族民间音调的音乐元素，作为歌曲旋律的创作动

① 范元祝（1959—），四川成都人，男，贵州民族大学图书馆副馆长，教授，硕士生导师；谭远（1989—），湖南株洲人，男，贵州民族大学民族学中国少数民族艺术（音乐方向）在校硕士研究生。

机，并且运用西方的歌曲创作技法，较好地将中国民族调式与西南少数民族之布依族音调完美结合，创作手法严谨，富有特色。展示了贵州少数民族传统而独特的民族音乐风貌，体现了我国西南少数民族的民族风格和审美取向。

一 《南盘江之歌》的创作背景

词作者王廷珍先生是布依族人，出生于贵州省兴义市，先后任四川音乐学院和贵州民族学院副教授。1959 年修业于贵州大学中文系，1948 年开始发表作品。1984 年年底他被贵州民族学院院长安毅夫聘为恢复重建的艺术系系主任。1988 年加入中国作家协会。他集教育家、词作家、作家于一身。

据王廷珍先生介绍，《南盘江之歌》是一首对家乡和家乡人民的赞美歌曲。由于常年工作在外很少回到生养自己的家园，便对家乡产生一种独特的、割舍不掉的情愫。歌词是他当年在四川成都时写的，表达的是对家乡对亲人的无限思念之情。

曲作者范元祝先生（笔者），四川成都人，1982 年 1 月毕业于西南师范学院（今西南大学）音乐系，1986 年 7 月进修结业于上海音乐学院音乐研究所。现任贵州民族大学图书馆副馆长、音乐舞蹈学院及民族学与社会学学院教授、硕士研究生导师。笔者在学生时代就对我国民族音乐具有一种特殊的情愫，而且对少数民族音乐情有独钟。在大学学习时，除以优异的成绩完成笙专业主修和各科必修课程之外，还旁听了作曲理论主修等多门课程。同时，勤于音乐创作的实践，而且多以民族音乐为素材创作具有民族音乐风格的作品。在钢琴即兴伴奏上也学习、探究了大量的民族音乐作品。自大学在校期间至今，笔者创作和改编了多部声乐和器乐作品，并有多部作品公开演出或参加比赛。其中，声乐作品《高原上的杜鹃花》被《首届"多彩贵州"歌唱大赛歌曲集》（贵州人民出版社出版）收录；《荷塘月色》曾经在"苗岭之声"音乐节上演出并获得好评，同时，演唱者获得表演二等奖。器乐作品有改编的笙独奏曲《翻身的日子》、《瑶族舞曲》等。还有诸多的器乐作品配器以及歌曲、器乐作品和钢琴伴奏编配等。

　　回顾《南盘江之歌》的创作经历，笔者仿佛常常回到那青春似火、激情四射的美好时代。当年，大学刚毕业的笔者被分配到坐落于贵州高原的明珠——花溪河畔的贵州民族学院执教。初到花溪，即被那风光秀丽的花溪山水和独具特色的布依族村寨的西南少数民族风情所醉迷，经常走进布依族村寨，去聆听那优美婉转、动人心弦的布依族音乐。

　　1982 年笔者参加了黔西南布依族苗族自治州成立文娱活动的排练和演出，1984 年笔者陪同中央民族大学部分师生赴贵州三大州（即黔东南苗族侗族自治州、黔西南布依族苗族自治州、黔南布依族苗族自治州）演出。当时途经南盘江一带，亲自感受了布依族地区的风土人情和民族音乐。这时，笔者读到了王廷珍先生的《南盘江之歌》的歌词：

　　　　南盘江，闪银光，
　　　　日夜奔流多欢乐，
　　　　流过那金色的田野，
　　　　流过那翠绿的山坡，
　　　　流过鲜花盛开的园林，
　　　　汇成一条五彩的河。

　　　　南盘江，闪银光，
　　　　日夜奔流多欢乐，
　　　　冬去春来爱唱歌，
　　　　唱绿了无边的林海，
　　　　唱红了满山的花朵，
　　　　唱得千村万寨披锦绣，
　　　　它是一支五彩的歌。

　　南盘江，花溪河，布依族村寨、黔西南喀斯特地貌的秀美风光和富有特色的布依族民族风貌就在笔者脑海里闪现，笔者心里就有了为这首歌词谱曲的冲动。经过一段时间的思考、试奏和修改，笔者终于完成了《南盘江之歌》的谱曲工作。当时恰逢 1984 年中央电视台"第二届全国电视歌手大奖赛"（CCTV 青年歌手电视大奖赛）在贵州省内选拔，笔者将这首歌曲参赛，令笔者欣慰的是这首《南盘江之歌》入选"第二届全国电视歌手大奖赛"（CCTV青年歌手电视大奖赛），同时在中央电视台和贵州电视台播放。

二　南盘江地域的布依族民族音乐文化特征

南盘江是贵州省黔西南州的一条河流，为珠江正源。它的主体在安龙县境南部，发源于云南省曲靖市沾益县马雄山东麓，流经曲靖市，陆良、宜良、华宁、弥勒、开远、泸西、罗平诸县及贵州兴义市，纳清水河而进入安龙县，出省经广西最后流入珠江①。南盘江流域属于中亚带湿润气候，雨热同期，热量充沛，无霜期长，冬无严寒，夏无酷暑，终年温暖湿润。这里地形不一，山峦起伏较大，时而陡峭高山，时而深渊峡谷，时而平坦旷野。因而河流所经，或急流，或险滩。

居住在南盘江两岸边的民族除开汉族外，主要是布依族等少数民族。这首《南盘江之歌》就是根据布依族音乐创作而成，是作曲者经过多次田野调查的成果。下面就着重介绍南盘江地区中的布依族最具代表性的几种音乐类型：

布依族主要音乐类型有铜鼓十二则、浪哨歌、八音坐唱、布依戏和独具特色的布依族山歌《好花红》等。

铜鼓是布依族最古老且最具民族特点的乐器，主要在重大的节日尤其是春节人们都会击鼓。但是在婚礼、新居落成等仪式就不会击铜鼓。因为铜鼓在众多活动中多用于丧葬仪式，是用来超度亡灵的器物，所以它兼有法器的性质。一般是十二则即代表十二种不同鼓调，是用来表示一年中的十二个月，象征着圆满；它寄托了布依族人民的一种美好愿望②。

浪哨是布依族青年男女谈情说爱以及友谊交往的一种传统的社交活动。浪哨歌是青年男女为了寻觅意中人而歌唱的爱情歌曲，通常用汉语和布依语演唱，音调有着浓郁的抒情性。浪哨活动中允许已经结婚但未

---

① 龙青松等编：《南北盘江红河水布依族历史文化研究》，贵州人民出版社2011年版。

② 贵州民族事务委员会编：《布依族文化大观》，贵州民族出版社2012年版。

坐家或者婚后还没有生育的青年男女参加，所以它既是寻求配偶的媒介，又是施展才华的平台①，是布依族音乐文化的重要组成部分。

八音坐唱是布依族音乐中的奇葩，现已列入国家级非物质文化遗产名录，其旋律典雅优美。布依族八音坐唱又称"八音坐弹"或"板凳戏"。八音坐唱是由葫芦胡、牛腿骨、箫筒、月琴、勒尤、鼓、小镲和小马锣（或包包锣）八种乐器合奏而得名②。演出队伍 10—16 人不等（现代演奏也有多达百人的）。同时也吸收了戏曲的形式，如生、旦、净、丑等角色扮演及唱调③。通常有六种曲牌，唱时唱腔用布依族语，道白用汉语，不化妆。随着时代的发展，布依族艺人又加入了唢呐、勒浪、双勒浪、木叶等，加之演唱内容增添了民间传统故事、汉族故事说唱本、剧目等，形成了叙事性较强的民族音乐形式④。八音坐唱一般在布依族人婚礼、立房、祝寿等喜庆日子演唱喜闻乐见的传统段子，是深受布依族人民喜爱的民族说唱艺术形式之一。

布依戏是在布依族民间说唱艺术基础上，吸收其他民族戏剧艺术的有益成分发展而成，是集音乐、舞蹈以及服饰的综合体⑤。在婚嫁、起房盖屋、节日喜宴等活动作庆贺演出。乐器主要以牛腿琴和葫芦琴为主。在唱、念、坐、打上皆有一套自己的程序⑥。它的剧目主要有两类：一类是以本民族民间故事为题材且源于古歌或民间传说、故事编成的，如《安王与祖王》、《王玉莲》、《三月三》等；二类是移植剧目，是用汉民族的历史故事和民间传说改编而成的，如《蟒蛇记》、《樊梨花》等⑦。

山歌《好花红》是布依族人们家喻户晓且人人都会唱的布依族歌曲，被誉为布依族歌曲艺术之经典。《好花红》属于布依族民间曲调中的小调，而一般小调的风格特点表达感情方式较曲折、委婉。其歌词是

　　① 刘纯：《贵州布依族浪哨音乐文化特征探析》，《怀化学院学报》2011 年第 10 期，怀化学院学报杂志编辑部出版。

　　② 贵州省兴义县志编纂委员会编：《兴义县志》，贵州人民出版社 1988 年版。

　　③ 贵州民族事务委员会编：《布依族文化大观》，贵州民族出版社出版 2012 年版。

　　④ 刘娜：《布依族八音坐唱艺术特征初探》，《贵州民大学学报》增刊 2013 年第 1 期，贵州民族大学出版社出版 2013 年版。

　　⑤ 韦启光著：《布依族文化研究》，贵州人民出版社 1999 年版。

　　⑥ 贵州省兴义县志编纂委员会编：《兴义县志》，贵州人民出版社 1988 年版。

　　⑦ 贵州民族事务委员会编：《布依族文化大观》，贵州民族出版社 2012 年版。

通过赞美刺梨花来表现布依族人民的勤劳、勇敢、智慧、坚韧、吃苦耐劳、不畏艰险和积极乐观向上的传统美德。刺梨花虽没有像玫瑰花那样娇艳动人，像牡丹花那样富贵华丽，但是它静静地绽放自己所有的芬芳。试想在含蓄而纯朴的布依族人民中，竟蕴藏着如此奔放、热情、浪漫的情怀；在人人都爱唱歌的布依族村寨中，音乐氛围是那样的浓郁以至于弥漫在整个空气当中。在南盘江流经的这块肥沃而充满灵性的土地上，孕育着如此含蓄、纯朴的布依族人民，让人不由为之赞叹！他们在这里繁衍不息，凭借他们的智慧和坚韧的品行立足于世。他们就如同歌词中唱的那样"哪朵向阳，哪朵红"！

　　如今，布依族山歌《好花红》已经从以往单一的曲名而发展成为一种独立的调式，称为"好花红调"，成为布依族民族音乐的一种品牌。这种曲调主要是在《好花红》音调的基础上进行变奏、改编和创作。其主要涉及舞蹈音乐、合唱音乐、戏剧音乐、杂技音乐以及影视音乐等。主要以四声羽调式为主，它那婉转悠扬、迂回而古老的曲调，深受人们的喜爱和欢迎，因而广为流传。而《南盘江之歌》主要是根据好花红调改编创作而成的。

三　《南盘江之歌》的艺术特征

　　《南盘江之歌》这首歌曲，主要是采用贵州布依族音乐中极具特色的音调元素创作的，主要是"好花红调"；但打破了原来曲调旋律的排列和结构形式，相对于原曲调是借用其骨干音再对其进行充实添补。表达了对南盘江及其两岸秀丽的风光赞美和描绘了勤劳智慧的布依族儿女美好的生活。笔者在改编创作过程中，自始至终注重旋律的走向与构思，从开始的第一个音符到结束时画下的休止符，每一个音符与停顿符之间无不具有布依族音乐特有的韵味。乐曲旋律的基调是明快与抒情交替，音调时而婉转优美时而悠扬抒情，用音符为听众描绘了一幅五彩的南盘江岸画卷。其特征具体表现在以下几个方面：

　　（1）曲式结构与创作技巧特征：这首作品属于一段体结构，以抒情性赞颂为主，曲式结构为：前奏＋A＋B＋尾声，其中 A 和 B 各反复一次，且都结束在同一主音 la 上。歌曲是以添加尾声来结束，使歌曲有一种扩张性并且做到完满终止。同时也结合了中国传统音乐中的"起承转合"的逻辑发展思路，且在音乐的进行中不断推进乐思的发展，再与西方常用于创作的惯用曲式结构相结合。这打破了原有传统创作的曲式结构特点。

（2）调式特征：在歌曲中，笔者通过采用布依族好花红调和加入布依族音乐的其他素材，其音调主要以五声羽调式为主，旋律的音域在八度以内进行。在简单的演唱分析与提炼中可以清晰地看到，从伴奏开始到前半句结束，可以从中找到布依族好花红调的影子。如下列曲谱所示，除了前面的前奏部分从第 6 小节到第 13 小节这一段旋律，其基本曲调与"好花红调"相似，主音都是 la do mi，只是音出现的顺序不同、节奏的变化与音的添加模糊了原曲调。而后半段的旋律和前面的曲调形成了鲜明的对比，前面的旋律对于后半段只能作为一个动机。后半段的变化与前面完美的结合，从结构上又丰富了此曲。所以能够从中感受到布依族音乐的气息。

（3）旋律结构和节奏织体特征：在歌曲中旋律以波浪式的进行为主，更加突出了布依族音调悠扬婉转的特点；音域较窄，但是表现力丰富，并没有因为旋律起伏不大而削弱情感的表现力。这正是布依族音乐区别其他民族音乐的一大特色。旋律紧凑且连贯流畅，节奏明快，这是因为布依族音乐像是一种叙说，跟布依族人们平时说话时所表述的方式和语速接近。音阶基本是以传统的五声音阶为主，相比"好花红调"的四声羽调式，旋律在尾声部分加入了两个变化音，这里运用的是西方的创作手法。因为在布依族音乐里面不使用升 do 和升 sol 这两个变化音，它的使用是为了使歌曲有调式调性的色彩变化，而且有一种无形的张力，是全曲的高潮开始之处。mi、升 do 、la 、mi 、升 sol，短短的这五个音的变化就从婉转悠扬的小调转化为明亮的大调色彩而形成一种鲜明的调式对比。在这里大调富有一种赞美的语气，是全曲的一大亮点，但是全曲最后的结束音又回到了主音 la 上，让人有一种起伏与意犹未尽之感。

该歌曲旋律多采用跳进的方式，但全曲尽量避免大跳。为了使调性旋律的平稳进行，在同一小节内最多只运用五度、四度以内大跳；旋律进行中节奏多以切分节奏和附点节奏为主，节奏时而舒缓时而紧凑，让听众能够感受到开朗、热情、欢快的音响在特定民族的传统中所表现出来的具有强烈的地域风格特色。这样便构成了它旋律风貌的基本特色，别有一番情趣，使人听后感到一种柔美、流畅、淳朴、悠扬、欢乐的意蕴美，撩动人的心弦！

（4）歌词特征：整首歌词赞美了南盘江的河水、田野、山坡、园林、花朵、村寨。其中多用比喻和拟人的手法，还加了"啰""哟"比较口语化的词语，让人尤感亲切。歌词既有抒情又有赞美，既有写实又有想象，歌词与旋律的完美结合始终贯穿全曲，使歌曲更加动人。歌词短小精炼，表达的意境清新、如诗如画一般。

第一段歌词中"南盘江啰，闪银光啰"，这里像是一种叙述，南盘江在太阳的照耀下，清澈河水与阳光交相呼应、银光闪闪、格外迷人。"日夜奔流多欢乐"，这里运用拟人的手法衬托出河岸边居住的布依族人民，辛勤劳作，不怕苦不怕累，且在体会劳作所带来的幸福感的形象。"流过那金色的田野，流过那翠绿的山坡，流过鲜花盛开的园林，汇成一条五彩的河"，这里用金色来形容田野中的稻谷，说明河岸边的人民年年大丰收。"翠绿的山坡"表现了在勤劳的布依族人民的开垦之下没有荒芜的土地和山坡；"鲜花盛开的园林"体现了人民过着富足的生活，不仅在粮食生产上大丰收，同样在经济生活上有自己的产业，这里园林的果树开花如此茂密且鲜艳，预示着丰收时硕果累累的到来；而最后"汇成一条五彩的河"形象生动地描写了布依族人们过着多姿多彩的幸福生活的场景。这一系列的排比，又一次充分地赞美了布依族人民勤劳的传统美德。

第二段歌词，同样采用一系列拟人、比喻以及排比的手法，赞颂了在南盘江这条母亲河的哺育下，这里的人们居住的环境日新月异，生活变得越来越美好！歌词以物抒情，以物画意，以物写物，情物相融，用简练的语言描绘了一幅美丽动人的画卷。

四　结语

笔者认为，创作风格是作曲家的个性与其作品完美融合的一种特殊的表现形式，同时也是人本的体现。而其音乐感觉与创作思想则是其个性融于其作品的意蕴表达，反映的艺术精神是人的精神文化，且离不开人的思想情感。作曲家的性格、情感等带入其作品中是非常自然的事情。虽然其审美思想受社会生活、时代的变化以及民族文化的影响，但其音乐感觉具有强烈的主观性与独立性。这是因为每个人的思想意识、生活阅历、艺术修养不同，反映在其创作的音乐特征上，也是具有鲜明个性的。所以风格是音乐艺术五花八门的变化形态的综合。古语有云："文若其人，言为心声"，笔者认为："歌亦若其人，亦为其心声"，《南盘江之歌》正如此之表达。

伴随着经济的快速发展，人与人，民族与民族，各国家和地区的交流日益频繁，加速了各民族文化之间的融合与交流。现在人们崇尚个性的张扬，审美情趣的变化多样以及人们对事物的态度和看法日渐趋向多元化。同样，音乐领域的多元化思想已经成为当今音乐研究与创作的主流意识。歌曲《南盘江之歌》亦是如此，笔者把质朴悠扬的旋律以及浓郁的民族风格与西方的创作手法巧妙地结合起来，可谓是集东、西方音乐以及民族民间传统音乐于一身，精雕细琢成了一首婉转动听、意境清新、意蕴深刻、生动活泼的声乐作品。但是保留了中国音乐及民族的传统风格，希望能对少数民族的音乐的发展和创新贡献力量，更希望对弘扬中华文化有一定的积极的促进作用。

附《南盘江之歌》歌曲：

南盘江之歌

1=♭B 2/4

王廷珍　词
范元祝　曲

中速、优美地

（35｜6·6 6 35｜23212 3｜3336 23216｜6361 3163｜3361 3163）｜

6·212｜33·｜3 6 21｜61 1·｜3·6｜2312 2｜3 6 212｜

南盘　江哟，　闪银　光哟，　日夜　奔流多欢

3·5 216｜

冬去　春来爱唱

16 6·｜6 66 1 56｜53 3 5｜6 66 3\66｜12 2 35｜6·6 6 35｜

乐哟，　流过那金色的　田野，　流过那翠绿的　山坡，流过　鲜花盛开的
歌哟，　唱绿了无边的　林海，　唱红了满山的　花朵，唱得　千村万寨

23212 3 0｜3336 2·31 2｜1·3｜3 05 2·316｜6 —（35）｜

园　林，　汇成一条五彩的　河。　五彩　河。
披锦绣，它是一支五彩的　歌。　五彩　歌。

结束句　　　　　**渐慢**

3 —｜1 —｜6 —｜3·5｜6 66 12·31 2｜1·2｜3 5 35｜

哦！　　　　　　　　　它是一支五彩的　歌，　五彩的

6 —｜6 —｜6 0‖

歌。

花溪大寨布依族地戏调查报告

肖　可[①]

位于贵阳市郊的花溪区地处贵州高原中部，东界龙里县，南临惠水、长顺两县，西接平坝县、清镇市，北靠贵阳市辖之小河、乌当、南明三区，距贵阳市中心 17 公里。被人们誉为"高原之花"。大寨村是花溪区的一个布依族聚居村，距乡政府 1.25 公里，村委会设大寨，辖大寨、新寨，民国初年曾置花大寨乡。全村 360 户，1434 人，布依族占 90%。[②] 在这山川秀丽、风景宜人的村落，布依族人创造了丰富多彩的民俗文化，地戏就是其中之一。

一　大寨地戏的渊源和现状

据大寨地戏队的团长罗忠元师傅口述，大寨布依族地戏队始于清朝道光年间，从安顺言传、口授过来。当时的面具是请安顺的雕刻师沈师傅雕刻的，材料为白杨木。由于当时寨上有不少青年沾上赌博等不良习气，一位名叫龙德甫的老人对此颇为担忧，他与村中几位德高望重的长老商议，成立地戏班子，排演地戏，以此引导青年走上正道。

《贵州古代史》里说："在都匀府、安顺府、南笼府一带的布依族，从汉族屯兵那里学会了在平地上表演的地戏。"贵州地方文献上将定居在今天长顺、贵定和花溪一带的汉族、苗族、布依族、仡佬族等民族统称为"土人"。从文献记载上看，康熙三十一年（1692 年）修正的《贵州通志》卷三十，刊印了一件《土人跳鬼之图》，图上表现的就是地戏表演的场面。道光七年（1827 年），在《安平县志》里出现了

"元霄遍张鼓乐，灯火爆竹，扮演故事，有龙灯、狮子灯、花灯、地戏之乐"，这有可能是记载布依族人表演地戏的最早文献。当然由于历时久远，我们已无法确切地考证其一定就是布依族或是其他民族，但是"土人"的泛称却给我们留下了大量的遐想空间。

从以上的论述我们可以这样判定：花溪大寨布依族地戏的流传至少有200多年的历史，它的产生与安顺地戏有着密切的关联。

大寨地戏一般都只在春节期间演出（正月初四到正月十五），即使有超越此期间的，也仅仅是春节活动的延伸，不像安顺的屯堡地戏那样七月份还跳米花神。大寨地戏的程序为：开箱——设朝——点兵——跳神——参财门——扫场——回神。不过近几年大寨地戏的傩仪成分越来越少，这就导致了大寨地戏的表演过程也更加简单。现在大寨地戏的表演程序为：开鼓——主事点燃香烛仪式——开台唱戏——结束。大寨的地戏队含团长、锣鼓手、演员、后勤共有18人，其中演员有12人，什么时间跳？跳书中的哪一段？跳几天？根据召开戏友会议确定。以下绘制的是大寨地戏队演员详细资料表。

大寨地戏队职员表

姓名	年龄段	表演的角色	职责	职业
罗忠元	60	×	团长	农民
罗效云	60	×	领队	退休公务员
罗效显	40	敲锣	副团长	农民
王隆刚	50	敲鼓	副团长	保安
罗诚友	30	杨六郎	演员	司机
罗德勇	30	张彤	演员	司机
罗佳佳	20	女将（正）	演员	司机
罗兴刚	20	女将（反）	演员	司机
罗国富	30	双头棍小军	演员	商人
罗效勇	30	双头棍小军	演员	司机
罗国富	30	大将	演员	保安
罗效国	50	大将	演员	门卫
罗兴友	30	扛旗帜大将	演员	司机
赵兴友	20	扛旗帜大将	演员	司机

从上表可以看出大寨地戏队演员主要由面的司机这一群体组成，共

同的职业加上平日长期的相处使得他们在排演地戏时相当默契，而相似的生活规律又有利于地戏表演队的管理高度集中和统一；表中年龄数据显示，大寨地戏演员的年龄段在20—50岁之间，其中以二三十岁的年轻演员居多。这与近几年来，大寨地戏队致力于地戏的传承、大力培养年轻演员有关。虽然具有流行元素的现代文化不断冲击着大寨地戏，但是注入了新鲜血液的大寨地戏仍然顽强生存着！

大寨地戏队的团长相当于屯堡地戏的"神头"，团长在地戏队中充当着十分重要的角色。他不仅要熟悉地戏剧本的内容，把相关的七字剧情台词灌输到每个演员的大脑，还要负责安排每次地戏演出的片段以及事务。在日常的排练和演出中，团长纠正演员的错误并指导他们的表演动作。大寨地戏队的团长是罗忠元师傅，他从20岁开始学习地戏表演，至今已有40多年的经历。据他介绍，大寨地戏队的演员都是本寨的村民。闲时聚在一起演戏，忙时各谋职业。大寨招收地戏演员的传统标准是：品德好，作风正。这反映了布依族人朴素、善良、正直的人生观。不仅如此，大寨布依族人还推重忠孝仁义，视忠孝持家、尊师重教、尊老爱幼、敬亲爱友为优秀品德，在关于生命、祸福、外世的观念上又掺杂佛道两教的善恶有报、积德行善、苦修来世等思想。而大寨的地戏活动则处处体现着布依族人们的宗教道德观念。这在以前表演的"开箱请神""开财门""封箱送神"等宗教祭祀仪式中尤为明显。

二　大寨地戏的祭祀仪式

"驱邪禳灾"是进行地戏活动的宗旨，是地戏表演中的重要环节。据大寨地戏团长罗忠元师傅介绍，新中国成立前，大寨地戏还保留着相对完整的祭祀仪式。仪式包括：开箱──→参庙──→参财门──→回神。

开箱，又称"请脸子"，是演出前举行的一种祈神仪式。这在以前大寨地戏表演中是一件非常隆重的事。面具是地戏的灵魂，是神的符号，平时都放在一只大木箱内，不能随便翻。只有正月里地戏开演前夕才能开箱取出。开箱仪式多选择在黄道吉日举行，以示尊重。届时所有的地戏演员都将汇聚于一所庙堂内。庙堂中央置一神案，上面放着水果、酒、糕点、熟食之类的供品。由神头在装有面具的木箱前焚香化纸,其余演员按正反方列队站于两边。烧完纸钱,主帅带领众演员对大木箱下跪叩首,念诵请神的诗文,念毕起身,神头手端酒浆奠祭众神,然后宰杀一只雄鸡,以鸡血点木箱。放一阵鞭炮后开箱取出面具。

开箱的仪式结束之后,便是参庙。众演员排列整齐由小军作先导,到村寨内各个庙宇进行参拜,祭奠各庙的神祇,祈求神灵护佑,无病无灾,健康平安,来年丰收。参财门在正戏演出即"跳神"之后进行。严格地说它不属于祭祀仪式,而是临时插入的民俗活动,但其中也与地戏演出的神性表现有关。有需要的人家如要驱邪、纳吉,可以请戏班去开财门。主人家一般要预先准备好供品和酬金。待戏班来时,燃放鞭炮,给面具和锣鼓披红。戏班的演员则要给主人家施礼,边舞边唱,唱词都是吉利祝福之语。仪式结束后,主人家便用供品和酬金招待戏班的演员。有时戏班也会自发的为本村内一些家庭困难之户"参财门",给其带去"喜气"冲除噩运而不收丝毫的供品和酬金。从中我们可以看出大寨地戏演员表现出浓浓的人文关怀!

大寨地戏表演的最后一个祭祀仪式叫做回神,亦可称为"封箱"。相对于"开箱"而言,"封箱"仪式过程与之基本相同,差别在于所念的祝词内容不同。"开箱"有开箱的祝词,"封箱"有封箱的祝词。面具送入木箱后,会用红纸条封严,并将服装道具收捡好,以备来年春节使用。十年"文革"期间,大寨地戏的祭祀活动被当作牛鬼蛇神的封建迷信取缔,改革开放后又受到现代文化的冲击,生命力越发式微。近几年,有些仪式更是绝迹于春节期间大寨地戏的表演中。

如今的大寨地戏只表演"开鼓"仪式,其他的仪式则省略了。"开鼓"仪式实际是"开箱"的一个嬗变,具体的过程是:在正月初五左右举行"开鼓"仪式,由神头在自己家中的堂屋里设神案,摆香炉,案上左右点燃红烛,香炉中烧三炷香,口中念着与"开箱"仪式一样的布依文祝词:"今天我们开鼓,请××老将来指导我们。"然后围着神案焚纸钱,在堂屋外放炮仗。众演员齐力抬来地戏队表演时用的铜鼓,由击鼓师象征性的敲打后,主要演员着戏装表演武打动作。

大寨地戏队之所以如此省略仪式部分,一方面是为了方便表演、节省时间，另一方面是由于现在大寨地戏队的面具、服装、道具都统一放置在地戏团长罗忠元师傅家中的一个衣柜内，衣柜所处的房间空间狭小。如果要进行"开箱""封箱"等仪式，70 多面面具进进出出拿着不方便。此外，随着大寨村社会、经济的快速发展，大寨人民的生活及医疗卫生水平也在大幅提升，大寨村民对驱邪、纳吉的祈福需要亦在减少。加之大寨村人口迅速增长，大寨村民们居住环境也由以前的单户小院变成了高楼大厦。如此一来，大寨地戏队无法挨家挨户地"参财门"，因为地戏演员无法在狭小的楼道中或堂屋的空间内展开表演。

三　大寨地戏剧目及艺术特色

目前大寨地戏队表演的剧目主要有两个系列：《杨家将》和《三国》。《杨家将》是大寨地戏队的传统剧目，《三国》以前是不演的，属于后增剧目，而且大寨地戏队只表演《三国》系列中的《三国演义——千里走单骑》。

根据笔者调查，大寨地戏剧本完整保存下来的共有 6 本，分别是：三下河东（卷一）、三下河东（卷二）、三下河东（卷三）、三下河东（卷四）、三下河东（卷五）、九转河东（卷一、卷二合订本）。初本最早是由班如薰老人（出生于清代，距今有120 多年）带来的，现残留几本保存在大寨地戏团长罗忠元家中。班如薰老人带来的地戏剧本后由其后代班世龙、班世选传抄给他人阅读，广为流传。但随着岁月的流逝、时间的迁移，经过"文革"的浩劫后，这些手抄本大部分都已不复存在了！为了挽救地戏剧本的生存绝境，20 世纪 80 年代开始，大寨的一些地戏艺人、爱好者聚集在一起搜集剧目，重新刻印地戏剧本。由于地戏剧本的刻印工作很累、很辛苦，这就需要在刻印的过程中不停地换人以维持刻印工作的继续，也就导致了一本油蜡刻印地戏本由两人或多人完成，油印本字迹不统一。据大寨地戏演员们回忆，甚至有些地戏剧本内的字迹已记不清是谁刻的了。不过刻印后的本子比原先的手抄本字迹更加清晰、工整，内容也与以前的手抄本保持一致，既方便了地戏演员的阅读，也有利于大寨地戏的传承。参与刻印的主要人员及承担的工作如下表所示。

花溪大寨布依族地戏剧目及刻印者表

地戏卷目 ＼ 刻印者	罗效云（原花溪区人大副主任）	罗忠元（现大寨地戏队团长）	班培国（艺人）	班世国（艺人）
三下河东（卷一）			√	
三下河东（卷二）	√			
三下河东（卷三）			√	
三下河东（卷四）	√	√		
三下河东（卷五）				√
九转河东（卷一、二合订本）			√	√

大寨地戏的剧本是大寨地戏队表演的依据，是推动大寨地戏传承与发展的灵魂，故而能被较完整地保存下来。从大寨地戏队保存的地戏剧本中我们可以窥见它内蕴的艺术特色。

（1）语言自然流畅，通俗易懂，具有较强的表现力。大寨地戏每个剧本分若干回目。剧本内容除少数道白、对话外，大量是以七言为主的唱词，在文体上是以第三人称为主的叙事说唱体。根据内容的表达需要，有的诗行比较整齐，有的长短交错，两句一段，很有节奏感，音律上也显得协调，七字一句等长字句的表达具有较强的表现力，更有利于演员的情感表达，语言自然流畅、通俗易懂、感情深厚，而末尾的押韵又使得整个韵文便于记忆、琅琅上口、富有节奏感。

（2）现实主义的创作方法。地戏的剧目都是以反映古代历史征战故事为主，大寨地戏也不例外。这一点从上表中就可以看出。也正是因为它真实地反映了历史，很多大寨地戏演员都从它汲取了丰富的历史知识。如果说地戏的剧目是史实的一面镜子，是历史的准第一手材料，是一点也不为过的！从大寨地戏队保存的剧目中我们不仅可以推测性地还原历史战争的本来面貌，还可以从中窥见劳动人民所受的兵役之苦以及与亲人依依惜别之情。以《三下河东》中《点兵词》为例：

> 正月点兵百花开，朝中文书晓夜来。
>
> 家有三丁抽一个，家有五丁抽一双。
>
> 二月点兵百花香，朝中文武点刀枪。

长枪短枪都点了，各带盔甲去领粮。

三月点兵辞我公，我去当兵你长工。

别人养子来防老，我家养儿在营中。

四月点兵辞我奶，我去当兵哭哀哀。

来到营中嫌我小，文书转取大哥来。

五月点兵辞我爹，我去当兵舍不得。

门前一分上水田，卖与我儿做盘缠。

六月点兵辞我娘，我去当兵娘烧香。

朝朝烧香换净水，保佑我儿早回乡。

七月点兵辞我哥，我去当兵哥心系。

只有哥哥替兄弟，哪有兄弟替哥哥。

八月点兵辞我嫂，我去当兵你心焦。

柴在山上无人砍，水在江中无人挑。

九月点兵辞我妇，我去当兵几时回。

哥哥好似长江水，水落潭头几时归。

十月点兵辞我妻，我去当兵你孤凄。

早早关门早早睡，免得别人说是非。

冬月点兵到柳州，柳州番王闹幽幽。

大喊三声头落地，小喊三声血长流。

腊月头点到我家，千斤担子下与他。

隔壁两邻来问讯，五湖四海没安家。

　　剧中人物富有情感的表达透露出浓郁的生活气息，反映了当时社会生活的现实，更反映了劳动人民在封建统治者所鼓动的"忠王保疆"思想毒蛊下的凄惨生活。

四　大寨地戏面具、道具及服装

　　大寨地戏面具一般由白杨木所制，但也有用核桃木、桃木、丁木的。核桃木做的面具很重，戴在头上不舒服。而桃木、丁木所制的面具容易开裂，所以面具一般还是选用白杨木。大寨目前保存的面具共有

74 面，其中杨家将系列的有 64 面，主要人物有：杨六郎、孟良、焦赞、岳胜、张盖、杨令公、佘太君、焦松、焦义、孟怀元、杨金花、杨八姐、柴敢、王贵等；三国系列的有 10 面，主要人物有：关羽、孔明、张飞、刘备、孔秀、韩福、孟坦、卞喜、王植、秦琪等。杨家将系列中有 28 面是以前做的，36 面是后来找人雕刻的。与屯堡地戏面具相比，大寨的面具把鼻子雕得比较扁，做得既大且薄，戴在头上很舒服。据罗忠元师傅介绍，之所以要雕刻新的杨家将面具，有两个方面的原因：一是为了更好地保护大寨地戏老的面具，因为长时间的演出有的老面具已经损坏。二是老的面具虽然工艺上要比新的面具好，但是戴在头上很重，不利于表演。前几年大寨地戏队应邀去日本参加演出，应主办方的要求，临时组演了《三国演义——千里走单骑》，所以才有了三国系列的 10 面新面具。

别看大寨地戏演员们文化程度不高，但很有智慧。考虑到演员们平日里排演时头戴木制面具表演武打套路的不舒适，个别演员发明了一种新式的面具，即在笋壳上涂上色彩画脸谱，这样面具戴在脸上觉得很轻松，排演时又不会轻易地脱落，能取得很好的排练效果。现在这种笋壳面具多用于大寨地戏队青少年后备演员的训练中，这样既可以达到培养新人的目的，又能避免正式面具在排练中不慎损坏，真可谓是一箭双雕。与其他村寨的地戏一样，大寨地戏中正反双方的小军角色并无严格的界线，除了主要大将外，在表演时其他的人物面具也可以混换，没有忌讳。

花溪大寨布依族地戏表演队所使用的道具如大刀、剑、刀、铁棍、铁锤等都为木制。据表演队的演员称，他们使用的道具与其他几个寨子的地戏队比较起来稍大且长些。大寨地戏队员表演时所穿的鞋子很有民族特色，是用黄竹麻编织的，鞋尖上绣有红球作为装饰。表演时，台上演员表演觉得抬脚轻盈，台下观众们也觉得好看。

服饰是一种时尚，也是一种标识。一个民族的服装总是内蕴着这个民族的独特性格。大寨地戏队的表演服饰深受布依族传统服饰的影响，可分为内装与戏服。内装就是大寨布依族人自己的传统服装，面料多为自织自染的土布，有白土布，也有色织布。服饰色彩多为青蓝色底上配以多色花纹，有红、黄、蓝、白色等。元宵节晚会开场进行大刀表演时，演员们会头裹头帕（黑底或蓝底的花格），上身穿长衫或双排纽扣上衣，腰系彩色腰带和扇囊，下身穿青或蓝色吊档直筒裤。进入正戏部分时，演员们会头戴面具，外加套一层色彩斑斓、图案繁多的戏装。戏装与其他村寨的戏服无异，都是从安顺附近地区购来的。从大寨布依族地戏演员的穿着我们可以看出布依族人淳朴善良、温和热情的性格。

五　结语

大寨布依族地戏作为一种从汉族地区植入的剧种，它的产生与发展实际上就是一个逐渐汉化的过程。它不仅只是对安顺地戏简单地照搬，也融入了自己本民族的特点。"它打开了生活在现代都市社会的人们的眼界，启动着民俗、戏剧和宗教等多种人文学科研究者们的思路。"① 在文化人类学专家眼里，没有恒久不变的文化，他们认为任何一个民族或者一个群体，都处在发展变化之中，体现这个民族或群体的文化特征也处在变化之中。而这种变化背后隐藏的实质是传统文化和现代化的激烈冲突。代易时移，特别是在生活节奏加快、信息传播迅捷的今天，以强势经济为支撑的强势文化正以不可阻挡的动力迅猛扩张，契入一切领域，引起各种文化模式的改变。大寨布依族地戏也不可避免地要遭遇现代化的冲击，要在经济合理化的今天发生消解和丧失。

上文已述，大寨地戏的仪式部分现今已所剩不多，而正演部分也在悄然发生变化。笔者于 2011 年正月十五考察了大寨地戏队的表演，每年正月十五，大寨村的幼儿园内都会上演地戏。中午时分，地戏演员们一起在村委会门口的小饭馆聚餐，费用由村委会支出。这是近几年大寨地戏的传统。临近表演时，演员们各就各位，各自整理自己的演出服装和道具。现今大寨地戏的表演已不再是单纯的独立表演，还有一些其他类型的文艺节目，可以说更像是一场元宵节地戏文艺汇演。在近 3 个小时的文艺演出中，地戏表演才不过 10 多分钟，且被分割成三个片段穿插于其他的文艺节目中，由于要方便观众的欣赏并与其他的节目共同演

---

① 郑正强：《最后的屯堡——一个汉移民社区文化探究》，贵州人民出版社 2001 年版，第 63 页。

出，大寨的地戏也就由以前的平地表演改为现在高筑的舞台展演。不过，高台演出也有好处，那就是有利于现场秩序的管理。

以下是大寨村 2011 年元宵节地戏文艺表演节目单：

序号	节目名称	演　　员	
1	地戏	大刀表演	大寨地戏表演队
2	大合唱	迎宾歌	大寨村委代表队
3	舞蹈	木鼓舞	班小三等表演
4	大合唱	三创一办要认真	罗国英等表演
5	舞蹈	红月亮	班国珍等表演
6	地戏	杨六郎点兵	大寨村地戏表演队
7	合唱	红红的日子	花溪红歌会表演
8	顺口溜	计划生育就是好	班光平表演
9	舞蹈	欢乐舞	龙炳秀等表演
10	布依山歌	贺新年	王明桂等表演
11	舞蹈	非洲击鼓	花溪酒吧一条街代表队
12	合唱	美丽的绿丝带	花溪春竹合唱队表演
13	舞蹈	南泥湾	罗忠宪等表演
14	舞蹈	水仙花	班国珍等表演
15	地戏	杨六郎大战张彤	大寨地戏表演队
16	男生独唱	你是我一生中最大的骄傲	班明昆演唱
17	舞蹈	印度狂欢舞	农科院代表队
18	布依山歌	卫生达标靠大家	班培英等表演
19	快板	恭贺新春好	班光平等表演
20	合唱	歌唱党的好政策	郭秀等表演
21	舞蹈	大地飞歌	班国珍等表演
22	布依土歌	歌唱传统地戏	罗凤芬等表演
23	舞蹈	好花红	安顺表演队表演
24	女生独唱	青藏高原	张玲演唱
25	舞蹈	格桑拉	冯安秀等表演
26	男生独唱	掀起你的盖头来	花溪河畔演唱团表演
27	秧歌舞	美观不美观	花溪红歌会表演

从节目单中我们可以看出，大寨地戏表演的功能正发生巨大的变

化。地戏是以求神禳灾、祈求风调雨顺和人畜兴旺而许愿演的戏。最初大寨村引入地戏是为了阻止青年人习赌，而如今逐渐演变成宣传"国家政策，歌唱美好生活"的综合文艺演出。究其原因，笔者认为是观戏群体的两种对立心态之间博弈产生的效应。就地戏而言，观戏者对其有两种心理：一是愉悦身心；二是祈福求祥。这如同置于天平两端的秤盘，决定其向什么方向倾斜的"砝码"是社会环境的变化。

地戏是傩戏的一种，傩的雏形早在远古时代就有，它源于人类对大自然与人世间种种不可思议的现象所产生的一种敬畏、附从的心态，进而发展出一套复杂的信仰与祭仪的行为系统①，人类希望通过这种行为系统向具有超自然力量的神灵索取自身无法解决的需要，这种心态根植于文化中在人类社会的很长时期内都居于主导地位。但是随着生产力的持续发展，社会的不断进步，人们祈神求盼的需要已不再依赖于祭祀和祈祷，通过科学和技术手段就可以解决人们生活中的困难。于是地戏中"神"的地位渐落了，祭祀仪式也就省略了。地戏可以与仪式相脱离，独立地表演给人看了。如今大寨村年轻一代的村民出门看地戏的目的是交友游乐，愉悦身心。地戏表演旨趣已不再是神而是村民相互间的交流与娱乐、宣传党的方针政策和歌唱美好生活。

---

① 庹修明：《中国傩文化述论》；庹修明：《叩响古代巫风傩俗之门——人类学民族学视野中的中国傩戏傩文化》，贵州民族出版社 2007 年版，第 21 页。

荔波县档案馆藏国家珍贵古籍名录部分布依文古籍简述

何羡坤[①]

从 2009 年 6 月至今，荔波县已有 15 册布依文古籍入选国家珍贵古籍名录，国务院国发（2009）28 号文件《关于公布第二批国家珍贵古籍名录和第二批全国古籍重点保护单位名单的通知》，其中第十三项文种是"布依文"。这标志着方块布依文首次被国家正式承认为少数民族文字之一；布依族傩书被文化部正式定名为"布依文古籍"。随着 2012 年进入"中华字库"国家重点文化工程，布依文必将在国内外产生越来越重大的影响。现就布依文古籍有关问题进行简述，敬请专家批评指正。

一 布依文古籍文献年代考证

布依文古籍应是唐宋时期形成并在南方布依族地区广泛传播，古籍传承以摩师（即布依先生）密授弟子、代代相传的形式进行，古籍均为毛笔手抄本，有的在封面注明手抄者姓名和年号，有的则在书内插写有抄录者和年号，现存多为明清卷册。用于抄写古籍的文字，是方块布依字，它属于汉字圈的少数民族古文字。这些民族文字，经过对汉字的仿造、改造、突变的过程，用来记录自己本民族语言。唐宋时期，古壮字、水族文字、白族文字、喃字、日文、朝鲜文、西夏文，都属于借用汉字来书写本民族历史文化的文字，布依族文也是如此。今天我们看到的方块布依字，就是运用假借汉字和自创的一套文字系统，是代代师传下来的布依文，其他民族人士根本无法识别，更不能读懂其意，只能由

---

① 何羡坤，男，荔波县政协文史委员会主任。

布依先生用布依话识读、是现今仍然使用的一种少数民族文字。南宋诗人范成大的《桂海虞衡志》和南宋地理学家周去非的《岭外代答》都记载了黔桂边区用于记录方言的"土俗字"，实际上就是今天的"方块布依字"，这说明布依文古籍最迟在唐宋时期就已被广泛运用。至于今天只留存有明清古籍版本，是因为书籍被历代不断翻烂不断重抄的结果。

二　荔波县藏国家珍贵古籍名录布依文古籍文献内容简述

2009 年 6 月，荔波县档案馆有四部布依文古籍入选第二批《国家珍贵古籍名录》，它们是：《献酒备用》、《接魂大全》、《解书神庙全册》和《关煞向书注解》。

2010 年 6 月，荔波县档案馆有六部布依文古籍入选第三批《国家珍贵古籍名录》，它们是：《掌诀》、《修桥补路》、《架桥还愿》、《罢筵倒坛》、《祭祀请神》和《傩愿问答》。

2012 年 3 月，荔波县民宗局有五部布依文古籍入选第四批《国家珍贵古籍名录》，它们是：《盘古前皇》、《祭解全卷大小通用》、《祈请婆王》、《钜鹿氏》和《做桥》。

现将荔波县档案馆藏十部布依文古籍简述如下。

（一）《掌诀》

1. 文献来源：荔波民间。
2. 作者：钜鹿氏贤臣。
3. 主要内容：此书是布依傩师动用掌诀破解人们所犯关煞，如已知小儿降生时辰运用布依十二指掌诀推测便可确定所犯的何种关煞。为占《父剌卜》布依语口决是："正五九紧赖怀——戊（属狗日），二六十怀后洛——丑（属牛日），三七十一紧后汪——辰（属龙日），四八十二羊雷董——未（属羊日）。"此掌诀还可用于推测其他方面，并且此诀只有布依傩师通晓，是少见的秘诀。
4. 文本抄写的时间：咸丰五年。

5. 该文本发现的意义：这一册布依族文字古籍对于研究布依族占卜习俗文化具有重要参考价值。

6. 该文本的流传地区和流传状况：该书主要流传于荔波各布依村寨，现还在使用中。

7. 目前学界对该文本的研究状况：尚未开展研究。

（二）《修桥补路》

1. 文献来源：荔波民间。

2. 作者：岑仕龙。

3. 主要内容：此书记载布依族通过修桥补路的祭祀活动以修功德祈福的习俗：他们认为夫妻成婚后多年不孕或者生育后夭亡，是因前世不修功德、行凶作恶而遭到报应。经傩师占卜确定是这一原因后，便筹办供品到野外进行修桥补路的祭祀活动进行禳解，祈求圣灵送子或护佑子女长大成人、一生平安。

4. 文本抄写的时间：同治八年。

5. 该文本发现的意义：这一册布依族文字古籍对于研究布依族婚嫁文化具有重要参考价值。

6. 该文本的流传地区和流传状况：该书主要流传于荔波各布依村寨，现还在使用中。

7. 目前学界对该文本的研究状况：尚未开展研究。

（三）《献酒备用》

1. 文献来源：荔波民间。

2. 作者：姚文。

3. 主要内容：此书是布依族举行傩祭、傩戏的重要典籍，是布依族优秀文化遗产。书中记载了布依族远古流传下来的天地起源说，以及人类起源说。书中的婆王圣母，在布依族人民心目中极为神圣，她是天下人类的母亲，她保护人民不受牛鬼蛇神洪水猛兽的侵害，她是人类繁衍子孙幸福生活的源泉，她是傩书中人类第一个保护神，是布依族最崇敬的女神！她是布依族远古母系社会，以女性为尊的体现。书中三界公爷惩恶扬善劝人向善的英雄事迹，弘扬了人间真善美的思想，表现了布依族向往真善美，厌恶假丑恶的思想品格，其行为方式代表了布依族的审美观和道德评判。书中人物众多，虽以神仙面目出现，却反映了布依族世界的世俗生活，揭示了布依人民的喜怒哀乐和价值取向，表现了布依人民渴望五谷丰登，安定和谐的社会环境的美好愿景，是布依族人一部珍贵的文化典籍。

4. 文本抄写的时间：清道光二十一年。

5. 该文本发现的意义：这一册傩书反映出布依族先民的宗教信仰与习俗，具有深刻的思想文化内涵和重要的研究价值；且图文符号独特、书写艺术精湛。

6. 该文本的流传地区和流传状况：该书主要流传于荔波各布依村寨，现还在使用中。

7. 目前学界对该文本的研究状况：尚未开展研究。

（四）《接魂大全》

1. 文献来源：荔波民间。

2. 作者：没有署名。

3. 主要内容：此书将阴阳五行赋予人的生辰八字的阐释，是一种唯心主义的产物。但其中所讲的金木水火土五行相生相克，讲究阴阳平衡、阴阳消长，阴盛阳衰、阳盛阴衰，带有朴素的古代辩证法思想。荔波布依族中的拜寄保爷，是布依群体中代久年长的一种历史社会现象。一般要找保爷的小孩，大多小时候多病，其父母认为小孩五行八字缺少了某一项才会致病，就请布依傩书先生举行拜寄仪式，拜寄给保爷。保爷在布依族中地位很崇高，是保儿保女的再生父母；保爷在布依群体里责任很重大，视保儿保女如同己出，呵护有加，疼爱无比，让保儿保女能茁壮成长。一旦保儿保女有病，会有亲生父母和保爷保妈两家的疼爱和倾心治疗，很多忧郁的病重的保儿保女，很快就能治愈，在两家的关怀备至中心情开朗起来。保爷保子的非血缘父子关系，在布依族中感情纽带十分牢固，有的三四代后仍然密切如初，不会淡化。因此，小孩拜寄保爷这种社会现象，在布依族地区，先以五行八字开始，而其实质是布依族人民在非血缘中寻找帮助自己的人，其结果是达到了互助友爱、睦邻友好、共担危难、共享亲情的民族精神。在布依族中，小孩拜寄，不但拜寄给自己信任敬爱的非血缘父母，而且有的拜寄给了大自然中的名木古树、水井溪潭、高岩巨石，这是根据金木水火土五行缺什么拜什么的原则进行的。布依人在傩书先生举行仪式拜寄自然物后，要将一匹红布挂在该物体上，标明曾有人拜寄此物。布依族群体虔诚信奉自然界诸神会保佑人的一生幸福安康，因此对自然物怀有敬畏之心，一经拜寄，大家对该物便存崇敬心理，而且相信对该物稍有侵害，便遭天谴，祸及自身。因此，在布依族地区逢年过节，便有人十分虔诚地祭祀村边大树、寨下水井、大路溪潭、山边巨石等。在布依族人心目中，这些自然物是神圣的，不可侵犯的，不但本乡本土人不能毁坏，外地人进来更不能亵渎它。所以布依族地区名木古树，森林水体保护得非常完好，客观上协调了人与自然的关系，保护了生态环境，这也许是世界自然遗产地的良好生态能保存到今天的缘故。

4. 文本抄写的时间：清同治七年。

5. 该文本发现的意义：该册傩书具有深刻的民族信仰文化内涵和重要的研究价值；且图文并茂、符号独特、书写艺术精湛。

6. 该文本的流传地区和流传状况：该书主要流传于荔波各布依村寨，现还在使用中。

7. 目前学界对该文本的研究状况：尚未开展研究。

（五）《解书神庙全册》

1. 文献来源：荔波民间。

2. 作者：莫振先。

3. 主要内容：此书再现了布依族文化传统中的各路神仙从天庭仙山纷纷下凡，其氛围圣洁壮丽、庄严肃穆。依序道出的神庙仙府之地名，展示了古代布依族人民缤纷瑰丽的奇思妙想。各路神仙高超不凡的道行，成为布依族民间传说的内容；神仙驱邪避祸，惩恶扬善的德行，寄托了布依人民渴求公正执法的社会环境和吉祥安康的良好愿望。此书是布依族宗教信仰、伦理道德的综合反映，是研究布依族族群心理，了解布依族泛神论的重要文化典籍。

4. 文本抄写的时间：清光绪十六年。

5. 该文本发现的意义：这一册傩书反映出布依族先民的宗教信仰

与习俗，具有深刻的思想文化内涵和重要的研究价值；且图文符号独特、书写艺术精湛。

6. 该文本的流传地区和流传状况：该书主要流传于荔波各布依村寨，现还在使用中。

7. 目前学界对该文本的研究状况：尚未开展研究。

（六）《关煞向书注解》

1. 文献来源：荔波民间。

2. 作者：莫玉昆。

3. 主要内容：此版本珍贵特殊，书内彩色图像，缤纷美丽、以图为主、图文并茂，易于布依傩书先生解读。书中保存了金木水火土五行，春夏秋冬四季，年月日时四刻，天干地支等古代文化元素，配以相应的彩色图像，是布依人民自然崇拜、图腾崇拜、祖先崇拜、神灵崇拜的综合体。

4. 文本抄写的时间：没有注明。

5. 该文本发现的意义：该书图像绘画，技巧娴熟，构思奇异，表现了布依族人民在绘画上的非凡想象力和富于夸张的风格。书中记载了布依族远古信仰中的各种神煞，并注明如何禳解这些神煞，以求人的一生平安、幸福。该册傩书具有深刻的思想文化内涵和重要的研究价值；且图文并茂、符号独特、书写艺术精湛。

6. 该文本的流传地区和流传状况：该书主要流传于荔波各布依村寨，现还在使用中。

7. 目前学界对该文本的研究状况：尚未开展研究。

（七）《架桥还愿》

1. 文献来源：荔波民间。

2. 作者：没有署名。

3. 主要内容：此唱本是布依傩祭戏（亦称"还愿做桥"）场外祭祀活动用本之一。这是场外祭祀活动，在整个还愿做桥祭祀活动中是较为隆重较为热闹的活动，场地布置较为讲究，很有气派，有花桥的架设，又有摆设红花，守护红花精彩场面布置安排就绪后，接着进行以伦理道德为内容的演唱和簇拥红花送入卧室的热闹场面。此停彼起，热闹非凡，场地宽大，一般占地达 40—60 平方米。此唱本情节紧凑，语言生动活泼，含义深刻，此书堪称是一本不可多得的民族文化古籍。

4. 文本抄写的时间：光绪六年。

5. 该文本发现的意义：这一册布依族文字古籍对于研究布依族婚嫁文化具有重要参考价值。

6. 该文本的流传地区和流传状况：该书主要流传于荔波各布依村寨，现还在使用中。

7. 目前学界对该文本的研究状况：尚未开展研究。

（八）《罢筵倒坛》

1. 文献来源：荔波民间。

2. 作者：没有署名。

3. 主要内容：此书是布依傩愿祭戏道场即将结束的演唱本，也是整个傩愿仪式的结尾部分。演唱时节奏由慢到快、由低到高有所变化。坛中师徒按唱本互相对答，当坛师向圣神图像一一揖手叩拜时，坛内外所有祭师及徒弟互相高声呼应："恭送圣神各归神府，叩望圣神永降吉祥！"傩愿活动规模因家庭经济条件不同而大小不一，但均要经过这一程序。

4. 文本抄写的时间：清光绪九年。

5. 该文本发现的意义：这一册布依族文字古籍对于研究布依族婚嫁文化具有重要参考价值。

6. 该文本的流传地区和流传状况：该书主要流传于荔波各布依村寨，现还在使用中。

7. 目前学界对该文本的研究状况：尚未开展研究。

（九）《傩愿问答》

1. 文献来源：荔波民间。

2. 作者：没有署名。

3. 主要内容：此书是布依傩师进行傩愿活动时，用布依语演唱用本之一，亦称"圣经书"或"还愿做桥书"。在傩愿的第三天举行问答仪式，问答内容有向外家的致意感谢，有师徒间相关傩愿戏的起源、伦理道德、天地日月、祖先崇拜等的相互问答，歌词含义深刻亲切饶有趣味。此《布依傩愿问答》是一本富有浓郁民族特色的文化古籍。

4. 文本抄写的时间：光绪十二年。

5. 该文本发现的意义：这一册布依族文字古籍对于研究布依族关煞习俗文化具有重要参考价值。

6. 该文本的流传地区和流传状况：该书主要流传于荔波各布依村寨，现还在使用中。

7. 目前学界对该文本的研究状况：尚未开展研究。

（十）《祭祀请神》

1. 文献来源：荔波民间。

2. 作者：没有署名。

3. 主要内容：该书是傩师还愿祭祀活动用书之一，也是道场法本开端程序部分。其程序为：先焚香派请五方功曹神将各司其职，报送神坛庙府名应到祭坛的诸位圣神降赴凡筵等。各位圣神入座后，傩师叩拜神像图案然后进入道场说唱，祈求保护坛席安稳，使傩愿祭戏自始至终顺利进行。从中可以看出布依族人民信仰的众多神话人物。

4. 文本抄写的时间：清光绪十二年。

5. 该文本发现的意义：这一册布依族文字古籍对于研究布依族婚嫁文化具有重要参考价值。

6. 该文本的流传地区和流传状况：该书主要流传于荔波各布依村寨，现还在使用中。

7. 目前学界对该文本的研究状况：尚未开展研究。

三　布依文古籍文献的民间使用情况

据贵州省布依族学会调查，"布依方块文字"书写的古籍分布甚广，贵阳地区、黔西南地区、黔南地区、黔桂边界都有布依先生在使用，全省民间存量数万册之多。另有云南使用"布依象形字"（又称古越文）书写的古籍，已有云南理工大学罗祖虞教授专著研究，本文不再介绍。

荔波县仍然健在的掌握布依文古籍的先生，主要分布在翁昂乡、洞塘乡、驾欧乡、播尧乡、觉巩、地莪等地区，其名单如下：

何星辉，男，1925 年 5 月生，翁昂乡江风组人。

莫炳刚，男，1951 年 8 月生，驾欧乡联山人。

莫忠奇，男，甲良镇人。

何如奇，男，1934 年生，翁昂乡场坝人。

何树杰，男，翁昂乡场坝人。

何继辉，男，翁昂乡江风组人。

韦　勋，男，觉巩村寨作组人。

韦仁礼，男，觉巩村寨作组人。

黎国举，男，黎明村浪母组人。

黎国平，男，黎明村浪母组人。

韦华金，男，联江村甲令组人。

莫让彬，男，驾欧乡六林新寨人。

莫德贡，男，驾欧乡板潭组人。

莫庆勋，男，阳凤益脚组人。

韦绍均，男，觉巩村懂雄组人。

何燕坤，男，翁昂乡久尾组人。

莫与勋，男，播尧乡漫井三组人。

王兴函，男，播尧乡漫井二组人。

王家声，男，播尧乡漫井一组人。

莫建彬，男，甲良镇益脚村拉磨组人。

莫树彬，男，甲良镇益脚村拉磨组人。

吴文美，男，1960 年 6 月生，播尧乡地莪把扎组人。

首次申报国家珍贵古籍名录，荔波邀请五位布依先生参加古籍的注录翻译，目前在世的只有两人（何星辉、莫炳刚），其他三人已相继离世（何凤阳、莫仕均、姚意集）。我们在缅怀他们对民族文化做出卓越贡献之时，更加感觉到"抢救古籍"与"抢救传承人"的工作同样刻不容缓。

清代翁昂乡就有五至七坛傩祭队伍，其活动分为傩祭与傩戏两部分，内容涉及宗教、民俗、音乐、舞蹈、美术、服饰、戏曲等方面；根据活动所用时间，又分成 1 天、3 天、7 天不同规模；根据人数的多少，又有 1 人、3 人、10 多人不等的布依先生来操作。目前活动频繁的地方，集中在驾欧、播尧、觉巩、地莪、阳凤一带布依聚集的乡镇。

四　布依文古籍文献研究状况

布依文古籍研究，经历了征集古籍原件、召开学术研讨会、建成"布依文古籍研究馆"等阶段。

首先，征集古籍原件是开展研究的基础。2007 年至今，征集进馆 1000 多册，其中傩书 500 多册，经书 600 多册。至今仍然有大量的古籍留存在民间。

其次，参加在贵阳召开的"中国南方古文字及水书研讨会"，参加在承德召开的"中国民族古文字研究会成立 30 周年大会"，参加在北京召开的"中国民族古文字研究会会员代表大会"，并提交相关论文。2011 年荔波县布依文古籍应邀参加中央民族大学博物馆展出，2013 年应邀参加中国国家图书馆展出。2012 年布依文字入选"中华字库"国家重点文化工程，布依文项目由中央民族大学周国炎教授主持。贵州民族大学、省民委古籍中心、州民族研究所、州文化馆、县档案局、县民宗局、省州县三级布依学会，都在紧抓布依文古籍的研究工作。

再次，荔波建成"布依文古籍研究馆"。该馆分成四大板块：

第一板块介绍布依族概况。语言、文字、古籍来源于古代百越；展出了 300 多字的"布依文字表"，15 册《国家珍贵古籍名录》照片，国务院颁发的文件，国家文化部颁发的证书，省级专家组评审荔波古籍照片，国家和省级文化、民宗、档案、古籍保护中心领导视察指导荔波古籍工作照片。

第二板块介绍省布依学会领导关注荔波布依文古籍抢救工作。省领导王思明、吴嘉甫、王康生、唐世礼为研究馆题词，充分肯定保护传承布依文化，勉励宣传弘扬布依文化。为促进布依文古籍抢救工作的开展，在省州县布依学会通力合作下，2011 年 10 月 15 日—17 日中国布依文古籍及古文字抢救工作现场会在荔波县城隆重召开。来自北京、湖北、广西、云南和本省200多名代表欢聚一堂，提交20多篇论文，畅谈布依文化抢救，交流论文心得，省州布依族领导云集荔波，这次会议对推动布依文化发展影响深远。

第三板块介绍中国社会科学院、清华大学、中央民族大学专家学者对布依文古籍的题词和评价，以及《当代贵州》、《贵州日报》、《贵州民族报》、《贵州政协报》、《贵州都市报》等刊物对布依文古籍研究的报道。

第四板块介绍荔波布依先生照片，表演傩戏照片，傩戏面具展出，服饰道具展出，古籍原件展出。

馆内还配置有投影机，用于讲课和播放古籍介绍专题片。

五　布依文古籍文献的学术价值

布依文古籍，年代久远，内容丰富，是用布依语言唱念的少数民族典籍，通过解读研究，可以解开布依族文化密码。

（一）布依文古籍是布依族语言文字的载体。布依族的话语、布依族的文字，尽在其中，是研究古代布依族语言文字的"活材料"。

（二）布依文古籍是布依族神话传说的文本。布依族流传很广的"洪水滔天""兄妹结婚"等，古籍都有。

（三）布依文古籍是布依族信仰多神的证据。在傩戏傩祭活动中，悬挂36路神仙画像，代表了布依族信奉的36个神仙。例如，万岁天尊圣母、花林、托生、六乔、沙罗、三界公爷、三元、师公、社王、三祖、孤独等。

（四）布依文古籍反映了汉文化传入少数民族地区，并逐渐本土化"布依化"的文化融合现象。根据古籍记载，布依傩戏剧目有《蒙官断案》、《瑶伙计打山》、《龙公卖牌》、《杨家将》、《朱买臣卖柴》、《文龙妻等夫》、《丁兰雕偶敬爷娘》、《孟姜女哭长城》、《梁山伯与祝英台》、《汉朋妻龙女》、《董萱公而忘家》、《孟宗哭冬笋》、《董永卖身葬父》、《王祥打鱼救母娘》、《贡经双女孝父》、《大灾杀子救母亲》等。从内容来看，只有《蒙官断案》、《瑶伙计打山》是荔波本土发生之事，其他都是汉族地区传入。但经过布依先生改造接纳，变成了"布依先生的版本"，变成了只用布依话唱念表演的戏剧。这种现象，是汉文化被布依族接纳融合的结果。

（五）傩戏不同形状的雕刻面具，是研究戏剧"活化石"。

（六）布依文古籍是研究古代中国南方百越民族的历史资料。布依族是百越民族"洛越"一支，流传下来的古籍，残存着古代百越民族宗教、历史、文化、民俗等信息，研究它，必将揭开百越民族的种种奥秘。

（说明：本论文所述古籍内容及数据主要来源于荔波县档案馆和荔波布依文古籍研究馆。）

贵州民族大学图书馆藏
布依族摩经述要

黄元碧①

摘　要：贵州民族大学图书馆藏布依族摩经来源于罗甸县，本文对这些摩经的收集背景、主要内容、收集意义及收集前景作简单介绍。

关键词：罗甸县；布依族；摩经文化

长期以来人们认为布依族只有语言，没有文字，直到 2009 年我省荔波县申报《国家珍贵古籍名录》，布依族古籍被成功收录，布依族古文字被发现，文化部专家认定布依族为中国具有自己民族文字的 18 个少数民族之一。

布依族摩经是用布依族古文字记录的，是在举行摩教仪式时吟诵的经典文献。布依族称"诗摩"，也有的写成"字摩"、"谟经"或其他读音相近的词。因为布依语一般不讲究吐字清晰，发音相近就能听懂。布依族诗摩越来越受到学者们的关注，荔波、贞丰、镇宁、关岭等地的布依族摩经相继被布依族学者收集和研究，并有一些著作问世。罗甸布依族摩经在一些学者的研究著作中也被提及。

布依族古文字，是历史上（100 年前）布依族使用的文字符号的总称，很多是散存于本民族的经书、傩书手抄本中的。摩经既是布依族的文化典籍，也是布依族的古文字典籍，但是随着布依族文化被逐渐汉化，布依族古文字濒临消失，布依族摩经亟待我们对其进行抢救性搜集和保护，并传承和研究。

---

① 黄元碧（1963—）女，布依族，贵州省罗甸县人，贵州民族大学图书馆民族文化展示部主任，副研究馆员。贵州省布依族学会会员，贵州省图书馆学会会员，中国图书馆学会会员。

2013年以前贵州民族大学图书馆没有布依族摩经收藏，为弥补这一缺憾，笔者在馆领导支持下，多次努力，终于在2013年4月从老家罗甸为本馆成功收集到一批布依族摩经。这批摩经共三十余册，全是用毛笔在棉纸上书写的线装手抄本。由于当时它们的主人——摩公岑荣学老人患肺癌已到晚期，身体极度虚弱，笔者不能请其诵读经文及录音，只能在其病榻前试着请教，请他翻译每本摩经的书名，并解释其含义及用途。几个月后老人去世，笔者全程参加其葬礼，又向其他摩师请教，获得珍贵的第一手资料。

现将相关记录整理如下：

一　布依族摩公及其摩经来源

贵州民族大学图书馆所藏布依族摩经是从布依族摩公岑荣学先生那里收集来的。

岑荣学，男，布依族，贵州省罗甸县龙坪镇新民村村民，1951年生，2013年6月因病去世。

岑荣学老人虽然只有小学文化程度，但一生好学，爱好书法及诗歌，写得一手好字，是罗甸县书法协会会员。他年轻时当过民办教师，做过木匠，后在家务农，兼做摩公和道士，曾经是道场班子的掌坛师。

岑荣学做摩公是从1974年开始的。当时是为救一位生病的年轻女子，该女子久病不愈，那年代缺医少药，"文革"期间"摩"又被定为"封建迷信、牛鬼蛇神"，许多摩公都不敢做，他就带着试试看的心理，悄悄找了一本摩经，试着帮她做"解邦"以缓解病情。后来随着国家对少数民族文化的重视，"摩"得到了解禁，岑老又与其岳父及其他摩公有了更多的合作，为乡邻们做摩以驱邪纳吉、祛病消灾。

罗甸一带的布依族，家人去世"国道"（做道场）比较盛行，道场班子几个，多则二三十人，少则几个。岑老参与和组织人马为亡人做"道场"（超度仪式），他经过严格的度职仪式取得掌坛资格，病重后又度职给本村年龄相当的好友罗家文。如今罗家文掌坛的道场班子仍在活动，成员十余人，实行松散式管理。平时各忙各的，有事主邀请，他们就互相转告，很快召集到一起，分工协作，各司其职。掌坛师做总管，主持法事。下设文书、纸扎、香烛师等职，分工明确、张榜公布、安排紧凑、有条不紊。他们自称属于道教，可笔者觉得他们做的更像是摩公教道场，因为他们当中有的人是老摩公，且有些环节是要老摩公主持的。在岑老的葬礼上，老摩公陆景和就带了好几本古旧的摩经并主持"开路"、"发表"等仪式环节。

岑老手里的经书，大体上分"诗摩"（摩经）和"诗道"（道场经书）两大类，大多从其岳父、师父、道友等处收集抄录而来，有的从周边临县，如贵州省的望谟县、广西的天峨县等地收集抄录。"诗摩"（摩经）多是做"解邦"用的，"解邦"既是布依语的谐音，也是意译，意思是帮人驱魔除鬼、祛病禳灾，如：扫寨、安宅、扫家、招魂等，所用的经书用假借汉字和自创的布依族土俗字书写。"古摩（或国摩）"时"保摩"（摩公）用布依语念唱；"诗道"（道场经书）则是专门为亡人做道场用的，用以超度亡灵。道场经书全是用汉字书写，用汉语念唱。这两类经书岑老各有几十本。

二 布依族摩经书名含义与用途

以下三十余册布依族摩经，是在布依族摩公岑荣学老人去世前两个月收集到的，笔者根据老人口述大意及其他摩公的解释，整理出来与大家共同赏析。

1. 《字噹魈》（见图1）

"字"，近音"是"，是布依语里"书"的意思，既是音译，也是意译。"字"在布依语里既是文字，也是书本的意思，使用的量词不同，含义就不同，如一个字、一本书。由于传统习惯，布依语里"z"和"s"、"b"和"p"的发音区分不是很清楚，所以一些地区（如罗甸）将"书"记作"字"，一些地区（如镇宁）则记作"诗"。而且按照布依族的语序习惯，表示什么"书"，"书"要写在前面，因而得出"字……"或"诗……"的书名。

"噹"，近音"当"，是布依语里"嘱咐、交代"的意思。魈，近音"房"，是"鬼"或"亡人"的意思。

本书《字噹魈》，意即"嘱咐亡人的经书"或"嘱咐经"，是去世的亲人被送葬上山的头一天，摩公替主家唱分别之情，给亡人以祝福和嘱咐，祝愿他（或她）上天成仙，享福安逸，也嘱咐他（或她）到阴间去保佑子孙健康平安、富贵发达。

2.《禳譜諱　疏鷝》（见图 2）

"禳"，近音"瓢"，是"念经"的意思，譜同于"摩"或"暮"；"諱"，近音"越"，是布依族"土语"的意思，"譜諱"就是"土语经"的意思，"禳譜諱"就是念土语经。疏鷝是用公鸡打发鬼神。合起来整个书名的意思就是"念土语经，用公鸡打发鬼神"。

图1

图2

布依族人生病，常被认为是鬼缠身，常请摩公来念此经，并杀大公鸡送鬼，以消除病痛。

3.《告邦讳神目》（见图 3）

"告"近音"告"，是"告诉"、"控告"和"请"的意思。"邦"，近音"谤"，是"解邦"的意思，"神目"是神的头子。

《告邦讳神目》是念布依土语经、请神的摩经。不同的神有自己的头子，请神要请头目。请不同的神，念不同的经文，桌子的摆法也不一样，该摩经有附图作参照。

4.《禳譜讍神目》（见图 4）

《禳譜讍神目》也是念布依土语经、请神目的摩经，与《告邦讳神目》有 80%—90% 的内容相同，只是不同的地域叫法不一样。"禳"也

图 3   图 4

是"经"的意思，《襄譖讟神目》即"请神目的布依土语摩经"。

5.《襄吐社益》、《襄叭保奸》、《襄子慮》（见图 5）

本书实际上是三首合在一起的经文，所念内容不同，意义不同，但都用在"扫家"仪式，可放在一起念、一起做。封面上注明的"掃兰用"就是"用于扫家"的意思。这个"用"字在这里是意译，即"作用"或"用处"，在布依族语里读近音"勇"，与汉语里作用的"用"发音口型相同但音调不同。

图 5

"吐"，近音"堵"，是"敬"或"祭"的意思。"社"近音"邪"，是"神"或"菩萨"的意思，"社益"是火坑灶神。传说房子居住五代人以后，火坑灶神就没人敬了，他（指火坑灶神）就只能坐在火坑边闻些饭菜香。有时因不满而作祟，引起主人家小孩吃饭不香、生病，就要请摩公来念《禳吐社益》经来解。

"叭"近音"边"，是"请"的意思。"保"是"公"的意思，指成年或年长的男性，奶，近音"雅"，是指成年或年长的女性，二者合起来是祖宗的意思，叭保奶即请（敬）祖宗。一般七月半和大年三十，布依族有请祖宗回家过年过节的习俗，除了在堂屋八仙桌上供丰盛的食物，还要将一块长条白布从门口搭进堂屋，把米撒在白布上，意为铺路搭桥，请祖宗进屋过年。祖宗们酒足饭饱之后满意散去，在阴间保佑子孙后代平平安安，富贵升迁。

子虑，近音"甲睿"，是传说人物之一。传说古代有个叫子虑的男孩，从小丧父，跟母亲一起生活。寨上的人看不起他，欺负他，常常强迫他做事却不给他饭吃，他就哭着回家告诉妈妈。妈妈叫他去找保陆图（智慧的长者），保陆图叫他拿两根藤子甩到那家，两根藤子就变成两条蛇，那人见蛇进家，心不安而生病，就请摩公来念经送"甲睿"。送"甲睿"不用酒肉，只用白水、冷饭。后来，布依族人家一旦疑有不净的东西进屋，就念经《禳子虑》，白水泡饭送"甲睿"，扫家驱邪。

6.《字国或卷一》、《字国或卷二》（见图 6、图 7）

"字"在布依语是"书"的意思，近音"是"。"国"是布依语"做"的近音（念第四声，降调），"或"是摩的一种。"国或"是指有的父母死去仍对在世的子女不满，记恨子女的过错，经常来纠缠（土话叫"裹绞"）子孙，让他们过得不好，即使不得大病也会有小灾。因此主家请摩公来，杀牛或杀猪请家族亲戚来吃，要子孙到祖宗桌前下跪认错、敬酒谢罪。亲戚来参加要送礼——送一些酒或钱，同时作为主家子孙认错的见证人。在这一仪式中，杀牛还是杀猪，要视主家子孙的罪过大小而定，大错杀牛，小错杀猪。

因经文内容较长，分抄成卷一、卷二两本，这两本的内容是连贯的，用途是一样的。

7.《字解耗》（见图 8）

"耗"是布依语"话"的近音。布依族相信人的命运是八字带来

 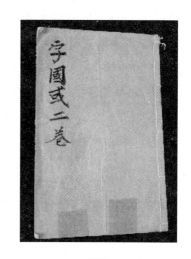

图 6　　　　　　　　　　　图 7

的，拿个人的八字来算，算到大致哪年哪月或大概多大年纪的时候要犯什么鬼话或官话，即爱遭人说小话，容易发生口角，就拿大公鸡来解，念经后拿桐油来烧、再口含符水泼灭火苗。《字解耗》就是"解鬼话或官话的摩书"。

8. 《字国兵》（见图 9）

"兵"，近音"并"，是布依族语里"兵"的意思，这里指天兵或天神。

图 8　　　　　　　　　　　图 9

每年开春，为了祈求一年十二个月平平安安，要拿大公鸡和猪头在堂屋祖宗桌上摆，同时在灶边用仔鸡摆，边摆边念此经，祈求天兵或天神的保护。《字国兵》可以理解为"请保护神的摩经"。

9. 《字汝魂若荷》（见图 10）

"汝"是布依语里"招"或"赎"的意思，"魂"近音"问"，也是"魂"的意思。"汝魂"和"若荷"都是招魂、赎魄的意思，读法不同，意思相近，合起来就是"招魂赎魄"。《字汝魂若荷》就是"招魂赎魄的摩经"。

布依族小孩生病，身体一天比一天弱，又查不出病因，称为"生阴病"，疑为落魂所致。要解，就要拿一只黑仔鸡、一只白仔鸡，一对铜手圈或银手圈，在坡顶上念此经，招魂。他们相信，小孩魂魄招回后身体就能慢慢恢复。

10. 《襕仲定》、《襕皇仲》、《襕唰魂》（见图 11）

《襕仲定》、《襕皇仲》、《襕唰魂》是三首合念的经书，意义相近，用处相同。

图 10

图 11

"仲定"和"皇仲"都是布依族古代传说人物，传说他们无后代，用布依话说是"命贵"。拿他们的八字去算，先生说要安保命桥、接生桥，还要念此经、安桥。念唱的顺序是：先念"仲定"，再念"皇仲"，最后念唰魂。"唰"，近音"脑"，是"招"的意思，而且带点强行的意味，就是一定要把魂找回来、拉回来。"魂"，近音"问"，也是魂的意思，唰魂，即招魂，招娃娃的魂，这里指找娃娃来投胎。布依族婚后久不生育者，除了求医，还要请摩公来念此经以求生育。

11.《立架求（保）桥科范》（见图12）

与图11的《禳仲定》《禳皇仲》《禳呣魂》类似，都是求生育的摩经，常放在一起用，立、架桥、求生育是其主旨。只是书写的文字不同，此本（图12）为汉语，上一本（图11）为布依族土语。

12.《禳雜解恶煞与神目（卷一）》（见图13）

图12　　　　　　　　　　　　　　　　**图13**

"雜解"是多种解法，"恶煞"是恶鬼或不净、不祥之兆，"与"近音"引"，是"和"的意思，"神目"是神的头目。《禳雜解恶煞与神目》即"多种解恶煞和敬神目的摩经"。

布依族男女不生育（命贵）或男人说亲不顺，有的就请摩公来念此经，以求生育或亲事顺利。与《禳仲定（皇仲、魂）》配用，一起念唱。

13.《字唤讳邦蚔》、《字唤魃唤轭》（见图14、图15）

"唤"是布依语"歌"的意思，这里指像歌一样的"经"。魃和"轭"都是"鬼"的意思。《字唤魃唤轭》是"驱邪送鬼的经书"。

过去，布依族有的人得了水沽病，全身浮肿，疑是得水沽病死去的鬼缠身所致，要拿牛、羊、猪来解。要分两处解，在河边、在坡上，解时除了念经，还要吹笛子、吹木叶、拉胡琴、敲鼓，还要女扮男装、男扮女装。也请亲戚来吃饭，亲戚们也知道做这种法事要送米、钱等礼信。

《字唤讳邦蚔》与《字唤魃唤轭》读音相近，内容和用途相同，都

图 14　　　　　　　　　　　　　　　**图 15**

是唱给鬼或亡人听的歌。只因布依族说话口齿不是很清楚，假借汉字或用土俗字来记录摩经的读音，书写上就有些差别。

14.《字汝交（二）》（见图 16）

在布依语里，"字"是"书"的意思，"汝"是"招"或"赎"的意思，"交"是"头"的意思，这里理解为"魂"更贴切。

图 16

据传，布依族人如果有的人家父母死得凄惨，在阴间十八层地狱受苦，就来绞（缠）后人，叫后人拿钱到十八层地狱帮他（她）赎罪。当子女的要杀牛杀猪，在自家院坝用竹篾、柴草等围成假牢房（暂作地狱），请先生来念经、破狱（烧牢房），把亡魂招回家。

15.《安奠阳宅科仪》（见图 17）

《安奠阳宅科仪》是安家神第一个环节——安宅时念唱的摩经。

布依族人家新房落成后，要请先生做法事，请祖宗进屋，设神龛，安祖宗神位，让已去世的亲人，尤其是老人在家里有自己的位置，逢年过节接受子孙的供奉，保佑子孙平安、幸福，甚至飞黄腾达。将主家姓氏写入神龛，即在神龛正中竖写"某氏祖宗神位"，让人一看便知这家人姓什么。

16.《召龙科仪》（见图 18）

布依族人家新房子建成后，一般要先安宅，再召龙。《安奠阳宅科仪》与《召龙科仪》是配套念唱的，常常配在一起念唱。

《召龙科仪》类似于工具书，是安家神第二个环节——召龙时念唱的摩经及参考用书。"召龙"，就是新房子建成后要请东南西北中五个方位的神（简称五神或五龙）进屋，让他们与主家的祖宗一样，各有其位，逢年过节受到主家的供奉。做召龙仪式时要将 5 个令牌挂五方，代表东南西北中五神（或龙），边念边请。神龛内容和书写格式有一定规矩，本书即为参考书。

图 17   图 18

17.《正一安墓科仪》（见图 19）

《正一安墓科仪》是安阴宅时念的摩经。"安阴宅"做法与"安阳宅"有些类似，但念的经文内容有不同。

图 19　　　　　　　　　　　　　　图 20

18.《字厦地谟讳》（见图 20）

"字"近音"是"，是布依语"书"的意思，"地"念"底"，是"坟"的意思，"厦地"是在坟山念摩经、安阴宅，"谟讳"是布依族土语经。《字厦地谟讳》与《正一安基科仪》的用途相同，都是安阴宅用的摩经，只是《字厦地谟讳》是用布依族土俗字书写，用布依族土语来念，而《正一安墓科仪》全用汉语书写，念唱时把书中的汉语读音变成布依语来读。如"请"读为"星"，父母、姐妹等字都不照汉语的读法，而是布依语的读法。这两本书一般是选其中一种版本来读，读《字厦地谟讳》就不读《正一安基科仪》。

19.《解过关（上卷）》、《解过关（下卷）》（见图 21、图 22）

布依族祖先认为，人的一生有 72 道神关要过。有的拿小孩子的生辰八字来算，若犯神关太多，对小孩的健康和前途都不利，就要合在一起解。要请摩公来，杀猪、羊、鸡、鸭等，念摩经、请亲戚朋友来吃饭。亲戚朋友送些钱、粮、花等礼信，表达对孩子的祝福，祝愿孩子平安长大、升官发财等等。

因为《解过关》的经文较长，所以分抄成上、下卷。

20.《字符嘘符朗》（见图 23）这是一本做"符"用的经书。"嘘"是布依语"推"的意思，"朗"是"坐"的意思。一些布依族人家娶媳妇，怕遭人使坏，不许他人先进新房，就请摩公来，用半碗净水、刀和香蜡纸烛，边念此经边画符，将符水洒在新房门口，这样新房就好像有

图 21   图 22

了重兵把守一样，"符"有神力把入侵者赶走，保护新房在新人入住之前不受污染和破坏，以维护新人夫妻和睦、婚姻幸福。

21.《衙门秘书》（见图 24）

这本是布依族做道场的指导用书。布依族老人去世，子女都要请摩公来为其做道场，一来表示孝顺，二来希望老人到另一个世界去保佑子孙。道场分许多环节，哪天做什么内容，本书都有安排，必须严格按照规定去做。

图 23   图 24

22.《禳解大将军箭煞科仪》（见图 25）

本摩经源于布依族一个民间故事。传说天上有五大将军，若哪个命犯将军，将军就从天上射箭下来，射到哪里哪个部位就痛。身体有某个部位久痛不愈者，要拿八字来算，算得"犯将军"就要解。念此经、做解邦，把箭还回天上以祛除病痛。

图 25

23.《禳解雜桥（关）科仪》（见图 26）

这是一本专为成年女性做解邦的摩经。若她命犯某关，影响小孩健康，就要"安桥"、"过沟"，念此经解掉恶煞。举办仪式，需用鸡、猪等物；至于程序，本经书均有说明，要按说明去做。

24.《小雜解科仪》（见图 27）

布依族无论大人、小孩、男女，若身体、精神或感情生活等方面出现什么问题，都请摩公来帮助解决。摩公根据其症状或表现，推断所犯关杂，念此经来解。解关杂所需用品，本摩书均有说明。

25.《笛声调录抄本》《铙声调录抄本》（见图 28）

布依族道场使用锣、鼓、铙、钹、笛等道具及乐器，有十余种之多，吹打的调子因法事环节不同、经文内容变化而变换，据称有"九板十三腔"。本书专门抄录了布依族道场笛、铙等乐器吹打的调子，什么时候要用哪些乐器，吹打什么调子，书中都有说明。此经由摩公传给徒弟，在行内相传。

26.《灵宝真传度亡秘旨》（见图 29）

布依族对超度亡人非常重视，家中有人（尤其是老人）去世，家人

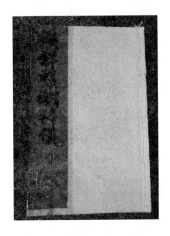

图26　　　　　　　　　　　　图27

必请摩公为其超度，度亡人上天成仙。据说这样对亡人和后人都好。布
依族摩公自称属于灵宝摩教，《灵宝真传度亡秘旨》是指由灵宝摩教严
格传承下来的专门用于超度亡灵上山的经书，用于亡人即将上山之时。
据说要严格按照秘籍一步步虔诚地超度，否则亡人上不了天成不了仙，
不但保佑不了子孙，其灵魂还会在阴阳临界受苦，就会经常回来纠缠生
者（包括家人、亲戚或其他人），使生者不得安生。

图28　　　　　　　　　　　　图29

27.《字厦地墓》、《皇雷伤靶》（见图30）

本摩经分两部分，"字厦地墓"，与前面介绍过的"字厦地谟讳"
（第19）内容和用途相同，都是安阴宅时在坟山念的摩经，只是"字厦

地谟讳"的布依族土语的成分要多一些。"讳"是"布依族"、"布依人"的意思。

另一部分"皇雷伤靶"是做解邦用的摩经。"皇"是指天上的"玉皇大帝"或某个神，"雷"近音"来"，指"雷公"，"伤"是伤害或使人受伤，"靶"是闪电。布依族人有手臂生包、关节痛等症状的，就怀疑犯了"皇伤靶"，要拿几两牛干巴来祭天神，同时念此摩经，以求缓解症状。

图 30

28.《家祭献礼书》（见图 31）

布依族老人去世，子女都要献祭猪。女儿女婿献祭，叫外祭，儿子儿媳献祭，叫家祭，敬祭猪时都要念摩经。家祭献礼时，儿、媳、孙各献一回礼，献什么、献多少，本摩书都有说明。到时摩公喊要什么孝子孝女就递什么。

正客那天，献礼后拿儿子儿媳的祭猪做菜，摆宴席请客。布依族称这种请客叫做"国夜"，有的地方也译作"古夜"。

29.《字抗交、发丧、叭魖、哆魖》（见图 32）

这本摩经也是一书多用，用于丧葬仪式的不同环节。

布依族老人去世，一般不能匆匆下葬，要在家停放 5 天以上（单数）。为使亡人停尸期间在家无尸臭，摩公都要为其做阴符再封棺。若臭了，又念摩经来解。"抗"是布依语"押"或"捏"的意思，"交"是"头"的意思，"抗交"是捏着亡人的头，叫其别乱动，动了就要臭，对子孙不好。布依族相信亲人去世却灵魂有知，做符念经后他（她）就会顺从、配合，以免尸臭。

图 31

图 32

罗甸布依族一般是请正客的第二天天亮前抬亡人上山，有的在当天下午就上山。亡人上山的日子和时辰，要经过摩公根据死者的生辰八字、去世时间等来精心推算，有的抬上山后还不能立即入土下葬，暂用树枝遮盖棺木，数日或数月后择吉日下葬，前文提到的摩公岑老就是如此。

"发丧"是即将抬灵枢出门的那一刻所做的仪式，摩公念完"发丧"经文，手挥大刀开路，大吼一声宣布起轿，送葬队伍立即出门上山。上山的队伍由死者女婿打火把引路，走在最前面。有多个女婿的就由大女婿打火把，大女婿不在或放弃，再按顺序由二、三女婿接替。抬灵枢、扛纸扎的紧随其后，孝子孝女边哭边走在最后，送到岔路口转弯处。

"叭"和"哆"都是请的意思，"叭"带有从外面请进来的意思，

"哆"带有安顿的意思。魖是"鬼"或"亡人"的意思，"叭魖"和
"哆魖"是将亡人安埋后像请神一样把他（或她）的魂接回家，安座在
堂屋的祖宗神位，这样他（或她）的灵魂逢年过节才能回家来与子孙
团聚。

30. 《符仰卖国押》（见图 33）

这是一本用于画符治人的摩经。

"仰"在布依语是"种类"的意思，"卖"是"爱"或"喜欢"的
意思，"国押"俗称"打媒腊"，指神婆或女巫师自称鬼神附体，有无
边的神力，成为阴阳两界沟通的媒介或桥梁。发神力时他们自称是亡人
的灵魂在借她的口说话，多为哭诉冤屈，要求后人做法事解救。哪个自
称有这种神力，要成为"媒腊"（神婆），摩公就念此经，拿此符去贴
她，若她有感觉、有反应，就证明其确有神力，可信；若贴符后无动
静，就证明其神力是假的，不可能成"媒腊"（神婆），不可信。

图 33

31. 《亲友称呼大全书》（见图 34）

如今实行计划生育，子女不多，且独生子女越来越多，许多年轻人
捋不清亲友间的关系，不知道怎样称呼才合适。本书记录了五代以内亲
属之间的称呼，用汉语书写，记的也是汉语的叫法，读的时候可用汉
语，也可译成布依语，不失为一本实用的参考书。

以上解释未必详尽，但相信对人们认识、了解和研究布依族摩经有
一定的帮助。

图 34

三　布依族摩经的作用

　　布依族摩经是记录布依族古文字的重要载体。"摩",有动词和名词两种词性。单独的"摩"是指"念经",属动词;而"古摩"或"国摩"、"故摩"是"做念经的事",在这些词里"摩"又是名词了。有时也写成"磨","魔"等读音相近的字,这是因为布依族先生只是把假借的汉字作为经书的记音符号,这些字在汉语里存在的意义在布依族语里就不存在了,它只是摩公标注读音的符号而已。摩公在念诵经书时,习惯用布依语,也必须用布依族语才念得通,也才理解得了。农村的布依族一般不讲究吐字清晰,常常吐字不清,对"b 和 p"、"c 和 s"、"d 和 t"的发音是含混不清的,再加上不同地域的布依语音调有所差别,所以标注的读音只能是近音而不能完全相同,一音多注就不足为怪了。如"书"在摩经中就常被写成"字"或"诗","字……"、"诗……"就是"什么什么书"的意思。因经文多为五言或七言节律,工整对仗、停顿规律、押韵顺口,所以笔者认为把摩经翻作"诗摩"更合适。

　　布依族摩经在民间多用于丧葬仪式、安宅护宅、驱病消灾等方面。一些布依族学者认为:"布依族经书应用于布依族生产生活中,从起房盖屋、婚丧嫁娶、修桥补路到出行经商等,贯穿了人一生中的重大事件。"在这些布依族极其重视的摩文化活动中,先生(摩公)使用的是布依文古籍，用本地布依话唱念，摩经文字为自创的布依族古文字和假借的汉字，很多环节内容是本土的布依民间故事，追述着布依族天地起源和人类产生的神话传说。

布依族摩教活动还起着许多心理暗示、心理疏导、道德规范、行为约束等积极作用。如荔波的"做桥"活动：布依族男青年成长到 18 岁，要请先生做一次"桥"，就像汉族的成人礼一样，表示从此可以独立生活了。夫妻生第一个小孩，又做一次"桥"，表示男人从此要承担起为家为妻子儿女遮风避雨的责任了。可见，"做桥"对人的成长起着极其重要的心理暗示作用，以期子孙后代更好地承担起人生的责任和义务。

布依族摩经贮存了布依族丰富多彩的精神文化，它是布依族处理社会成员之间、邻里之间及其家庭成员之间相互关系的基本准则，也是布依族尊重自然、改造自然、繁衍生息，与万物和谐相处的行为规范。摩经中的勤劳勇敢、勤俭持家、互相帮助、尊老爱幼以及戒赌色毒、鄙视偷抢等道德观念，对于良好的社会风尚、淳朴民风的形成具有积极意义。摩经涵盖了布依族精神生活的诸多方面，经过摩经的传承，布依族的精神文化不断地得到巩固和发扬。

四 对布依族摩经收集的思考

由于道教、佛教文化的影响和农村医保的普及，布依族的婚丧嫁娶、就医理念都在悄然发生着改变，"国摩"不再像以前那么盛行了，但"国道"仍较为普遍。据道场掌坛师罗家文介绍，罗甸一带布依族的丧葬仪式越来越普遍地采用道教的方式为亡人超度，也有采用佛教方式的，诵唱时多用汉语，这与道教、佛教文化的影响和布依族掌握汉语的程度越来越高有关。交谈中，笔者就"摩"和"道"之间的关系请教掌坛师罗家文，他告诉笔者，"国道"和"国摩"是不一样的，属于不同的民间教派，他们"国道"属于道教；至于"国摩"属于什么教他说不清楚，但他知道会"国摩"不一定会"国道"，会"国道"不一定会"国摩"。在罗甸，有的法师在"国摩"与"国道"之间又有交叉，如他的师傅及好友岑荣学就既能"国摩"，也能"国道"。"摩"和"道"两种教派文化在岑老这里都得到传承。不过也有规矩，若在"国摩"时杀过牲，就不能在"国道"时当掌坛师，只能做普通法师。笔者亲眼看到岑老生前抄录的许多经书，仅留给徒弟及道友们为他做道场的经书就有 60 余本，装了大半木箱。木箱内盖还贴着"备用、急用、已用"等毛笔字红纸标签，分门别类，井井有条。在丧葬仪式的几天里，每天早中晚都要念经做法，每场要念的经书都不一样，要按他们在主家门前墙上张榜公布的日程安排，提前翻找出来放在经坛的神案上，念完立即归位。诵唱经书时所用的道具也有十余种之多。当地一些企业家也十分乐意出资赞助他们置办服装及经坛挂画等，可谓设备齐全。人员方面也是后继有人，他组织的这个坛，老、中、青三结合，年龄最大的 88 岁，最小的才 25 岁。在岑老的葬礼上还特别增加了一个环节——老法师王文丰度职给年轻法师王永毅。这种度职仪式有一套严格的规矩和程序，可以单独做，也可以在为别人做法事的过程中安插一个环节，这样可以节约许多费用。念唱一段经文后，老法师把事先写好的"文凭"（如同证书、执照）发给年轻的王永毅，相关道具（法衣、法器）也一一交给他。如今王永毅已成为年轻的掌坛师，与 60 多岁的罗家文享有同等的权利，可以主持法事，其他司职人员年龄再大也要听从他的安排。法师们非常尊重掌坛师，也非常团结，平时各在各家，有事招之即来，来之能做。书写表文、念唱经书、敲打法器都十分娴熟。

如今在罗甸，道场班子极其活跃，布依族摩教活动相对萎缩，布依族摩经的收集难度也越来越大，收集前景不容乐观。不过也不是没有希望，布依族对"国摩"仍有需求，这是传统习惯，特别是年长一些或边远一些的布依族，大病小灾或建房乔迁，还是习惯于请摩公做法事。有的则医、"摩"并重，两求两解，他们认为哪种方式奏效都可以，笔者认为这只不过是想求得心理安慰。摩文化根植于布依族人心中，有很强的生命力，暂时不会消亡。

摩教活动是在民间秘密进行的，收集摩经的线索要靠有心发现和积极联络。老摩公岑荣学的去世让我们感到无比遗憾，曾一度担心线索从此断了。但是，笔者又结识了他的师傅、徒弟及好友，这又是新的线索，新的希望。

摩公岑朝海，67 岁，年纪比岑荣学稍大，却是岑荣学的小辈（侄子）。他说他的摩经有一部分是从岑荣学处抄录的，另有一部分是林霞村的一位老摩公去世前送给他的，共有几十本。当笔者翻看他在使用的摩经，并表示想为学校收集请他支持时，他说欢迎去他家看看。他说民族大学看重这些东西，他很高兴，他也不希望这些东西失传。林霞村那老摩公给他摩经，也是怕失传。他们都认为，很久以前"保陆陀"开创摩教之后，就让徒弟们一个传一个，代代相传。这也是摩公们的经书大同小异的主要原因。在这里，"保"是老头、老者的意思，有的地方写成"报"，用的也是近音。岑荣学生前主张用"保"，他说代表人的用人旁比较好，笔者也觉得有一定道理。"陆"，罗甸念的近音更接近"劳"，是"那个人"的意思，"陀"近音"独"，类似于菜苔刚长出来快要分叉的那一节，泛指开头那一段。合起来理解，"保陆陀"就是"开头或开创的那个人"，即摩教的开山祖师。岑朝海说，岑荣学的那些摩经，他都传抄不少，有许多他都会读会用。如果我们需要，他可以读，并解释给我们听。不过，由于受"文革"的影响，他还是有顾虑，怕被当作"布反"（犯人坏人）来看待。他用布依话半开玩笑地说，如果能保证不把他当"布反"，他可以把手里的诗摩拿给我们看，可以照相，但是不能带走。因为时常有人请他去"国摩"，他的摩经随时要用。2013 年国庆黄金周，笔者回老家还无意中碰到他做解帮，解"白虎拦财"。这属于比较小型的摩教法事，即疑有小人挑唆，致生意不顺、财运不佳，就请摩公来，杀鸡、煮肉、念经，以期改观。如今通信、交通发达，不用亲自登门来请，只要有亲戚转告或接到电话，他算好日子、骑上三轮车就去帮人做摩，方便多了。酬劳方面他从不计较，主家适当给点就行，亲一点的少收或不收钱。不过所用的鸡、肉等是要做给大家吃的，除开主家以外，其他人都可以吃。而且还规定在外面吃，如果吃不完，即使倒掉也不能拿进家。

与摩公岑荣学一样，岑朝海的子女也外出打工，"子承父业"已不可能了，这给我们一个重要的信息，可以设法把他们手里闲置的摩经收集过来。笔者也在努力，多次打电话、发短信与岑荣学的儿子沟通，希望他支持我们的工作，把他父亲遗留的经书转让给我们，至今他还犹豫，对笔者说"家人意见不统一，很为难"。现在岑朝海也只表示"可以去看看，只准照相，不能带走"，笔者猜测他们是不好提条件。其实他们也明白，贵州民族大学图书馆才是最适合保存那些经书的地方，能更好地保护和提供研究，放在那里价值更大。但是，要让他们忍痛割爱转让摩经，也并非易事，毕竟那是摩公们的心血、家人的纪念。笔者还联系过别的摩公及其家属，情况类似，都是既有希望又有难度。为此，我们有许多事情要做，除了经费保障，要有足够的时间和耐心，多次走访、交流沟通，说服他们认识到这些宝贵的经书只有存放在民族大学这样的贵州民族教育的最高学府，才能让更多的人认识、了解和研究，从而最大限度地发挥它们的价值。

笔者虽然没有民族学、人类学专业背景，但有布依族母语基础和对布依族文化的热爱，以及在布依族家乡较好的人缘，这是得天独厚的条件，在布依族摩经的收集活动中有很多的便利，可以当翻译、做向导，也可以作一些记录、整理和研究。如今有一定文化层次、懂布依语，又对摩经感兴趣的人（尤其是女性）是不多的，这些特长和爱好如果不用来与本民族同胞沟通，不在收集和研究本民族摩经方面有所作为，就太可惜了！因此笔者也希望自己能有更多的时间和精力，为布依族摩经的收集和研究，为布依族古文字典籍的抢救性挖掘和民族文化的保护与传承尽绵薄之力。

五　罗甸布依族摩经收集的意义

罗甸布依族摩经早被本民族学者关注和研究，如：中央民族大学王伟教授20多年前就从家乡罗甸的布依族摩经中梳理出许多由"布摩"、"摩公"们自创的布依族土俗字，并列表标注读音，注释其义；贵阳学院周国茂教授在其所著《摩经与摩文化》（1995年出版）一书中，也多处提到了罗甸布依族摩经。将从罗甸收集到的这批摩经与此前见过的贞丰、荔波、镇宁等地的布依族摩经作对照，不难发现它们之间有许多相似之处，也有不同的地方。这些异同说明了什么？值得我们去深入研究和探讨。

作为贵州省民族教育的最高学府，贵州民族大学历来受到省民委的关心和支持，布依族古文字典籍研究中心就设立和挂牌在贵州民族大学，作为贵州世居民族研究基地的下设机构，但是此前贵州民族大学图书馆没有一本布依族古文字典籍的收藏，尽管有较多的摩经散落民间。

因此这批罗甸布依族摩经的成功收集具有重要的现实意义。它们填补了贵州民族大学图书馆文献资料馆藏的一项空白，是布依族摩经原始资料的原生态实物再现，是不同地域摩教摩文化对比研究的实证资料，也是布依族古文字典籍研究中心的重要文献支撑。当然，仅有这些是远远不够的，还需拓宽渠道广泛收集。

参考文献

［1］周国茂：《摩教与摩文化》，贵州人民出版社 1995 年版，第 2 页。

［2］周国茂：《布依族古文字及其调查研究》，《贵州世居民族研究动态》2012 年第 2 期。

［3］王天锐：《布依族摩经文化的传承与发展》，《贵州世居民族研究动态》2012 年第 2 期。

［4］濮文起：《中国民间秘密宗教辞典》，四川辞书出版社 1996 年版，第 10 页。

侗族文化

侗族风雨桥的形成及其
社会文化功能分析

卢云辉①

摘　要：风雨桥是侗族传统文化的重要组成部分，是侗族传统建筑中的瑰宝，它不仅体现了侗族人高超的建筑技艺，而且蕴含着深刻而丰富的文化内涵。从生态人类学的角度看，侗族风雨桥的形成是侗族生态环境和社会环境共同作用的结果。从社会文化功能看，风雨桥融入侗族居民的生存环境并且反作用于侗族人的生活，是侗族社区社会系统和生态系统的重要纽带。

关键词：侗族风雨桥；生态环境；社会环境；社会文化功能

一　引言

侗族是由我国古代的百越族的一支发展而来，是具有悠久历史的民族。现今全国侗族人口有近 288 万人，主要分布在湘、黔、桂三省毗邻地带，人口分布上以贵州省所占比重最大，有 143 万人②。侗族居住集中，地域连片，不仅民族内部交往密切，还与族外汉、苗、壮、布依、土家等民族杂居。在漫长的历史岁月中，侗族与周边其他民族一样，在适应高山、丘陵、坝区复杂的生存环境的过程中，在依山傍水的区域，利用当地盛产的杉木和石材等建筑材料，建造了侗族鼓楼、吊脚楼、风雨桥等具有鲜明特色的民族建筑。侗族聚居地优良的自然生态条件和森

---

①　卢云辉（1963—），男，贵州民族大学图书馆馆长，硕士研究生导师。研究领域：马克思主义中国化、农村社会学、社区社会管理。
②　国务院人口普查办公室：《2010 年人口普查资料汇编》，中国统计出版社 2012 年版。

林资源，为当地侗族居民的木质结构建筑提供了必要的物质基础。加之历史上侗族闭塞的地理条件使得侗族的传统文化带有浓厚的地方特色和原始文化色彩，这些侗族传统文化要素在其传统建筑上得到了完美的呈现，风雨桥作为侗族社区的公共建筑，是侗族传统建筑文化的重要组成部分。可以说，侗族风雨桥的独特魅力和在侗族社区的社会文化功能方面的独特作用一直受到学者们的关注。风雨桥发挥着作为侗族社区社会文化系统与社区赖以生存的生态系统间沟通的桥梁这一特殊作用，因此，对风雨桥的形成及其社会文化功能的分析，有助于深入了解侗族社会文化系统的运行方式与生态适应过程。

斯图尔德的"社会文化整合模式"和马林诺夫斯基的"功能分析理论"对剖析侗族风雨桥的社会文化功能具有重要意义。美国文化人类学家斯图尔德认为，文化与环境之间有着密切的联系和作用，文化之间的差异是社会与环境相互影响的特殊适应过程引起的，文化的变迁要受到该民族文化的特殊的历史过程以及文化的传播和所处生态系统的复合影响[1]。在漫长的历史演化过程中，侗族生存面临族际社会环境和生态环境双重考验，生态系统的持续健康是侗族社会系统生存的必要前提，社会文化系统的运行不能超越生态系统的承受能力。从动态的视角看，社会文化系统和生态系统耦合在一起成为一个大的系统，而文化是人对于自然环境的适应策略，这种特殊的适应策略搭建起了侗族社会文化系统和生态系统之间的桥梁，而风雨桥正是侗族社会文化系统与生态系统间信息交流与沟通的渠道体现。英国人类学家马林诺夫斯基的"功能分析理论"强调人类文化的功能，强调组成文化体系中不同因素的关系、结构和功能以及这些因素之间的相互作用、相互联系等[2]。一个民族的文化就是一个满足人类社会基本需要的相互联系而又各具功能的有机体，而其中每一现象都如生物有机体中器官、组织一样，都具有一定的功能。风雨桥是侗族传统文化的重要组成部分，在侗族社会和文化传承中发挥着重要作用，因此，我们有必要对它的形成和社会文化功能进行深入的探讨。

---

① ［美］斯图尔德：《文化变迁的理论》，张恭启译，允晨文化出版社 1984 年版。

② 杨玉好：《马林诺夫斯基文化思想简论》，《烟台大学学报》（哲学社会科学版）1989年第 8 期。

二 侗族风雨桥形成的生态环境

侗族地区复杂多变的自然地形条件，使得侗族的传统建筑具有鲜明的地方特色，这种因地制宜、适应自然生态环境的建筑原则是在长期与自然生态环境的协作过程中逐渐产生形成的，它不但是侗族人建筑技术的体现，也是侗族人崇敬自然生态观念的体现。由此而产生的风雨桥，体现出了侗族民族建筑形式与自然生态环境的完美结合。

（一）侗族村寨选址与风雨桥的形成

侗族地处云贵高原与华南丘陵之间的一片狭长山地带，地势走向西北高、东南低，区域内以丘陵、盆地和山谷为主，而其中山地比重最大，是俗语所称的"九山半水半分田"的典型山区。侗族地区江河众多，水系主要属长江和珠江两大水系，其支水系有都柳江、清水江和沅江，区域内可谓江流如带，径流资源十分丰富。因此，这样的生态环境决定了侗族人的生存之域，在聚落选址中不可避免地与山体、与复杂多变的自然地形产生紧密的联系。

侗族是传统的农耕民族，以水稻种植和人工营林业为主要生计。在他们的观念中，山、水、树是生活的一部分，侗族人需要在山、水、树中拓展自己的生存空间。山是侗族人的坚实依托，依山可收林木之利，为侗族建筑提供了资料来源，为发展人工营林业提供广阔的空间。侗族风雨桥大多以杉木为主材，青瓦、杉树皮为屋顶覆盖物，侗族山区丰富的木材资源提供了丰富的建筑材料，地处山区，砖石与青瓦等原料也是就近可得的[1]。可以说，侗族地区的自然生态环境和植被状况构成了侗族建筑的重要地域性特征。而水是生命之源，对于以传统水稻耕作为主要生存手段的侗族显得尤为重要，更需紧密地依临水岸，正是这样生存选择的结果使侗族村寨选址强调山水的配置。侗族建寨选址的依山傍水，使得各侗族村寨必须解决跨水交通，来满足生产和对外交往的需

---

① 任爽、程道品、梁振然：《侗族村寨建筑景观及其文化内涵探析》，《广西城镇建设》2008年第2期。

要，侗族居民便在溪河上架起造型各异，集廊楼亭于一身的风雨桥。这种有山有水的自然生态环境，是风雨桥形成的客观原因。

（二）侗族聚落形态与风雨桥的形成

侗寨是典型的血缘部落，一个村寨聚落大致是按宗族划片而居的，以氏族或血缘宗族为集团的侗族把自己的家园定居在这崎岖的山地之间，并尽可能地依山傍水而安寨落户。侗族聚族而居，一个房族或几个房族共居一地，几乎没有单家独户或没有血缘关系关联的几户居于一地的情形①。侗族的群体意识强，民族认同感强，其原因很大程度上就在于侗族这种居住环境。侗族的聚落形态是侗族居民对其所居住的地点加以整理的方式，它包含住宅的布局以及属于社会集团生活性质建筑的布置，这些建筑反映了自然环境和建造者的水平。聚落形态中包含着人与自然的关系、聚落内部人与人的关系、聚落之间人的关系等几方面的内容。可以说，一个聚落的形态是由这几种关系的共同作用所形成的，生态环境对聚落形态的影响是显而易见的，它是聚落形态的物质基础。

风雨桥是侗族村寨建寨的重要标志，凡侗族的聚居地区，侗民把挢梁建筑在村前寨后的交通要道上，在民族的迁徙与发展历程中，结合自然生态环境和民族的生产生活习俗，逐步扩展并形成了以干栏式为原型的具有侗族空间特色的各种侗族风雨桥的建筑类型。同时，正是因为侗族人聚族而居的生活生存方式，风雨桥的修建才成为可能。风雨桥作为一种公共建筑，它不是一家几户就可以完成的工程，在走访侗族村寨的过程中，寨老告知当初风雨桥的修建费用就是通过每家每户分摊筹钱的方式获取的，同时风雨桥的建筑材料也是整个村寨居民共同努力，从山林中砍伐运输而来。因此，生态环境对侗族聚落形态和侗族建筑的形成和发展产生了重要的影响，风雨桥就是在与自然生态环境融合的过程中形成和发展的。

---

① 管彦波：《西南民族聚落的形态、结构与分布规律》，《贵州民族研究》1997 年第 1 期。

三 侗族风雨桥形成的社会环境

风雨桥作为侗族重要的建筑形式，它是多方面因素共同作用的结果，侗族的生存和繁衍不仅要寄生于自然生态环境，还要面对人类社会环境。建筑是社会生活的反映，受到自身民族文化的深刻影响。风雨桥作为侗族建筑的代表，它因地制宜的风格和布局，不仅反映了人与自然和谐共存的居住理念，也体现了丰富的侗族社会文化。侗族风雨桥的形成和发展与侗族人生活的社会环境是密不可分的，社会环境包括侗族的传统文化习俗、控制机制等社会因素。

（一）侗族的传统文化与风雨桥的形成

侗族居民在漫长的历史长河中，创造和流传下来丰富多彩的传统文化和习俗。这些传统文化和习俗表达了侗家人喜于团聚，热切向往幸福生活的美好愿望，具有鲜明的民族性格。喜好团聚的文化习俗是凝聚侗族居民的精神纽带，也是侗族人热爱公共建筑的根本原因，在侗族社会生活中发挥着重要的作用。侗族人对公共建筑极其重视，他们讲究规格建制，追求完美，表达了侗族人对美好生活的企盼，因此，侗族的公共建筑承载了侗族的民族精神和文化习俗。侗族公共建筑也产生了个性的建筑语言，成为侗族人精神与性格的写照。侗族村寨的公共建筑体系是十分完善的，这些公共建筑都与侗家人的生活息息相关，与村寨的共同利益相关。侗族村寨在社会生产、生活的历史进程中，不断发展形成了包括鼓楼、风雨桥、戏台、祭萨堂、凉亭、寨门以及粮仓等丰富完善的建筑体系。

在侗族人的传统观念中，人与自然是相通的。因此，侗族人认为，只要在村寨里选择合适的地方建造风雨桥，就可以达到"天人合一"的完美境界，村寨就可以从此平安，子孙就可以幸福无忧[①]。风雨桥在侗族的传统观念中还是沟通阴阳两界的桥梁和护寨纳财的福桥，因此侗族居民在修建风雨桥时是毫不吝啬桥梁的雕琢修饰，使得风雨桥审美功

---

① 冯祖贻等：《侗族文化研究》，贵州人民出版社 1999 年版。

能超越了原本作为桥梁的实用功能，从而赋予了风雨桥深刻的文化内涵和美学价值。这也可以说是侗族人表现风水观念的一种具体的文化操作。因此，侗族在建造风雨桥时，哪怕是最简陋的风雨桥，也要建成多重檐的，或至少有两层檐的骨架形式。

侗族的传统文化观念也对风雨桥产生了重要的影响。笔者在黎平县黄岗村与当地寨老聊天中得知，当地侗族风雨桥上最显著的装饰物就是龙，这表明，侗族和越人龙文化有渊源。侗族人认为有龙图腾的风雨桥是象征这两山龙脉相接的重要位置和风水宝地。在其他的侗族地区风雨桥上的装饰物还出现过十二生肖中的相关图腾。图腾的选择是更具当地村寨的传统和当地山林的形态地貌，比如从江县小黄村的风雨桥就是两只老虎相接的形态，还有两条蛇相接的形态。因此，在侗族风雨桥的修建和修缮过程中，侗族人都非常谨慎。他们认为，如对风雨桥处理不当，那么就会破坏龙脉引来杀身之祸，历史上就不止一次出现工匠修缮风雨桥后不明死亡的事件。黎平县黄岗村寨老回想起，大致 1995 年的事情，当时请了龙头村的龙启文师傅来修缮村寨的风雨桥，龙启文师傅知道修缮风雨桥的风险，但想着年事已高，最后为村寨做点事情最终答应了请求。修缮风雨桥结束后不久便过世了，享年 73 岁，奇怪的是他的儿子也在不久后意外死亡。寨老还谈起世寨村一位名叫严文财的工匠，也是因为当年去从江县帮忙修缮风雨桥后，在 50 多岁就过世了。在这样的传统文化影响下，风雨桥多了一层神秘的色彩。可见，侗族的传统文化观念和背景对风雨桥的形成和历史上的维护都发生了重要影响。

（二）侗族的社会控制机制与风雨桥的形成

侗族的社会控制机制的主要表现形式是"侗款"和村规民约。它们是适应侗族社会发展而建立的一种社会制度，是依靠社会力量，通过各种途径、形式和方法，以一定的方式对社会生活的各方面施加影响，以协调个人和社会及社会各部分之间的关系，以建立和维护社会秩序的过程。也就是对个人或集体的行为进行引导和约束，使其符合社会传统的行为模式，从而维护社会秩序的稳定[1]。侗族的民间信仰没有发展成为

---

[1] 湖南少数民族古籍办公室：《侗款》，岳麓书社 1988 年版。

完善的宗教，但是作为一种民间信仰，它发挥着重要的社会控制功能。

在风雨桥修建之前，侗族的社会控制体制就发挥了重要作用。通过当地村寨寨老集结村民开会协商，确定风雨桥修建的费用在每户的分摊数额，以及风雨桥修建材料的准备和施工时的人力分配。在之后的历史过程中，风雨桥发生坍塌或者需要修缮时，也是通过侗族的社会控制机制来协商修缮的费用问题，平摊到每户以共同完成侗族社区的建设和发展。

侗族的社会控制制度与侗族传统建筑有着密切的关系。公共建筑作为社会制度制定、传播和传承的载体发挥着重要的作用。随着社会的发展，这些社会控制机制逐渐采用了一些生动形象的语词、比喻来表达款规款约的内容，方便人们记忆和讲诵。这些既有严肃性又富于艺术性的口碑、碑刻的文字作品，部分通过侗族公共建筑进行传播，这样风雨桥便成了侗族建筑中记叙侗族的历史、观念、变革、军事、民俗、政治等的史诗性资料的重要载体。

侗族的社会控制机制对当地传统建筑的保护起到了重要保障作用。对于破坏建筑、砍伐林木等，村规民约制定了相应的惩罚措施。另外，村规民约还规定了村寨居民要搞好个人卫生，不准在村内放养猪，不准在桥头倒垃圾，不准砍伐绿化点的树木，违反者将受到处罚。可以说风雨桥的形成和发展与侗族的社会环境有着密不可分的联系。

四　侗族风雨桥的社会文化功能

风雨桥是侗寨的标志性建筑，是具有鲜明的地域特征和民族文化特色的公共建筑，是侗族民族文化在建筑上的体现，也是侗族人们智慧和汗水的结晶，侗族风雨桥集多种社会文化功能于一身，蕴含其中的深厚文化内涵更是囊括了侗族居民的民族历史、生活习俗、宗教信仰、文化艺术等方方面面。下文就从观念传播、文化传承、信息交流、社区监督和艺术审美的角度深入剖析侗族风雨桥在侗族社会系统中的重要作用。

（一）侗族风雨桥的观念传播功能

侗族风雨桥的功能早已超越其实体本身作为桥梁的实用价值，成为侗族文化和精神的象征。风雨桥一般修建在寨口或寨尾的溪河上，侗族人认为这样一方面可以阻拦寨外的邪气流入村寨，另一方面可以防止村寨的财产不外流，同时还可以镇住水里的邪气河妖，从而起到保护村寨的作用。因此，风雨桥寄托了侗族人民对于美好、平安生活的渴望和向往，承载了侗族人民追求美好生活的愿望，向世人展示了侗族人民古朴自然的审美观念。

风雨桥是侗族风水观念的重要和直接体现。风雨桥位置的选择是一种风水观念的再现，一块好地应该有高低起伏，四环曲折，这意味着该地生机盎然。选址的风水理念不同程度地反映了侗族民间渴望顺应自然，以求平安、吉祥的朴素愿望。吉祥与崇神的观念在侗族民间根深蒂固，贯穿于整个社会文化观念和日常生活。风雨桥无论从风水层面还是民俗层面的功用，都表达着其祈求的宗教观念。有的还在风雨桥内择显要方位设置神龛供奉神像，这些对祖先神灵的供祭，其目的都在于祈福求兴旺、保平安。有些侗族居民在重要节日会选择在风雨桥上烧香祭拜，拜树和石头，他们认为在风雨桥上祭拜，那是龙脉相接的风水宝地，祈福家人健康长寿，如同风雨桥两端延绵的山脉。

风雨桥的取名也体现了侗族人有关村寨的兴旺与萧条，村民的富贵与贫贱及家族的安宁与衰落等思想观念。例如贵州玉屏野鸡坪风雨桥建于飞凤山脚，其寓意就是这只欲振翅高飞的"凤"与"风雨桥这只"龙"交相辉映，龙飞凤舞，以护佑长年居住在这里的侗家人岁岁平安、吉祥。在侗族民间有"桥如长龙，屹立水上，水至回环，护卫村寨"的说法。所以侗家人认为"风雨桥"是龙的化身，吉祥的象征，并具有超自然的灵性①。因此，风雨桥在侗族人心目中的地位已远远超出作为方便过河的功能，它代表了侗族的民族价值观和民族信仰。

（二）侗族风雨桥的文化传承功能

侗族风雨桥同时具有民俗文化功能，有的甚至不具传统的交通意义，只是为了满足民俗文化活动的需要而存在。凡是建于村头寨尾的风雨桥，都具有寨门的作用。有些寨门桥与鼓楼、戏楼同建于一地，构成

---

① 汪兴：《侗族风雨桥的文化内涵》，《中共铜仁地委党校学报》2011 年第 4 期。

村寨的社会、文化活动中心，此类寨门桥，装饰精美，充分反映村寨的经济水平和社会地位。作为侗族重要的公共建筑，风雨桥是由聚落群体共同出资出力修建的。风雨桥的建立，一方面要符合位于聚落出入口的交通要道这一建筑环境功能的需求，另一方面要符合聚落群体的精神需求。风雨桥在侗族社区内部充分体现出聚落群体对公共荣誉感、认同感的强烈渴求，有力地强化民族凝聚精神。正是这一强烈的凝聚力，使得侗民族内部紧密团结，友爱互助，同生存共呼吸。

侗族在古代是一个没有文字的民族，其文化的传承更多依靠物质承载和口耳相传。在建造风雨桥过程中，设计者不用绘图、不用制模，仅凭借经验和高超的技艺建造出工艺精湛的风雨桥。风雨桥作为一座文化的长廊，承载着侗族文化的延续与发展。有些风雨桥桥顶的每个斗拱和桥廊的各个神龛里，分别绘有"桃园结义"、"岳母刺字"、"水漫金山"以及"蛟龙戏珠"、"双凤朝阳"、"鱼虾戏水"、"龙狮镇銮"、"鸟语花香"等各种不同戏曲故事和花鸟壁画，从而使风雨桥成为令人目不暇接的画廊。在桥柱及横梁上，有木刻及书写的楹联，不仅内容意蕴隽永，而且书法古朴各异。在风雨桥上，常常会看到侗族老人向儿童传授其民族文化，包括民间工艺制作等。人们歇息时也会来这里聊天或者唱歌以交流思想情感，这都在一定程度上体现了侗族人民的精神生活。

（三）侗族风雨桥的信息交流和社区监督功能

侗族地区有"大杂居、小居住"的特点，因此其生活地区还分布着其他四十多个少数民族。虽然各民族有着各自的民族意识、风俗习惯、语言文化和宗教信仰，但一直以来各民族均能在经济文化的相互交融中和睦相处。侗族风雨桥丰富的文化底蕴也得到其他民族的赞叹和向往，风雨桥提供了其他民族了解侗族的途径，没进寨就先看到风雨桥，桥上能见识到许多侗族民俗。同时，侗族居民也通过外来民族了解外面世界，无形之中风雨桥成为民族沟通的桥梁。

此外，在一些多民族杂居的侗族地区，风雨桥的建设过程也促进了民族团结，促进了民族内部以及不同民族之间的交流。

侗族社区内部，风雨桥还是族内信息交流和社区监督的桥梁。作为侗族的重要交往空间而存在，风雨桥起到了稳定侗族社区的作用。平时，人们到这里来谈天说地、嬉戏游玩，年轻男女在这里谈爱对歌，节日期间侗族人身着节日的盛装到桥廊四周观看或参加节目，共享喜庆。侗族人在风雨桥上休息、聚会、观看风景、察视庄稼、节日庆典、商品交换等，形成一幅和谐的侗家生活画面，风雨桥自然而然地成为侗族人信息交流的主要渠道和场所。

另一方面，风雨桥也发挥了社区监督的作用，由于侗族风雨桥多建在村寨中的村头寨尾，因此侗族居民平日进出村寨要经过风雨桥，经过风雨桥来往于小河两岸，顺着山路进入山里、森林中、农田里。侗族年轻人砍柴劳作疲惫归来，可以歇脚乘凉，经过风雨桥回到家中，在田里干农活时，碰到下雨天可以避雨，艳阳高照时也可小憩。村寨没有农活的老年人和工余休息的侗族人在风雨桥中闲坐聊天、乘凉聚会、察视庄稼，往来田间劳作的年轻人经过风雨桥也不好意思偷懒空手而归，无形之中风雨桥成为侗族社区日常监督的场所。

（四）侗族风雨桥的艺术审美功能

风雨桥是侗族建筑艺术的"三大瑰宝"之一，风雨桥集亭、塔、廊、桥于一身，既有实用价值又具民族特色艺术观赏价值。风雨桥的上部全为木质结构，没有使用一根铁钉，这体现了其整体设计颇具匠心，其秀美的外形、叹为观止的建造技巧一直为世人所称道。

初期的风雨桥，只有简单的悬山屋顶桥廊，随着建筑艺术与审美观念的发展，由桥廊的单檐发展为双檐或多层复式披檐。对应于桥墩、桥台的廊顶增加了桥亭。将鼓楼的塔楼结合于桥亭造型中，形成塔式桥亭，并创造性地将亭廊结合在一起，其桥廊结合了民居的双坡屋顶与披檐形式。现存的侗族风雨桥，多为清代所建，风雨桥除桥墩用青条石外，其余全为木结构。采用凿眼、榫枋结合、直穿斜套、互相勾连，形成严密的整体，坚固耐用，可延续二三百年不坏。桥身不用粉饰，显露材料本色，淡雅大方，与侗族淳朴民风谐然一体①。

贵州省侗族地区规模最大、工艺最精的风雨桥首推全国重点文物保护单位的黎平地坪风雨桥，其为伸臂式石礅木梁桥，廊上彩塑彩绘，花

---

① 唐国安：《风雨桥建筑与侗族传统文化初探》，《华中建筑》1990 年第 2 期。

花绿绿，琳琅满目。花桥中央修建鼓楼式桥亭，形成鼓楼与花桥结为一体的特殊形制。长廊上，鼓楼内，绘画侗姑纺纱、侗姑织锦、侗姑插秧、吹笙拉鼓、琵琶弹唱、芦笙比赛、行歌坐月、牯牛角斗、激流放排、南江小景等侗乡风俗画，堪称侗寨的艺术橱窗①。可以说，侗族风雨桥的艺术审美功能，不仅是侗族人智慧的结晶，也是中国木质建筑中的艺术珍品。

五 结语

侗族风雨桥是侗族传统建筑艺术的瑰宝，它不仅是侗族人民对自然生态环境的一种适应与改造，也是侗族的象征符号和文化标识。经过漫长的历史变迁，侗族风雨桥与侗族人生存的生态环境和社会环境融为一体，成为侗族村寨中起到平衡与联系纽带作用的独特建筑形式。河流将空间分成两部分，风雨桥成为这两个空间联系的纽带，在这样的过程中，风雨桥也逐渐演化为一种象征物，成为两个不同环境之间的媒介和中转。这样，侗族风雨桥有效地建立起了生活与自然的一个缓冲地带，将社会环境与生态环境区别开来，同时又是社会环境与生态环境沟通的一个通道。随着历史的发展，比起侗族风雨桥的实际功能，风雨桥在文化上的重要性变得更为重要，这更多体现在精神上和象征意义上。在农耕文明为主要特征的文化模式下，侗族文化自身缺少发展的内在驱动力，风雨桥作为侗族村寨的公共建筑，折射出了侗族在生产、生活、心理等各方面的特性。侗族人对于风雨桥的想象力，也正是侗族人在桥梁上附加意义，这是超越风雨桥实用功能的一种再利用，从而使风雨桥具有了多重的文化内涵。在新的历史阶段，侗族风雨桥扮演着新的角色，桥文化变成族际共享和与外部进行文化交流的媒介。这也是侗族文化在承受来自社会环境变化带来冲击的同时，发挥主体的选择机制进行文化的整合以应对社会变迁的结果。总之，侗族风雨桥在生态环境和社会环境共同作用下，融入侗族人的生存环境并且反作用于侗族人的生活，无形中成为了连接侗族社区社会系统和生态系统的重要纽带。

----

① 吴正光：《贵州民族建筑的文化内涵》，《民族研究》1990 年第 2 期。

参考文献

［1］国务院人口普查办公室：《2010 年人口普查资料汇编》，中国统计出版社 2012 年版。

［2］［美］斯图尔德：《文化变迁的理论》，张恭启译，允晨文化出版社 1984 年版。

［3］杨玉好：《马林诺夫斯基文化思想简论》，《烟台大学学报》（哲学社会科学版）1989 年第 8 期。

［4］任爽、程道品、梁振然：《侗族村寨建筑景观及其文化内涵探析》，《广西城镇建设》2008 年第 2 期。

［5］管彦波：《西南民族聚落的形态、结构与分布规律》，《贵州民族研究》1997 年第 1 期。

［6］冯祖贻等：《侗族文化研究》，贵州人民出版社 1999 年版。

［7］湖南少数民族古籍办公室：《侗款》，岳麓书社 1988 年版。

［8］汪兴：《侗族风雨桥的文化内涵》，《中共铜仁地委党校学报》2011 年第 4 期。

［9］唐国安：《风雨桥建筑与侗族传统文化初探》，《华中建筑》1990 年第 2 期。

［10］吴正光：《贵州民族建筑的文化内涵》，《民族研究》1990 年第 2 期。

木偶戏文化

石阡木偶戏现状调查与发展反思

张　军[①]

（贵州大学人文学院）

引　言

　　石阡县位于贵州省东北部，铜仁地区中部，县境东西最大间距
86.6公里，南北间距47.6公里，境域面积2173平方公里。东邻江口、
岑巩县，南连镇远、施秉县，西接凤冈、余庆县，北靠印江、思南县，
辖7镇11个乡，是一个传统的山区农业县。特别是其与湘西、重庆相
邻的地理位置，直接为湖南辰溪、重庆秀山的木偶戏传入创造了有利条
件。石阡县属中亚热带湿润季风气候区，地质构造特异，自然资源十分
丰富。石阡县共有13个民族，其中以汉族为主，仡佬、侗、苗等多民
族杂居。石阡县是著名的休闲旅游胜地，以"温泉之乡"、"矿泉水之
乡"与"苔茶之乡"闻名遐迩。

　　石阡木偶戏，俗称"木脑壳戏"，又因与高台戏相对应被称为"矮
台戏"，是杖头傀儡在贵州省民间的唯一遗存，根据艺人口碑资料推算，
距今已有两百多年历史。在石阡木偶戏的发展历程中，以其悠久的历
史、动人的魅力以及与民众生活息息相关而在石阡境内及其周边流传，
在历代乡民世俗生活中留下了深深的印记。2006年5月，石阡木偶戏
被列入第一批国家级非物质文化遗产名录，受到相关部门和人士的关注
与重视。然而，随着时间的推移，石阡木偶戏已经风华不再。目前只有
花桥镇与坪山乡的木偶戏班还可以勉强演出，但演出机会已经十分稀
少。实际上，花桥镇的傅家木偶戏班演出道具已移交石阡民族中学，真
正的民间演出戏班只有坪山乡的饶家班。同时木偶戏演员大都为七八十

---

① 张军（1970—），男，文学博士，贵州大学人文学院副教授。

岁的耄耋老人，年轻演员也难以坚守，石阡木偶戏的传承面临诸多困境。面对这些现状，我们将如何思考、应对与前行？

一　石阡木偶戏现状调查

1. 石阡木偶戏的发展历程

石阡木偶戏的历史可在花桥镇傅家班与坪山乡饶家班的传承中得到呈现。

据 2010 年 7 月花桥镇傅正华老师傅口述，石阡木偶戏是从湖南辰溪传过来的，傅家本家就有箱子，至少要七八个人才能组成一个戏班演出。最早的老师是辰溪的吴法灵先生，他的箱子道具好，因为没人玩了，找不着生意，于是他开始学检瓦（翻瓦检漏），后检瓦到傅家。当时傅家虽然家境一般，但是吃穿还可以。农历六月十九是观音会朝山，天气炎热，傅家去望戏，吴法灵也一起去了，看完了他说："你们这个哪叫戏，我有副箱子，就是木脑壳戏，没有人玩。"傅家出钱叫吴法灵回家把木脑壳戏箱子运来，木偶人穿的都是用金线盘的衣服，衣服上的龙图案活灵活现，一表演人人爱看。吴法灵自己就是个老师傅，于是就把木偶戏传给了傅登象，傅登象学了 3 年，才出去表演赚钱。吴法灵没有后代，最后死在了石阡。后来傅家一代传一代，传到现在。①

花桥傅家七辈的传承谱系如下：傅登象→傅为士→傅荣任（法名傅法荣）→傅庭佩→傅应举（艺名傅童芳）→傅银洲（又名傅朝金）→傅正荣、傅正华（法名傅法旺）、傅正贵（见图 1）。以每代 30 年计算，傅家班传承到现在已有 210 多年的历史了。

坪山木偶戏是由重庆秀山黄思民祖师在长溪养坛师公饶奉祥家所传。

饶家六辈的传承谱系如下：饶廷愉（法名饶法兴，生于道光十七年，1837 年）→饶文斗（法名饶法开，生于咸丰十年，1860 年）→饶财源（法名饶法灵，生于光绪十二年，1886 年）→饶光龙（法名饶法

① 参看张应华《石阡木偶戏的戏班组织与传承》，《贵州大学学报》（社会科学版）2006年第 5 期。

图1　左起傅正贵、傅正华

清，生于1914年）、饶光显（法名饶法镇，生于1916年）、饶光有（法名饶法明，生于光绪三十二年，1906年）→饶世凡（法名饶法文）、饶世印（法名饶法权）、饶世光（法名饶法用）（见图2）→饶泽木（法名饶法扬）、饶泽椿。按传承辈分来看，饶家班应该比傅家班少一辈，也就是说传承的年份可能要晚三五十年。

图2　左起饶世凡、饶世光、饶世印

有材料表明，黄思民当时一并传授的有花桥傅家木偶戏。黄思民在传艺时定下三条规矩：一是因木偶戏在长溪养坛师饶奉祥家堂屋所传，今后世世代代饶奉祥家请做大小事情，饶、傅两家传人都不能收饶奉祥家的钱粮；二是饶家和傅家唱戏有地域界限，即饶家传承人在当地到尚寨、羊场、底坝、老易屯一带唱戏，傅家传承人在尧寨到喷溪、大地上粑粑坪一带唱戏。即使傅家进饶家的地盘唱戏，也得不到认可，必须饶家唱戏才算数，但饶家在傅家的地盘有人请唱了就算数。三是在今后的传承中，一辈只能传一人，并且被传人必须年满 40 岁才能顶坛（正式继承）。[①] 但此说存在一些疑点，有待进一步调查与分析。首先，从目前的口碑资料分析，饶家班的传承辈分应晚于傅家班；其次，傅家班表演的剧目与饶家班有较大的差异；再次，两者使用的道具也有较大的区别（见图 3）。

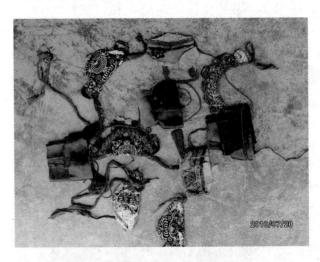

图 3　饶家班使用的一些简单的道具

《石阡县文化志》以及田野调查资料表明，新中国成立前是石阡木偶戏最为兴旺的时期，当时每个戏班成员五六人至十来人不等，演出服装、道具齐全，行装轻便，可四处作场表演。其中常年演出的有傅银洲、傅荣清为主的"泰洪班"；卢子清、周辅廷为主的"太平班"；张德宣、全应年为主的"兴隆班"；周树山为主的"天福班"；张伯约（张德宣之长子）在杨桥（岑巩边界）演出而得名的"杨本家班"等。

新中国成立后，原有的木偶戏班照常演出。后根据艺人的要求，于

---

① 2007 年 6 月 25 日，坪山乡文广站资料《杖头木偶戏》，陈彦提供。

1956 年 7 月组建石阡木偶戏剧团，隶属县人民政府文科教领导，文化馆辅导其业务活动。剧团成员共有 13 人，其中会计 1 人。剧团由原"泰洪班"班主傅银洲任副团长，原"太平班"班主周辅廷任导演，原"兴隆班"班主张德宣及各班弟子、亲属为演职员。另有编外人员六七人，均为老艺人的亲属，随团学艺演出。剧团设备较为齐全，有木偶头子 36 个，戏装 25 套，幕布 1 套，道具若干，皆为原班子老艺人的行头。木偶戏剧团独立核算，自负盈亏。剧团经常下乡，或在周边县市巡回演出，回城后在县文化馆售票演出。上演剧目有 50 多个，其中《芦花荡》、《寒江关》、《摩天岭》等 20 多个为常演剧目。1956 年 12 月，剧团演出的《梨花斩子》在铜仁地区首届民间艺术汇演中获表演奖。1958 年底，木偶戏剧团因主要演职人员年老体弱而下放，木偶戏箱封存在县文化馆。

"文化大革命"中，木偶戏被视为"四旧"，头子、衣装被焚毁。

十一届三中全会后重新调查抢救民间艺术，根据木偶艺人和花桥、城关等区社领导的要求，县财政拨专款 2000 多元，县文化馆到湖南辰溪重制木偶头子 24 个，到贵阳制作戏装、道具等，以花桥小塘坪、北塔下来朝七八个艺人为主，恢复了木偶戏演出。但因灯光、音响等难以达到观众的要求，艺人大都年事已高，收入微薄，拟议中的职业木偶剧团未能恢复。经协商，木偶头子、衣箱由花桥小塘坪傅姓艺人保管，逢年过节时，艺人们联合起来进行行业余演出。①

近年来，一批木偶老艺人相继辞世，花桥木偶戏的业余演出也难以为继，只是偶有相关活动时，才将在世的两三位木偶老艺人请到县城，搭台表演，头子、衣箱亦收回存放于县文化局。花桥木偶戏戏箱现已移交给石阡县民族中学，民间演出已不复存在。（见图 4）

坪山乡的木偶戏也在 20 世纪 80 年代恢复演出，目前还偶有民间演出活动。从 2001 年到 2007 年，曾到县文化局万寿宫演出 3 次，坪山赶集开市演出 1 次，佛顶山民族文化村演出 1 次，镇远县都坪镇政府邀请庆祝土家族节日演出 1 次。② 2010 年 3 月 16 日（农历二月初

---

① 石阡县文化局：《石阡县文化志》，1995 年，第 69 页。
② 2007 年 6 月 25 日，坪山乡文广站资料《杖头木偶戏》，陈彦提供。

一）在敬雀节上演出 1 次，11 月 10 日（农历十月初五）因主人家田应国生子还愿演出 1 次（见图 5）。其中大多数为政府邀请在节假日期间的应景性演出，像最近的还愿演出之类的纯民间演出活动已难以见到。

图 4　石阡县民族中学的木偶造型

图 5　还愿演出请神时的坛头

2. 石阡木偶戏的剧目

石阡木偶戏的剧目，张应华在《贵州石阡民间木偶戏的历史沿革、民族归属及其剧目分类探微》①一文中有过较为全面的罗列和分析，其中剧目名称偶有失误，现予以订正并转引如下：

商朝（封神戏）：《女娲庙焚香》、《马踏冀州》、《陈塘关》、《哪吒闹海》、《财神图》、《痘麻阵》、《瘟瘴阵》（《穿云关》）、《过金鸡岭》、《朱仙镇》、《坠楼反五关》、《殷闻仲》、《绝龙岭》、《文王访贤》、《伯邑考》、《姜娘娘踹盆》、《造楼台》、《牟虚炮烙》。

东周列国：《说六国》、《大团圆》、《周氏拜月》、《周氏当绢》、《香山》（观音全本）。

大汉演义：《鸿门宴》、《过芒砀山》、《霸王别姬》、《萧何月下追韩信》、《九里山》、《刘秀驾崩》、《书馆会》。

三国：《吕布戏貂》、《徐州失散》、《说降关羽》、《大战白马坡》、《赐马挑袍》、《过五关》、《古城会》、《马跳檀溪河》、《炮打襄阳》、《火化樊城》、《三请茅庐》、《张飞三闯坛台》、《挡夏》、《曹操八十三万人马下江南》、《火烧赤壁》、《华容挡曹》、《河梁宴》（《单刀赴会》）、《东吴招亲》、《天水关》、《夜战马超》、《关公取长沙》、《三讨荆州》、《芦花荡》、《三气周瑜》、《占巴州》、《威逼成都》、《杀子告庙》。

隋传：《唐李渊过临潼关》、《南阳关》、《三家店结拜》、《罗成占山》、《夜打登州》、《秦琼表功》、《扬州观花》。

说唐：《下洛阳》、《夜探京容》、《夜探北平》、《斩单雄信》、《月擒五王》、《双带剑》、《扫北》（系列戏、可演3天）、《打凤凰山》、《淤泥河救主》、《打白玉关》、《张世贵》、《倒转长安》、《薛仁贵百日两头双救驾》、《打摩天岭》、《双杀四门》、《薛仁贵摆龙门阵》、《头困锁阳》、《薛丁山带兵》、《棋盘山》、《打界牌关》、《打界天关》、《打金峡关》、《大破锁阳》、《陈家山嫁女》、《火牙阵》、《二困锁阳》、《三困锁阳》、《寒江关》、《白虎关》、《梨花斩子》、《破金光阵》、《打凤城》、《薛刚大闹花灯》、《打汉阳》、《打九里山》、《薛刚反唐》、《大闹淮安》、《大闹满春园》、《平沙穆国》、《沙陀搬兵》、《收李存孝》、《黄河摆渡》、《磨房会》。

① 张应华：《贵州石阡民间木偶戏的历史沿革、民族归属及其剧目分类探微》，《贵州大学学报》（艺术版）2005年第2期。

五代十国：《武家坡》、《算粮登殿》。

大宋（杨家将、岳家军）：《陈桥立帝》、《三下河东》、《龙虎斗》、《下南唐》、《双锁山》、《杨宗保招亲》、《辕门斩子》、《大破天门阵》、《四郎探母》、《五台山还愿》、《沙滩赴会》、《大战洪州》、《狄青错伐东辽》、《西辽取旗》、《狄青平南》、《初进中原》、《打潞安州》、《炮打两狼关》、《河间府》、《冰冻黄河》、《抱牌和番》、《泥马渡夹江》、《金陵见康王》、《大破金陵》、《牛头山》、《枪挑小梁王》、《精忠报国》、《九龙山》、《平太湖》、《平洞庭》、《大破朱仙镇》。

明代：《百合洞》、《土台挡亮》。

清代：《三搜索相府》。

其他剧目：《双麒麟》、《安安送米》、《二十四孝》（系列戏）、《秦雪梅过门守节》、《秦琼哭头》、《西游记》。

以上所列剧目将近 150 个，其中以商朝、三国、说唐、大宋故事最多，明清两代的故事最少，只有 3 个剧目。

另据《石阡县文化志》，还有高腔戏《黄花岭》、《困山河》、《白鹤关》、《白兔记》、《白玉霜》、《临关山》、《双斩子》、《太白醉酒》、《汤阴斩将》、《岳云比锤》、《雷震三山口》、《张四姐大闹东京》，平弹戏《斩袍》、《打金枝》、《过昭关》、《二进宫》、《二堂舍子》、《劈山救母》、《洛阳斩单》、《南唐救主》、《大下河东》等 20 多个剧目可资补充。这样花桥木偶戏所演剧目大致有 170 来个，与艺人口中的两百来个剧目相差不远。这些木偶戏剧目大都与湘剧通用，一些地方生活小戏与傩堂戏通用。但其中《黄花岭》、《困山河》、《白玉霜》等剧目就连现存最资深的老艺人傅正华都没见过或演过。由于没有现存的剧本，石阡木偶戏剧本均靠口传心授来传承，一些剧目也因人绝艺亡而消失在历史的尘埃之中。

坪山木偶戏在剧目数量上要比花桥木偶戏少得多，大概有《文王访贤》、《火焚琵琶》、《苏妲己害比干》、《薛仁贵征东》、《薛丁山征西》、《罗通扫北》、《淤泥河救主》、《秦王夜探北平关》、《打寒江关》、《古城会》、《空城计》、《芦林会》、《磨房会》、《秦叔宝救驾》、《临潼山救驾》、《洗马救驾》、《程咬金打劫皇杠》、《仁宗认母》、《张少子打渔》、《遇龙封官》、《谢文清南山放羊》（《解带封官》)、《铁锁桥还香愿》、

《韩湘子度妻》等40来个剧目。在历史剧目方面与花桥木偶戏大体相当，较有特色的是最后几个封官、还愿剧目。

　　3. 石阡木偶戏的传承

　　石阡木偶戏的传承主要依靠口传心授来完成。在拜师之后，学徒主要在随班演出的实际锻炼中逐渐掌握相关知识和技巧。有些戏班如来朝的"天福班"有少量的剧本流传，但无唱腔、调门、表演手法等硬性规定，只是提供了大致的内容提纲，在实际演出时，艺人并没有照剧本逐字逐句地表演，多有即兴发挥。

　　石阡木偶戏多以家传与师传相结合的方式进行传承，戏班也以家传班、师传班以及家传、师传结合组班三种形式构成。所谓家传，是指在同一个家族内部传承，秉承传男不传女的传统，但没有同父、同祖父或同曾祖父的严格限定。石阡民间有同姓同辈皆以兄弟相称的传统，因此石阡木偶戏的家传制度也是建立在这样的族亲制度之上的，即在家传班内，班主与其他各行当的当班艺人均为本家同辈兄弟。平时，班主与其他当班艺人会在下一辈男丁中物色一些资质聪明、人品出众而又爱好木偶戏的年轻人随班学艺，一旦班主年迈或因其他原因戏班不能正常演出时，就会在随班学艺的年轻人当中找一合适人选，推为班主组成新戏班外出演出，在此期间，即使有上辈艺人留在戏班里，也是以师父相称，并退居幕后。因此，在石阡民众心目中，家传班实际上有两个名称，一是以戏班名称呼，如"太平班"、"天福班"等；一是以姓氏称呼，如"杨家班"、"李家班"等。目前，石阡历史最长的家传班是花桥镇的"泰洪班"，自组班以来已历七代，由于以傅姓立班传承，故当地人又称其为"傅家班"。

　　所谓师传，是指师父向徒弟传授技艺，这种传承模式打破了家族界限，完全以天分、人品高低和对木偶戏的喜好程度为收徒标准，而没有姓氏辈分的限定。如"太湖班"，早先班主为全应年，后又由张德宣担任，成员有全应斗、张伯约、张伯高、赵吉安等人，全应斗为全应年的胞弟，张伯约、张伯高是张德宣的长子和次子，但全应年并没有把班主之位传给全应斗，张德宣也能与长子、次子同班演出。

　　有些戏班是采用家传与师传结合的方式立班演出，这样的戏班最初往往是以某一家族为主，但在流传的过程中由于各种原因又加入了其他姓氏的艺人，并逐渐成为该戏班的主要角色。如"天福班"原本是周姓戏班，最近的三辈主要艺人分别是周树山、周辅廷、周全娃。但在周辅廷这一代，戏班来了一个"搭偏偏"（搭班演出）的艺人卢子清，由于他的技艺好、名气大，后来他就与周辅廷共同管理"天福班"了。

凡聪明、厚道的男性，只要愿学木偶戏均有机会拜师学艺，但如果是家传班，还需看看辈分是否符合要求。石阡木偶戏的学艺方式采用随班学艺，一旦被确定为徒弟，便需跟班外出，在演出的实践中学习。据傅正华介绍，徒弟首先要学挑箱子，以磨砺其意志；然后要学装台面，意在让其对木偶戏有全面的了解；然后再根据其特长，传授相应的表演技巧。徒弟学艺的时间没有硬性规定，聪明好学者一年两载便可出师，愚钝懒惰者三年五载也不能出师。出师时，徒弟摆一桌谢师酒，再由师父为其赐一法名。

如果说一般艺人出师比较随意的话，那么辈钵的传承就极为严肃了。所谓辈钵传承，即指新老班主的交接。对于一个戏班来说，找到一个合格的班主继承人至关重要，因此，在培养辈钵（班主）继承人时，老班主在其人品、德行、技艺等方面都进行了特别精心的教诲与培养，唯恐留下一丝遗憾。辈钵继承人的出师程序相当神秘和复杂，需择一吉日举行出师仪式，其基本程序如下：（1）设香案：一般情况下，香案设在辈钵继承人正堂屋神龛下的左边，香案上供奉三个牌位，中间书曰：正乙冲天风火（"火"字倒写）院内岳皇戏主金梅二宫，右边书曰：大汉楚国陈平傀儡仙师杨唐二将刁氏夫人，左边书曰：中天星主北极紫微元清大帝，案上另有米粑、豆腐、刀头肉、酒、茶、香、纸钱等各色供品。（见图6）（2）请神与伏愿：设好香案后，老班主再择吉时跪案请神，奉请的神道主要有三清大帝、本地土地神、陈平傀儡仙师、本门戏祖、本门历代班主等。众神请到后，老班主随即高声伏愿：阳间人一句话，阴间人一个卦，众位神仙厅堂高坐，历代祖师听我细说，今日吉日良辰，某某某自愿来顶敬各位神仙，各位祖师，师傅若愿意同行，不在前、就在后，不在左、就在右，随时随地，护佑戏班百做百顺……（3）卦：伏愿之后即卜卦以示神判。卦为两片羊角形木块，一面扁平，一面背躬。卜卦时，老班主站立掷卦于地，若两片扁平面着地，为阴卦，意为阴人护佑；若两片背躬着地，为阳卦，意为阳事可为；若一片扁平面着地，一片背躬着地，则为胜卦，意即阴阳皆宜。传辈钵时，必须阴、阳、胜三种卦形全具，一次不行，可再进香补卜，直到圆满为止。（4）赐法名：卜卦过后的程序是赐法名。法名为三个字，第一个字是辈钵继承人的姓，第二个字所有艺人都相同，为"法"字，第三个字则是老班主所取。（5）传祭祀词：这是传辈钵的最后一道程序，祭祀词是演出请神时用的祭语，为班主一人掌握，从不外传，故至今也无法知晓它的具体内容。①

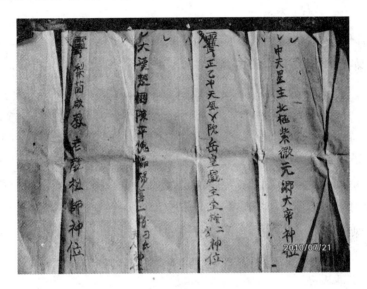

图6　傅正华保存的供奉神位

2010年7月，我们在坪山调查时，饶世凡老艺人曾口述请神词如下：

饶世门中中宫宅内，设立花台之上，烧一炷真香，二炷明香，三炷宝香，香不乱烧，神不乱请，上烧一炷青云盖天，中烧二炷紫云盖地，下烧三炷遍满四方，烧起五色祥云，盖吾弟子身前左右，闻香奉请：东走东店赐福仙师，南走南店赐福仙人，西走西店赐福仙师，北走北店赐福仙人，中走中店赐福仙人，造福仙师张五郎。闻香奉请：天府门下年值功曹，地府门下月值功曹，水府门下日值功曹，阳府门下时值功曹，

①　参看张应华《石阡木偶戏的戏班组织与传承》，《贵州大学学报》（社会科学版）2006年第5期。

酬恩表愿，众敕功曹，飞云走马，和合二仙，通灵土地，四值功曹。身背香烟，直投岳王宫中。闻香奉请：唐朝敕封正乙冲天风火院内岳王戏主、金花小姐、梅花小娘、五色花瓣、好耍郎君、三元法主、太上老君、五云兵马、六元将军、七星北斗、八元将军、九天玄女，白鹤仙师，传香度水，历代人士，请在花台之下受领神香。梨园会上前传后教，历代祖师，千千师祖，万万师爷，受领真香。梨园会上腾禄仙宫、供堂里内老郎太子受领真香。本境诸庙宫中一切有感神祇，受领真香。

4. 石阡木偶戏的演出

石阡木偶戏主要在石阡县境内及其周边县市活动。木偶戏演出不受场地的制约，只要有丈许见方的平地，就可以搭台演出。演出场地的选择是由演出目的决定的，春节期间演"众戏"，场地一般选择在村寨的祠堂、学堂等公共场所；演"祝寿戏"，一般在主家的院坝搭建舞台；若遇蝗虫灾害演出"驱蝗戏"，舞台往往布置在灾情最严重的田间地头；"还愿戏"的舞台则设在主家的正屋前面，台口与堂屋门同一朝向，后台则是主家的堂屋；旧时演出最多的是"庙会戏"，场地往往选择在朝拜、进香等佛事场所的附近；有时木偶戏也进入商贸集市演出，可在街边随地搭台，也可在商会会馆的戏楼或文、武、禹王、东岳等庙堂演出。新中国成立后，石阡文化局组建了石阡木偶戏剧团，可在专门的舞台上演出。

石阡木偶戏演出的舞台为特制的围布舞台，舞台呈方形，四周以四根竹竿为支架，长、高、宽各约 4 米，以蓝色围布围绕四周下半段及后台上部，这样前台上半段即形成舞台台口，高约 2 米。再以蓝布一幅挂在台中上部，称为"挡子"，形成前台和后台。挡子左右两边挂有布门帘，分别称为"上马门"、"下马门"。上场时木偶从上马门揭帘而出，下场时则由下马门揭帘而入。露天演出时，在舞台顶部盖一张篷布，用以遮阳避雨。①

根据不同的演出场合可将石阡木偶戏划分为"庙会戏"、"愿戏"和"众戏"，其中"愿戏"又可细分为"还愿戏"、"驱瘟戏"、"驱蝗戏"等。不同的演出场合可选择相对应的剧目。

---

① 石阡县文化局：《石阡县文化志》，1995 年，第 57 页。

庙会戏是在朝山赶庙时演出的木偶戏，剧目一般以历史演义、章回小说的传本戏为主，如《封神》、《三国》、《说唐》、《岳飞》等，其目的在于以民众熟悉的历史故事吸引观众。

还愿戏一般以求子、求财、祛病为目的，演出剧目大都与观音、药王有关，如《双麒麟》、《双富贵》、《香山》、《天台还愿》、《女娲庙焚香》、《董仲舒》、《财神图》、《痘麻阵》等。

驱瘟戏和驱蝗戏旨在驱除瘟疫，祈求风调雨顺、五谷丰登、国泰民安，剧目有《瘟瘟阵》（《穿云关》）等。

众戏往往在春节、娶亲、立房、祝寿等喜庆日中演出，其中"祝寿戏"尤其盛行，剧目选择的范围也较为广泛，既可上演"传本戏"，也可演出"小本头戏"，如"祝寿戏"就有《安安送米》（《三孝堂》）、《董永卖身》、《割肉救母》、《目连救母》、《古庙认父》、《打金枝》、《王府寿》、《百寿图》（《艾芳卿》）等众多的剧目。

无论何种场合的演出，均由管班（专门接洽演出业务的人）安排。尤其是愿戏、众戏的演出，主家需先与管班商定演出时间、地点、报酬以及目的等，然后再由管班报请班主准备演出。石阡民众相信木偶戏班的演出能让自己和家人得到神仙保佑，消除灾祸，风调雨顺，五谷丰登，而木偶戏班也相信演出可借助神界的力量，具有驱瘟疫、消灾、保平安的威力。因此除搭台、表演等常规演出程序外，还有立牌位、请神、送神等祭祀仪式，其基本程序为：搭台→立牌位→请神→演出→送神。

舞台搭建好后，就可立牌位。在后台设一香案，供上香茶果品，正中放米一升，上插一竖写牌位，中间书曰：正乙冲天风火（"火"字倒写）院内岳皇戏主金梅二宫；右边书曰：大汉楚国陈平傀儡仙师杨唐二将刁氏夫人；左边书曰：中天星主北极紫微元清大帝。牌位立好后，要一直香火不断，需伴随演出的全过程，直到送神后方可拆除，有时会应主家的请求，将牌位请上主家神龛，贴在神龛的右侧，常年享受主家的香火，名为"主愿"。

牌位立好后，即可请神。请神由班主亲自主持，首先焚香点烛，然后立于牌位前，鞠躬作揖，后又右手掐指于胸前，口念密语，召请相关神灵。奉请的神道主要有太上老君、通天大帝、元清大帝、紫微大帝、本地土地神、陈平傀儡仙师、本门戏祖、本门历代辈钵掌坛师等。所奉请的神道一直陪伴戏班的表演，直到演出全部结束后，才由掌坛师举行仪式将众神送回，谓之"送神"。石阡木偶戏班的艺人坚信，只要有众神亲临现场保佑，就会百做百顺，就能够达到所有预期目标。

二　石阡木偶戏发展反思

1. 石阡木偶戏的发展成就

石阡木偶戏在 200 多年的发展历程中，代代相传，有效地延续了其发展命脉。1949 年以来石阡县地方政府采取了一些措施，也取得了可喜的成绩。新中国成立后，当地政府十分关心民族文化，将石阡木偶戏上报行署批准行文，成立了木偶戏专业演出团体，建立了管理机构，给予了组织、经费保障，加大了对木偶戏的扶持力度。"文革"时期木偶戏遭到破坏，停止活动。党的十一届三中全会后，政府投入资金组织文化专业队伍在全县展开了全面普查，对木偶戏进行抢救，重新制作木偶戏装、道具等，恢复了演出。组织木偶艺人交流讨论，针对木偶戏传承发展，开展业余培训活动。20 世纪 80 年代初木偶戏普查资料组卷建档完毕，资料整理成文，编入地方志书和各类文史书刊，较为完整地保存了木偶戏资料。组建了政府主导的民族民间文化管理协调机构，通过文化部门对现存保护机构和队伍开展了保护培训，落实责任，加强了队伍建设，并多次投入资金开展保护抢救工作。利用重大节日组织木偶戏公演、展演、调演，鼓励传承，特别是近些年经常组织专家、学者来石阡座谈，研讨木偶戏的保护与传承问题，撰写的研究和保护性文章在省地刊物发表，形成了有效保护措施和机制。

最近几年以石阡民族中学的木偶戏传承较有特色。2006 年 4 月 11 日，石阡县民族中学从花桥镇泰洪班请来傅正华、傅正贵、傅正文三位师傅到校任教，并且把木偶行当也接收了过来，组成了一个有 20 来位老师的学习班，后来由于各种原因，只有 8 个老师坚持了下来。这 8 个老师是：刘超、阮绍南（见图 7）、王泓、王以香、孙洪祥、冯昌会、王贵红、赵彪。他们各自的分工如下：音乐老师刘超，生于 1970 年，是戏班的领头人，主要负责整理剧本。师傅口述他记录，然后翻阅资料整理出来，同时他还负责武生、老生的表演。音乐老师阮绍南，生于1972年，负责整理音乐以及文生等角色。音乐老师王泓，负责整理音乐以及文生、正旦等角色。王以香负责丑角和小旦。计算机老师孙洪祥负责净角（大花脸）。财务后勤冯昌会负责文生、正旦和花旦。王贵红负责武旦和正旦。美术老师赵彪负责文生和小丑。师傅们的教授方式主要是手把手地教，唱词一句一句的传授，先让这些老师们模仿，然后纠正他们的错误。通过两年多的学习，老师们学会了20多个戏，整理了32个剧目，念白、唱功等基本掌握。老师们除了自己组成学习班学习木偶戏外，他们还把木偶戏引进了课堂：（1）作为民族音乐引入，介绍石阡木偶戏的历史、发展状况及其与其他各种木偶戏的异同。同时展示其念白、唱腔与基本操作，并介绍剧本中诗词的作用以及怎样理解。（2）成立木偶戏兴趣小组，按照剧本表演，培养木偶戏观众。第一批有十来个学生，能把基本功串联起来，一年后能演出《三讨荆州》等剧目，同时培养出了一批观众，让他们能看得懂、读得懂木偶戏。第二批有五六十个学生，但是效果不太好，因为人多，所以不是很成功。刘超老师制定了一份2009—2010年度木偶戏的传承计划，但因学校搬迁，未能实行。其内容如下：（1）整理剧务，编创剧本，演出现代人的现代生活；（2）与其他文艺形式，如舞蹈、小品、相声等结合；（3）在学校里搭建一个舞台，随时演出，发展观众，发展演员，并争取去其他兄弟学校表演。

　　民族中学给三位师傅提供食宿，每人一天伙食费十几元，每个月还有20块钱的草烟，每人每天40块钱工资。2008年农历五六月间，也就是2008年的第一个学期将要结束的时候，由于资金缺乏等原因，三位师傅回家，停止传授。其中傅正贵教了两年，傅正文教了一年，傅正华教了两年半。一年实际教授的时间大概八个月，三个师傅的工资一共花费了四五万元。在2009年11月8日温泉文化旅游节活动中，石阡民族中学的木偶戏演出获得了学校领导和县委的支持。傅正华老师傅说，在民族中学传授时，自己先口述剧本，然后老师们把它打印成本子，接着是分角色排练，傅师傅慢慢指点。上午8—11点，下午2—5点，一天6个小时的学习时间。傅正贵老师傅说，主要学的是操作，包括撩衣服、点兵、打校场、开兵等。为了更好地学习木偶戏，民族中学置办了

图 7　左起阮绍南、刘超、笔者、饶莉、吕婷婷、翁雯

两套音响，一套音响配备四个话筒，另外还买了一个 150 元的京二胡。表演的舞台是用不锈钢的空心铁管做成的，围布一套，马门一套。2007 年录了十几个光碟，练习两三天就录光碟，录的时候师傅们只是作为观众，未上场参与。外面来参观，县里开会，师傅们都是作为指挥者，不亲自上场。曾有七八个日本参观者来看戏，傅正贵负责打锣鼓，一上午演了 3 个小时的《三讨荆州》（见图 8）。

　　2. 石阡木偶戏的发展困境

　　新中国成立前夕一段时间，曾是石阡木偶戏发展的鼎盛时期。新中国成立后，石阡各族人民走上了发展社会主义现代化的道路，从根本上动摇了石阡木偶戏所依托的自然农耕经济制度。"文化大革命"期间，由于极"左"思潮的影响，石阡木偶戏作为"四旧"遭到全面彻底的扫荡，尤其改革开放以来，随着经济建设的不断深入，现代文明的不断冲击，使得石阡木偶戏急剧衰微下去，这主要表现在以下几个方面：（1）人们的商品化意识逐渐浓厚，纷纷下海打工挣钱，收入微薄的石阡木偶戏已无后续从业人员。（2）电视、网络等各种新兴娱乐方式极大地影响了人们的精神文化趣味，石阡木偶戏因土气、俗气、落后和没品位等因素而失去了应有的观众群体。（3）"科学种田、治病就医"等各种科学观念深入人心，有力地冲击了石阡木偶戏表演所依托的社会环

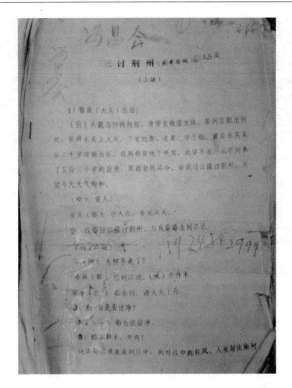

图 8　石阡县民族中学整理和使用的木偶戏剧本《三讨荆州》

境与习俗环境。（4）老艺人相继辞世，后继乏人，石阡木偶戏所依托
的人力资源即将消亡。（5）伴奏乐器、头子、戏装受到损坏，剧目唱
腔、表演技巧得不到及时整理以至于迅速失传，这些都是石阡木偶面临
的重要问题。

石阡县文化馆的工作人员认为木偶戏在传承过程中是有困难的，相
关负责人只有工作没有权利，下面未落实上面的政策，没有资金，再加
上地方文化观念的束缚，木偶戏越来越受到冷落。文化馆也采取了一些
保护措施，复制了4套木偶道具（见图9）。

石阡民族中学的老师们在谈到这个问题时认为：（1）受现代文化
的冲击，木偶戏生存空间狭窄，要想发展就要与时俱进，进行创新。上
面只是口头重视，却缺少系统的规章制度和机构，再加上经费不够，相
关人员不够用心，走官样，走场子，是不可能发展木偶戏的。（2）石
阡应该怎样打造石阡木偶戏？没有落实具体的措施和责任，老师有了怨
气，不愿继续学习。（3）旅游要有文化打底，中学是事业单位，不是

图 9　石阡县文化馆出资请人复制的一套 22 个木偶头子

文艺单位，要以经费促发展，以特色创品牌。

在走访老艺人时，傅正华老师傅说到传承问题，认为下面没人学，学得不好，没人看，后继无人，自己舍不得木偶戏也要舍得，因为自己的能力办不到。他还说如果政府拿钱就愿意去教。农村有活路（农活）要做，自己把木偶戏的内容和技巧全部传授出去是不可能的，待遇跟不上，解决不了基本的生活问题。傅正贵老师傅认为石阡县文广局不支持，敷衍上头，要传承木偶戏，政府就应该提供吃住，解决温饱问题。可见，资金问题是困扰木偶戏发展的一个关键，要想木偶戏继续传承下去，我们要关心老艺人的身体状况和生活现状。

石阡县在申报首批国家级非物质文化遗产代表作的时候，曾制定了一个五年保护计划如下。

	时 间	保护措施	预期目标
	2006	召开会议营造宣传氛围，编写木偶戏乡土教材	选定一所小学开展教学试点
五年计划	2007	在中小学各选 2—4 所学校进行推广，逐步扩大	扩大社会教育影响
	2008	召开木偶戏乡土教材研讨会，提高乡土教材修编质量	进一步探索研究木偶艺术教育
	2009	开展一次少儿木偶演出比赛	让艺术教育与社会活动相结合
	2010	在石阡举办一次全国性木偶戏比赛，开辟木偶艺术网站	达到保护传承目的

以上所列计划，除在石阡县民族中学的传承得以部分实施外，其他各项措施因经费等各种原因而未能兑现。计划与实施、理想与现实的距离是如此的遥远，这中间的缝隙如何弥补，值得我们深思。

3. 石阡木偶戏的发展策略

石阡木偶戏面临着班社、演出、观众急剧减少，后继无人，支持不力等诸多困境，面对这些困境，我们提出以下发展策略，以供参考。

在班社方面，花桥镇的傅家班只剩下3位老艺人，戏班道具也已转交给石阡民族中学，现在已经不具备演出条件了，傅家班已经名存实亡了。可喜的是，这个班社的技艺在石阡民族中学得到了较好的传承，但由于经费等原因，3位老艺人在民族中学的传承已于2008年上半年终止。石阡县相关部门应充分意识到这种传承的价值与紧迫性，因为傅家班的两位主要成员傅正华今年已79岁，傅正贵也已76岁了，傅家班的木偶戏技艺主要集中在这两位老艺人身上，他们的技艺只能通过口传心授的方式传承给民族中学的老师，如果不在他们的有生之年把相关技艺传承下去，石阡木偶戏本身所蕴含的一些艺术特色也将随着他们的去世而消失，届时石阡木偶戏的艺术水平就会受到影响。希望老艺人在石阡民族中学的传承活动能够尽快恢复并坚持下去，在民族中学培养出一支高水平的演出队伍，让他们既能掌握传统的木偶剧目表演，又能在此基础上有所创新。

坪山乡的饶家班目前还能组班演出，但老一代的艺人年龄已经偏大，饶世凡今年已80岁，饶世印76岁，饶世光67岁，这一辈只有饶世光年龄较小，其他两位已难以胜任外出演出活动了。下一辈饶泽椿生于1963年、饶泽木生于1964年，饶泽茂也可参加演出，再加上赵廷熙、赵国凡父子，这个戏班能够完成民间演出任务。由于现在演出活动较少，饶家的下一辈成员的实际锻炼机会较少，他们的技艺有待进一步训练和提升。

虽然目前石阡木偶戏只能组成两个班社表演，但它们代表了石阡木偶戏班社发展的两个方向，一个是在学校的表演，一个是在民间的表演，只要抓好了这两个班社，石阡木偶戏的传承是有希望的。

至于演出、观众的减少，也需要政府出台一些具体的措施来保障和培养。政府除了在一些节假日组织班社演出外，还要加大宣传力度，扩大石阡木偶戏的影响力，并争取到周边县市甚至出国演出。石阡县民族中学培养观众的经验可以适当推广，考虑在一定范围内把石阡木偶戏引入中小学生课堂，培养一批潜在的观众。

后继无人，是石阡木偶戏面临的最大问题。如果没有传承人的话，也就预示着它的消亡。傅家班的民间传承，因傅正华的侄儿傅显波于2004 年去世而宣告终结，好在他们的技艺在石阡民族中学得到了传承，在一定程度上，民族中学的老师可以视为傅家的第 8 代传承人。傅家班中的傅正荣，在艺人和民众心中均是木偶戏的行家里手，但他的高超技艺已随着他的逝世而消亡。饶家班现有的传承人年龄最小的也已 40 多岁了，如要有效延续，就得考虑下一辈传承人的人选，并进行培养，否则也会出现难以为继的状况。傅正华、饶世光在 2008 年 2 月被认定为国家级非物质文化遗产项目代表性传承人（见图 10），应充分调动他们的传承积极性，让他们的技艺很好地延续。但据说他们的 8000 元传承费一直没有领到，这也是应该引起相关部门注意的。

图 10　傅正华的国家级非物质文化遗产项目代表性传承人证书

石阡县在申报首批国家级非物质文化遗产代表作的时候，也制定了一些保障措施：县政府行文，层层落实，保证工作有人抓，制定政府工作管理考核目标和木偶戏教育发展工作计划，并在经费上加大投入。①聘请民间艺人为教师；②制作教学演出道具及剧目；③拟定木偶戏教育实施方案。建立机制：石阡县成立非物质文化遗产教育领导小组，由分管主要领导担任组长，督促计划实施，文化教育、民族宗教、体育按各自职责分工进行专业管理。学校成立业余保护组织，政府纳入全面规划给予资金支助，保障任务落实，责任到人，建立宏观有效的管理机制。并邀请专家到场进行工作指导，开展教学工作。

这些措施在制度层面上为石阡木偶戏的发展提供了保障，一些措施也得以实施，但总体来说，这些措施还没有得到全面的贯彻和落实。相关部门必须倾听一线艺人的呼声和建议，切实做好相关工作，不要让石阡木偶戏走向消亡，而是要让它在大家的共同努力之下，越来越精彩！越来越辉煌！

结　语

石阡木偶戏的现状调查与发展反思已略如上述。现状已经如此，困境也已摆在面前，如何发展才能最好地传承石阡木偶戏艺术，是值得我们每个人深入思考的问题。石阡木偶戏作为杖头傀儡在贵州民间的唯一遗存，也只有各个部门、各位艺人以及广大民众都来关心它、爱护它，它的明天才有可能更加美好！政府部门进一步落实相关政策，艺人多一些坚守，民众多一些支持，石阡木偶戏的明天也一定会更加美好！

附记：贵州大学人文学院中文系汉语言文学专业 2007 级 2 班吕婷婷、翁雯两名学生三次前往石阡辛苦调查，度修明、陈玉平、龚德全、周必素、张应华、张传贵、饶莉、陈彦、刘超、阮绍南、王以香等提供了各种帮助，特此说明并致谢忱！

民族文化研究学者

田野调查与理论研究之典范

——简评马曜先生对中国民族学人类学的贡献

谭厚锋①

摘 要：马曜先生不但是中国当代著名的民族学家、历史学家、教育家，还是卓越的民族工作者和诗人。本文仅就马曜在新中国成立后在民族学人类学田野调查方面的贡献作简要阐述。

关键词：马曜；田野调查；六江流域；六山六水流域

马曜先生（以下简称为马老）不但是我国当代著名的民族学家、历史学家、教育家，还是卓越的民族工作者和诗人。马老一生的贡献很多，本文仅就马老在中华人民共和国成立后在民族学人类学田野调查方面的贡献作简要阐述。主要包括四个方面的内容：一是马老在中华人民共和国成立之初的云南民族调查；二是十一届三中全会后马老倡导的"六江流域"民族综合考察；三是马老倡导的贵州"六山六水流域"民族综合考察；四是马老将田野调查与历史研究有机地结合起来。

一 新中国成立之初的云南民族调查研究

1949年新中国成立后，马老历史性地成为云南省民族工作创始人之一。由于历史上的种种原因，云南逐渐发展成为一个多民族的边疆省份，因此，民族问题在云南省具有特别重要的意义。1950年马老受

---

① 谭厚锋，男，侗族，1968年2月生，现为贵州民族大学贵州民族科学研究院研究员。

命组建云南省民族事务委员会，并且被委任为副秘书长。1951 年马老被任命为云南民族学院副教育长。尽管行政事务工作很忙，马老还是承担了民族理论政策课程。他在教学过程中深深体会到，在多民族地区，要搞好民族教育工作，首先要了解教育对象。在云南，特别是要了解少数民族的历史和现状，要了解不同民族的特点，还要研究各民族之间的相互关系。唯有对少数民族的政治、经济、文化、历史等方方面面有了深入了解，民族教育工作才能真正做到位。由于历史的原因，以前有关云南的少数民族的有参考价值的文献几乎没有，就连最起码的民族识别也几乎没有人做过。也就是说，整个云南有多少个少数民族，没有人能够说得清楚。正因为这样，马老于 1951 年带领一帮人马着手从云南省各个民族的人口统计、各个民族的自称（或他称）数百种的调查分析入手。这些方面的调查对于弄清云南境内少数民族的情况和有效地帮助云南各民族的发展有重要意义。事实上，马老不仅是云南民族工作的倡导者，更是这一工作的执行者和实践者。1953—1955 年马老亲自领导了德宏景颇族地区和西双版纳傣族地区的社会调查；1954—1956 年马老参加并组织领导了对云南 20 多个少数民族的民族识别工作和大规模的社会历史调查工作，积累了大量的第一手资料。马老从广泛的实际调查中，深刻认识到各民族发展极不平衡的特点。马老认为，在多民族地区进行民主改革和社会主义改造，绝不能照搬汉族地区的那一套做法，而是必须从各个民族的实际出发，采取适合于各民族发展的特殊的政策和措施。马老在调查的过程中发现，在新中国建立之初，云南的景颇族、傈僳族、佤族、布朗族等少数民族依然保留着原始社会残余、阶级分化不明显，个人（户）在水田占有上也不集中。鉴于此，马老认为，对于这样一些民族，就不应该把土地改革当作一场革命运动来实施，完全可以不重新划分土地，不划分阶级，只要在国家的帮助下发展经济、文化和互助合作，逐步完成某些环节的民主改革任务，直接过渡到社会主义。马老的这一创建性即"直接过渡"的意见得到云南省委高层采纳，最后形成"直接过渡"的思想和政策。这一理论的提出，无论在理论上，还是在实践上都有重要的意义。正因为有马老的这一从实际出发的理论指导，不仅使当时云南的民族工作处理得比较平稳和妥善，而且也没有使中国这一少数民族最多且独特的边疆省份发生大的波动。① 事实上，"直接过渡"理论的提出还为当时中国其他地区的民族工作起到了借鉴、参考和指导作用。

根据调查点原居民的实际生产生活情况，构建或提出具有有利于原居民发展的建设性意见或理论，这也是人类学民族学田野调查的目的之一。在处理云南民族问题上，马老不愧为田野调查实践与理论之典范。

在 1954 年 9 月—1955 年 4 月期间，马老亲自领导了由云南省委边疆工作委员会、省民族事务委员会、省委宣传部、思茅地委和西双版纳工委抽调干部 70 余人的组成的联合调查组，进行了 8 个月的实地调查工作。这一期间，共走访调查 11 个版纳，28 个勐，662 个傣族村寨，20992 户、109888 人，分别写成了 300 多万字的分村寨、分勐及分专题的典型调查和傣文史料译文，于 1956 年刊印于全国人民代表大会民族事务委员会办公厅编印的《中国少数民族社会历史调查》（俗称白皮书）内部发行。这次调查汇集的资料，成为"民族问题五种丛书"中"中国少数民族社会历史调查资料丛刊"的重要组成部分。由于马老自始至终地领导这次广泛而深入的调查，因此他在掌握了第一手丰富资料的基础上，实事求是地对傣族社会进行了剖析，肯定了西双版纳傣族社会是建立在农村公社基础上的封建领主制。②

作为民族工作的领导，马老并非坐在办公室听从民族地区来的人的汇报，而是亲自下乡调查，一笔一字地修改各个调查点的调查报告，总结调查经验；并且在认真听取下属汇报工作的同时，发现新问题，不断修改补充调查提纲，及时帮助大家总结经验，互相交流，共同提高。③由于马老的言传身教——通过实地田野调查，培养了一大批民族实践工作者，使参与田野调查者既懂得了社会发展的客观规律的重要性，又懂得了民族政策必须从实际出发的重要性，还懂得了实地调查研究在民族工作中的地位与作用。

---

① 云南民族学院编：《马曜先生从事创作学术活动五十周年纪念文集》，云南教育出版社 1996 年版，第 9—11 页。

② 同上书，第 331—338 页。

③ 同上。

二 十一届三中全会后的"六江流域"民族综合考察

1979 年党的十一届三中全会召开不久，马老即和其他民族学家一道，发起成立中国民族学研究会（1984 年改为中国民族学学会）筹备小组。1980 年 10 月，学会在贵阳正式成立，他被选为副会长，1989 年起担任顾问。1981 年秋天，中国西南民族研究学会在昆明成立。马老当选为首任会长。基于民族地区在发展前进的同时出现了许多新情况和新问题，马老在西南民族研究学会成立之初，即于 1982 年与费孝通、牙含章等著名学者联合签名给中国社会科学院胡乔木院长写信，倡导开展西南民族地区的综合考察。随即，马老先后亲自指导四川、云南、贵州等省开展民族实地调查工作。马老对发展我国的民族学一贯执着认真，竭尽心力。马老在西南民族研究学会倡导的云南和四川的六江流域调查、贵州"六山六水"民族调查，都是十一届三中全会以来我国民族学界开展的规模较大的调查之一。他的倡导不但博得全体会员，而且博得费孝通等一批老一辈权威学者的赞同，并且受到当地党委和政府的高度重视。可以说，马老极为重视民族学的应用研究，强调搞好基础研究的同时，必须为党的民族工作服务，为民族地区的现代化建设服务[1]。

马老全身心地投入学会的领导工作，倡导开展金沙江、澜沧江、怒江、大渡河、雅砻江、岷江流域的民族综合科学考察（简称"'六江流域'民族综合考察"）。"六江流域"包括西藏东部的高山峡谷区、四川西部高原、云南西北横断山高山峡谷区和云南西部高原区。六江的上游居住着藏缅语族的藏、彝、白、纳西、傈僳、普米、独龙、怒、羌、景颇等十多个民族；这一流域的下游则有侗傣语族的傣族和孟高棉语族的佤、布朗、德昂等族及苗瑶语族的苗族和瑶族。这个区域自古以来就是藏棉语族诸民族南下和壮侗、孟高棉语族诸民族北上的交通走廊和众多民族交汇之处（学术界称之为民族走廊），亦即我国古代羌、氏、戎、越、滇、叟、僚、濮等民族活动之地。在这里，民族、民俗内容之丰

---

① 云南民族学院编：《马曜先生从事创作学术活动五十周年纪念文集》，云南教育出版社 1996 年版，第 624—626 页。

富，特点之浓厚，世所罕见，对于研究我国西南乃至中南半岛各民族的起源、迁徙，历史上的民族关系以及各民族的社会、经济、语言文学、宗教、文化、体质等诸多方面，都具有重大的科学价值。鉴于六江考察范围大、困难多，学会于1982年开始首先选择在雅砻江下游作试点，然后又进行了上游考察。考察队由学会正副秘书长任队长，参加的单位有四川省民族研究所、四川大学历史系和经济系、西南民族学院民族研究所、北京大学经济系以及甘孜、攀枝花、凉山等州市的专业人员。考察领域包括民族经济、民族学、民族历史、语言文字、考古以及体质人类学等学科。考察队先后收集到100余万字的第一手材料，最后编写印成《雅砻江上游考察报告》和《雅砻江下游考察报告》两本集子，共60余万字。"六江流域"调查报告给党和国家在西南地区进行"两个文明建设"提供了科学决策的依据。正如云南社会科学院院长何耀华所说的："马曜教授说：'学会的生命就在于开展群众性的学术活动。'在他的精心设计和组织下，中国西南民族研究学会以维护祖国统一，加强民族团结，推进'四化'建设为宗旨，先后分别召开了全国首届藏族、彝族、苗瑶族学术讨论会。这些讨论会是我国民族学发展史上的新的里程碑，每次会上他的发言都为民族学学科的发展注入了新的活力。"[①]

三 十一届三中全会后倡导贵州 "六山六水"民族综合考察

众所周知，历经史无前例的"文化大革命"的洗劫之后，中国的民族研究工作，无论是研究的基础还是研究的队伍都比较薄弱，长期处于封闭的状态。在这方面，贵州更为严重。在中国西南民族研究学会成立之初，会长马曜先生积极倡导，加强整个西南五省（区）民族研究队伍的团结和协作。贵州的一批少数民族领导干部和科研人员开阔了视野，提高了认识，民族工作部门和民族研究单位之间，加强了五省（区）（云南、贵州、四川、西藏、广西）的横向联系和密切协

---

① 云南民族学院编：《马曜先生从事创作学术活动五十周年纪念文集》，云南教育出版社1996年版，第253—254页。

作。无论是新中国成立之初，还是改革开放之后，马老都十分重视民族调查。马老不仅积极倡导和领导了云南、四川的"六江流域"民族考察，还结合贵州民族分布的实际情况，在西南民族研究学会首届理事会上，提出组建贵州省"六山六水"民族综合考察队。逐年分期分批对居住在贵州境内的月亮山、雷公山、云雾山、乌蒙山、武陵山、大小麻山，以及乌江、都柳江、南北盘江、清水江、舞阳河流域的各少数民族进行田野调查。1983 年开始正式建队，一直坚持着，每年组队深入民族地区调查。30 年来，已经对贵州民族地区进行了广泛的调查。①

自 1983 年以来，西南民族研究学会和贵州省民族研究学会联合发起，贵州省民族研究所牵头组织多方面的研究人员对贵州的"六山六水"开始实施全方位、多学科、综合性的田野调查。"六山六水"是民族研究工作者对贵州省少数民族居住区域下的一个带学术性的广义的地理概念，对这一区域的调查至今已经有 30 年，并出版了调查资料《贵州民族调查》27 集，2000 余万字，其延续时间之长、参加人数之多、涉及内容之广、资料之丰富，均为国内民族调查所罕见。贵州"六山六水"调查是我国民族研究史上未曾有过的重大学术研究工程，为贵州省的民族研究事业、为全国的民族研究事业积累了宝贵的资料。这也将成为世界各民族文化遗产重要的一部分。在这些调查研究报告中，涉及民族关系、民族问题、少数民族和民族地区发展问题的调研报告很多，为我国民族理论和民族政策的研究和发展提供了第一手资料。因而，贵州"六山六水"民族调查研究报告的意义，不仅具有较强的应用价值，还具有推动我国民族理论发展的学术价值。事实上，这些调查研究报告不仅为民族研究提供了大量材料，还推动了民族研究向广度深度发展，同时也为民族研究培养了一大批人才，甚至对党政领导机关的决策具有重要的参考价值。②

---

① 云南民族学院编：《马曜先生从事创作学术活动五十周年纪念文集》，云南教育出版社 1996 年版，第 376—380 页。

② 金炳镐：《注重调查研究　发展民族理论——纪念"六山六水"民族调查 20 周年》，《贵州民族研究》2002 年第 3 期。

四　田野调查与历史研究相结合

马老不仅注重田野调查，还不断将田野调查与理论研究相结合。继马老提出"直接过渡"理论之后，1989 年 12 月云南人民出版社出版了马老与缪鸾和合著的《西双版纳份地制与西周井田制比较研究》，该书的出版，在学术界产生了极大的反响。中山大学人类学容观琼教授称其曰："我对大作极为赞美和佩服的地方，就是您（指马曜笔者注。）将自己历年亲身进行过民族学田野调查所得的第一手资料，跟古史进行系统性的对比研究；这样的研究方法您确是学术界第一人。"① 中央民族大学胡起望教授在信中说道："先生的大作贯通古今，做到民族学与历史学的比较研究，成为利用民族学资料研究古代历史上疑难问题的范本，它的意义不仅在于加深了西周井田制的研究，而且还在于开辟了新的研究方法，走出了一条新的研究道路。相信会对今后的学术界产生深远的影响。"② 复旦大学吴浩教授称赞：昔日王国维先生提倡以地下出土之古文字资料与文献相印证的"二重证据法"，在学术研究中作出了重要贡献。而先生致力于民族调查研究工作数十年，充分运用民族学资料研究先秦古史，终于写出《西双版纳份地制与西周井田制比较研究》这一巨著，其有功史学研究，又超越了前人。③ 吉林大学吕绍刚教授在给马老的回信中说："此书是先秦土地（经济）制度中具有里程碑意义的著作。最为可贵的是它的方法，将现实的西双版纳与历史的西周作比较，虽然前人作过，但极零星，学术价值不是太大；如果从功夫之巨大，材料之完备和理论之系统上看，勿宁说此种方法是这部书创立的。不久之后，史学界将意识到它的学术意义。"④

中国社会科学院副院长丁伟志研究员在信中说，"我对西双版纳的历史与现状是很无知的。虽仰慕已久，始终没有机会访问，但我深信研

---

① 云南民族学院编：《马曜先生从事创作学术活动五十周年纪念文集》，云南教育出版社 1996 年版，第 137 页。

② 同上书，第 143 页。

③ 同上书，第 126 页。

④ 同上书，第 127 页。

究我国少数民族历史与现状，对研究我国历史裨益极大。"① 时任《云南老年报》主编戴炽昌先生称马老乃"云南民族学三杰之一"，并认为，马老的《西双版纳份地制与西周井田制比较研究》一书为国内史学界"提供了一把揭示井田制之谜，打开古史分期迷宫的钥匙"，是"民族研究与史学研究相结合的重大成果"。② 由于对学术界产生重大影响，以及其理论意义与现实价值，1991 年 11 月，《西双版纳份地制与西周井田制比较研究》被中国图书评论学会授予"第五届中国图书奖二等奖"。在马老出版这本书之前，也曾经有人作了这方面的比较研究，但都是零星的研究。《西双版纳份地制与西周井田制比较研究》的出版表明，马老不愧为中国当代第一位恰如其分地运用即时民族学田野资料与中国的一段历史进行比较研究的开创者。詹承绪教授称：马曜教授是我国著名的民族学家、历史学家和教育家，国内外知名的白族学者。马老不仅在通过民族学调查指导实际工作方面堪称楷模，而且研究成果宏丰，著作等身，特别是在运用民族学资料研究中国古代史方面有重大突破。60 年代初他与人合著发表的《从西双版纳看西周》堪称当时学术界名篇。而 1989 年出版的《西双版纳份地制与西周井田制比较研究》被学术界誉为运用民族学资料研究中国古代史的成功范例，对研究先秦经济、土地制度具有里程碑意义，是不可多得的传世之作。③

---

① 云南民族学院编：《马曜先生从事创作学术活动五十周年纪念文集》，云南教育出版社 1996 年版，第 142 页。

② 同上书，第 196—198 页。

③ 同上书，第 624—626 页。